고고학 GIS
이론과 방법

강동석 지음

동국대학교출판부

목 차

책을 펴면서   07

제1장   고고학과 GIS   11
    1.1   고고학에서의 공간   13
    1.2   고고학에서 GIS의 활용   17

제2장   GIS와 공간정보   25
    2.1   GIS의 정의   27
    2.2   공간정보와 공간데이터   30
       2.2.1   공간정보의 종류
       2.2.2   공간데이터
       2.2.3   속성데이터

제3장   수치지도와 수치표고모델   39
    3.1   수치지도   41
       3.1.1   수치지형도
       3.1.2   수자원단위지도
       3.1.3   수치지질도
       3.1.4   수치토양도
       3.1.5   수치주제공간정보
    3.2   수치표고모델   57
       3.2.1   기 구축 수치표고모델의 이용
       3.2.2   수치표고모델의 제작

제4장	유적 공간정보 구축	79
4.1	사용자 유적 공간정보 구축	81
4.2	국가 차원의 유적 공간정보 구축	86

제5장	유적분포도 작성	93
5.1	고고학 연구와 유적분포도	95
	5.1.1 유적분포도의 중요성	
	5.1.2 유적분포도의 변천	
5.2	GIS를 이용한 유적분포도 작성	107
	5.2.1 유적분포도 작성 절차	
	5.2.2 수치지도 활용 유적분포도	
	5.2.3 수치표고모델 활용 유적분포도	
	5.2.4 심볼을 이용한 유적분포도	
	5.2.5 국가공간정보 이용 유적분포도	

제6장	점패턴 분석	125
6.1	고고학에서의 점패턴 분석	127
6.2	점패턴 분석의 정의와 분석 기법	128
	6.2.1 점패턴과 점패턴 분석	
	6.2.2 점패턴 분석 기법	

제7장 유적 자원영역분석   153
    7.1   유적 자원영역분석의 개념   155
    7.2   유적 자원영역분석과 GIS   159
       7.2.1   반경 영역
       7.2.2   이동 경로
       7.2.3   수문해석

제8장 유적 입지분석   177
    8.1   고고학 연구와 입지분석   179
    8.2   고고학적 예측 모델링의 몇 가지 문제   182
       8.2.1   환경결정론적 접근 방식
       8.2.2   귀납적·연역적 모델링의 이분
       8.2.3   데이터의 편향성과 분석 방법
    8.3   GIS를 이용한 예측 모델링 방법   184
       8.3.1   예측 모델링 절차
       8.3.2   환경 변수
       8.3.3   예측 모델링 기법

제9장 가시권 분석   207
    9.1   경관고고학과 가시권 분석   209
    9.2   가시권 분석 방법과 종류   214
       9.2.1   분석 방법
       9.2.2   가시권 분석

제10장 네트워크 분석   233
    10.1 고고학과 네트워크   235
    10.2 GIS를 이용한 네트워크 분석   238
       10.2.1 입지-배분 모델
       10.2.2 사회 네트워크 분석

제11장 고고학 GIS의 미래   263
    11.1 인공지능과 고고학 GIS의 융합   265
    11.2 UAS와 다차원 GIS의 발전   270
    11.3 고고학 지식정보 플랫폼, GIS   274

참고문헌   283

책을 펴면서

고고학에서 공간은 과거 인간 사회의 생활 방식, 문화, 사회 구조, 그리고 환경과의 상호작용을 이해하는 핵심 요소이다. 공간은 과거 사람들이 활동하였던 물리적 배경인 동시에, 사회적 역할과 기능, 상징적 의미를 담고 있는 다의적 성격을 지닌다. 고고학에서는 공간상에 분포하는 고고학적 현상을 통해 인간의 활동과 관련한 정보를 수집하고, 이를 바탕으로 취락과 무덤의 입지 선택 요인을 분석하거나 문화의 확산과 교류, 정치권력의 확대 양상을 설명하고, 기념물의 상징적 의미를 해석하기도 한다. 고고학자들은 그동안 이러한 공간 현상에 대한 분석과 해석 과정에서 수많은 질문을 하고 답을 찾고자 노력하였다. 유적은 어디에 위치하며, 어떻게 분포하고 있으며, 유적은 왜 그곳에 위치하는가와 같이 연속되는 질문 속에서 고고학적 현상에 대한 답을 구하고 있는 것이다.

이러한 고고학적 공간 현상과 관련한 문제를 해결하기 위해 고고학계에서는 1980년에 지리정보시스템(GIS)을 도입하였다. GIS는 공간에서 참조할 수 있는 모든 정보를 수집하여 분석하고 시각화한다. 지난 40여 년 동안 고고학자들은 GIS를 이용하여 유적과 유물의 분포를 직관적으로 살펴볼 수 있는 지도를 작성하였고, 영역 분석, 유적 입지 분석과 예측 모델링, 가시권 분석, 네트워크 분석 등과 같은 각종 공간 분석을 통해 통찰력을 가질 수 있었다. 이 때문에 GIS는 현재 고고학 조사와 연구에서 없어서는 안 되는 강력한 도구로 인정받고 있다.

이 책에서는 이와 같은 고고학 GIS의 실제 사용과 관련하여 기본적으로 알아두어야 할 이론과 방법을 소개하고 있다. 『고고학 GIS, 이론과 방법』이라는 제목에 맞도록 각 장마다 먼저 개념과 배경, 학계의 전반적인 흐름을 설명하고, 그 다음에 구체적으로 데이터 구축과 활용 방법, 각종 분석 기법들을 알아보는 방식으로 구성하였다. 몇몇 장에서는 실제로 GIS

의 공간분석 기법을 이용한 연구 사례를 제시하여 관련 분석기법의 이해와 활용도를 높이고자 하였다.

　이 책은 모두 11장으로 구성되어 있는데, 1장은 고고학과 GIS의 관계, 그리고 GIS를 이용한 고고학 연구의 전반적인 흐름에 대한 내용이다. 2장부터 5장까지는 GIS 활용에서 가장 중요한 공간정보의 개념과 종류, 유적 공간정보의 구축 방법과 함께, 고고학 조사연구에서 중요한 역할을 하고 있는 유적분포도의 작성법을 설명하였다. 그 다음 장부터는 고고학에서 가장 많은 사용되고 있는 GIS 공간분석법에 대해 살펴보았다. 여기에는 고고학적 현상의 분포, 구조, 관계를 이해하는 데 필수적인 점패턴 분석을 비롯하여 1970년대부터 영역 분석을 주도하였던 유적 자원영영분석, 유적 입지와 관련한 예측 모델링을 포함하고 있다. 또한, 고고학 연구에서 상당한 비중을 차지하고 있는 각종 가시권 분석과 더불어, 최근 폭발적인 증가세를 보이고 있는 네트워크 분석에 대한 내용도 수록하였다. 마지막 장에서는 인공지능, 무인항공체계, 아카이브 플랫폼과 같은 첨단 인공지능정보기술과 결합한 GIS의 미래에 대해 살펴보았다.

　지난 20여 년간, 고고학을 연구하고 문화유산을 보존관리하는 업무를 하면서 GIS와 함께 많은 시간을 보냈다. 1990년대 말, 강화도 지석묘 분포패턴과 관련한 석사 논문을 준비하면서 GIS를 이용하고 싶었지만, 고고학 연구자가 쉽게 접근할 수 없는 장벽이 있었다. GIS를 다루기 위해서는 데이터, 소프트웨어, 하드웨어, 전문지식이 있어야 했지만, 어느 하나도 얻을 수 없는 상황이었다. 이후에 지금의 국가유산청에서 문화유산 GIS를 구축하는 업무에 참여하면서 실제 GIS를 접할 수 있었고, 이것은 인생의 큰 전환점이 되었다. 오래 전부터 소망하던 GIS를 이용한 고고학 연구가 가능하게 된 것이다. 하지만, GIS를 다룬다는 것은 결코 쉬운 일이 아니었다. 온오프라인 교육이 있었지만, 실제 고고학 연구에서 활용할 수 없는 것들이 대부분이었다. 밤새 GIS 프로그램의 모든 버튼을 클릭하면서 사용 방법을 알게 되는 경우가 많았으며, 다소 무모한 방법으로 데이터를 만들면서 컴퓨터가 다운되는 경우도 한두 번이 아니었다.

이 책은 이러한 시행착오를 거치면서 얻게 된 노하우를 GIS에 관심이 있는 고고학자와 학생들에게 전달하고 싶은 마음을 담아 편찬했다. 지금은 포털사이트나 온라인 동영상 공유 플랫폼에서 GIS 데이터 구축이나 각종 공간분석법과 관련한 정보를 쉽게 얻을 수 있다. 과거에 비해 고고학 GIS 관련 외국 서적의 수도 증가하였다. 그렇지만 이것들은 고고학 연구에서 직접 활용 가능한 GIS 활용법을 자세하게 설명하고 있지 않으며, 국내 고고학의 상황과 맞지 않은 경우도 많다. 이 책 역시 이러한 한계를 해소하는 데에는 많은 부족함이 있다. 하지만 일정 기간 동안 진행되는 대면 교육과 비교할 수 없을지라도, 고고학 GIS에 대한 기본적인 이해도를 높이기에는 충분하다고 본다. 현재 국내에 고고학 GIS 관련 서적이 없는 현실을 감안하면, 처음 GIS를 접하는 연구자나 학생들에게 조금이나마 길라잡이 역할을 할 수 있길 기대한다.

필자가 발간한 고고학 GIS와 관련한 책은 박사학위논문을 정리하여 일본에서 출판한 책 『韓日初期複雑社会の 集落体系の比較 -GISを用いた空間考古学的検討』에 이어 두 번째라고 할 수 있다. 이 두 권의 책은 그동안 GIS와 함께한 나의 여정을 담고 있으며, 이것을 완성할 수 있었던 것은 무엇보다도 가족의 뒷받침이 컸다. 좀 더 많은 시간을 함께 보내며 그 고마움을 전하고 싶다.

이 책은 동국대학교 저서출판 지원사업으로 발간되었다. 이 책이 나오기까지 도움을 주신 동국대학교 출판문화원 관계자분들에게 감사드린다. 끝으로 같이 글을 읽으며 묵묵히 교정을 도와 준 대학원생들(박수빈, 공경민, 이소희, 이채린)에게 고마움을 전한다.

2025년 7월 강동석

제1장

고고학과 GIS

제1장
고고학과 GIS

1.1 고고학에서의 공간

"고고학자들은 인간의 과거를 연구하는 동안 공간에 관심을 가졌고, 결과적으로 경관에 관심을 가졌다(knapp and Ashmore 1999:1)."

유적이 어디에 위치하며, 어떻게 분포하고 있는가? 그리고 유적은 왜 그곳에 위치하는가? 이러한 질문은 고고학에서 매우 중요하게 다루어진다. 그 이유는 고고학이 시·공간의 큐브에 연속 또는 불연속적으로 존재하는 물질자료에 근거하여 과거 인간이 남긴 문화와 그 변화상을 연구하는 학문이기 때문이다. 유적, 유물 등으로 대표되는 고고학적 현상은 동시기 문화층으로 정의되는 2차원의 공간을 구성한다. 이것은 시기를 달리하며 연속적이거나 단속적인 층위를 이루게 되는데, 고고학자들은 이러한 공간에서 관찰되는 현상들의 패턴을 설명하고 해석하고자 한다. 고고학에서 공간은 단순히 현상들의 위치와 분포를 보여주는 것이 아니라, 그것의 구조와 맥락을 고찰하는 대상인 것이다.

고고학에서 다루는 공간은 20세기 중반까지 성행하였던 문화사적 접근에서 물질문화

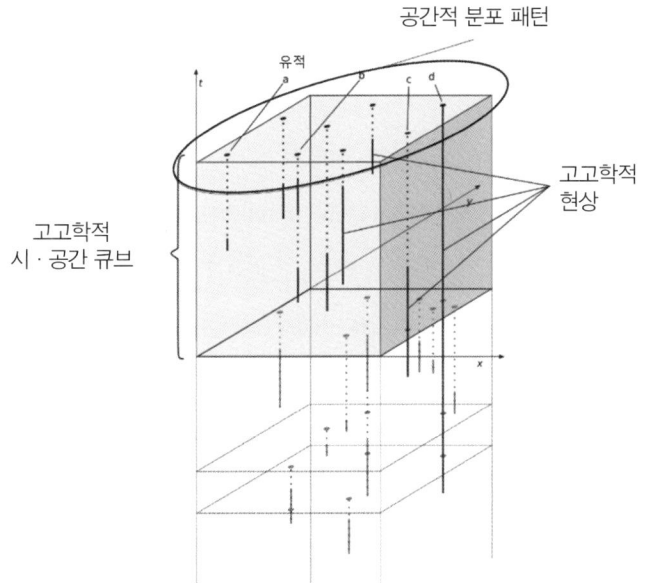

그림 1. 고고학적 시·공간 큐브(Crema *et al.* 2010)

의 확산을 설명하는 배경이었다. 그리고 이후에 전개된 취락고고학, 공간고고학, 경관고고학에서는 주요 연구 대상인 동시에 이론과 방법론의 기초를 마련하는 핵심적인 요소로 작용하였다. 이 과정에서 공간은 장소, 경관의 관점에서 다시 정의되었다. 고고학에서 유적분포도 작성이 시작될 당시, 공간은 고고학적 자료들이 위치하고 있는 지리적 배경으로 받아들여졌다. 이러한 인식은 1950년대 취락고고학 연구에서도 지속되었으며, 1960년대 이후 신고고학의 전개 과정에서 고고자료의 공간적 분포패턴에 대한 관심이 커지면서 개발과 이용의 대상, 지역 간 상호작용의 배경으로서의 공간 인식은 더욱 공고해졌다. 여기에서 말하는 공간은 인간 활동의 배경이 되는 자연환경을 의미하였다. 이러한 자연환경과 인간 활동 간의 상호작용 결과는 문화경관으로 정의되었으며, 경관에 대한 현상학적 접근법이 제시되기 전까지 고고학에서의 경관은 이를 지칭하는 것이었다. 문화경관은 자연 그대로의 지역이 인간의 문화 활동에 의해 변형 또는 변용된 결과물이며, 물리적 실재로 정의되었다(Sauer 1963). 취락고고학을 비롯한 신고고학에서는 주거지, 무덤, 농경지 등이 이러한 물리적 실재로서 경관을 구성하는 요소들이었으며, 주된 분석의 대상이었다. 이것은 자연환경이라는 물리적 공간 내에 존재하는 고고학적 현상, 즉 문화경관에 대한 객관적이고 과학적인 분석을 통해 사회경제적 발달 과정을 구명하려는 것으로, 후기 과정고고학 이전의 연구에서 공간과 경관을 이해하는 방식이었다.

1980년대 말 이후, 이러한 과정고고학의 경관 인식은 결정론적이고 지나치게 객관성과 합리성을 강조하여 인간의 주체적이고 주관적인 관점을 배제하고 있다는 지적받게 된다. 이것은 결과적으로 경관에 대한 현상학적 접근으로 이어졌으며, 서유럽에서 경관고고학(Landscape Archaeology)이 성립되는 배경이 되었다. 1974년에 처음 사용된 경관고고학이라는 용어는 1980년 중후반부터 광범위하게 인용되었다(David and Thomas 2008: 27). 이 과정에서 경관을 주제로 하는 많은 저서들이 발간되었다. 이 가운데 틸리(Tilley 1994)의 『A Phenomenology of Landscape』는 처음으로 고고학 관점에서 현상학에 기초한 경관 개념을 설명하였으며, 이는 경관고고학의 랜드마크로 여겨지고 있다(Parcero-Oubiña 2014: 2).

틸리는 경관에 대한 현상학적 접근을 통해 기존에 인간 활동의 배경으로 인식되었던 공간을 의미화된 공간, 즉 장소로 전환하였다. 그는 공간을 인간이 적응하고 개척하는 타자화된 대상이 아니라, 경험하고 인지하며 참여하는 의미화된 장소로 묘사하였다. 고고학자들은 공간을 컨테이너가 아닌 인간의 활동과 분리할 수 없는 매개체로 간주하여야 하며, 공간은 관련된 사건이나 활동과 별도로 존재하지 않으며 존재할 수도 없다고 주장하였다. 즉, 공간을 인간의 활동과 물리적으로 분리하여 계량화, 수학화, 모델링하는 것이 아니라, 개인의 체험, 느낌, 감정의 관점에서 이해되어야 한다고 강조하였다. 이에 따라 그동안 거리, 방향, 크기, 모양과 같은 추상적이고 기하학적 형태로 인식되었던 공간은 변화의 역사와 의미를 담고 있는 장소로 받아들여졌다.

틸리는 과정고고학에서 채용한 고고학적 현상의 정량화와 컴퓨터 모델링, 구체적으로 티센폴리곤, 자원개척영역분석, 공간회귀분석, 중력 모델 등이 공간 문제를 해결할 수 있는 무한한 잠재력을 제공하는 것처럼 보이지만, 이것은 공간을 측정하고 설명하기 위한 방법론에 불과하다고 비판하였다. 다시 말하면, 과정고고학의 접근 방식은 고고학적 공간을 추상적인 컨테이너이자 모델링의 대상으로 보았으며, 인간의 행동이 투영된 단순한 배경으로 인식하였다는 것이다. 이는 그동안 공간을 도구 제작을 위한 석재, 생존을 위한 물과 같은 이용의 대상으로 인식하고, 정치경제적 관점에서 고고자료의 수집과 생계모델의 개발에 집중하는 공간 인식에 대한 비판이었다.

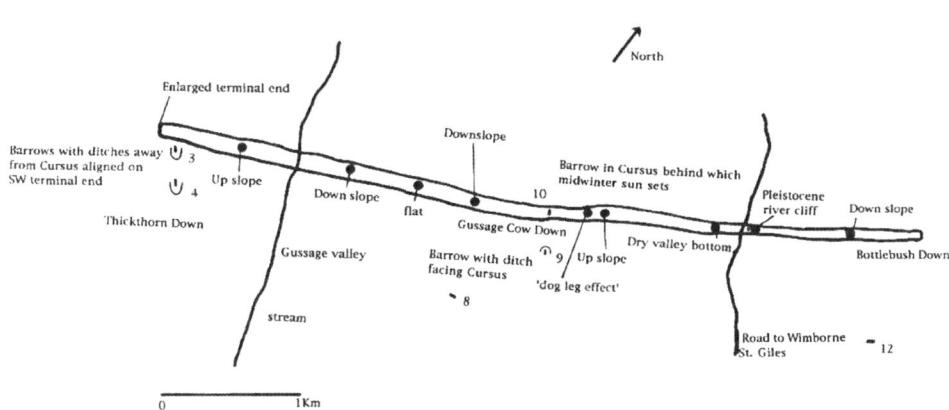

그림 2. 틸리의 경관 스케치(Tilley 1994)

이러한 과정고고학의 공간 개념에 대한 비판과 대안으로 제시된 것은 경관에 대한 현상학적 접근이었다. 이 접근법의 주요 관심은 장소가 인간 활동에서 의미화된 공간을 구성하며 개인과 집단의 일상적인 경험과 의식에서 나타나고 표현되는 방식이다. 공간은 장소에 대한 상황적 맥락을 제공하며, 장소는 인간의 경험, 느낌, 생각에서 비롯된 의미를 도출한다. 그러므로 장소 없이는 공간도 있을 수 없다. 장소는 인간의 경험에 의해 생성되는데, 이것은 움직임, 기억, 만남, 연상 등으로 구성되며, 고유한 의미와 가치를 지닌 경관을 구성한다.

틸리는 현상학에 기초한 경관 연구를 실천하기 위해 직접 연구대상 지역을 거닐며 경관을 체화하고자 하였다. 그는 장소로 인식될 수 있는 곳을 답사하며 경험을 기록하였고, 계절과 시간을 달리하며 동일 장소를 체험하였다. 또한 각기 다른 방향에서 장소에 대한 느낌을 기록하거나 유적 간의 이동 경로, 주변 환경을 스케치하며 과거 사람들이 어떻게 그들의 경관을 이해하고 살았는지 해석하려고 하였다.

경관고고학 연구자들은 이러한 현상학적 접근 방식에 기초하여 선사시대 거석기념물의 경관을 의미화된 장소, 반복적으로 체험하고 경험하는 장소로 해석하고자 하였다. 이들은 거석무덤들을 단순히 지도상에 위치한 점들로 보지 않고, 자연과 인간, 인간과 인간을 연결하는 통로로 인식하거나, 인간 주체의 지각을 통해 경험되는 장소 그 자체로 이해하였다. 즉, 거석기념물이 축조된 장소와 여기에 연결된 지점들은 사람들의 이동, 활동, 기억을 통해 연결되고, 재생산의 과정을 거쳐 일대기와 정체성을 보여주는 매개물로 인식하였다(마이크 파커 피어슨(이희준 역) 1999: 256). 이와 같은 경관에 대한 접근방식은 기존에 물리적 환경, 인간 활동의 배경으로 여겨졌던 공간, 그리고 이러한 공간과 인간의 상호작용 결과물로서 경관을 바라보았던 것에서 벗어나, 인간의 체험과 지각에 의해 의미화된 장소로 이해하려는 것이었다.

1.2 고고학에서 GIS의 활용

고고학은 시간과 공간의 학문이다. 특히 공간은 고고학적 현상으로부터 확인할 수 있는 시간의 정보를 포함하고 있다는 점에서 더욱 중요한 의미를 지닌다. 이러한 공간에 대한 접근은 고고학 사조에 따라 각기 다른 방식으로 전개되었지만, 공간상에서 확인되는 현상을 시각화하고 분석, 해석하려는 노력은 지속적으로 이루어지고 있다. 이 과정에서 지리정보시스템(GIS)은 고고학적 공간 현상을 가장 효과적으로 가시화할 수 있는 도구로 인정받았으며, 지난 40여 년 동안 GIS를 이용한 고고학 연구의 수는 폭발적으로 증가하였다. 이처럼 고고학 연구에서 GIS가 적극 활용되고 있는 이유는 고고학의 모든 측면에 공간적으로 참조할 수 있는 정보를 수집, 관리하고, 분석을 효과적으로 지원할 수 있는 도구이기 때문이다. GIS는 공간데이터베이스를 통해 방대한 양의 정보에 쉽게 통합할 수 있으며, 유적 분포패턴을 직관적으로 살펴볼 수 있는 데이터의 시각화, 유적 입지 분석과 예측 모델링, 영역 설정, 가시권 분석, 네트워크 분석 등 매우 다양한 분야에서 활용 가능하다. 현재 GIS는 고고학적 공간데이터를 처리하는 데 없어서는 안될 강력한 도구로서 그 지위를 인정받고 있다.

고고학에서 GIS가 본격적으로 이용된 것은 과정고고학에서 이루어진 소위 정량혁명과 관련이 있다(松本剛 2007). 정량혁명은 고고학적 현상에 대한 주관적 해석을 비판하고, 연역적 가설검증법을 이용한 정량적 입지분석과 모델링을 중시하는 연구 경향에서 비롯되었다. 예를 들어, 분포도에 표시된 유적들을 보고 주관적이고 직감적으로 군집을 설정하는 방식이 아니라, 특정 기준이나 변수에 의한 통계학적 분석에 근거하여 유적 간의 관계나 군집을 확인하는 방식이 강조되었다. 이와 더불어 과정고고학의 주요 이론인 체계이론(System Theory)도 GIS의 활용을 촉진하는 계기가 되었다. 체계이론에서는 자연환경을 인간의 행동과 이동에 영향을 주는 주요 외부 요인으로 간주하였으며, 이 요인에 대한 적응 기제로 인간의 합리적 행동 패턴에 근거한 비용 편익(Cost-Benefit) 원리가 제시되었다. 이것은 인간은 변화에 대한 적응 과정에서 비용을 최소화하는 방식으로 행동하게 되고, 그 행동 패턴은 자연환경에 남겨지게 된다는 원리이다. 과정고고학에서는 이를 입증하기 위해 자연과학적·통계학적 방법론을 채택하였다. 이러한 연구를 주도하였던 북미고고학에서는 정

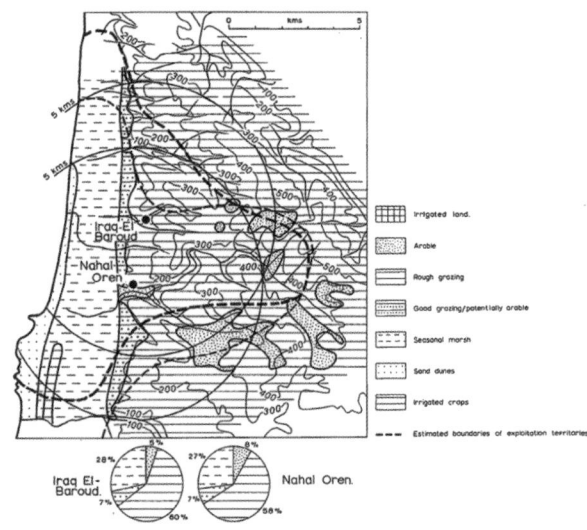

그림3. 유적자원영역분석 예(Higgs and Vita-Finzi 1972)

량분석을 위한 효과적인 도구로 1980년대부터 GIS를 적극 도입하였다. 당시 대부분의 연구는 유적 입지 분석(Site Location Analysis)으로 대표되는 고고학적 예측 모델링(Archaeological Preditive Model)과 관련한 것이었다. GIS는 인간 행동 패턴의 규칙성을 가시화하거나 모델링하여 문화 변동을 설명하는 근거를 객관적으로 제시할 수 있다는 점에서 가장 선호하는 도구로 인정받았다.

유적 입지 분석이 없었다면 GIS는 고고학에서 빠르게 도입되지 않았을 것이다(Verhagen 2018: 13). 이것은 1970년대에 제시된 유적자원개척영역분석(Findlow and Ericson 1980; Higgs and Vita-Finzi 1972)에 크게 영향을 받았다. 이 분석은 비용 편익 원리를 기초로, 개별 유적의 경제적 범위 내에 존재하는 자원 간의 관계를 연구하기 위해 고안된 방법이었다. 이 방법은 예를 들면, 유적으로부터 반경 $5km$ 또는 $10km$의 범위 내에 분포하는 경작지, 목초지, 동식물, 산림, 물과 같은 자원의 분포 비율이나 면적을 계산하여 수렵채집사회와 농경사회의 토지이용 패턴을 확인하는 데 이용되었다. 이 분석에서 GIS는 디지털 데이터를 활용하여 실제 환경을 재구성할 수 있었으며, 환경과 유적 간의 관계를 정량적으로 평가함으로써 과거 인간의 활동 패턴뿐만 아니라, 주거공간의 입지 선택 시 작용한 요인들에 대한 질문에 답을 제시해 주었다.

이러한 입지 분석을 통해 밝혀진 작용 요인들은 GIS를 이용한 유적 분포 예측모델링의 근거가 되었다. 이 모델링 기법은 인간의 기본적인 행동 패턴을 기반으로, 이미 알려진 유적과 유물의 분포 패턴을 알려지지 않은 공간에 투영하여 그 위치를 예측하는 방법이다(Kohler and Parker 1986; Warren and Asch 2000). 고고학적 예측 모델링은 GIS를 통해 가능해진 가장 초기의 응용 프로그램 중 하나였으며, 유적 관리와 토지 개발 계획 도구로서 중요성이 계속 커지고 있다.

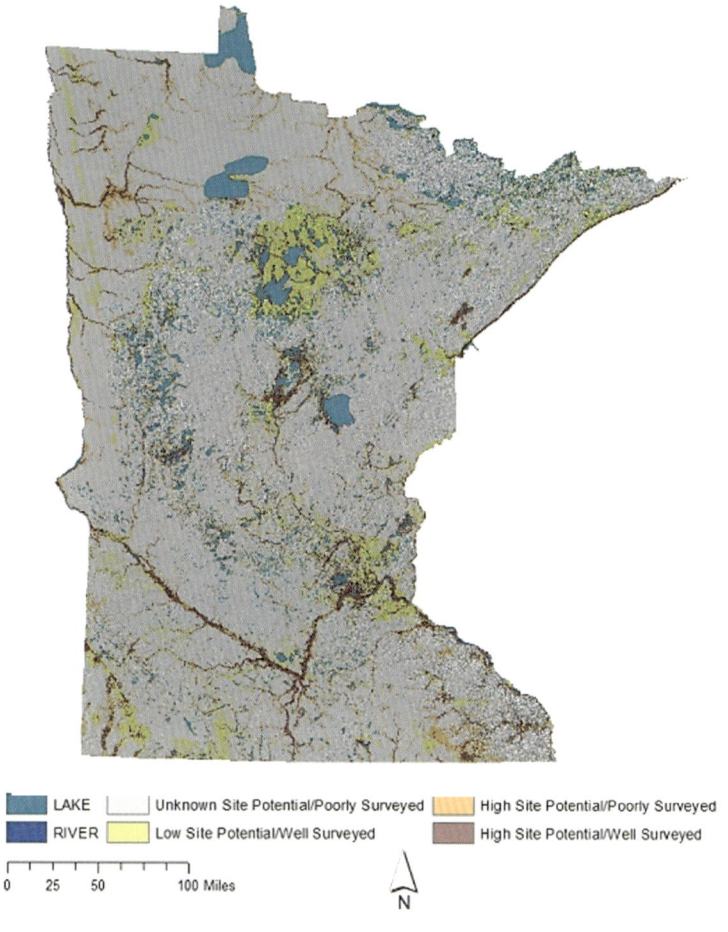

그림 4. 미국 미네소타주의 고고학 예측모델(Hobbs 2019)

    이처럼 환경을 강조하는 유적 입지 분석과 함께, GIS는 과거 인간의 행동 패턴 연구에도 적극 활용되고 있다. 대표적인 사례는 티센폴리곤이나 버퍼를 통해 인간이 활동한 범위를 획정하거나 거석기념물의 상징경관 권역을 추정하는 것이었다. 또한 GIS는 경사도와 같은 지형 요인, 최소 도보 소요 시간을 누적비용변수로 적용하여 이동로를 추정하는 데에도 활용되었다. GIS를 이용한 가시권분석은 시각적 체험을 유도하였던 방식이나 효과를 살펴보거나 지배 영역, 방어권, 생활권역 등을 객관적으로 가시화하는 도구로 이용되고 있다.

    하지만 이러한 고고학에서 GIS의 활용은 후기 과정고고학의 사조를 따르는 경관고고학자들에 의해 크게 비판을 받았다. GIS를 활용한 연구는 공간을 인간의 지각과 분리하여 계량화, 모델링하는 문제가 있으며, GIS는 단지 공간을 측정하거나 설명하는 도구에 불과하다는 지적이었다(Tilley 1994). 심지어 GIS는 실제 알 수 없는 경관을 표현하거나 경관에서 관찰자가 제거된 신의 속임수로 폄하되기도 하였다(Haraway 1991: 189). 이러한 비판은 1980년~1990년대에 활발하게 이루어진 유적 입지 분석과 관련한 비판이었다. 이러한 비판에도 불구하고 GIS는 인간의 행동이나 인지적 요소들과 결합된 다양한 연구방법론을 지속적으로 개발하며 기술적 진보를 이루었으며, 결과적으로 경관고고학에서 시간과 공간, 형태를 동시에 분석하는 매우 이상적이고 강력한 도구로 인정받게 되었다(Gillings *et al*. 1999; Wheatley and Gillings 2002).

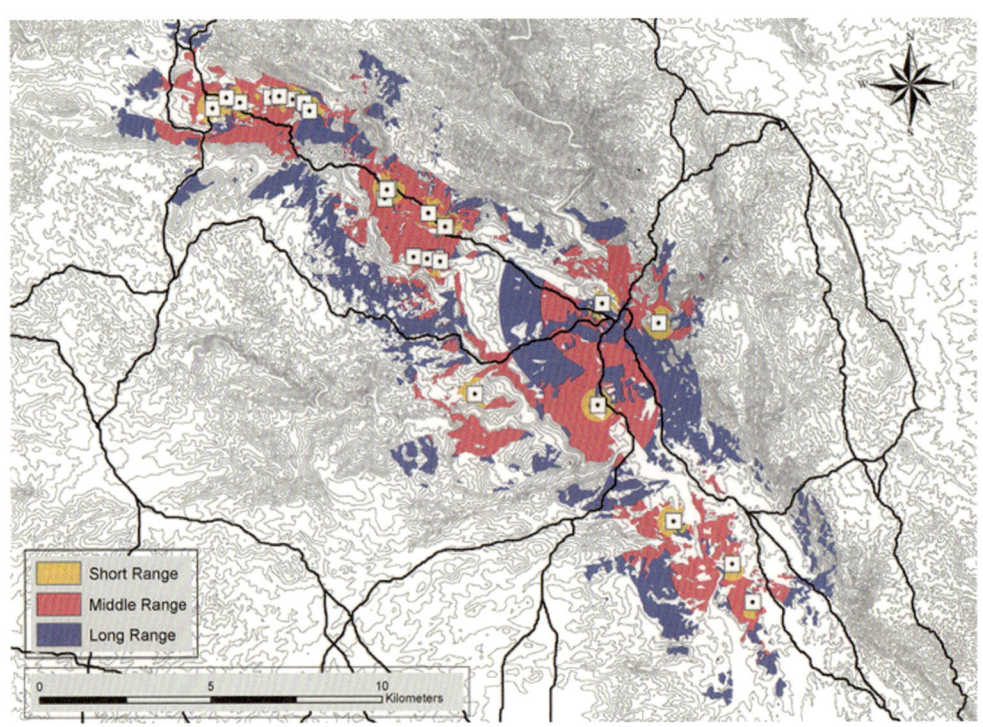

그림 5. 스페인 비알 계곡 거석기념물의 가시권분석(Murrieta-Flores 2014)

한편, 고고학자들이 GIS 기술을 처음 채택한 이래로 계속되는 관심은 과거의 경관을 재구성하고, 그곳에 살고 있던 사람들을 이해하는 방식이었다. 이것은 한마디로 가시성과 이동성에 관한 것이라고 말할 수 있다. 이를 모델링하는 것은 경관을 객관적이고 정량적으로

묘사하는 것이 아니라, GIS를 이용하여 인간이 직접 체험하였던 경관을 이해하려는 시도였다(Lock *et al.* 2014). 이에 대한 GIS의 잠재력을 인식한 최초의 출판물은 『*Interpreting Space*』이었다(Allen *et al.* 1990). 여기에서 제시된 가시권분석과 최소비용경로분석은 경관연구에서 GIS의 의존도를 크게 높였으며, 3D 지형모델링 기술과 결합한 기법도 상당한 발전을 보이고 있다. 최근 GIS에 의한 가시성과 이동성 분석은 경관고고학 연구에서 당연시되고 있다. 두 가지 접근 방식은 모두 디지털 모델을 인간화하는 방법이라고 할 수 있으며, 위에서 모든 것을 바라보는 관점이 아닌, 행위자(Agent)를 경관 속에 배치하는 방식을 따른다.

이 가운데 가시성 분석은 경관고고학 연구에서 가장 활발히 이용되고 있는 분석법이다. 경관고고학 연구에서는 다양한 지각적 경험과 관찰, 기록을 강조하고 있는데, 이러한 인간의 감각적 경험은 대부분 하나의 감각, 즉 가시성에 초점을 맞추고 있다. 주요 관심사는 기념물을 특정한 관점에서 볼 수 있는지, 기념물 사이의 시인 관계는 어떠한지, 그리고 숲이 우거진 경관에서 가시성이 어떻게 작용할 수 있는지 등과 같은 것들이었다. 이것은 가시성이 경관을 구성하는 주요 특징 중 하나로, 대부분 사람들의 감각에 가장 중요한 영향을 미친다는 점을 강조한 것이었다(Wheatley and Gillings 2002). 이러한 인식은 시각이 인간의 오감 가운데 실세계의 여러가지 현상을 직감적으로 인식할 수 있는 특성을 지니고 있고, 가장 많이 기억되고 언급되는 특성이라는 것을 주목한 결과였다. 이처럼 GIS의 가시성 분석은 경관 인지, 지각 및 관점을 분석하는 도구로 활용되고 있다. 특히, 가시권분석(Viewshed)는 가장 핵심적인 도구로, 특정 시점에서 볼 수 있는 경관을 시각화한다는 장점이 있다. 이것은 영국에서 거석기념물의 경관 분석과 시각적 체험의 역동성으로 보여주는 데 활용되었다(Cummings and Whittle 2004; Exon *et al.* 2000).

경관고고학에서 가시성 분석과 함께 많이 주목하고 있는 것은 GIS의 최소비용경로분석이다. 이것은 둘 이상의 장소 사이에서 최적 경로를 찾는 방법으로, 가파른 경사면, 하천 등과 같이 이동을 방해하는 물리적 특성을 반영하여 과거 인간의 이동 경로를 합리적으로 추정한다. 이 분석법은 누적된 비용표면(Accumulated Cost Surface)를 이용하여 특정 시간 내에 도달할 수 있는 영역을 찾을 수 있으며, 토지의 규모, 위치, 환경적 특성을 고려하여 경로를 분석하기도 한다.

최소비용경로분석은 과거의 이동과 경로를 완벽하게 재구성하는 데에는 한계가 있으며, 실제 도로가 발견되는 경우는 많지 않기 때문에 모델 검증이 문제가 될 수 있다. 하지만 이 분석법은 사람들이 과거에 어디로 이동했는지, 어떤 요인이 이동과 운송에 영향을 미쳤을 지에 대한 가설과 검증이 가능한 방법이라는 점에서 고고학적 공간을 이해하는 효과적인 방법으로 이용되고 있다. 최근에는 사회 네트워크 분석(SNA)과의 결합을 통해 특정 장소가 사회조직 내에서 작용한 영향력을 분석하는 데에도 활용되고 있다.

이처럼 GIS는 고고학에서 유적과 유물의 지리적 현상을 분석하는 도구로, 고고 자료의 지리적 공간성과 특수성, 다양한 환경 변수와의 관련성을 해석하고, 고고학 데이터의 기록, 저장, 관리를 효과적으로 지원한다. 이것은 GIS가 고고학적 문제 해결에 적극적으로 이용되는 이유이다.

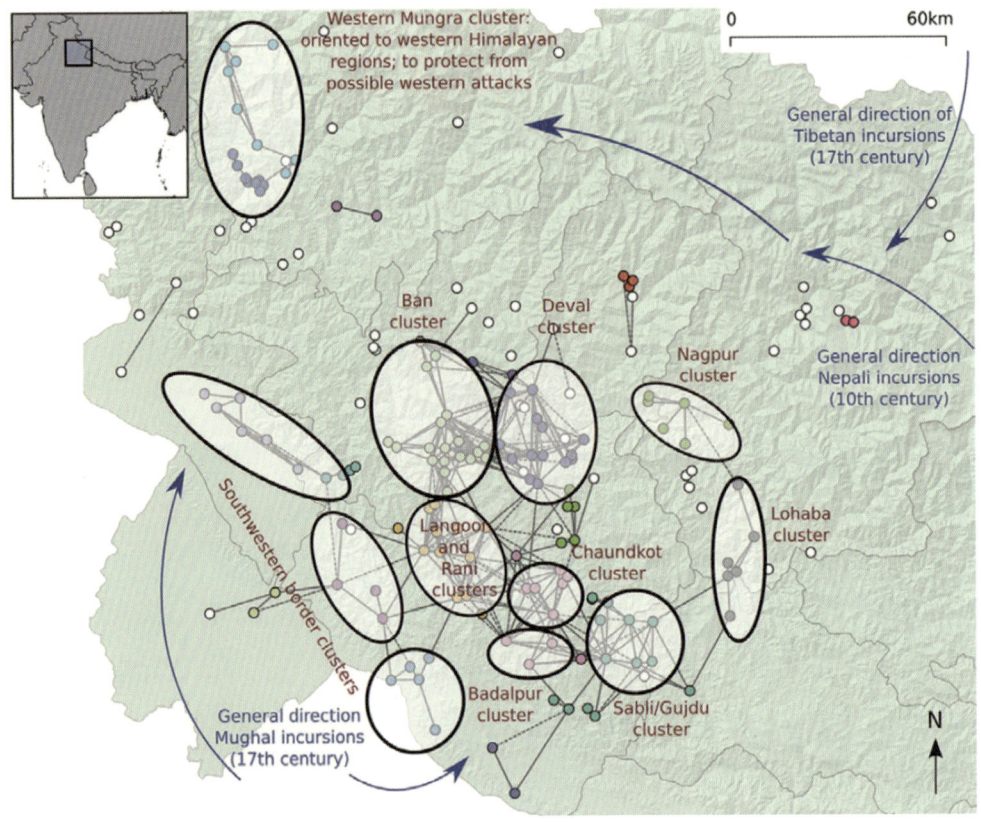

그림 6. 가시선분석(Line of Sight)을 이용한 네트워크 분석(Rawat et al. 2021)

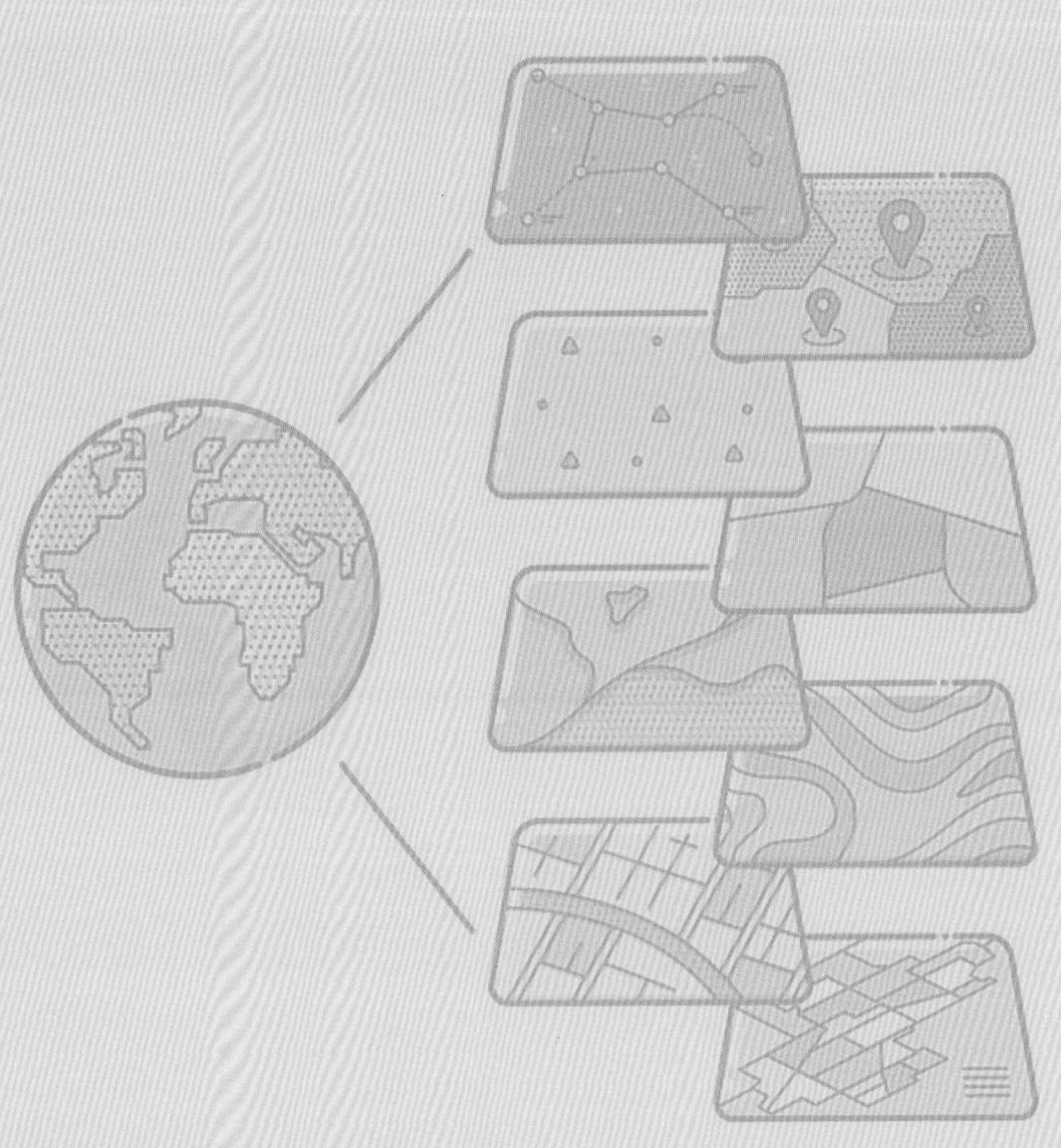

제2장

GIS와 공간정보

제2장
GIS와 공간정보

2.1 GIS의 정의

　GIS는 일반적으로 실세계의 다양한 공간 문제를 해결하기 위해 지리정보를 수집, 구축, 유지, 관리, 편집, 분석, 모델링하여 고부가가치의 정보를 표현하고 출력할 수 있게 고안된 시스템으로 정의할 수 있다. 그렇지만, GIS는 사용 목적과 관점에 따라 매우 다양하게 이해되고 있기 때문에 명확하게 정의하기 어렵다. 지금까지 언급된 GIS에 대한 여러 정의들을 정리해 보면, 크게 지리정보관리와 분석시스템, 정보처리시스템, 문제해결시스템의 관점에서 설명할 수 있다.

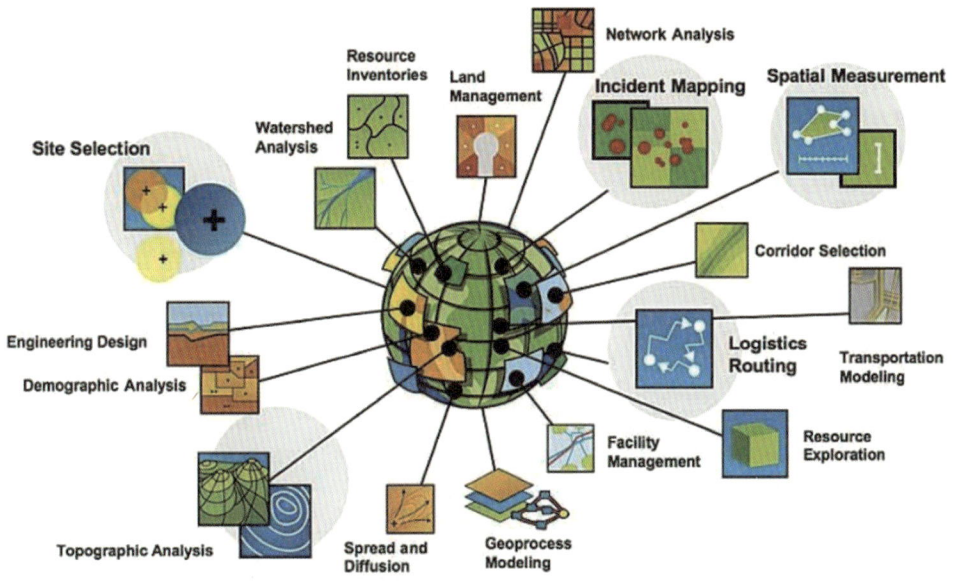

그림 7. 지리정보 관리 및 분석시스템으로서의 GIS(ESRI)

먼저, 지리정보관리와 분석시스템의 관점에서는 GIS를 각종 분석 기능을 지원하는 도구상자로 이해한다. 이는 GIS가 지닌 공간데이터베이스 구축과 시각화 기능에 주목한 것이다. GIS는 기본적으로 지리상에 존재하는 다양한 형상들을 점, 선, 면으로 추상화하여 정보를 수집·구축할 수 있으며, 이러한 정보의 유지와 관리, 편집도 가능하다. 또한 지리적 객체의 위치 정보와 속성 정보를 통합한 공간데이터베이스를 기반으로 각종 공간분석을 실시하여 지도를 작성하거나 도표, 도면과 같은 여러 형태의 정보를 제공할 수 있다. 이처럼 GIS는 각종 지리정보를 관리하는 데이터베이스관리시스템(DBMS)를 포함하고 있으며, 다양한 공간분석과 도면화가 가능한 도구상자 시스템으로서의 특성을 지닌다.

둘째, GIS는 하드웨어와 소프트웨어를 포함한 테크놀로지 시스템의 관점에서 정의할 수 있다. GIS는 명료하게 정의된 연산을 통해 정보를 처리할 수 있는 기능들이 담긴 소프트웨어이며, 데이터세트 형태로 실세계의 다양한 양상을 컴퓨터 기술로 구현한다는 점에서 일종의 정보처리시스템으로 볼 수 있다. 이 때문에 GIS는 이론적 기반이 없는 소프트웨어 패키지로 취급되기도 한다(구자용 외 2014: 12). 이러한 관점에서 GIS는 디지털 기반의 전산시스템이며, 컴퓨팅 기술에 의해 개발되는 대상이 된다. 이는 지리정보과학(GISc, Geographic Information Science)의 관점과 상통한다. GIS는 정보공학과 같이 지리 정보의 창출, 처리, 저장, 사용과 관련된 논제를 다루는 것이며, 결국 지리정보기술을 개발하고 발전시키는 개념과 원리들을 연구하는 일종의 지리정보과학이라는 것이다. 이것은 컴퓨터 시각화, 데이터베이스 관리와 통합, 지리정보 분석과 모델링에 필요한 각종 정보기술을 개발하는 계산과학, 지리데이터에 대한 공간적 개념, 학습, 추론, 인간과 컴퓨터 간의 상호작용을 다루는 인지과학, 그리고 GIS의 사회적 파급 효과를 검토하는 사회과학으로 구성된다.

셋째, GIS를 문제 해결과 의사결정시스템으로 보는 관점이다. 여기에서 GIS는 실세계의 다양한 공간 문제를 해결하고, 의사결정을 지원하는 시스템을 의미한다. 이는 다양한 공간적 차원에서 이루어지고 있는 사회, 역사, 문화, 토지, 자원, 도시, 환경 등의 문제들을 이해하고 결정할 수 있도록 지원하는 컴퓨터 기반 시스템 관점에서 GIS를 정의한다. 고고학 연구에서 취락은 왜 그곳에 입지하는지, 취락이 밀집된 지역은 어디이며 그 이유는 무엇인지, 주거지들은 서로 보이는 곳에 위치하는지, 무덤과 주거지는 어떠한 공간적 맥락에서 배치

되었는지, 취락 간의 상호작용 강도는 어떠했는지 등과 관련한 다양한 질문을 할 수 있다. 이러한 질문에 대한 답을 구하기 위해 GIS를 이용하여 취락의 위치정보와 규모, 거리, 입지정보를 수집하고, 이를 기반으로 공간분석과 공간통계 모델링을 진행하는 일련의 과정은 문제해결시스템으로서의 GIS 기능을 강조한 것이다.

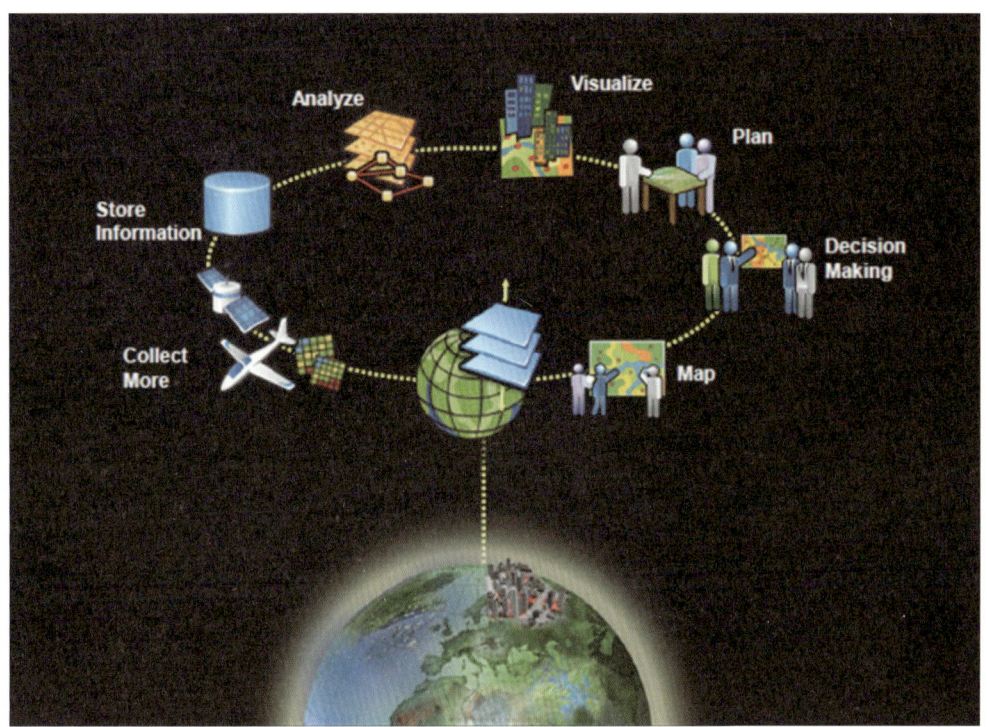

그림 8. 문제 해결과 의사결정 시스템으로서의 GIS(ESRI)

이처럼 GIS는 사용자의 관점과 용도에 따라 여러 각도에서 정의되고 있다. 하지만 인간의 활동과 관련한 문제뿐만 아니라, 지리상의 현상을 효과적으로 분석·해석하기 위해 고안된 정보처리시스템이라는 점은 공통된 인식이다. GIS는 지리정보의 수집과 저장, 관리, 분석이 가능한 도구인 동시에, 데이터의 처리를 통해 다양한 공간 문제를 해결하는 역할을 하고 있는 것이다.

2.2 공간정보와 공간데이터

2.2.1 공간정보의 종류

　GIS의 운용은 지리정보의 수집에서 시작한다. 여기서 지리정보란 위치값을 갖는 자연적·인문적 여러 형상물을 지도나 도면의 형태로 표현한 것을 가리킨다. 이는 지표(Geo), 묘사(Graphic), 정보(Infromation)라는 단어가 합성된 것으로, 지형, 지리, 공간에 관련되는 모든 정보의 통칭을 의미한다(김계현 2011: 3). 그런데 이 정보는 공간상의 문제를 해결하기 위해 표현된 형상정보라는 점에서 공간정보와 혼용되고 있으며, 지리정보시스템을 통해 구축·관리되는 측면도 있기 때문에 데이터로서의 특성도 지니고 있다. 이 데이터는 지리적 공간에 위치하는 절대좌표나 공간적 식별자를 갖는 공간데이터(Spatial data), 지리적 좌표정보가 없이 문자나 숫자로 형상물의 속성을 나타내는 속성데이터(Attribute data)로 구분된다. 예를 들어, 취락유적 GPS 측량값을 확보하여 점으로 표현한다면, 이는 공간데이터에 해당한다. 그리고 이와 연계된 유적명, 주거지 수, 주거지 형식과 크기, 주거지 출토유물, 발굴보고서명 등은 속성데이터에 속한다.

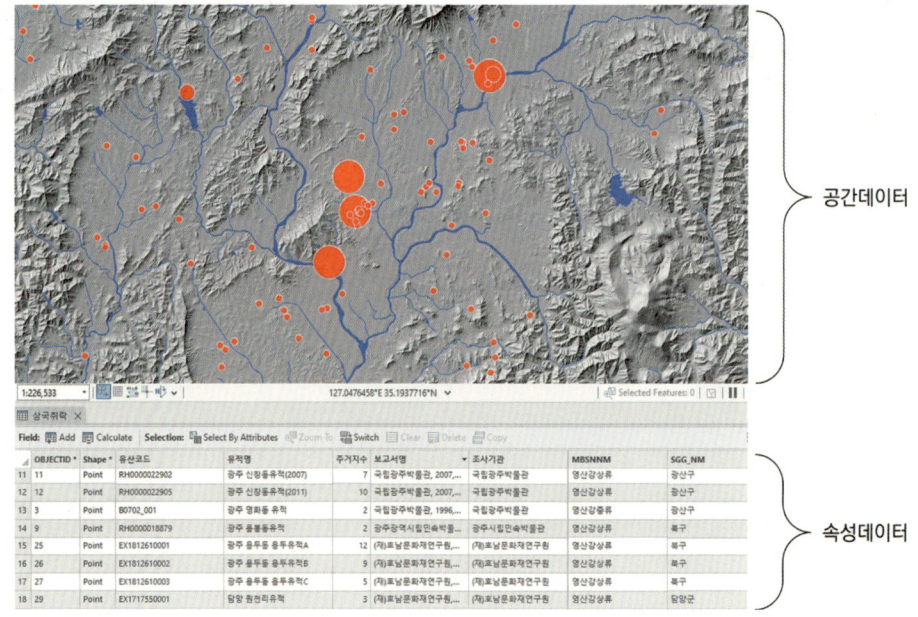

그림 9. 취락유적의 공간데이터와 속성데이터

2.2.2 공간데이터

공간데이터는 크게 벡터데이터와 래스터데이터로 구분된다. 벡터데이터는 지리상의 다양한 객체나 현상을 점(Point), 선(Polyline), 면(Polygon)으로 표현한 것으로, 지리적 위치와 지리사상의 특성에 따라 데이터 구조가 생성된다. 이것들은 2차원의 공간좌표 X, Y 또는 3차원 공간좌표 X, Y, Z 등으로 표현된다. 예를 들면, 고인돌 한 기는 점으로 표현할 수 있으며, 열상의 배치는 선으로, 군집은 면으로 나타낼 수 있을 것이다. 여기서 점은 버틱스(Vertics), 선은 버틱스와 노드(Node)로 구성된다. 즉, 선은 버틱스를 연속적으로 연결한 노드로 이루어진다고 말할 수 있다. 면의 경우에는 선으로 구성되며 객체들 간의 공간 관계를 파악하기 위해서는 시작과 끝 버틱스를 연결하는 과정을 거쳐야 한다.

이처럼 점, 선, 면은 벡터기반의 공간데이터를 구성하는 기본 요소이다. 이들 간의 공간적 관계를 체계적으로 정의하고 관리하기 위해서는 위상구조를 명확히 하는 것이 중요하다. 점은 연결의 시작과 끝을 표현하며, 선은 경로와 네트워크, 면은 영역과 경계를 나타내는데, 위상구조는 이것들의 연결성, 인접성, 포함성을 관리하여 데이터 무결성, 효율적 저장, 정확한 분석을 가능하게 한다. 이러한 점, 선, 면의 위상구조는 GIS 분석 기법의 신뢰성과 활용성을 높이는 핵심 요소이다.

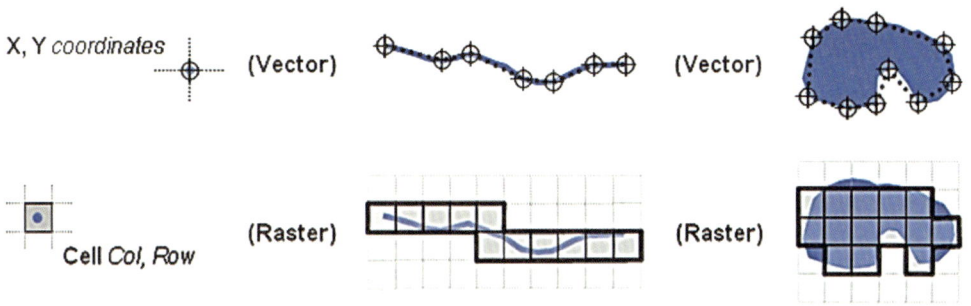

그림 10. 벡터데이터와 래스터데이터(Berry 2014)

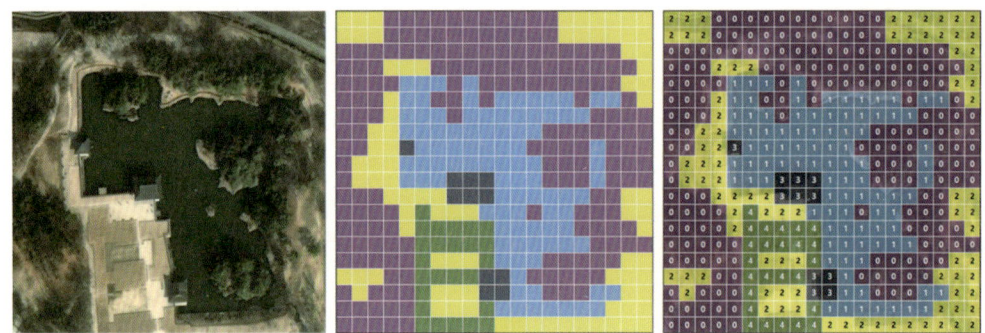

그림 11. 경주 동궁과 월지 래스터데이터의 예

래스터데이터는 벡터의 점, 선, 면 데이터를 그리드(grid), 셀(cell), 픽셀(pixel)로 명명되는 격자 형태의 최소 크기 단위로 객체의 형상을 나타내는 데이터 구조이다. 즉, 래스터데이터는 규칙적인 공간 배열로 형상을 표현하는데(그림 10), 형상을 일정한 크기의 셀로 분할하고, 각 셀에는 속성값을 입력·저장하여 연산하게 된다. 셀은 공간분할 방식에 따라 사각형, 육각형, 삼각형 등 분할할 수 있는데, 가장 많이 사용하는 것은 사각형이다. 그리드 방식의 사각형 구조의 경우, 데이터를 행렬 방식으로 저장하므로 좌표체계를 정의하기 쉽고, 각 셀을 세분할 때 동일한 형태와 크기로 나눌 수 있기 때문이다(이희연 2003: 188). 예를 들면, 경주 동궁과 월지의 건물지, 연못, 나무, 지표면은 각각의 셀로 표현할 수 있을 것이다. 그리고 이 셀은 각 형상을 대표하는 값으로 나타낼 수 있다(그림 11).

래스터데이터에서 가장 중요한 것은 셀의 크기이다. 이 데이터 구조는 객체의 형상을 픽셀 구조로 일반화시키기 때문에 다소 부정확하게 형상을 표현할 수 있다는 단점이 있다. 〈그림 11〉의 예에서 격자 형태의 셀 크기를 작게 한다면, 동궁과 월지를 구성하는 객체를 보다 상세하게 표현할 수 있을 것이다. 이처럼 래스터데이터의 부정확성은 셀이 지닌 공간해상도를 조절하여 해소할 수 있다. 셀의 크기는 데이터의 공간해상도를 결정하는데, 래스터데이터의 해상도가 30m라는 것은 하나의 셀 크기가 30m×30m임을 의미한다. 즉, 지표면의 모든 객체를 30m 크기의 격자로 나타낸다는 것이다. 이처럼 셀의 크기에 따라 지리사상의 정보가 일반화되기 때문에, 셀의 크기를 정할 때에는 래스터데이터로 표현하고자 하는 객체의 특성과 데이터 처리 시간, 분석 방법 등을 고려할 필요가 있다.

가령 광역적 차원에서 유적 단위의 공간분석을 수행하는 경우와 같이, 고해상도의 데이터를 이용한 분석이 필요하지 않을 때에는 셀 크기가 크지 않아도 될 것이다. 〈그림 12〉에서 보는 것과 같이, 셀 크기 30m×30m의 해상도에서는 15개의 셀로 한 유적의 정보를 모두 포함할 수 있다. 반면, 유적 내 주거지를 대상으로 하는 입지 분석의 경우에는 30m 셀 크기가 아니라 해상도가 높은 5m 정도의 셀 크기를 설정해야만 각 주거지의 위치와 배치 정보를 보다 정확하게 구현할 수 있을 것이다. 이와 같이 래스터데이터의 셀 크기는 객체의 형상 표현뿐만 아니라 정보 구축에도 영향을 미친다. 또한 해상도에 따라 셀 처리 시간과 저장 용량 차이가 발생하므로, 사용 목적을 고려한 데이터 구축이 필요하다.

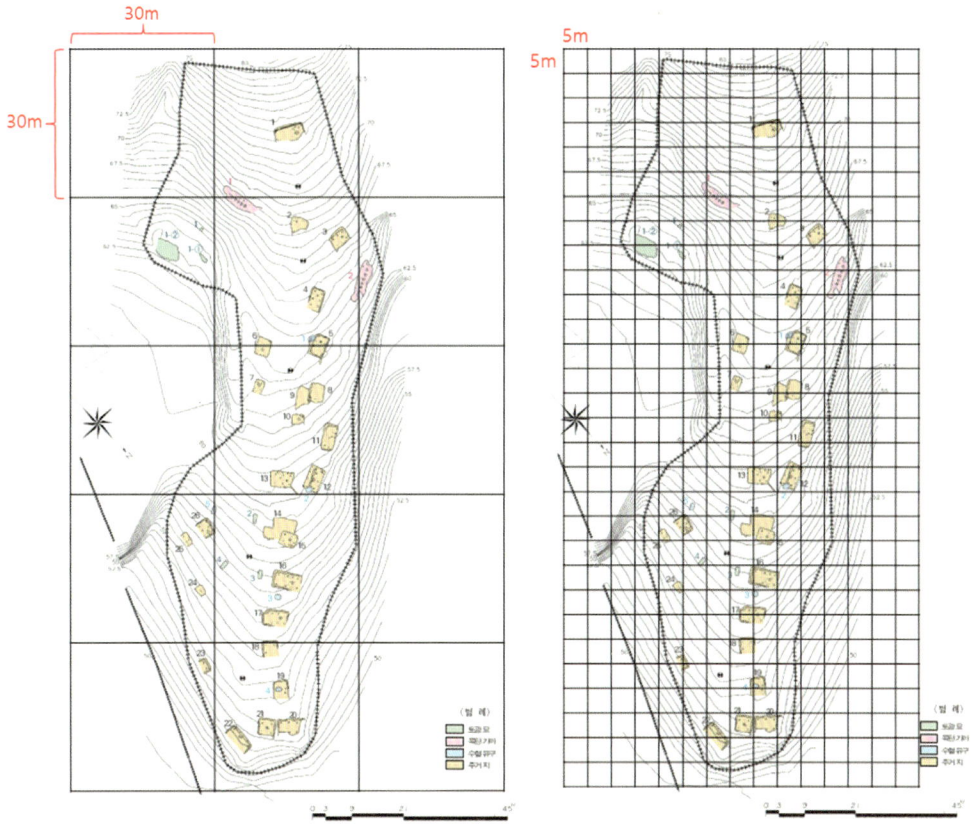

그림 12. 래스터데이터 셀 크기와 유적 정보의 관계

2.2.3 속성데이터

공간정보를 구성하는 공간데이터는 점, 선, 면으로 구성된 불연속적 지리 객체로서의 특성을 지닌 데이터, 셀과 같은 형태로 지리 현상을 연속적으로 표현하는 연속적 지리 데이터로 구분할 수 있다. 이와 더불어 공간정보는 좌표나 공간적 식별자를 갖지 않는 비공간데이터인 속성데이터도 포함하고 있다. 속성은 공간데이터와 연관된 세부적인 정보를 담고 있는 것으로, 숫자나 문자와 같은 명목, 순위, 등간, 비율척도 등으로 입력된다.

가장 대표적인 속성데이터는 수치지도에 입력된 지형지물 정보이다. 여기에는 레이어, 분류, 지형지물 이름, 속성명, 형태, 고도값 등이 코드로 입력되어 있는데, 이것은 수치지도작성작업규칙에 의해 법적으로 관리되고 있다(그림 13). 이 정보들은 점, 선, 면으로 추상화된 공간데이터에 세부 지형 · 지물의 속성을 코드화하는 구조화 편집 과정을 거쳐 데이터를 완성하게 된다.

수치지도 지형지물 표준코드(안)															
No	대분류	중분류	소분류(지형지물명)	통합코드	수치지도 1.0 1:5,000			1:2,500			1:1,000			수치지도 2.0	비고
518			(봉목지)미분류	F0017110	선										
519			(봉목지)주곡선	F0017111	선		R/G/B 255/127/0	선		R/G/B 255/127/0	선		R/G/B 255/127/0		
520			(봉목지)간곡선	F0017112	선		R/G/B 255/127/0	선		R/G/B 255/127/0	선		R/G/B 255/127/0		
521			(봉목지)조곡선	F0017113	선		R/G/B 255/127/0	선		R/G/B 255/127/0	선		R/G/B 255/127/0		
522			(봉목지)계곡선	F0017114	선		R/G/B 0/0/0	선		R/G/B 0/0/0	선		R/G/B 0/0/0		
523		등고선	(오목지)미분류	F0017120	선										
524			(오목지)주곡선	F0017121	선		R/G/B 255/127/0								
525			(오목지)간곡선	F0017122	선		R/G/B 255/127/0								
526			(오목지)조곡선	F0017123	선		R/G/B 255/127/0								
527			(오목지)계곡선	F0017124	선		R/G/B 0/0/0								
528			(수치)미분류	F0017130	문자										
529			등고수치	F0017131	문자	23	R/G/B 0/0/0	점	23	R/G/B 0/0/0	점	23	R/G/B 0/0/0		
530	지형		표고점(미분류)	F0020000										점	
531		표고점	표고점수치	F0027132	문자	23	R/G/B 0/0/0	점	23	R/G/B 0/0/0	점	23	R/G/B 0/0/0		
532			표고점	F0027217	점		R/G/B 0/0/0	점		R/G/B 0/0/0	점		R/G/B 0/0/0		
533			성/절토(미분류)	F0030000										선	
534			(인공)미분류	F0037220	선										
535		성/절토	성토(상단)	F0037221	선		R/G/B 0/0/0	선		R/G/B 0/0/0	선		R/G/B 0/0/0		

그림 13. 수치지형도 속성데이터 코드표

고고학의 경우, 명목척도는 유적명, 종류, 시대, 형식 등에 해당한다. 예를 들어, 송국리유적을 점데이터로 표현할 경우, 이와 연결된 송국리유적, 취락, 청동기시대, 송국리식주거지 등과 같이 송국리유적을 설명하는 속성이 명목척도가 된다. 순위 척도는 영남지방 청동기시대 취락의 위치나 범위를 표시한 공간데이터와 관계된 대·중·소 취락, 최상위·상위·하위취락과 같은 취락의 계층을 구분한 정보가 이에 해당한다. 등간척도는 주거지 규모, 주거지 분포 밀도 구간을 나타내는 것이며, 비율척도는 취락별 주거지 형식의 분포 비율이 여기에 해당될 것이다. 이것은 〈그림 14〉와 같이 발굴조사보고서에 수록된 각종 주거지와 분묘 현황표의 모든 정보가 속성데이터가 될 수 있다는 것을 의미한다. 각 유적 또는 유구를 나타내는 점, 선, 면 데이터에 이러한 속성정보가 연결된다면, 고고학적 공간분석에 유용한 데이터를 구성하게 될 것이다.

  이와 같이 속성데이터는 공간데이터를 설명하는 정보이기 때문에 데이터 활용도를 높이기 위해서는 구축 단계부터 관리에 이르기까지 세심한 주의가 필요하다. 그 이유는 속성데이터가 잘못 입력되거나 연결될 경우, 공간데이터를 통해 시각화되는 도면 정보에 필연적으로 오류가 발생하기 때문이다.

지역	유적명	유구명	규모(cm)			호석 유무	평면 형태	목곽 유무	적석 유무	출토유물(점)		
			길이	너비	깊이					토기	철기	기타
경주	교동 94-3번지	부장갱	90	85		×	방형	×		100	13	-
	황남동 95-6번지	6호 적석목곽묘	240	238	56	×	방형	○	○	143	9	-
	황남동 231·232번지	단독부장곽	270 136	260 120	52 52	○	방형	○	○	83	3	-
	인왕동 814-3번지	적석목곽분	360 220	310 170	80	○	방형	○	○	282	3	
	인왕동 809-10번지	5호 적석목곽묘	425 290	265 150	140	○	장방형	○	○	175	12	
	황오동 376-1번지	단독부장곽	352 282	324 244	75	×	방형	○	○	242	15	이식 치아 등
	쪽샘 K지구	K170호	260 180	260 185	50	×	방형	○	○	134	21	운모 11점
	황성동 537-1번지	4호 적석목곽묘	297	248	60	×	방형	○	○	54	-	
	황성동 590번지	4호 적석목곽묘	335 230	287 183	64	○	방형	○	×	206	28	
	황성동 602-2번지	6호 적석목곽묘 7호 적석목곽묘	265	260	86	×	방형	○	○	116	1	
	미추왕릉 D지구	제1부곽	190	190	90	○	방형	○	○			-
	미추왕릉 D지구	제2부곽	300	260	80	○	방형	○	○			-
	미추왕릉 7지구	2호분	-	-	-							
	미추왕릉 7지구	3호분	-	-	-							
	인왕동 고분군	19호 B곽	-	-	-							
경산	임당동 고분군	5C호	410 390	405 330	110 120	○	방형	○	○	103	65	인골 지석 등
	임당동 고분군	7A2호	410 300	365 300	130	○	방형	○	×	148	16	인골 방추차

그림 14. 유적 현황표 예시

이상의 내용을 정리해 보면, 공간정보는 공간데이터와 속성데이터로 구성된다. 공간데이터에는 점, 선, 면으로 불연속 지리사상을 나타내는 객체 기반의 데이터모델인 벡터데이터가 있으며, 지리상에 연속적으로 존재하는 지리사상을 픽셀의 형태로 표현하는 데이터모델로서 래스터데이터가 있다. 그리고 이러한 공간데이터의 속성을 숫자나 문자로 입력하여 관리하는 속성데이터가 공간정보를 구성한다고 말할 수 있다.

그림 15. 공간정보의 구성과 데이터모델

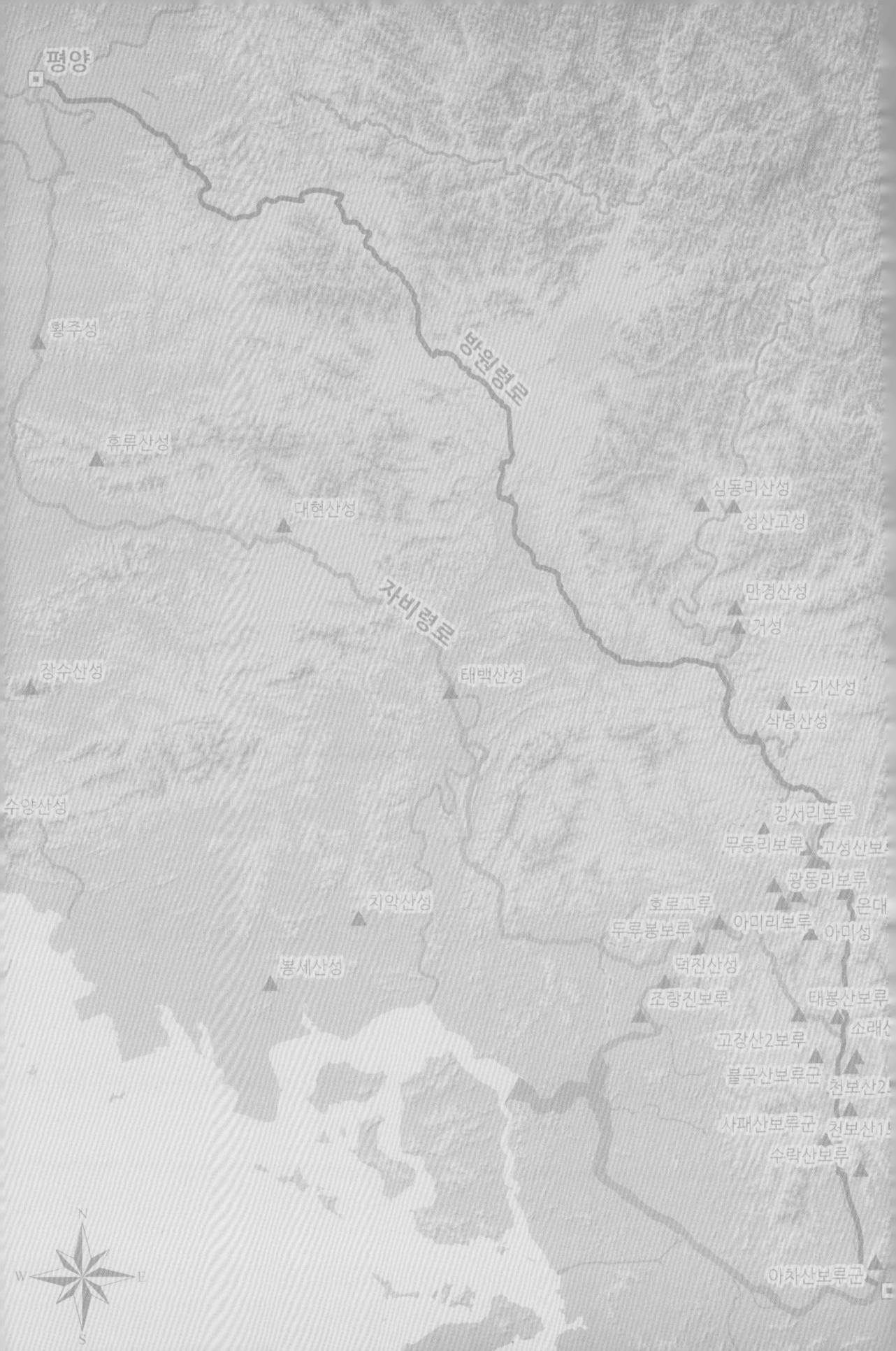

제3장

수치지도와 수치표고모델

제3장
수치지도와 수치표고모델

3.1 수치지도

　GIS를 활용한 고고학적 조사연구에서 가장 중요한 것은 유적 공간정보의 수집과 구축이다. 유적 공간정보는 해당유적이 위치한 지점의 절대적 지리 좌표와 형상 정보를 추상화하여 표현한 공간데이터와 유적의 정보를 설명할 수 있는 속성데이터로 구성된다. 이러한 유적의 공간적 위치와 맥락을 파악하여 GIS에서 이용가능한 유적 공간정보를 구축하고 시각화하기 위해서는 지형, 지물, 지질, 도로, 지적, 하천, 토양, 행정구역, 유역경계 등과 같은 각종 주제 공간정보가 필요하다. 이 공간정보들은 대부분 국가 차원에서 구축을 진행하고 있으며, 수치지형도, 수치토양도, 수치지질도, 수자원단위지도의 형태로 서비스되고 있다. 이처럼 각종 공간정보를 포함하고 있는 지도를 수치지도라고 하는데, 이것은 종이지도와 달리 지리사상을 수치데이터로 표현하거나 저장하며, 공간 색인과 분석이 가능하도록 디지털 데이터화한 것이다.

　이 수치지도는 대부분 국토 자원의 효율적 이용을 위해 국가 주도로 제작되었다. 처음에는 지형도나 지질도와 같이 기존에 제작된 종이지도를 전산시스템에서 처리할 수 있는 형태로 변환 제작되었다. 이후에는 각각의 제작 주체에서 지속적인 보완 갱신을 통해 공개서비스를 진행하고 있다. 현재 수치지도 데이터는 국토지리정보원, 농촌진흥청, 한국지질자원연구원, 한강홍수통제소 등과 같은 기관에서 직접 제공하거나 국토교통부에서 운영하는 브이월드를 통해 통합서비스되고 있다.

3.1.1 수치지형도

　수치지형도는 고고학 조사연구뿐만 아니라, 유적 공간정보 구축 시 가장 많이 활용되는

지도이다. 이 지도는 국토지리정보원에서 제작한 수치지도로, 측량을 통해 획득한 지표면 상의 위치와 지형, 지명 등과 같은 여러 공간정보를 일정한 축척에 따라 기호나 문자, 속성 등으로 표시하여 정보시스템에서 분석, 편집, 입력, 출력할 수 있도록 제작한 지도이다.

현재 국내에서 제작되고 있는 수치지형도는 축척 1:1,000, 1:5,000, 1:25,000, 1:250,000 지도가 있다. 이 가운데 축척 1:5,000과 1:25,000의 수치지형도는 국토지리정보원에서 전국토를 대상으로 제작·관리하고 있다. 특히, 축척 1:5,000은 국가기본도에 해당하는데, 전국의 건물, 도로, 하천 등 모든 공간정보를 수시로 수정·갱신하고 있다.

〈표 1〉 국토지리정보원 1:5,000축척 국가기본도 제작 현황

국가기본도	전국을 대상으로, 1:5000 이상의 축척으로 제작되고, 규격이 일정하고 정확도가 통일된 것
	전국을 대상으로 모든 정보를 수정하고 대형 건물, 도로 등의 중요 정보는 수시로 수정
도엽 수	17,661도엽
표현정보	교통·건물·지형·수계·식생·경계 등 8종의 지형지물로 분류
활용분야	104개 법률, 33개 기본·종합 계획과 각종 인·허가 업무에서 국가기본도를 이용하도록 규정
	교통, 환경 등 13개 분야 약 324개의 각종 시스템의 기본지도로 활용
	카카오, 네이버 등 민간 포털, 내비게이션 서비스에서 주로 이용되며, 도로 등 각종 SOC 사업에 필요한 설계업무에서 활용
	인터넷 및 모바일 분야에서는 국가기본도 단순 활용보다는 길찾기(네트워크 정보), 부동산 정보 등을 융·복합하여 부가 서비스 제공에 활용
추진현황	('95~) 1/5,000 수치지형도 제작(NSDI 기본계획)
	('02~) 전국단위 국가기본도 수정계획 최초 수립(5년 주기)
	('07~) 전국단위 국가기본도 수정주기 단축('07:4년 → '11:2년 → '13:상시)

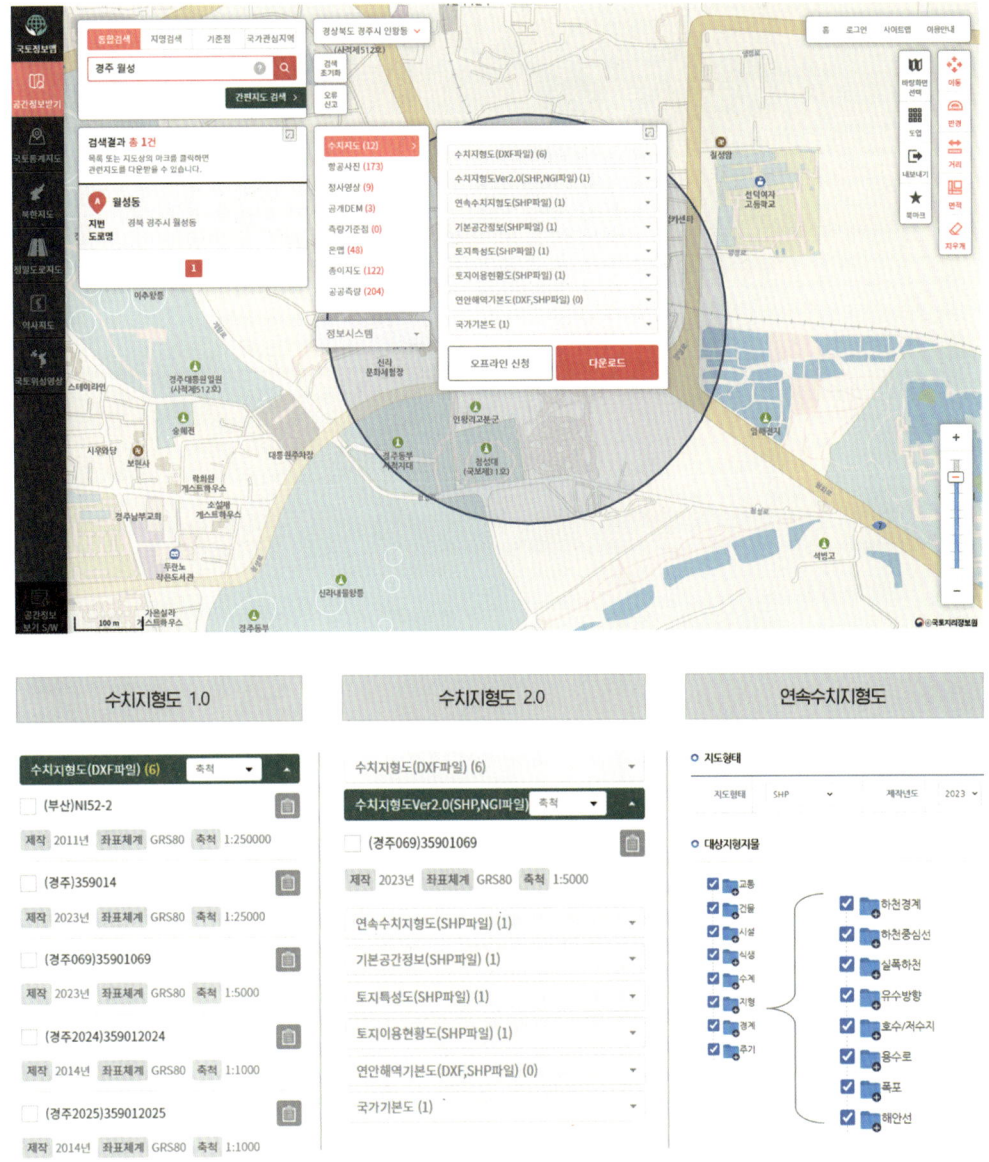

그림 16. 국토지리정보원 국토정보맵과 수치지형도별 조회 화면

제3장 **수치지도와 수치표고모델** ——— 43

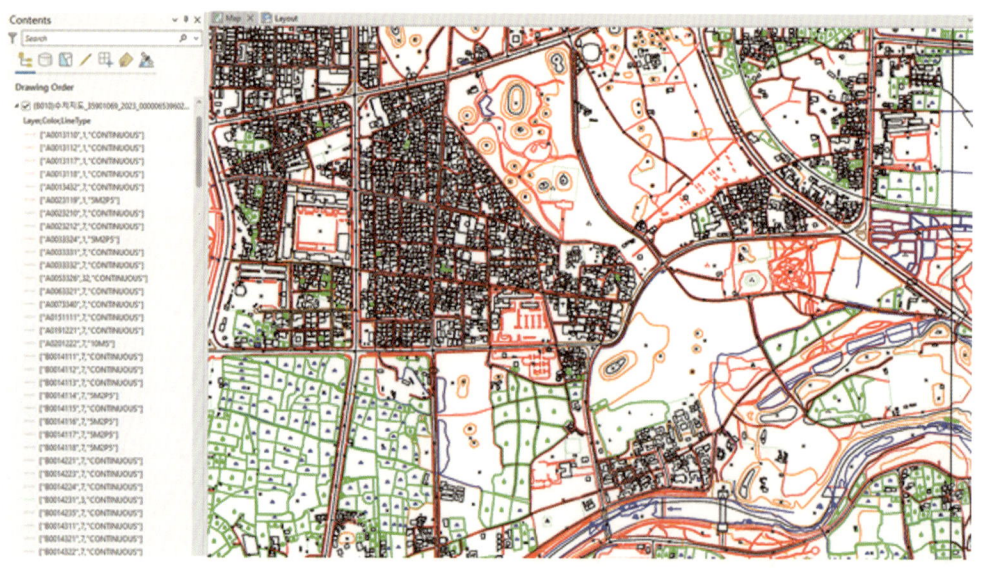

그림 17. 1:5000 축척 수치지형도(위)와 연속 수치지형도(아래)

수치지형도 종류에는 도엽단위의 수치지도 1.0과 수치지도 2.0, 레이어 단위의 연속수치지도가 있다. 수치지도 1.0은 1990년대 중반부터 제작된 것으로, 측량을 통해 확보한 데이터를 수정 보완하고, 정위치 편집을 완료한 수치지도이다. 이 지도는 점, 선, 면으로 구성된 공간데이터만을 포함하고 있는 CAD 데이터 형식(dxf, dwg)이라는 한계가 있다. 이를 보완하기 위해 2000년대부터 공간데이터와 속성데이터 모두를 포함한 수치지도 2.0을 구축하기 시작하였다. 속성데이터에는 건물 용도, 층수, 종류 등 구체적인 속성정보가 포함되어 있으며, shp와 NGI 포맷으로 제작되었다. 이 수치지형도는 도엽별로 제작되어 관리가 쉽다는 장점이 있는 반면, 도엽 경계 간의 정보가 단절된다는 단점을 지니고 있다. 이러한 문제점을 해결하기 위해 2010년부터는 교통, 건물, 시설, 식생 등과 같이, 레이어 단위로 데이터를 구축한 연속수치지형도를 제작하고 있다.

  수치지형도는 국토지리정보원의 국토정보맵(https://map.ngii.go.kr/ms/map/NlipMap.do)에서 다운로드할 수 있다.

3.1.2 수자원단위지도

  수자원단위지도는 행정구역도와 함께 고고학에서 유적분포도 작성에 매우 유용하게 활용되고 있다. 이 지도는 전국을 표준화된 유역단위로 분할하여 수치화한 단위지도이며, 수자원, 수문, 수질 등을 고려하여 유역 분할과 코드를 체계화하여 제작하였다. 수자원단위지도는 기본적으로 1:5,000 축척의 수치지형도를 기반으로 등고선, 등고수치, 행정구역, 수자원구조물, 하천망 등을 참고하여 수계를 분할하는 방식을 따르고 있다. 공간데이터는 행정경계, 하천망, 등고, 관측소 위치, 상수시설, 수리시설, 댐, 산업단지 등이 구축되어 있으며, 속성데이터는 유역 면적, 둘레, 하도경사, 유역코드, 유역명, 행정구역명 등이 포함되어 있다.

  이러한 수자원 관련 공간정보 가운데 고고학 조사연구에서 가장 많이 이용되고 있는 것은 하천유역권이다. 현재 수자원단위지도에는 전 국토를 21개 대권역, 117개 중권역, 840개 소권역(표준유역)으로 분할한 하천권역이 공간정보로 구축되어 있다. 하천유역은 자연지리적으로 경계를 형성할 뿐만 아니라, 지역 단위공동체의 경제적 활동과 상호작용의 기반이 된다는 점에서 취락고고학과 같이 인간 활동 영역을 추정하는 연구에서 매우 유용한 정보로 활용할 수 있다. 무엇보다도, 중권역은 지역적 차원의 복합사회 연구에서 취락 간의 상호작용을 파악하는 공간 단위로 적절하게 이용될 수 있다. 수자원단위지도의 유역권 공간정보는 국토교통부에서 운영하는 V-WORLD 디지털트윈국토 누리집(https://www.vworld.kr/v4po_main.do)의 공간정보 다운로드 웹페이지에서 이용 가능하다.

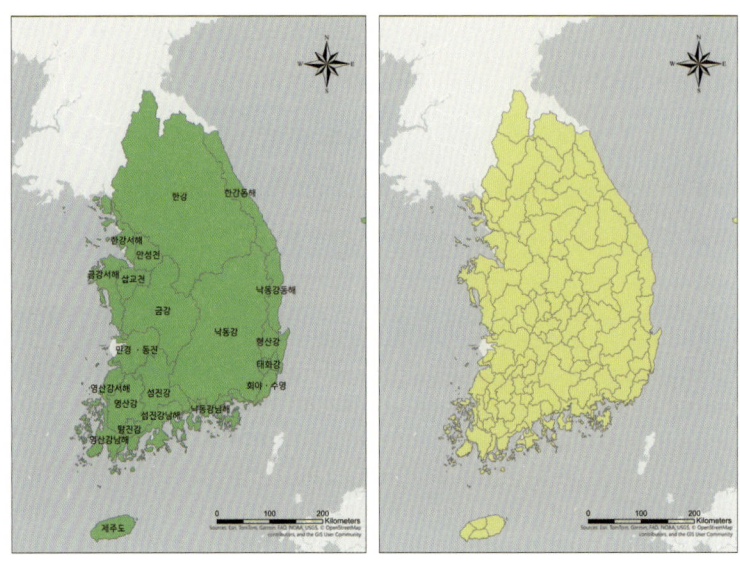

〈대권역〉   〈중권역〉

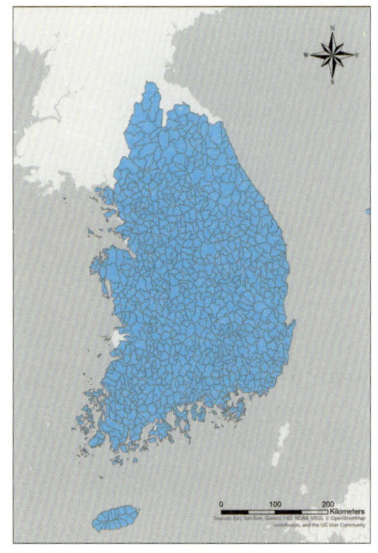

〈소권역〉

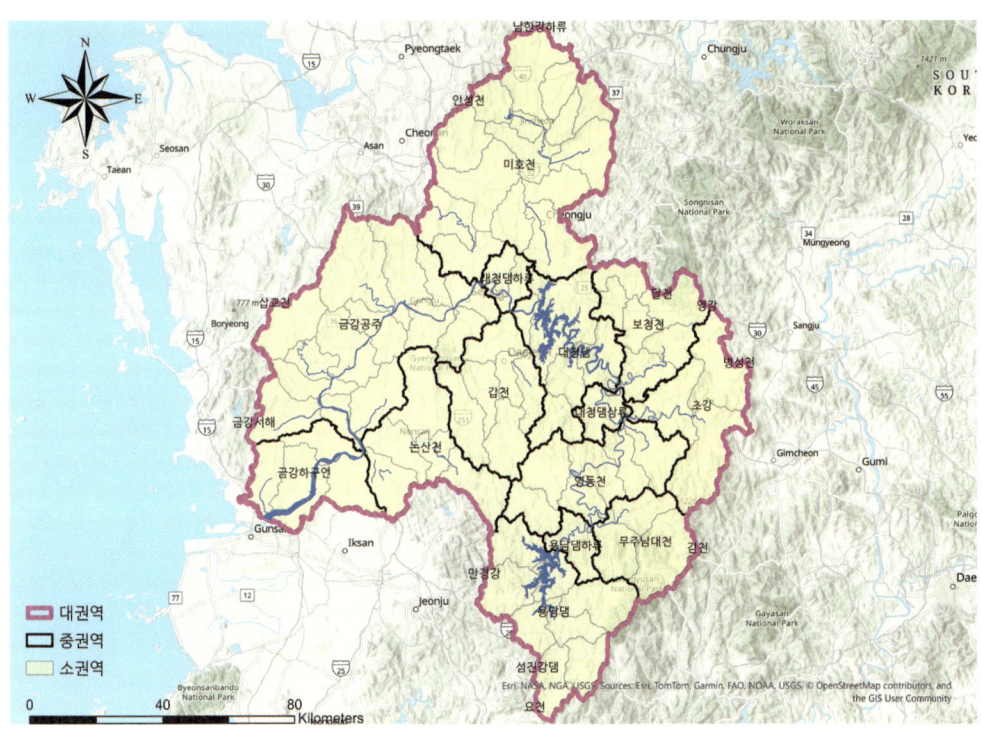

그림 18. 수자원단위지도의 하천유역 권역 구분과 금강유역 하천권역

그림 19. 국토교통부 V-WORLD 디지털트윈국토 수자원단위지도 공간정보

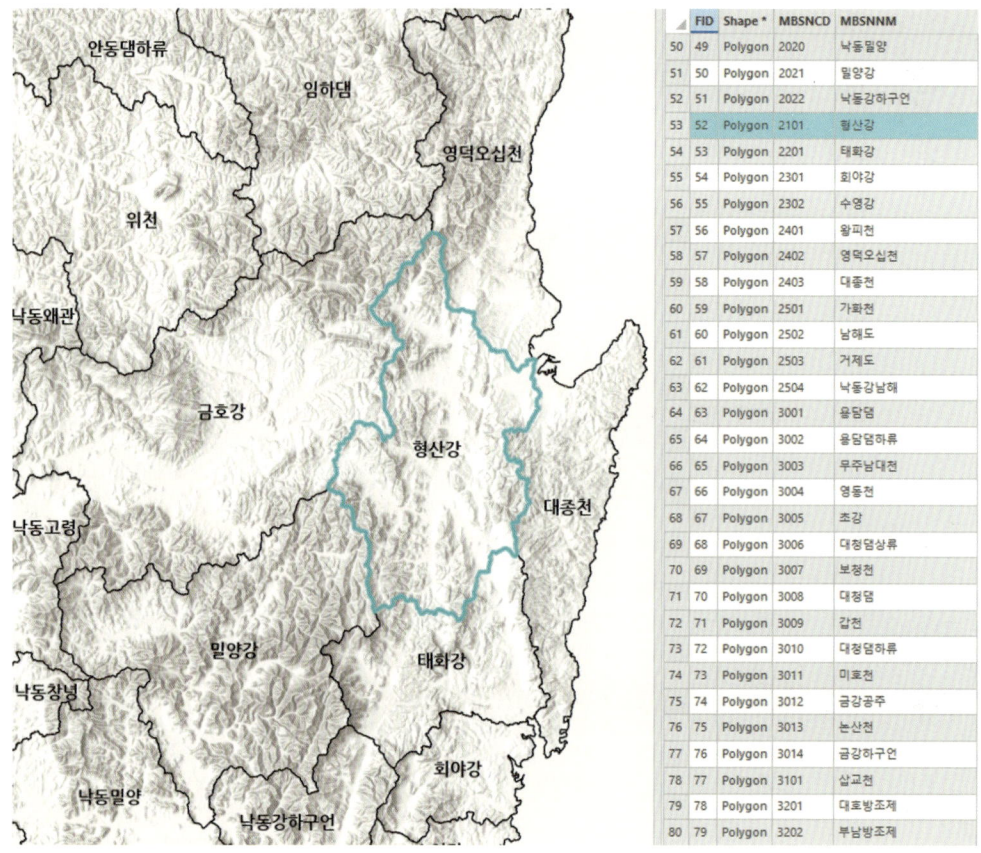

그림 20. 하천유역 중권역 공간데이터와 속성데이터

3.1.3 수치지질도

고고학 발굴조사보고서에서 유적의 위치와 지리적 환경을 설명하는 경우, 지질도는 층위 정보나 지질의 분포를 확인할 수 있는 지도로 적극 활용되고 있다. 지질도란 일정한 범위 내의 지표에서 관찰된 여러 가지 지질 현상들을 지형도 위에 표시한 지도를 뜻한다. 다시 말하면 특정 지역에 어떤 종류의 암석이 분포하고 있고, 지질의 구조는 어떠한지를 색채, 모양, 기호 등으로 나타낸 지도를 말한다. 지질도는 지질학 연구의 기초가 될 뿐 아니라 자원탐사 및 개발, 국토개발 사업에서 설계와 시공, 농·임업에서의 토질 여건에 따른 수종 선정 등 다양한 분야에 활용되고 있다.

당초 지질도는 일제강점기에 제작된 조선지질도를 시작으로, 각 지역의 지하 자원 탐사를 위해 제작되었다. 여기에는 한반도를 구성하는 지층의 층서적 관계, 지질구조, 암석, 광물, 화석 등 다양한 특성의 지질 관련 정보들이 포함되어 있다.

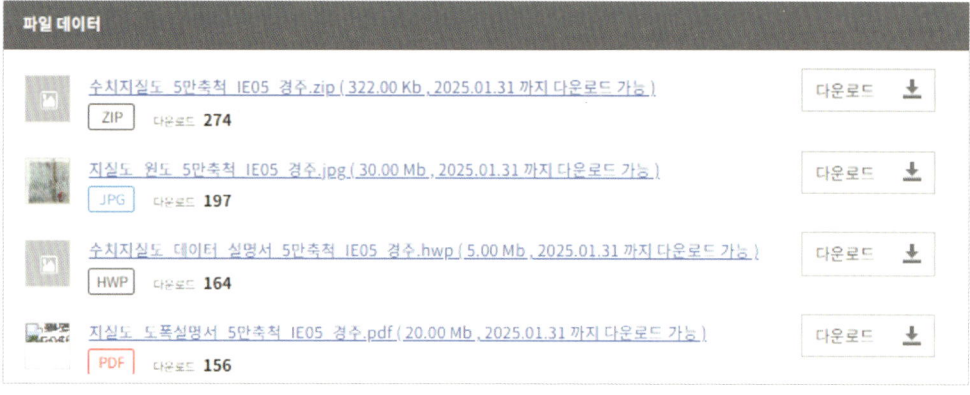

그림 21. 한국지질자원연구원 지오빅데이터 오픈 플랫폼의 수치지질도 서비스

현재 지질도는 한국지질자원연구원에서 제작·관리하고 있다. 지도 축척과 종류는 축척 1:50,000의 국가기본지질도를 비롯하여 축척 1:25,000 정밀지질도, 축척 1:100,000의 지질·자원·환경정보 통합지질도, 축척 1:250,000 광역지질도 등이 제작되고 있다. 이 가운데 축척 1:50,000 국가기본지질도는 GIS를 이용하여 분석하거나 시각화가 가능하도록 공간정보 기반의 수치지도로 구축서비스하고 있다. 이 정보는 한국지질자원연구원의 지오빅데이터 오픈플랫폼(https://data.kigam.re.kr/)을 통해 이용할 수 있다.

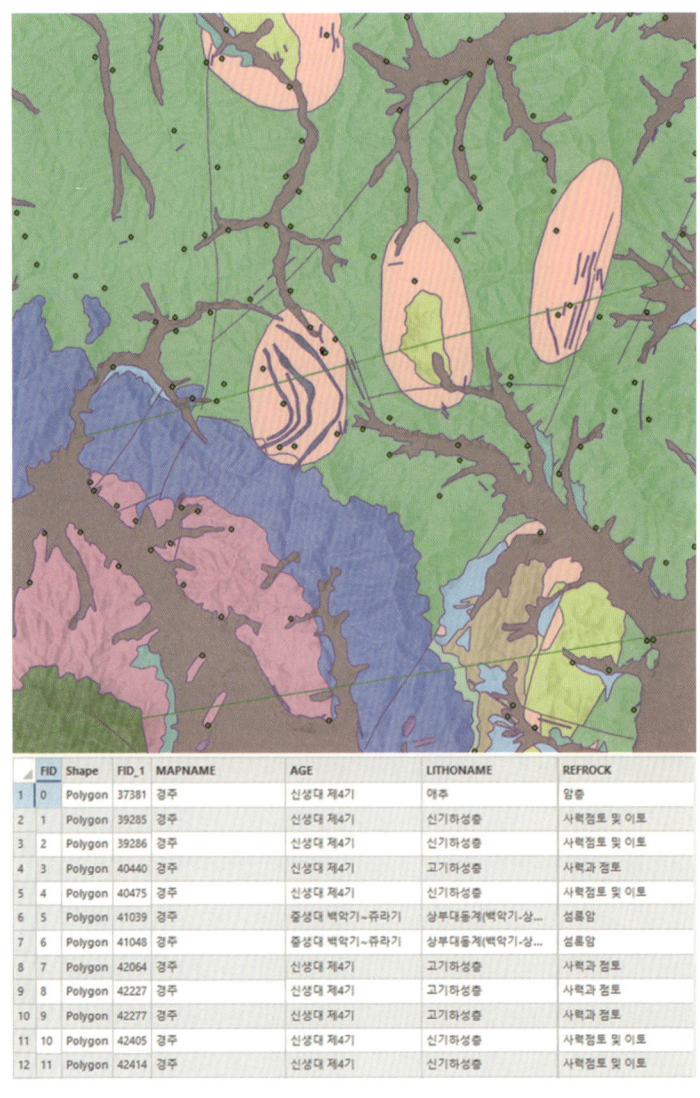

그림 22. 수치지질도의 공간데이터와 속성데이터

3.1.4 수치토양도

토양도는 1964년부터 진행된 국토 토양조사 자료를 기초로 하여 토양 특성별로 주제도를 작성한 것이다. 토양은 암석이 풍화 작용과 토양 생성 작용을 받아 형성된 풍화 산물인데, 암석의 종류, 풍화 작용의 종류나 강도, 여러 토양 생성 작용의 강도, 빈도 등의 조건에 따라 만들어지는 양상이 일정하지 않다. 농촌진흥청은 이처럼 다양한 토양을 보다 과학적이고 체계적인 방법으로 조사하고, 이를 분류하여 토양특성에 알맞은 작물의 선택, 비료 사용 개선 및 토양 개량 등을 위한 기초자료로 활용하기 위해 토양조사를 실시하고 있다. 이 결과를 바탕으로 토양의 종류를 체계적으로 분류하고, 분포 토양의 성질 등을 수록한 토양도를 작성하고 있다.

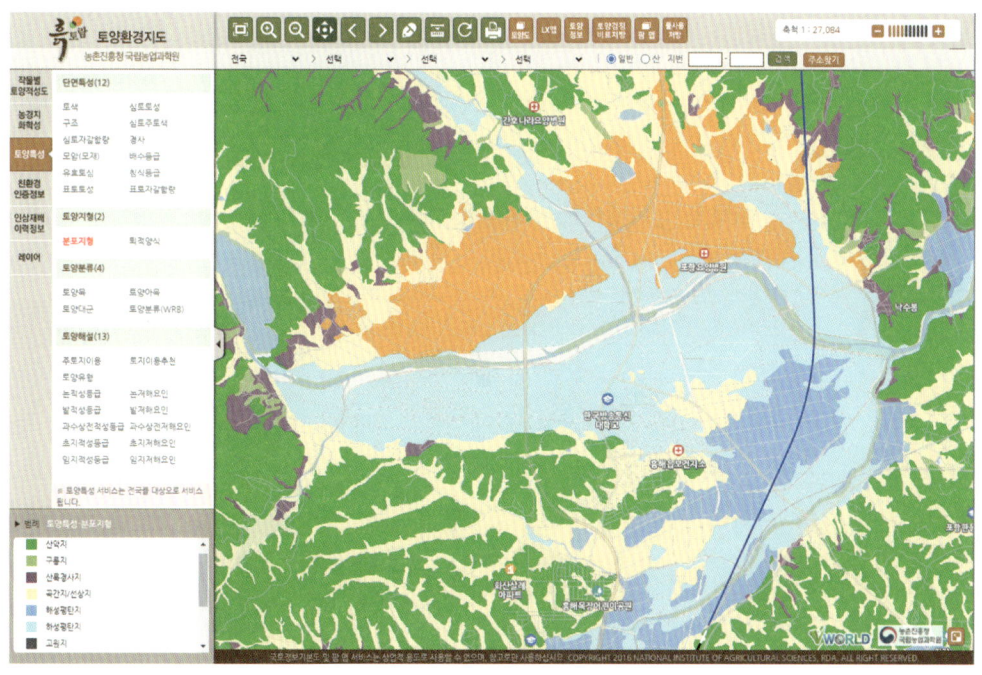

그림 23. 흙토람 토양환경지도의 분포지형

토양조사는 토양을 조사하는 방법을 기술한 토양조사 편람에 준하여 항공사진 해석, 현지 토양조사와 분류, 대표 토양의 시료 채취와 분석, 토양도 제작 등의 과정을 거치게 된다. 특히, 항공사진이 가지고 있는 특성을 최대한 활용하여 토양 생성과 밀접한 관련성을 가진 지형, 모재, 식생, 경사, 항공사진 색상 등의 차이를 입체경을 이용하여 항공사진을 판독하고, 이를 근거로 잠정적인 토양 경계선을 작성한다. 이와 더불어 토양조사에서는 토양의 형태적 특징인 토색, 토성, 경사, 침식 정도, 토심, 자갈 함량, 반층의 유무, 토양 배수 등급, 모암, 토양 반응 등을 조사하여 종합적으로 토양의 종류를 구분하고 각 토양 특성을 표시하게 된다. 이러한 각종 토양분석 결과를 종합하여 최종적으로 토양도를 작성하게 되는데, 이것은 1:25,000 축척의 정밀토양도와 1:5,000 축척의 세부정밀토양도로 제작된다. 이처럼 토양도는 항공사진 판독, 현장조사, 과학적 분석 등의 과정을 거쳐 체계적이고 정밀하게 작성된 것이기 때문에 신뢰할 수 있는 정보라고 할 수 있다.

고고학에서는 이러한 토양도 제공 정보를 활용하여 유적의 분포, 과거 사람들의 토지 이용 패턴, 가용농지의 분포와 범위를 추정하거나 취락의 입지를 분석하는 등 매우 다양한 방식으로 조사연구에 활용하고 있다(강동석 2018; 김범철 2012). 특히, 세부정밀토양도는 지형을 산악지, 구릉지, 산록경사지, 곡간지, 선상지, 홍적대지, 하성평탄지, 해성평탄지 등으로 분류하고 있는데, 이는 고고 유적의 입지 특성을 객관적으로 판단할 수 있는 근거를 제시한다는 점에서 매우 유용하게 사용되고 있다.

토양도에서 제공하는 논토양과 밭토양 등급, 토지이용추천도 과거 유적 주변의 가용농지 추정에 활용되고 있다. 논·밭토양의 경우, 토양의 깊이, 토성, 자갈의 양 등, 토양 생산성에 영향을 미치는 항목과 더불어, 토양 관리와 저해 요인을 분석하여 1~5급지로 구분하고 있다. 고고학 연구에서는 이를 근거로 선사~고대 취락의 가용농지와 경제적 생산성을 추정하는 데에 활용하고 있다.

현재 토양도 공간정보는 흙토람의 토양정보신청 웹페이지를 통해 제공받을 수 있다. 여기서 제공하는 공간정보는 1:25,000 축척의 정밀토양도이며, 토양의 형태적·물리적 특성(심토토성, 심토자갈함량, 배수등급, 유호토심, 침식등급 등), 토양 지형, 토양 분류, 토양 유형, 토지 이용 추천, 논·밭 적성등급 등 모두 31종의 공간정보를 유통하고 있다.

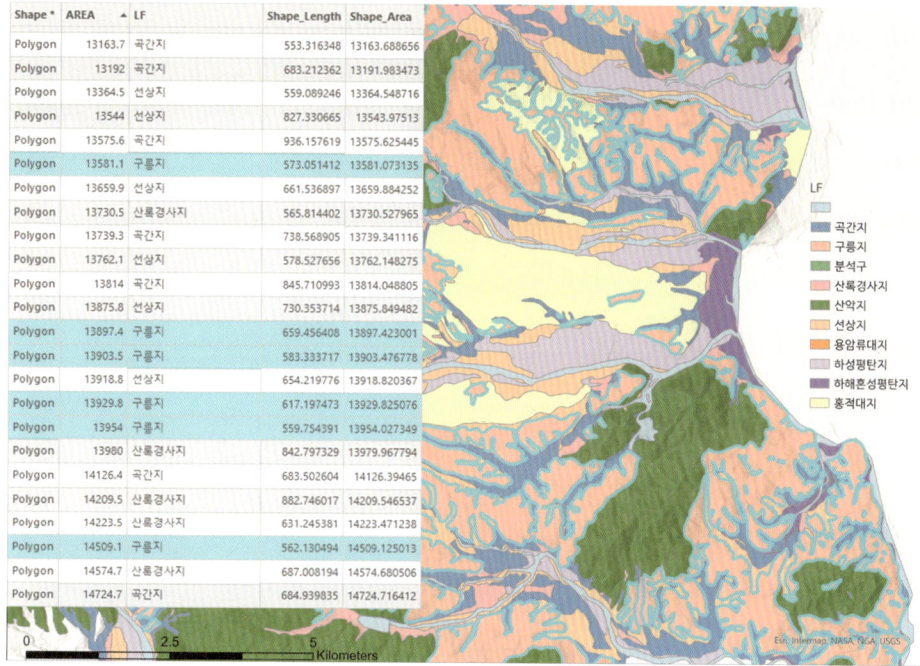

그림 24. 정밀토양도 분포지형의 공간정보

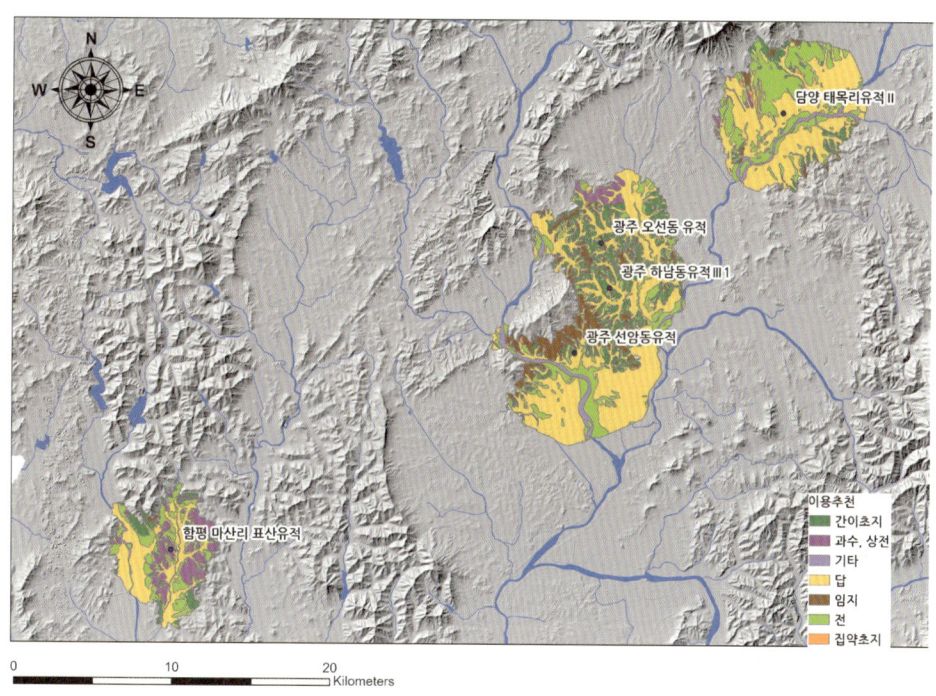

그림 25. 영산강상류역 삼국시대 취락 주변의 토지 이용 추천

3.1.5 수치주제공간정보

수치지도 이외에 국가에서 구축한 행정구역, 하천, 도로 등의 다양한 주제공간정보가 있다. 이 정보들은 유적 분포와 관련한 공간적 맥락을 파악하는 데 유용하게 활용할 수 있다. 예를 들면, 유적으로부터 각 하천 차수와의 거리를 분석하는 경우, 수치지형도에서는 이러한 하천 정보를 추출하기 어렵기 때문에 별도로 구축된 하천차수도를 필요로 한다. 또한 현 지형 기반에서 국도, 지방도에서 유적까지의 거리를 측정하려고 한다면, 도로망 정보가 별도로 필요할 것이다.

이처럼 주제공간정보는 특정 주제 공간정보를 대상으로 구축된 데이터이다. 수치지형도나 수치토양도, 수치지질도 등의 수치지도에서 특정 레이어만을 추출하여 가공한 주제정보를 포함하고 있어 고고학적 조사연구에 필요한 도면 작성 시 매우 유용하다. 이러한 주제공간정보와 유적 분포 정보를 중첩하여 사용한다면, 다양한 유적분포도를 작성할 수 있을 것이다.

대부분의 주제공간정보는 국토교통부에서 운영·관리하고 있는 V-WORLD 디지털트윈국토에서 다운로드할 수 있다. 여기에서는 광역시도부터 읍면동리까지 행정구역 단위별 공간정보를 제공할 뿐만 아니라, 실폭하천, 하천경계, 하천중심선, 하천망도, 실폭도로, 도로경계와 중심선, 지적 등 많은 정보를 제공하고 있다.

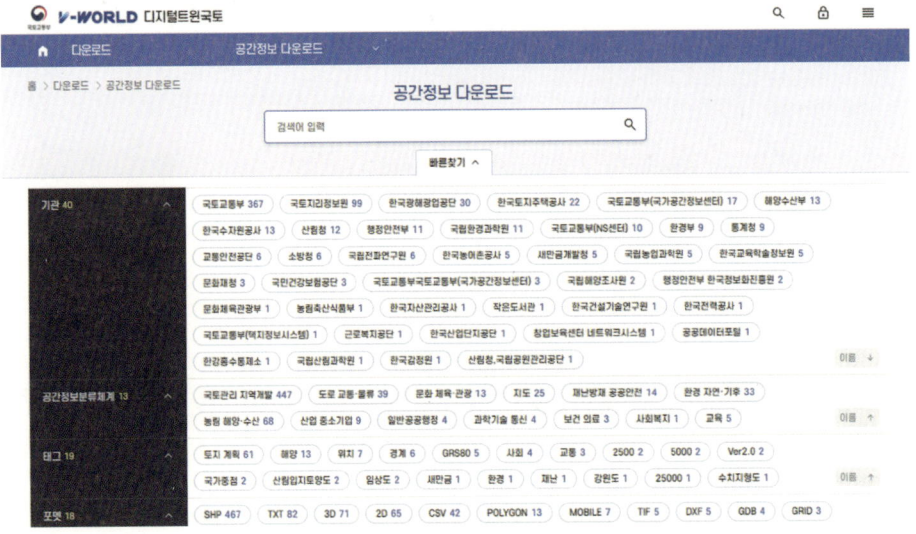

그림 26. V-WORLD 디지털트윈국토의 공간정보 다운로드 서비스

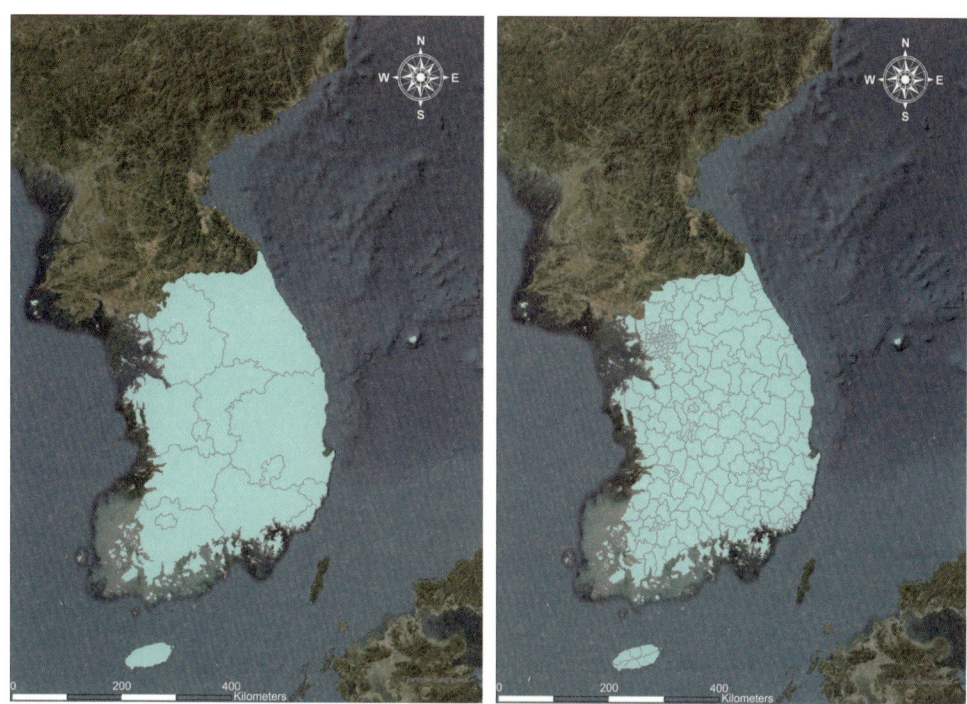

그림 27. V-WORLD 디지털트윈국토의 행정구역 공간정보

제3장 **수치지도와 수치표고모델** —— 55

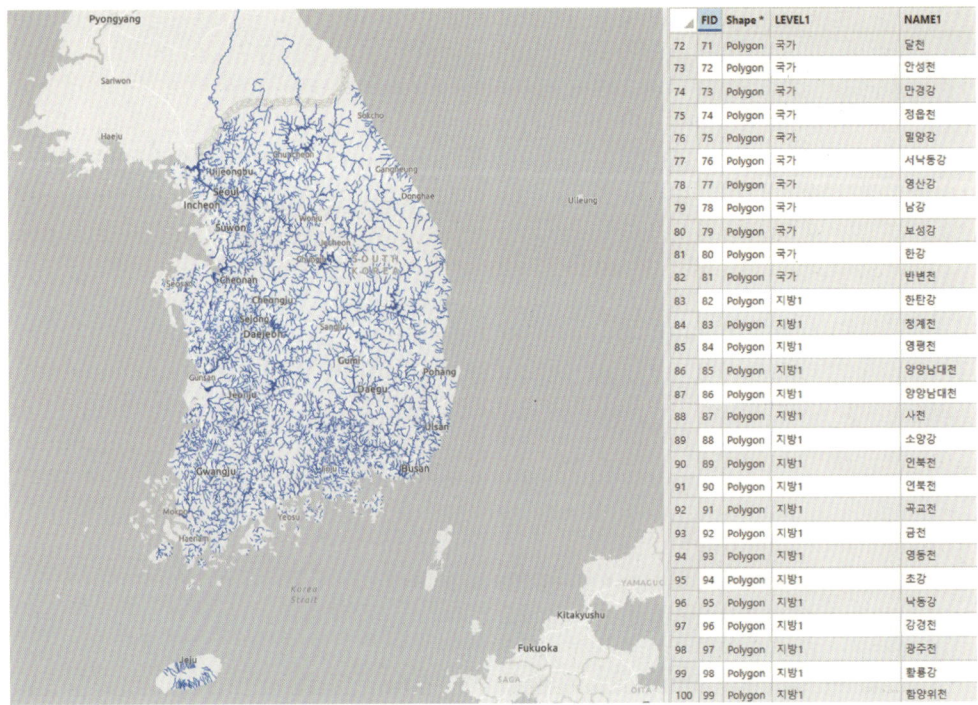

그림 28. V-WORLD 디지털트윈국토의 하천망도

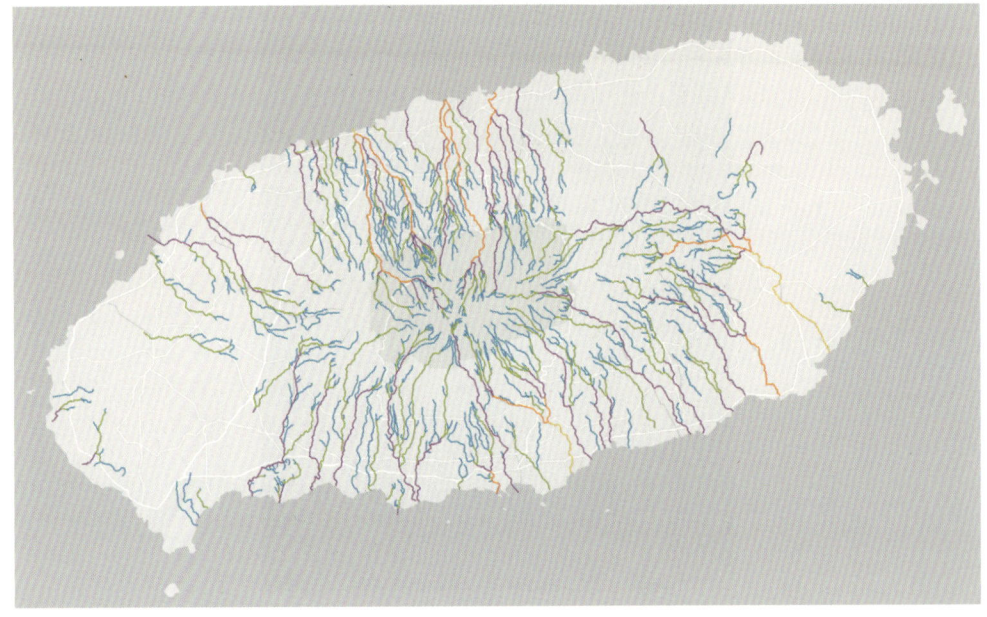

그림 29. V-WORLD 디지털트윈국토의 하천차수도

3.2 수치표고모델

고고학적 조사연구에 활용되는 각종 수치지도와 주제공간정보는 점, 선, 면으로 객체를 추상화한 벡터데이터 모델에 해당한다. 이것과 더불어 고고학의 GIS 분석에서 중요하게 다루고 있는 래스터데이터 모델이 있는데, 이것은 수치표고모델(DEM, Digital Elevation Model)이다. 수치표고모델은 수치표고모형이라고도 하는데, 수치 지형이나 수심측량 데이터와 관련된 일반적인 용어로, 식생과 인공지물을 포함하지 않는 지표면의 표고값을 래스터데이터 모델로 표현한 것이다.

이 데이터 모델은 현대 고고학 연구에서 유적을 탐지 분석하고 해석에 필요한 정보를 제공하는 필수적인 데이터로 인정받고 있다. 수치표고모델은 과거 지형의 변화를 추정하고, 유적이 형성될 당시의 환경을 재구성하는 기초 데이터로 활용되고 있다. 최근에는 라이다(LiDAR)를 이용하여 유적의 분포를 탐지하거나 과거 경관을 3차원으로 모델링하는 데에도 적극 활용되면서 유적의 공간적 맥락을 이해하고 인간의 환경 적응 방식을 추론하는 유용한 데이터 모델로 이용되고 있다.

수치표고모델는 국가 또는 글로벌 데이터 제공처를 통해 취득하거나 직접 지형 정보를 활용하여 제작할 수 있다. 고고학 연구에서는 과거의 지형을 재구성하고, 이를 기초로 지형 분석을 하는 경우가 많기 때문에 대부분 직접 수치표고모델을 제작하는 방식을 따른다.

3.2.1 기 구축 수치표고모델의 이용

기 구축 수치표고모델은 국내 국토교통부의 V-WORLD 디지털트윈국토, 미국의 지질조사국(USGS) Earth Explorer, NASA의 Alaska Satelite Facility 등을 통해 확보할 수 있다. 디지털트윈국토에서 제공하는 수치표고모델은 국토지리정보원에서 제작한 것으로, 전국을 90m×90m 크기의 격자 셀로 표현하여 해상도가 낮다. 이 데이터는 남한 전역의 유적 분포 자료를 기초로 전국 단위의 점유 공간 변화상을 추적하거나 통시적 차원의 유적의 분포 구조를 파악하는 데에 유용하지만, 지역적 차원의 유적 패턴 분석에는 적절하지 않을 수 있다. 국토지리정보원에서는 현재 공개하고 있는 격자 크기 90m의 수치표고모델 이외에 격자 간격 5m와 1m 해상도의 데이터를 주기적으로 구축·갱신하고 있다.

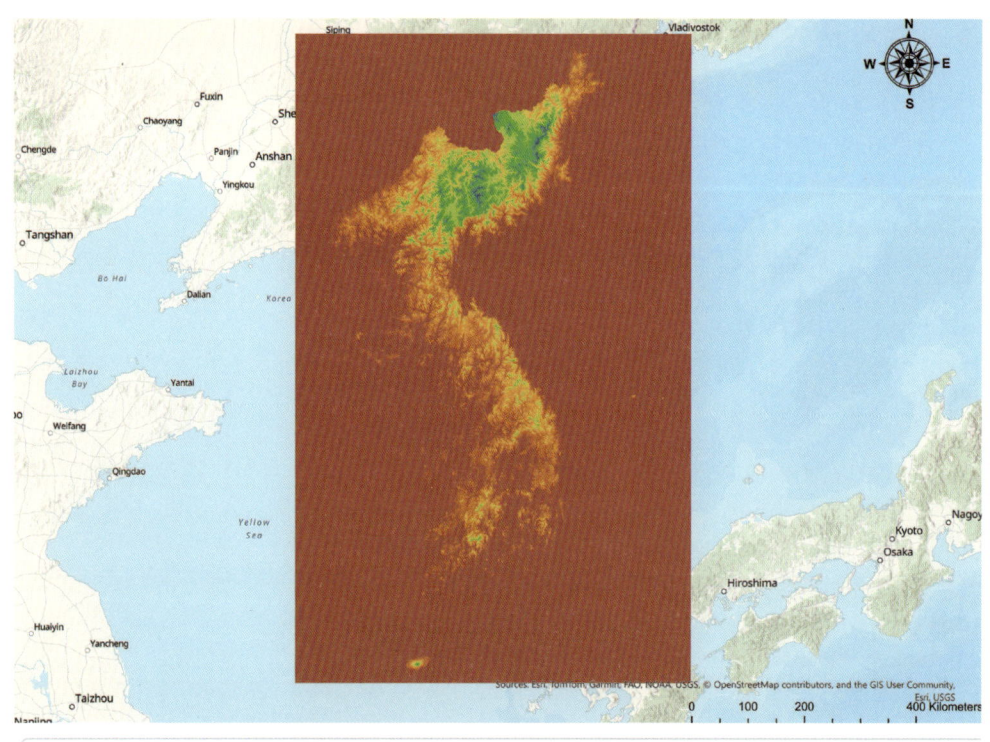

그림 30. V-WORLD 디지털트윈국토의 수치표고모델

    USGS에서 제공하는 데이터는 지구 지표면을 30m×30m의 격자로 구성하고 있다. 이것은 국내 데이터보다 상대적으로 해상도가 높다는 장점이 있다. USGS의 수치표고모델은 SRTM(The Shuttle Radar Topography Mission) DEM이다. 이 데이터는 원격탐사 장비를 이용하여 구축된 것으로, 데이터서비스 플랫폼인 EarthExplorer(https://earthexplorer.usgs.gov/)을 통해 무상으로 다운로드할 수 있다.

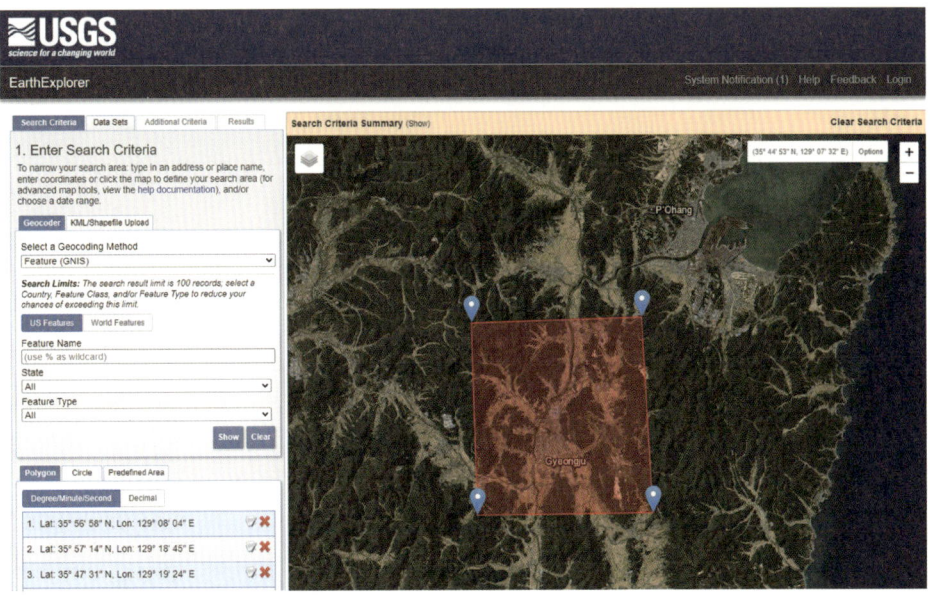

그림 31. 미국 지질조사국(USGS)의 Earth Explorer

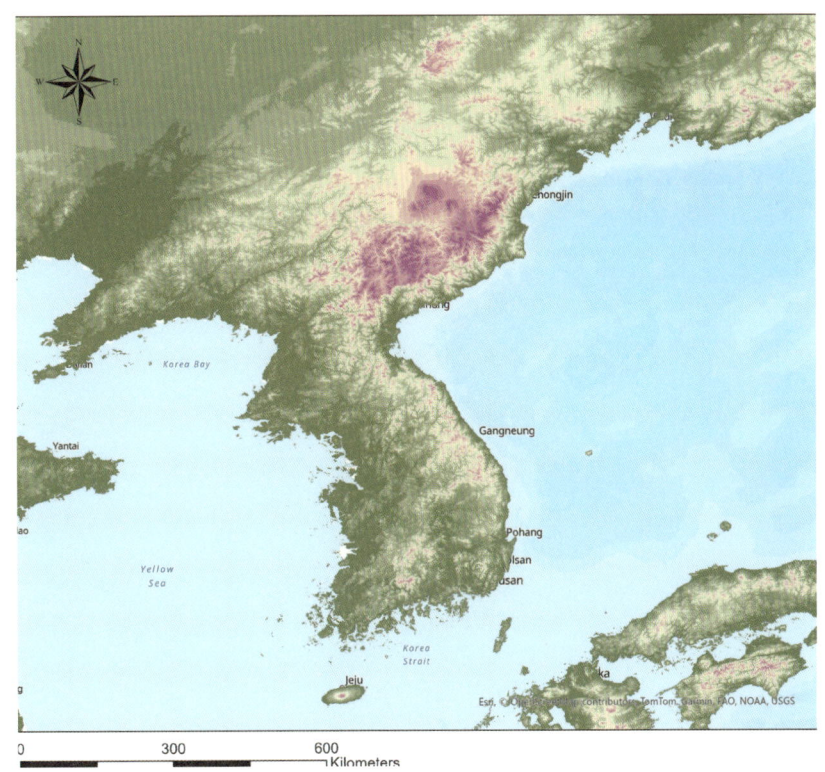

그림 32. 미국 지질조사국의 한반도 수치표고모델(30m)

제3장 **수치지도와 수치표고모델** ─── 59

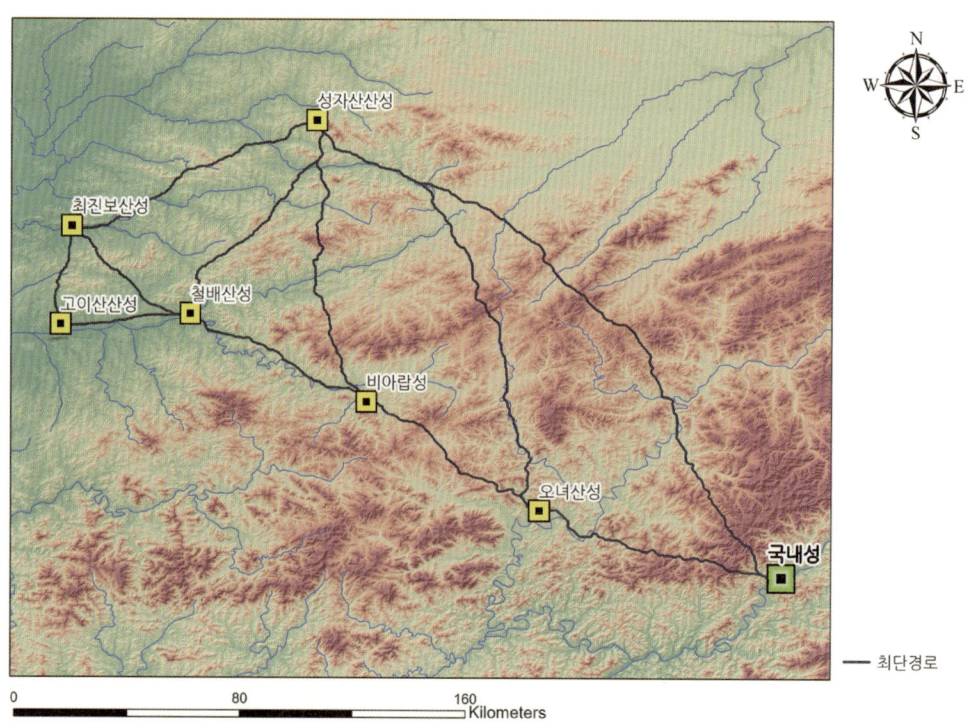

그림 33. 미국 지질조사국 수치표고모델을 이용한 고구려 성곽 간 최단경로 분석

한편 NASA의 Alaska Satelite Facility를 통해 USGS가 제공하는 수치표고모델보다 높은 해상도의 데이터를 취득할 수 있다. Alaska Satelite Facility는 NASA에서 운용하는 위성시설 중 하나로, 수치표고모델은 ASF Data Search(https://search.asf.alaska.edu/#/)에서 조회할 수 있다. 여기에는 여러 종류의 데이터세트가 있는데, 이 가운데 일본 항공우주연구개발기구(JAXA)가 운영하였던 관측위성 ALOS의 데이터세트 ALOS PALSAR의 수치표고모델이 유용하다. 이 데이터모델은 12.5m의 해상도로 제작되어 있어 각종 공간분석에 용이한 데이터를 제공한다. 이 데이터 역시 개인 계정으로 고해상도의 수치표고모델을 확보할 수 있어 GIS를 이용한 각종 고고학적 조사연구에 활용할 수 있다. 특히, 북한이나 중국 동북 지역, 연해주 지역과 같이 접근이 어려운 지역의 DEM을 확보할 수 있다는 점에서 데이터 활용도가 높다고 하겠다. 예를 들면, 고구려 고분이나 발해 성곽 분포도를 다양한 주제도 기반에서 작성할 수 있으며, 고도, 경사도, 사면향 등과 같은 지형 입지 분석도 가능하다. 또한 수치표고모델을 이용하여 유적 간의 이동 경로도 추정 가능하다.

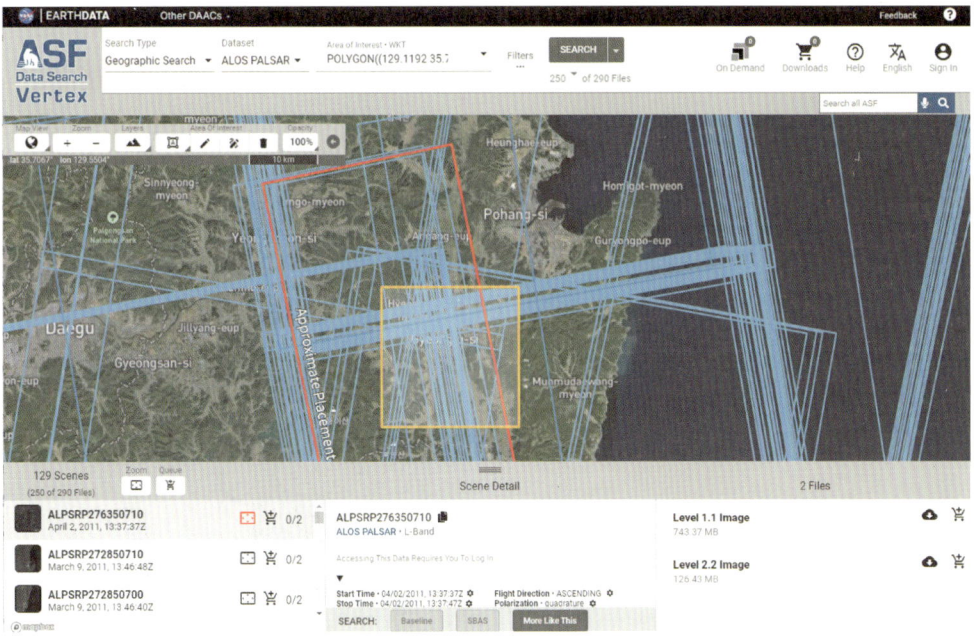

그림 34. NASA의 ASF Data Search

3.2.2 수치표고모델의 제작

수치표고모델은 사용자가 직접 제작할 수 있다. 수치지형도의 고도값을 이용하여 불규칙 삼각망(TIN, Triangulated Irregular Network)을 형성하여 제작하거나 공간보간법(Spatial Interpolation)을 적용하여 수치표고모델 생성이 가능하다.

TIN은 지형을 삼각형으로 구성하여 기복을 시각적으로 표현한 방법이다. 이 데이터 모델은 지표면에 불규칙하게 분포하고 있는 점 데이터를 연속하는 삼각형으로 구조화하는 방식으로 지형을 모델링한다. TIN에서는 삼각형을 이루는 각 점이 높이값을 가지고 있으며, 삼각형 내부 경사의 크기나 방향 등을 산출할 수 있기 때문에 여러 형태의 지형 표현이 가능하다.

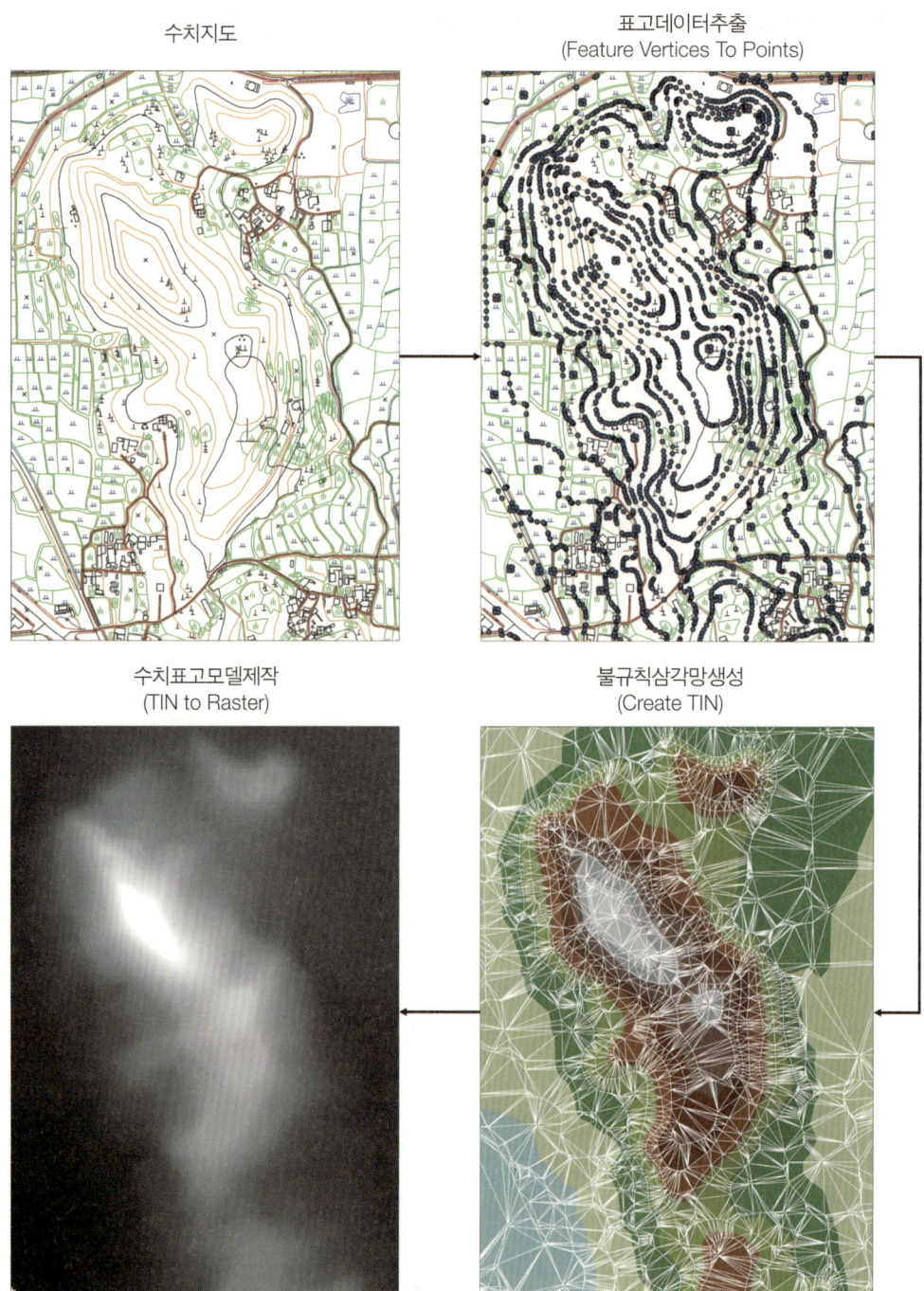

그림 35. TIN을 이용한 수치표고모델 제작 과정

이러한 특성을 가지는 TIN은 GIS 프로그램을 이용하여 수치표고모델로 변환할 수 있다. 진행 순서는 〈그림 36〉에서 보는 것과 같다. 먼저 수치지형도에서 고도값을 가진 데이터를 추출해 낸다. 수치지형도의 등고선은 해발고도값이 입력된 다수의 버틱스로 구성되어 있는데, 이를 점데이터로 추출한 후(Feature Vertice to Points), 이것과 표고점 데이터를 매개변수로 이용하여 불규칙삼각망을 생성할 수 있다(Create TIN). 그리고 이 TIN을 래스터데이터 모델로 내보내기 하면(TIN to Raster), 간단하게 수치표고모델을 만들 수 있다. 다만, 불규칙삼각망을 이용한 수치표고모델 제작은 점데이터 간의 인접성을 인식하기 어려울 경우에 이상적인 삼각망을 구성하는 데 한계가 있다는 점을 유념할 필요가 있다.

　TIN을 이용한 수치표고모델 제작 과정에서는 공간 추정 또는 내삽법으로 불리우는 공간보간법이 적용된다. 공간보간법은 알려진 값을 가진 포인트를 이용하여 알려지지 않은 다른 포인트의 값을 추정하는 공간통계기법이다. 이것은 공간상에 존재하는 각종 자료를 활용하여 새로운 정보를 생성하거나 기존에 알고 있는 특정 지점의 속성값을 이용하여 알려지지 않은 지점의 값을 추정하는 것을 의미한다. 가령, 두 지점의 강수량이 각각 정수값 1, 2라고 한다면, 두 지점 사이 특정 지점의 실수값에 해당하는 강수량을 추정해 볼 수 있다는 원리이다. 그렇지만 실제 공간추정은 이처럼 간단하지 않은데, 특정지점의 추정값을 얻기 위해서는 추정 범위 내에서 거리값이 유사한 그룹 간의 상관성을 통계적으로 계산하여 예측하게 된다. 이러한 공간보간법은 고대 도성 연구에서 구지표면을 추정하는 데 유용할 수 있다. 도성 유적에서 건물지, 우물, 담장, 도로 등 유구가 확인된 지점의 해발고도 정보를 확보할 수 있다면, 이를 이용하여 발굴조사되지 않은 지점의 고도값도 추정할 수 있을 것이다.

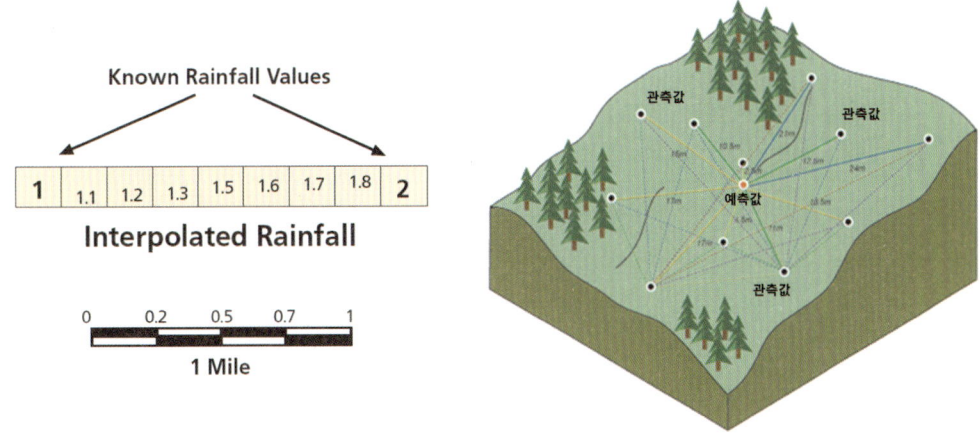

그림 36. 공간보간법의 원리(ESRI)

이와 같은 공간보간법을 대표하는 분석법은 역거리가중법(IDW, Inverse Distance Weighted)(Willmott et al. 1985)과 크리깅(Kriging)(Dirk et al. 1998; Lynch 2001; Zhao et al. 2005)이 있다. 역거리가중법은 근접한 관측 지점에 더 많은 가중치를 부여하는 선형 가중치 조합을 사용하여 미관측 지점의 가치를 평가하는 방법이다. 가중치는 거리에 반비례하며, 표면이 종속 변수가 된다. 이 보간법은 관측 사이의 거리만 고려하므로 관측의 영향력을 강조하고 싶을 때 유용하다. 이와 관련한 수식은 아래와 같다.

$$y_p = \sum_{i=1}^{n} y_i w_i / \sum_{i=1}^{n} w_i, w = 1/d_i^k$$

여기서 y_p는 예측 값, y_i는 관측 값, d_i는 관측 지점에서 예측 지점까지의 거리, n은 보간에 사용된 총 관측 수, W_i는 보간에 사용된 알려진 관측의 거리에 대한 가중치로, 보간할 점의 값을 결정하는 데 사용된 W_i가 k에 따라 증가함에 따라 더 가까운 관측값이 더 많은 영향을 미친다.

크리깅은 지구통계학 분야에서 널리 사용되고 있는 보간법이다 이 방법은 광물의 매장량, 광범위한 지역의 지하수위, 대수층, 오염물지의 확산정도, 강수량의 추정 등을 예측하기 위해 많이 사용되고 있으며(우성광 외 2008), 지형학적으로 등고선 사이의 임의점에 대한 해발고도 추정에도 이용되고 있다. 크리깅과 역거리가중법의 차이점은 모두 주변 실측값을 이용하여 관측지점의 값을 추정하는 방법이지만, 크리깅의 경우에는 역거리가중법과 같이 미관측값 추정을 위하여 단순히 거리에 관한 함수를 이용하지 않는다. 크리깅은 측정된 알려진 값들 간의 공간적 구조와 공간상관(Spatial autocorrelation)을 나타내는 수학적 함수 모델인 반베리오그램(Semi-variogram)을 이용하여 공간적 의존성을 조사하고, 파생된 가중치를 통해 관측값을 추정한다. 반베리오그램은 공간상에 위치한 점들의 속성 값 차이 제곱의 기댓값을 나타낸 것이다. 이를 통해 사용데이터의 전체적인 공간적 분포 구조를 파악할 수 있으며, 공간상의 측정값들 사이에 상관성을 파악하여 공간자료의 분포에 관한 최적의 모형을 제시하는 것을 목적으로 하고 있다.

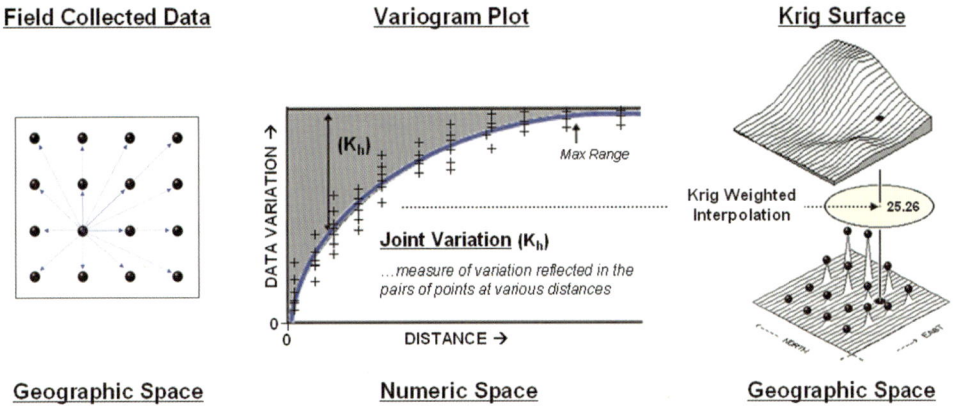

그림 37. 크리깅에 의한 공간보간 방법 개념도(Berry 2014)

위의 그림은 크리깅의 가중치(관측값)을 획득하는 방법을 나타낸 것이다. 그림에서 보듯이 지리적 공간상에 존재하는 각각의 실측점과 주변 실측점 사이의 계산된 거리 값은 베리오그램으로 나타낼 수 있는데, 특정 실측값(0, 0)에서 주변 실측값들과의 거리가 멀어질수록 베리오그램은 증가하게 되고, 특정거리 이상 멀어지면 더 이상 증가하지 않고 일정한 거리를 가지게 된다. 역거리가중법에서는 미관측지점의 값을 보간할 때 실측지점의 갯수나 영향을 받는 반경의 크기를 선택하는 기준이 모호하지만, 크리깅에서는 분석 기준 없이 가장 가까운 관측지점이나 영향 반경에 대한 임의의 값을 선택할 수 있다. 이처럼 크리깅은 이미 알려진 각 지점들 간의 거리를 이용하여 직접 계산하고, 베리오그램을 작성한 후 몇 가지 수학적 모델 중에 하나를 선택하여 관측지점에 대한 명확한 값을 얻을 수 있기 때문에 보간 과정에서 보다 유용하게 사용할 수 있다. 이렇게 베리오그램의 거리에 따른 분포는 다양한 함수로 표현하게 되는데, Linear, Circular, Spherica, Exponential, Gaussian 등과 같은 모델이 이용되고 있다. 이를 통해 그림의 우측에서 보는 것과 같이 지리상의 관측값을 추정하게 된다.

한편, 공간보간을 사용하여 수치표고모델을 만들 때는 데이터 모델의 정확성 평가에 유의해야 한다. 이와 관련한 모델 평가에는 교차검증(Cross Validation)이 주로 이용되고 있다. 이것은 모델의 일반화 오차에 대한 신뢰 추정치를 산출하기 위해 훈련데이터와 검증데이터를 기반으로 검증하는 기법이다. 가장 많이 사용되는 검증법은 Leave-one-out cross validation(LOOCV)이다. LOOCV는 n개의 데이터 중 하나를 검증 자료로 하고, 한 개를 제외한 n-1개를 훈련데이터로 삼아 모델을 검증한다. 이러한 교차 검증의 목적은 어떤 모델이 가장 정확한 예측을 제공하는지에 대한 결정을 내리는 데 도움을 주기 위한 것이다. 이 검증에 사용되는 지표는 예측 데이터의 평균 오차(ME), 평균 제곱근 오차(RMSE), 평균 제곱근 표준오차(RMSSE)이다(ESRI 2003: 35). 공간보간에 의해 생성된 예측모델이 정확성을 지니고 있고 편향되지 않은 경우에 ME는 0에 가깝다. 그리고 RMSSE는 1에 가까워야 하며, RMSE는 수치가 낮을수록 좋다. ME, RMSE, RMSSE의 산출식은 아래와 같다. $\hat{Z}(si)$는 교차 검증을 통한 예측값, $z(si)$는 관측값, $(si))$는 si의 위치에 대한 예측 표준오차이다.

$$ME = \frac{\sum_{i=1}^{n}\left((\hat{z}(s_i)-z(s_i)\right)}{n}, \quad RMSE = \sqrt{\frac{\sum_{i=1}^{n}\left((\hat{z}(s_i)-z(s_i)\right)^2}{n}}, \quad RMSSE = \sqrt{\frac{\sum_{i=1}^{n}\left[\left((\hat{z}(s_i)-z(s_i))/\sigma(s_i)\right)\right]^2}{n}}$$

크리깅 보간법에 의한 수치표고모델 제작 과정은 〈그림 38〉과 같다. 가령, 사비도성 내 백제 문화층의 표고를 기반으로 구지표면을 추정한다고 가정해 보자. 이 경우, 먼저 발굴조사 보고서에서 문화층의 해발고도를 확인한 후, 이것을 공간정보로 구축한다. 두 번째는 GIS의 공간통계분석법을 이용하여 적용하고자 하는 크리깅 보간법을 선택한다. 그 다음, 베리오그램 함수모델을 선택 적용하고, 근린검색을 통해 보간에 사용될 데이터를 조정한 이후에 모델 검증을 거쳐 최종적으로 수치표고모델을 제작하게 된다.

이와 같은 크리깅을 이용한 공간보간법은 서울 풍납동 토성, 신라 왕경 등 고대 도성의 구지표면을 추정하는 데 활용되었다(강동석 2014 · 2021b). 여기에서는 고고학적 조사를 통해 확인된 도성 운영 시기 문화층의 해발고도 값을 공간데이터베이스로 구축하고, 크리깅 보간법을 이용하여 구지표면의 굴곡을 추정하였다. 풍납동 토성의 경우, 공간보간법을 통해 토성 내부는 두 개의 저평한 구릉이 형성되어 있음을 알 수 있었다. 신라왕경에서는 해발 40m 지점을 기준으로 구지표면의 지형 차이가 크게 나타난다는 것을 확인하였다. 이처럼 크리깅 공간보간법은 그동안 평면적으로 이루어져 왔던 도성의 공간 구획과 구조를 파악하고, 각 기능공간 분포의 공간적 맥락을 이해하는 데 도움을 주었다.

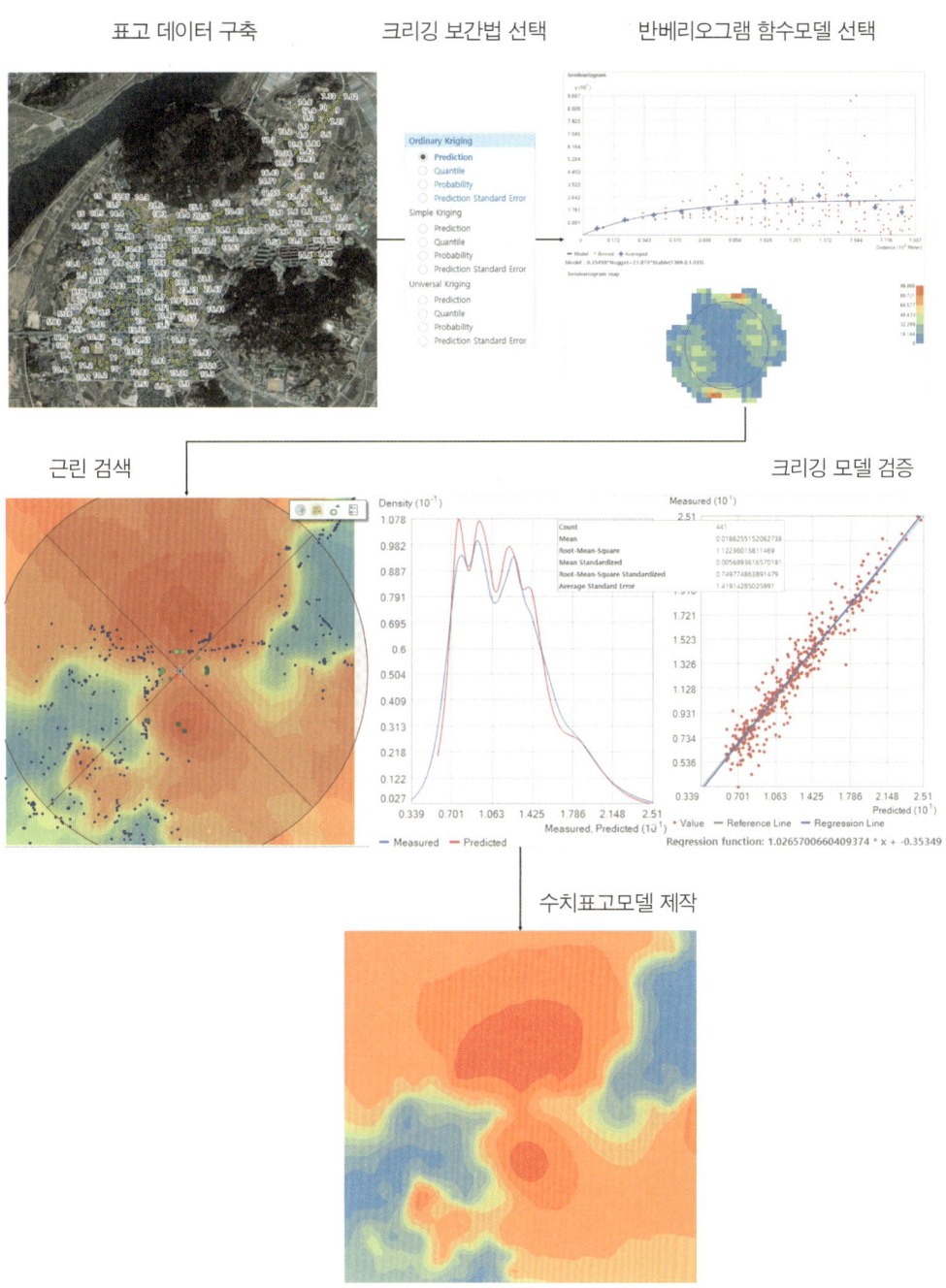

그림 38. 크리깅 보간법을 이용한 수치표고모델 제작 과정

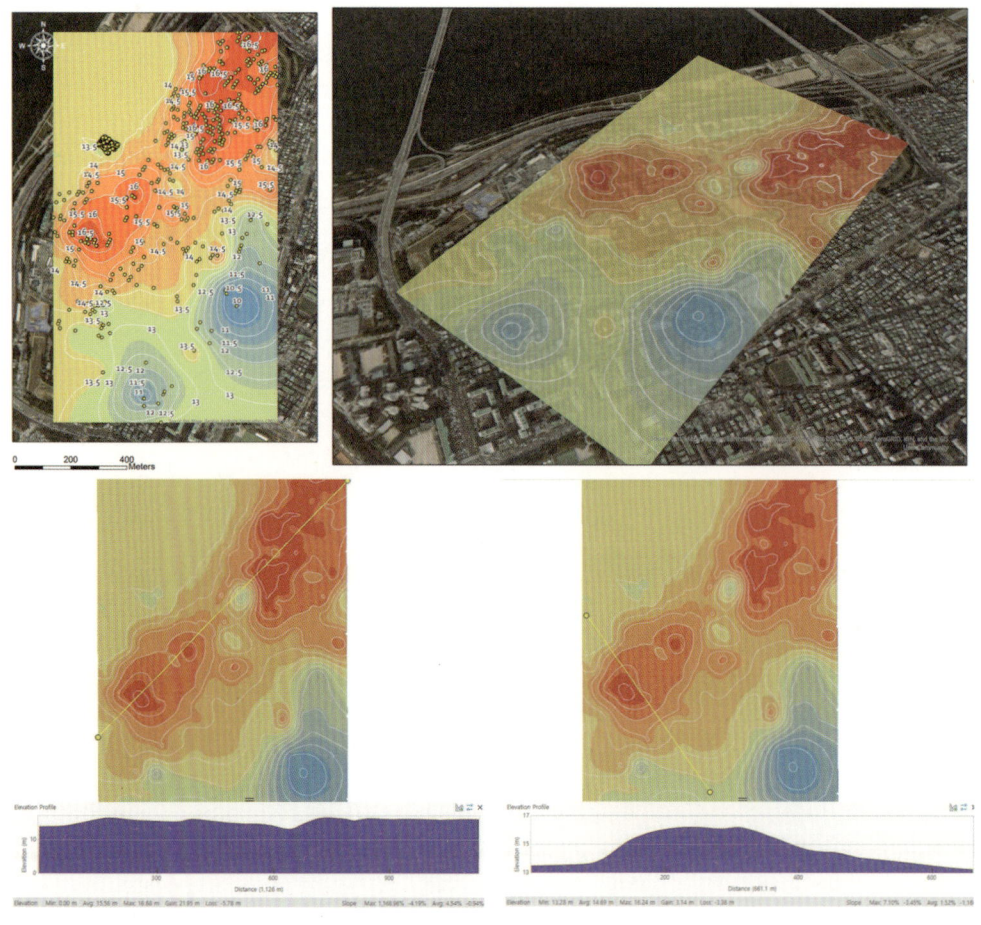

그림 39. 크리깅을 이용한 서울 풍납동 토성의 백제 시기 구지표면 추정

 이러한 크리깅 공간보간법을 이용하여 제작한 수치표고모델은 실세계의 불규칙한 지형 기복을 3차원 좌표 형태로 나타낸다. 이 모델을 이용하면 음영기복도 제작뿐만 아니라 해발고도, 경사도, 사면향 등 분석이 가능하며, 항공사진, 종이지형도 등 이미지 데이터와의 중첩을 통해 지형 기복을 입체적으로 나타낼 수 있다. 또한 래스터 중첩을 통해 각종 공간 통계분석이 가능하다는 장점도 지니고 있다.

사례 | 공간보간법을 활용한 신라왕경의 지표면 추정

신라왕경의 지표면 추정은 도시 전체의 지형 경관을 재구성하고, 당시 개발 주체의 토지이용 현황을 살펴볼 수 있는 중요한 정보를 제공한다. 이러한 지표면 정보는 발굴조사에서 확인된 건물지, 담장, 우물, 도로 등과 같은 각종 유구 노출면에 대한 고도값을 통합하고, 이것을 근거로 제작한 수치표고모델을 통해 확인할 수 있다.

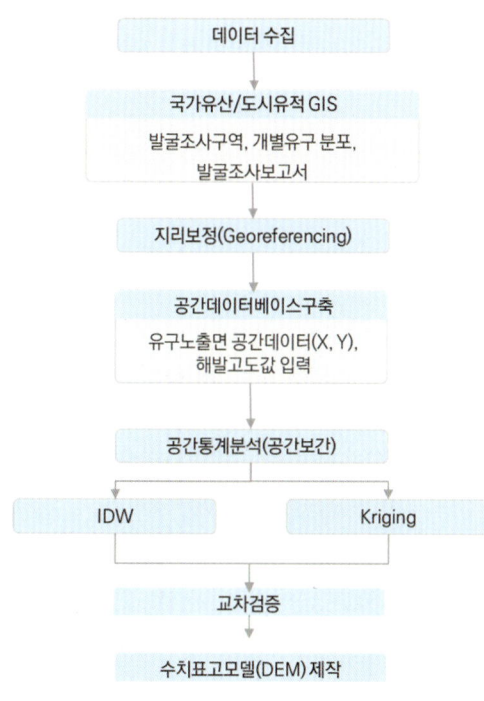

그림 40. 신라왕경 수치표고모델 제작 절차

수치표고모델은 GIS의 대표적인 공간보간법인 역거리가중법과 크리깅을 이용하여 제작할 수 있다. 이와 관련한 전체적인 절차는 크게 공간통계분석을 위한 공간데이터베이스 구축, 공간보간을 통한 모델 생성과 검증 과정으로 나눌 수 있다. 먼저, 공간데이터베이스 구축에 필요한 기초자료는 국가유산청 국가유산 GIS통합인트라넷시스템(https://intranet.gis-heritage.go.kr/)과 국립문화유산연구원에서 구축한 도시유적 GIS(https://dosi.nrich.go.kr/index.do)에서 수집할 수 있다. 하지만 이 정보는 발굴조사 구역과 개별유구의 분포 현황을 제공하고 있기 때문에 유구 노출면의 해발고도를 확인할 수 없다. 이와 관련한 고도값을 추출하기 위해서는 각 유적을 대상으로 유구배치도에 절대좌표(X, Y)를 부여하는 지리보정(Georeferencing)을 실시하여야 한다. 그 다음 유구배치도 상에서 각 유구가 분포하는 지점에 대해 점데이터 형식의 공간데이터를 구축하고, 각 지점의 해발고도를 확인하여 속성데이터를 입력한다. 이와 같은 과정을 거쳐 신라왕경의 지표면을 추정할 수 있는 통합공간데이터베이스를 구축한다. 이를 기초로 대표적인 공간보간법인 역거리가중법과 크리깅을 활용하여 공간통계분석을 실시하고, 이를 통해 생성한 각각의 모델에 대한 교차검증을 실시하여 예측모델의 정확도를 평가한다. 마지막으로, 가장 정확도가 높은 공간보간 모델을 기반으로 DEM을 제작하여 신라왕경의 지표면을 재구성하게 된다.

지금까지 발굴조사된 신라왕경 유적의 정보를 수집하여 총 292개 지점에서 985개 지점의 유구 노출면 표고값을 추출하였다. 이 데이터는 신라왕경의 지표면을 추정하는 표본데이터에 해당한다. 이 데이터를 공간통계분석에 이용하기 위해서는 우선 표본의 크기가 적절한지에 대해 검토하여야 한다. 표본의 크기는 공간통계분석의 핵심요소 중 하나이다. 표본의 크기가 충분하지 않으면 분석 결과의 신뢰도와 정확성, 해석 가능성이 떨어질 수 있다. 신라왕경의 지표면 추정은 발굴유적 간의 거리(중앙값 56m)를 감안하여 셀 크기가 50m인 수치표고모델을 생성하고자 한다. 이 경우, 모집단 규모는 5,337개 셀이 되며, 일반적으로 사용되는 값(95% 신뢰 수준, ±5% 오차 범위, 모집단 비율 0.5)을 기준으로 할 때 최소 360개의 표본이 필요하다. 그런데 신라왕경 지표면에 추정에 이용하고자 하는 분석데이터 985개 지점은 총 469개의 셀에 분포되어 있으므로, 분석에 충분한 표본 크기를 확보했다고 말할 수 있다.

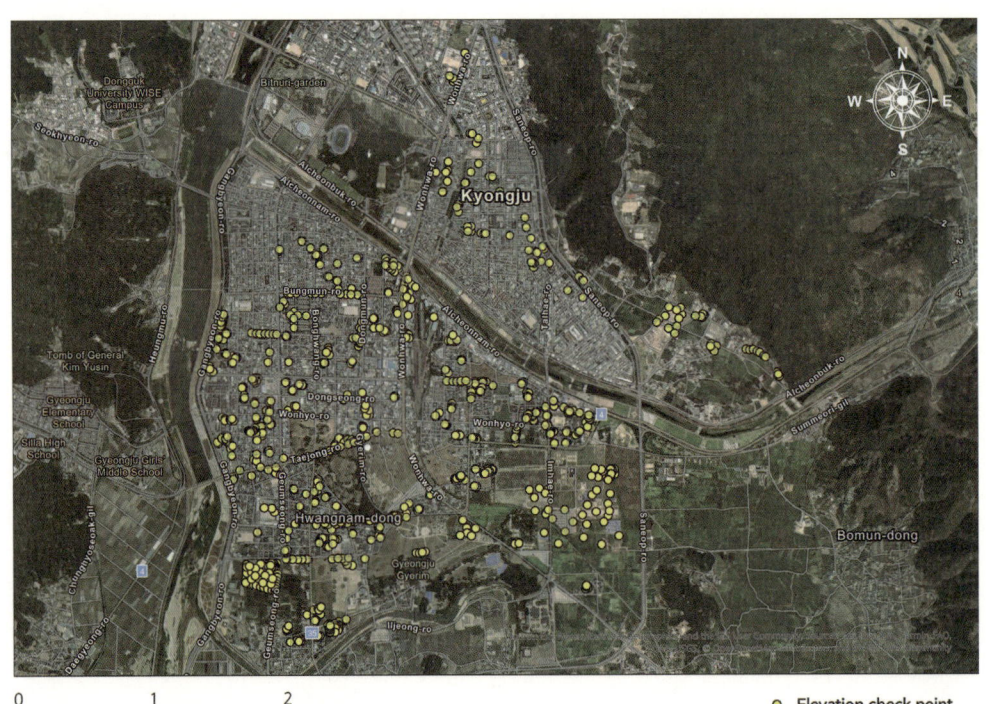

그림 41. 신라왕경 지표면 추정에 사용된 발굴 지점의 분포

이러한 표고값을 이용하여 역거리가중법과 크리깅 보간을 실시하였다. 역거리가중법은 거리의 역수를 수학적 거듭제곱(Power)으로 나타내는 값에 의존한다. 이 거듭제곱을 사용하면 예측 지점과의 거리를 기준으로 보간된 값에서 알려진 지점의 중요도를 제어할 수 있다. 이 매개변수는 양의 실수이며, 더 높은 거듭제곱 값을 정의하면 가장 가까운 지점을 더 강조할 수 있다. 이 점을 감안하여 역거리가중법에서는 모델의 RMSE를 고려하여 오차가 가장 낮은 최적화된 거듭제곱(Optimized Power)을 적용하였으며, 근린탐색유형(Searching Neighborhood Type)은 표준(Standard)과 평활(Smooth)로 구분하여 모델을 생성하였다. 보간 모델에 대한 종합적 평가가 가능한 RMSE를 기준으로, 이 모델들에 대한 교차검증을 실시한 결과는 아래와 같다.

〈표 2〉 IDW에 의한 보간모델 평가 결과

Model Name	Sector Type	ME	RMSE
IDW-ST1	1 Sector	0.017	0.450
IDW-ST2	4 Sector	0.019	0.449
IDW-ST3	4 Sector 45°offet	0.018	0.448
IDW-ST4	8 Sector	0.020	0.450
Model Name	Smoothing Factor	ME	RMSE
IDW-SM1	0.25	0.020	0.452
IDW-SM2	0.50	0.020	0.452
IDW-SM3	0.75	0.020	0.452
IDW-SM4	1	0.019	0.452

평가 결과를 보면, 분석 영역을 4sector 45° offset으로 설정한 모델이 가장 정확성을 확보하고 있다. 이 예측 모델의 오차 그래프와 이를 참조하여 제작한 수치표고모델은 〈그림 42〉와 같다.

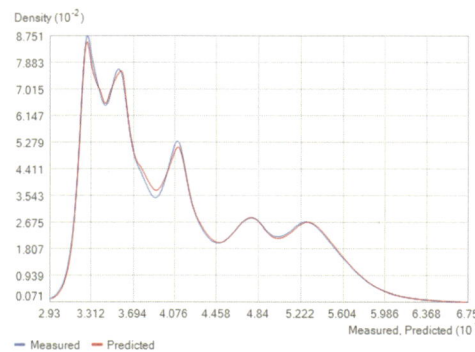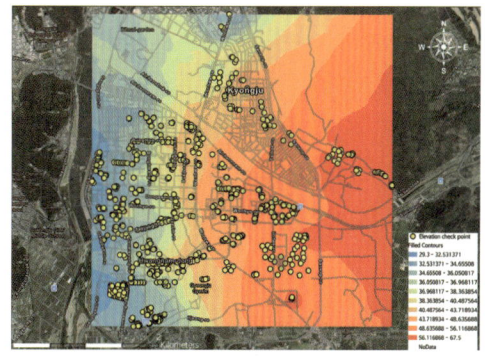

그림 42. 역거리가중법에 의해 생성한 보간 모델의 오차 그래프(좌)와 신라왕경의 수치표고모델(우)

크리깅을 이용한 공간보간에서는 분석데이터의 통계적 자기상관성을 파악하기 위해 수학적 함수 모델인 반베리오그램을 선택하여 적용하게된다. 여기에서는 일반적으로 자주 사용되고 있는 Linear, Circular, Spherical, Exponential, Gaussian 함수 모델을 적용하여 예측모델을 생성해 보았다. 〈그림 43〉은 이를 적용한 반베리오그램 그래프와 산출 수식이다. 분석데이터의 변동성을 보여주는 너겟(nugget)값을 통해 볼 때, Circular와 Spherical Seme-variogram을 적용한 모델의 정확도가 높은 것을 알 수 있다.

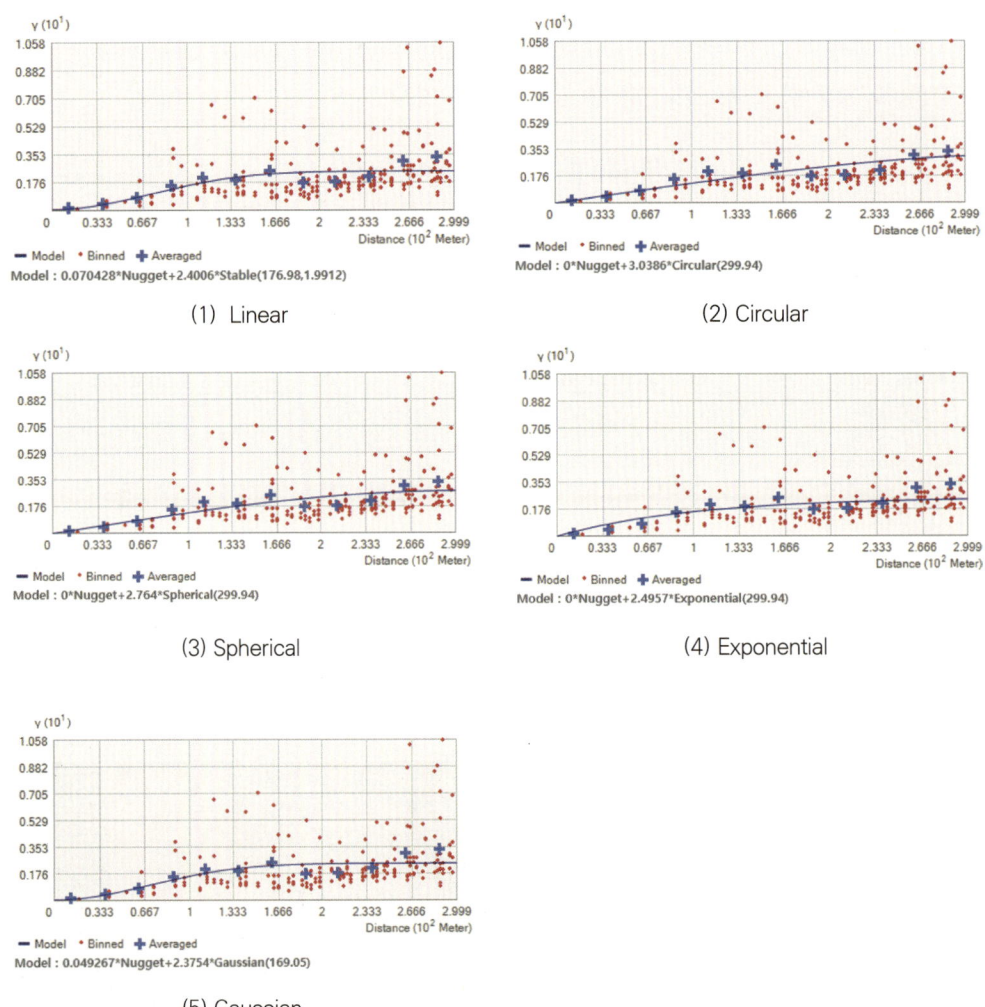

(1) Linear   (2) Circular
(3) Spherical   (4) Exponential
(5) Gaussian

그림 43. 반베리오그램별 보간 그래프와 모델 수식

이상의 반베이오그램을 적용한 모델은 역거리가중법과와 마찬가지로 표준 또는 평활의 근린탐색을 통해 예측을 진행하였다. 먼저 표준 탐색을 적용하여 생성한 보간 모델의 교차 검증 결과를 보면, 〈표 3〉과 같다. 모델의 예측 정확도를 종합적으로 판단할 수 있는 RMSE를 기준으로 보았을 때, 총 5개의 반베리오그램 함수를 적용한 모델 가운데 가장 정확도가 높은 모델은 Circular 함수를 적용한 것이며, 이것은 RMSE가 0에 가까운 낮은 값을 나타낸다. 또한 이 모델은 RMSSE도 1에 가깝기 때문에 모델의 구조적 적합성도 높다고 하겠다.

〈표 3〉 표준 근린탐색유형을 적용한 크리깅 모델 평가표

Model Name	Semi-variogram	ME	RMSE	RMSSE
KRI-M1	Linear	0.006	0.480	1.123
KRI-M2	Circular	0.012	0.449	1.076
KRI-M3	Spherical	0.012	0.451	1.038
KRI-M4	Exponential	0.016	0.454	0.786
KRI-M5	Gaussian	0.007	0.489	1.293

다음은 평활 근린탐색유형을 적용하여 생성한 모델들의 교차 검증 결과이다(표 4). 평활구간은 0~1에서 설정가능하다. 여기에서는 0.2 간격의 구간을 설정하여 모델의 성능을 평가하였다. RMSE를 기준으로 모델의 정확도를 측정해 보면, 전체적으로 평활구간이 1일 경우에 RMSE가 낮게 나타나는 경향을 보인다. 이 가운데에서도 Circular 함수모델을 적용한 모델의 성능이 가장 높은 것을 볼 수 있다. 또한 이 모델(KRI-M2)은 RMSE를 기준으로 볼 때, 역거리가중법과 크리깅을 적용한 전체 모델들 가운데에서도 정확도가 가장 높게 나타나고 있다(그림 44).

〈표 4〉 평활 근린탐색유형을 적용한 크리깅 모델 평가표

Model Name	Semi-variogram	Smoothing Factor				
		0.2	0.4	0.6	0.8	1
KRI-M1	Linear	0.481	0.480	0.475	0.468	0.458
KRI-M2	Circular	0.446	0.445	0.445	0.444	0.442
KRI-M3	Spherical	0.446	0.445	0.445	0.444	0.443
KRI-M4	Exponential	0.448	0.448	0.448	0.448	0.449
KRI-M5	Gaussian	0.482	0.485	0.479	0.470	0.457

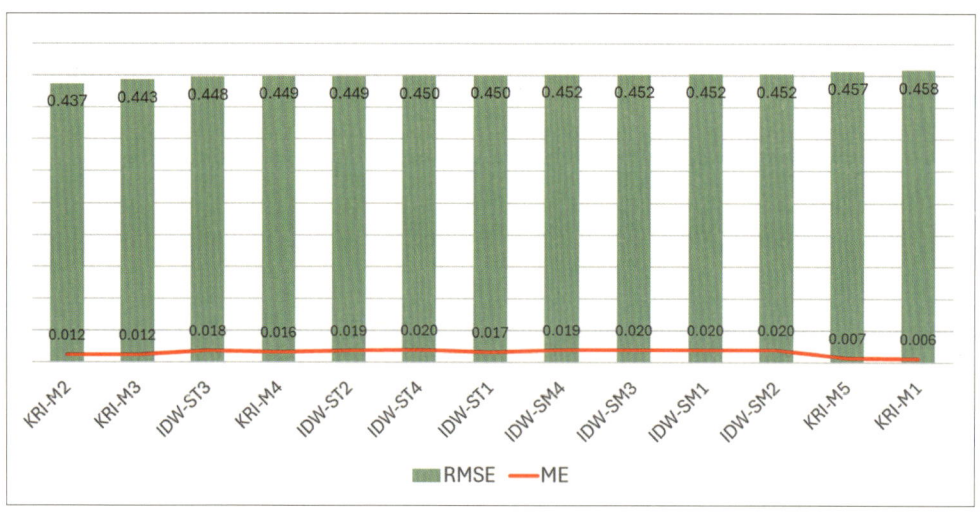

그림 44. RMSE·ME에 의한 역거리가중법과 크리깅 보간 모델 비교

이와 같이 공간보간 정확도가 가장 높은 KRI-M2 모델의 오차 그래프는 〈그림 45〉와 같다. 선형회귀그래프에서 볼 수 있듯이, 변수 간의 상관성이 강하게 나타나며, 분석데이터가 정규분포를 보이고 있어 통계적으로 유효한 설명이 가능하다는 것을 말해 준다. 또한 신라왕경 유적에서 확인한 지표면의 표고값과 예측된 값이 크게 차이가 나지 않음을 볼 수 있다. 이 모델을 기반으로 DEM을 제작하면, 〈그림 46〉과 같이 나타낼 수 있다.

이러한 KRI-M2 모델을 통해 생성한 신라왕경의 지표면과 현 지표면을 보면(그림 47), 과거의 지표면은 지금과 크게 달랐으며, 곳곳에서 성토와 삭평이 이루어진 것을 볼 수 있다. 특히, 해발고도 40m 이하의 하천과 접한 지역에서 지형 굴곡이 심하게 나타난다. 이 지역은 유적 발굴조사 정보가 많이 축적되어 있기 때문에 과거 지표면의 정보를 충분히 확보할 수 있다. 이것은 이 지역의 수치표고모델 정확도가 높다는 것을 의미한다. 이를 감안하면 형산강과 접한 지역의 지표면 추정 결과는 신뢰할 수 있을 것이며, 이를 통해 당시의 지형을 파악할 수 있다고 본다. 즉, 하천변의 지형은 기복이 심한 지형을 이루고 있었고, 이러한 지형 조건은 대규모 노동력이 투입되는 정연한 가로구획을 설치하기 어려운 요인으로 작용하였을 것으로 보인다. 이 일대에서 도로유구가 확인되지 않는 것은 이러한 이유때문일 것이다.

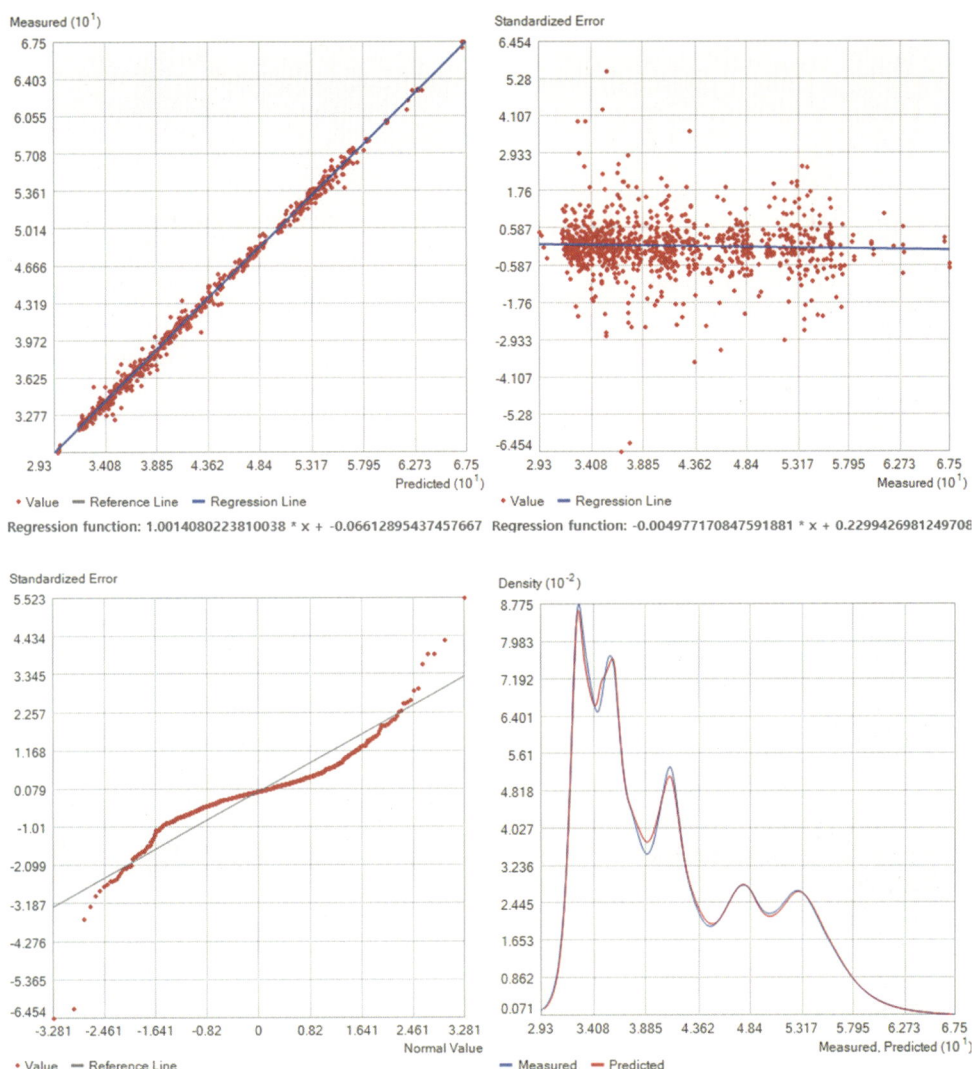

그림 45. 크리깅의 Circular 베리오그램을 적용한 KRI-M2 모델의 오차 그래프

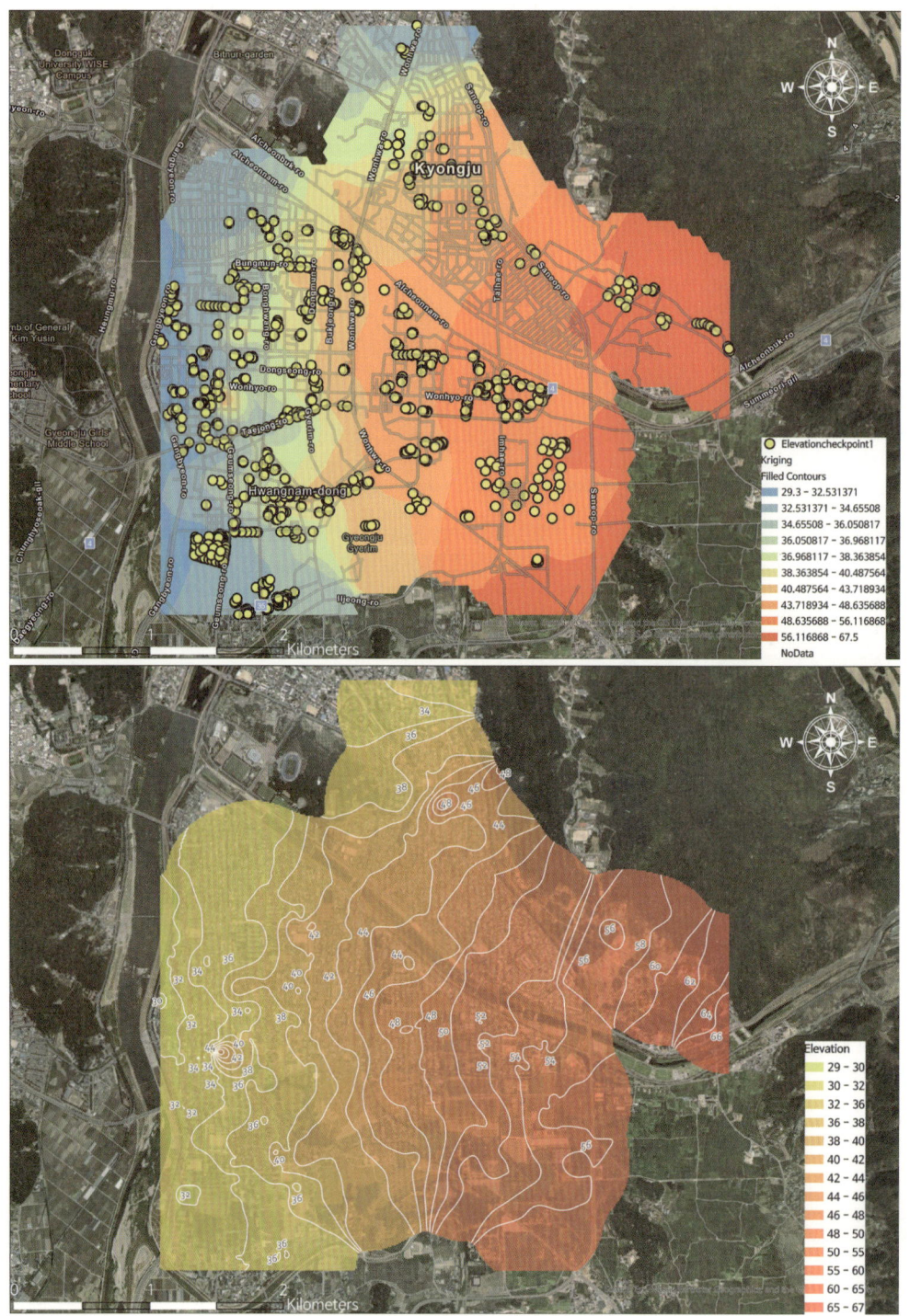

그림 46. 최적의 공간보간법을 이용하여 제작한 신라왕경의 DEM

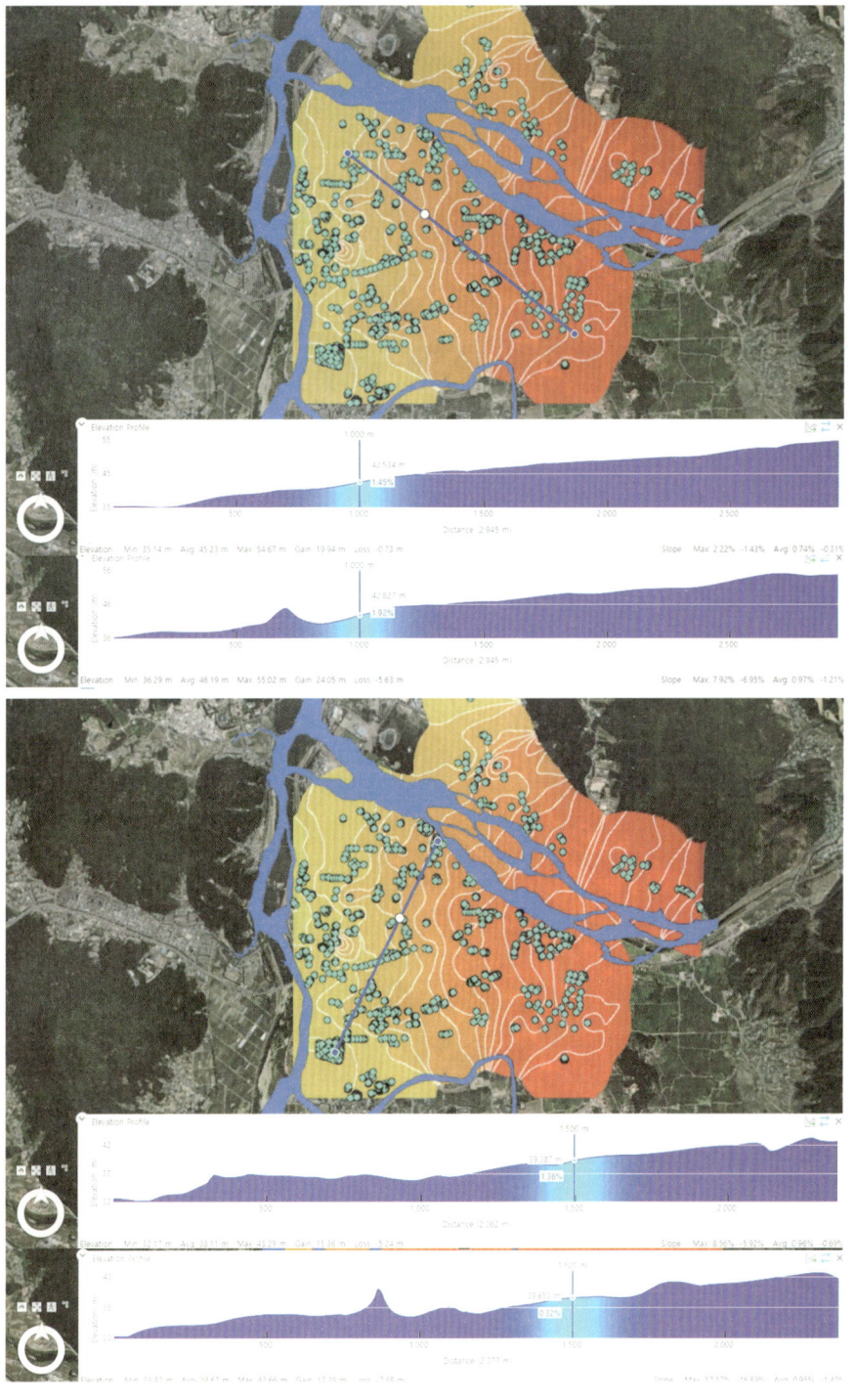

그림 47. 신라왕경의 지표면과 현 지표면의 단면 비교

제3장 **수치지도와 수치표고모델**

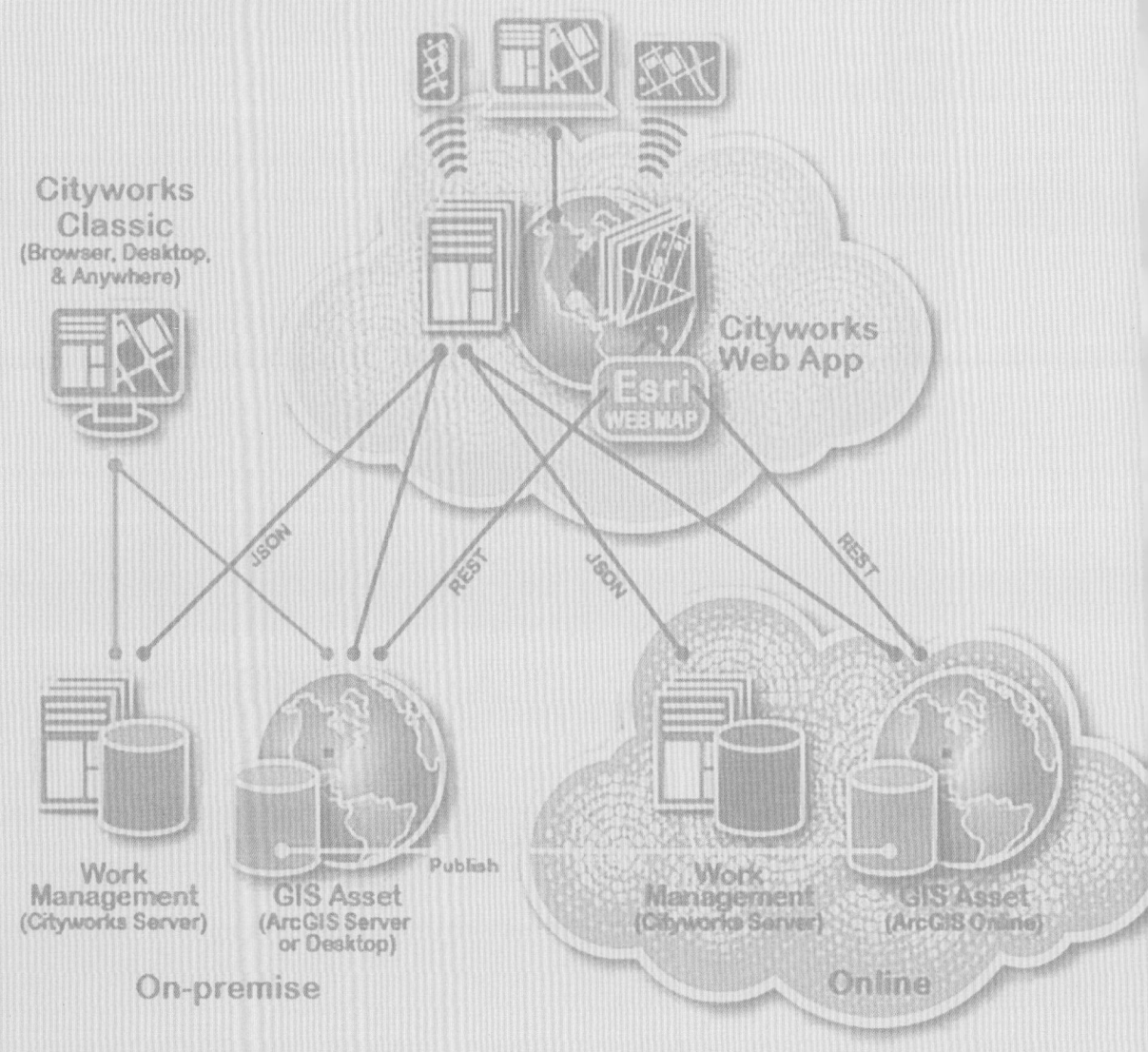

제4장
유적 공간정보 구축

제4장
유적 공간정보 구축

4.1 사용자 유적 공간정보

　GIS를 활용한 고고학적 조사연구를 위해서는 공간정보의 구축은 필수적이다. 이 정보는 일반적인 공간정보와 마찬가지로 공간데이터와 속성데이터로 구성된다. 고고학 공간데이터의 구축은 절대좌표(X, Y)가 있는 점·선·면의 형태로 구축할 수 있으며, 속성데이터는 유적조사보고서에 수록된 유물, 유구, 유적과 관련한 각종 정보로 구성할 수 있다.

　이 정보는 기본적으로 벡터데이터로 구축되며, 데이터 형식은 표현하고자 하는 대상 유적과 유물의 유형에 따라 다양하게 나타낼 수 있다. 고인돌을 예로 들어보면, 지역적·광역적 차원에서 분포도를 작성할 경우, 고인돌군은 점데이터로 표현 가능하며, 고인돌 군집 간 공간적 계층 관계나 네트워크는 선데이터로 나타내는 것이 이해하기 쉬울 것이다. 또한 고인돌군의 분포 범위는 면데이터로 표현해야 할 것이다. 이처럼 공간데이터는 대상 객체와 데이터 구축 목적에 따라 데이터 형식을 달리할 수 있다. 이러한 데이터 형식에 따라 데이터 구성과 분석 방법이 달라지며, 그 결과도 차별화될 수 있기 때문에 표현 대상이 되는 객체에 대한 정확한 이해를 바탕으로 자료구축이 이루어져야 한다.

　속성데이터는 여러 형태의 공간데이터와 연결되는 설명정보를 포함한다. 이것은 지표·발굴조사보고서에 수록된 유구·유물 속성표와 같은 테이블로 구성된다. 이 속성정보는 공간적인 위치정보와 결합되지 않을 경우, 유구·유물에 나타난 고고학적 현상에 대한 분석이나 해석이 어려울 수 있으므로, 공간데이터와 연결하는 구조화 편집 과정을 반드시 거쳐야 한다.

　이러한 유적 공간정보의 구축 절차는 아래의 그림과 같다.

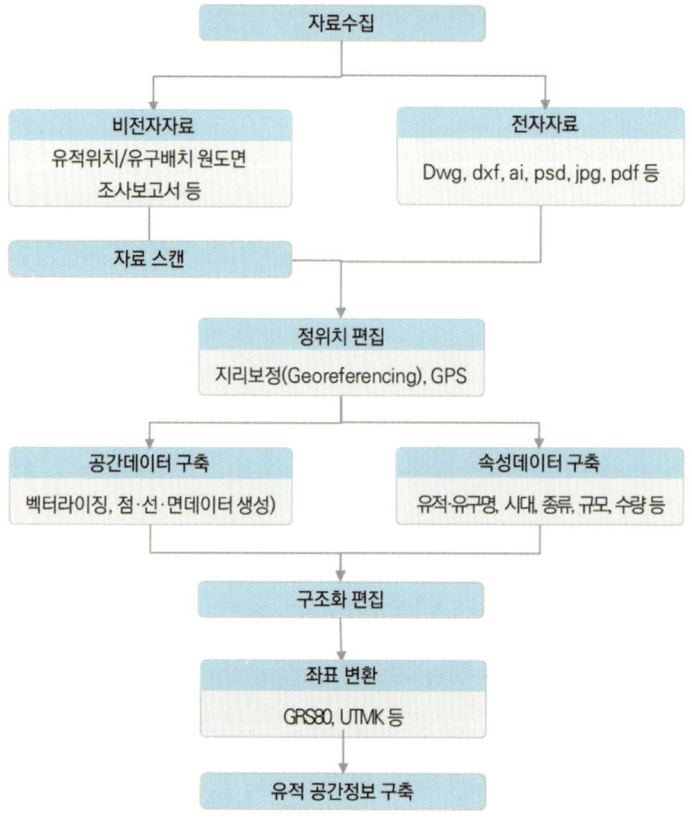

그림 48. 유적 공간정보 구축 절차

　먼저 공간정보를 구축하고자 하는 유적 자료를 수집한다. 이 자료는 비전자자료와 전자자료로 구분된다. 비전자자료는 문화유적분포지도, 지표조사보고서, 발굴조사보고서 등 각종 보고서가 있으며, 유적위치도, 유구배치도 등 유적이나 유구 위치를 확인할 수 있는 원본도면도 여기에 해당한다. 전자자료로는 대부분 조사보고서 작성 시 제작된 CAD 파일, jpg, ai, psd, pdf 등과 같은 이미지 파일이 있다. 이 자료는 절대좌표를 포함하고 있지 않기 때문에 정위치에 조사구역이나 유구배치 도면을 맵핑하는 정위치 편집을 실시하게 되는데, 이것은 지리보정(Georeferencing)를 통해 이루어진다. 지리보정은 절대좌표가 있는 지리데이터에 참조 자료를 정위치 맵핑하여 지리좌표를 갖도록 하는 과정이다.

　이 데이터들은 모두 지리적으로 절대좌표를 지니고 있어야 한다. 만약 한 유적을 점데이터로 구축하고자 한다면, 유적의 위치를 특정하고 절대좌표를 취득할 수 있는 기준정보가 있어야 할 것이다. 지형·지물 정보를 포함하고 있는 수치지형도나 필지를 확인할 수 있는 연속지적도가 이에 해당한다. 이러한 수치지도를 통해 유적의 위치를 특정할 수 있는 경우 GIS 프로그램에서 직접 점데이터를 생성하여도 된다. 하지만 조사구역이 넓거나 유적의 위치를 확인할 수 있는 지형지물이 없을 때에는 데이터 구축이 어려울 수 있다. 이 경우에는 GIS의 지리보정 도구를 이용하여 정위치에 맵핑하는 정위치 편집 과정을 거쳐야 한다.

정위치 편집은 GPS 측량을 통해 확보한 절대좌표를 이용하기도 한다. 면데이터의 경우 GPS X, Y 좌표값이 있다면 유적의 위치를 확인하거나 공간데이터를 구성하는 데 유용할 것이다. 현재 발굴조사보고서에는 현행 행정규칙인 「발굴조사의 방법 및 절차 등에 관한 규정」에 의거 아래와 같이 유구배치도에 GPS 측점을 기재하게 되어 있다. 이 때문에 별도의 지리보정을 하지 않더라도 GIS를 이용한 GPS 좌표 변환을 통해 개별유적의 위치를 표시하거나 유적분포도를 작성할 수 있다.

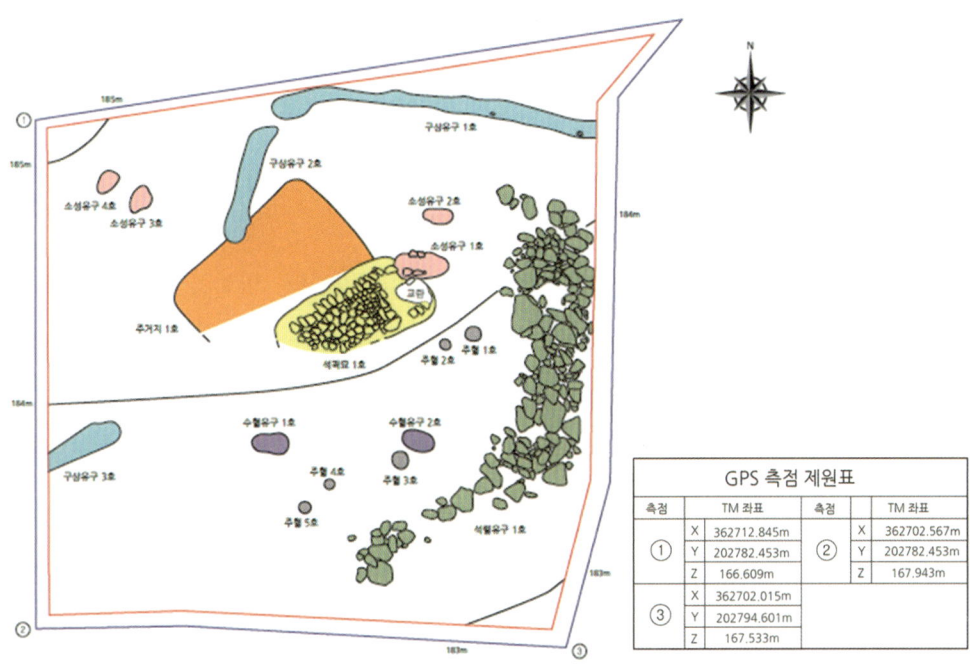

그림 49. 발굴조사보고서 GPS 좌표 정보

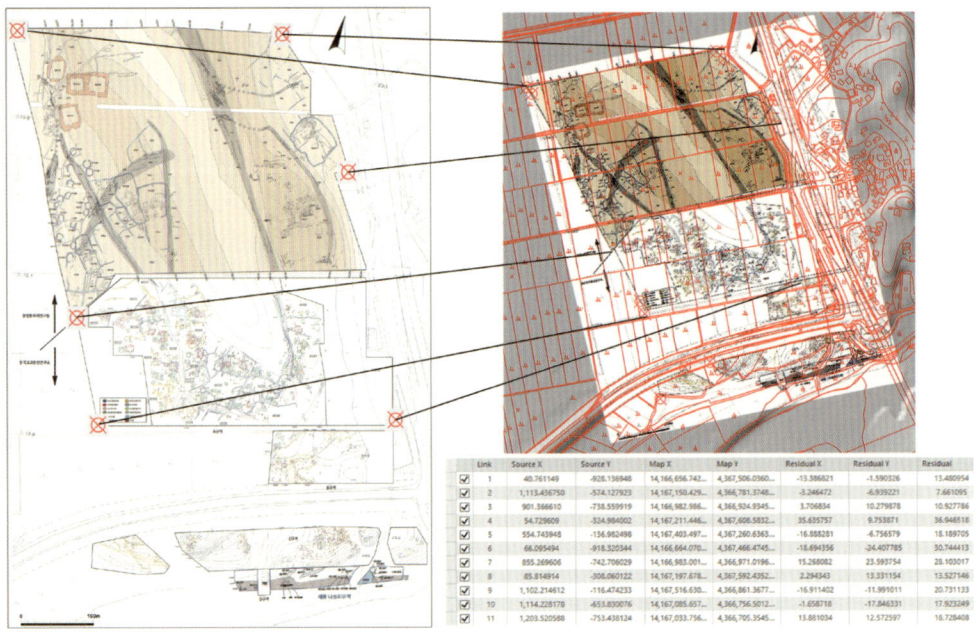

그림50. 지리 보정을 이용한 정위치 편집

　이러한 과정을 거쳐 정위치 편집이 완료되면, 공간데이터를 생성하고 속성데이터를 입력하는 구조화 편집을 진행하게 된다. 공간데이터는 맵핑된 유적자료를 기반으로 점, 선, 면과 같은 도형 형태로 벡터라이징하여 구축된다. 속성데이터는 공간데이터가 완성되면 자동적으로 속성테이블이 생성되는데, 여기에 각종 속성정보를 직접 입력하거나 엑셀 파일을 조인(join)하여 데이터를 완성하게 된다. 이처럼 두 데이터를 체계적으로 정리하고 필요한 형식으로 편집하는 작업으로, 데이터 간에 지리적 상관관계가 형성되는 것을 구조화 편집이라고 한다.

　구조화 편집 이후에 용도에 따라 좌표변환을 실시한다. 우리나라는 2002년 이전에 베셀(Bessel) 타원체를 기준으로 한 동경좌표계를 사용하고 있었다. 하지만 수치지도의 범용성을 높이기 위해 그 이후에는 세계측지계에 의한 한국측지계(KGD2002)를 적용하고 있다. 여기에 적용된 타원체는 GRS80이며, 데이텀은 ITRF2000을 사용하고 있다. 그리고 측량원점은 서부원점, 중부원점, 동부원점, 동해원점이 설정되어 있다. 다시 말해서 국내 지리좌표는 TM 좌표계, GRS80 지구타원체, ITRF 데이텀, 4개의 수평기준원점으로 구성되어 있다고 말할 수 있다. 한편, 전국단위의 유적 공간정보를 구축·관리하고 있는 국가유산청 GIS에서는 UTM-K 좌표를 사용하고 있다. 이와 같은 좌표체계에 따라 참조정보를 입력하거나 좌표변환을 진행하면 유적 공간정보가 최종적으로 완성된다.

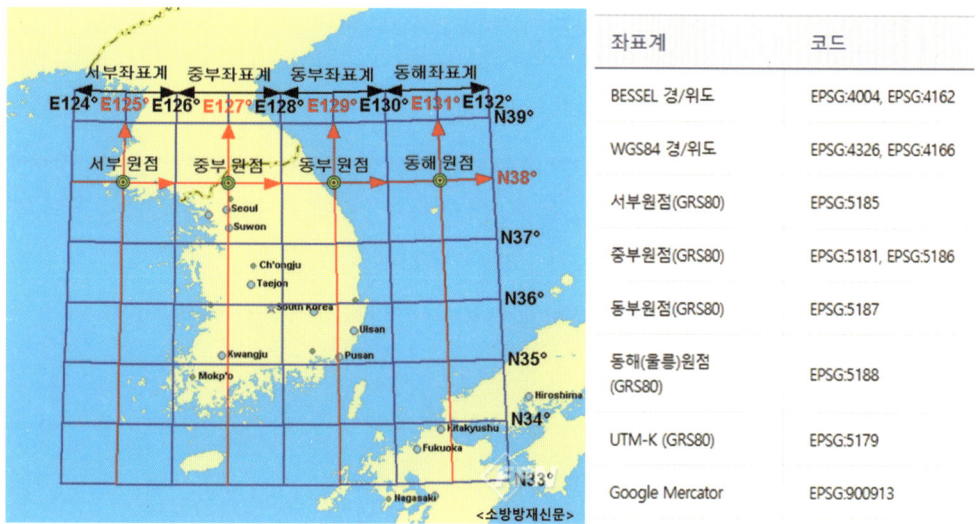

그림51. 국내 평면직각 좌표계 원점과 코드표

4.2 국가 차원의 유적 공간정보 구축

유적 공간정보는 이용 목적에 따라 사용자가 직접 구축하는 경우도 있지만, 광역단위 또는 전국단위의 유적 공간정보는 개인 차원에서 구축이 어려울 수 있다. 이 경우 국가유산청에서 구축한 매장유산 GIS 데이터를 활용할 수 있다. 국가유산청에서는 1990년대 초부터 전국의 문화유적분포지도를 제작하였으며, 2000년에 국가가 관리하는 기본지리정보에 매장유산이 포함되면서 문화유적분포지도 정보를 GIS 공간정보로 통합 구축하는 사업이 추진되었다. 이것과 함께 2009년부터는 일제강점기 이후에 진행된 문화유산 지표조사와 발굴조사 자료를 모두 공간정보로 구축하는 사업이 진행되고 있다.

국가유산청의 매장유산 공간정보는 크게 문화유적분포지도 정보와 지표·발굴조사보고서의 조사구역 정보로 구성되어 있으며, 모두 면 데이터로 구축되어 있다. 문화유적분포지도는 2024년 현재 전국 총 97,379건의 유적 위치를 확인할 수 있는 공간데이터와 유적명, 소재지, 시대, 종류 등이 포함된 속성데이터로 구성되어 있다. 이 공간정보는 사실상 전국의 모든 문화유적 정보를 포함하고 있다고 해도 과언이 아니다. 이 정보는 국가유산청의 별도 데이터 테이블 정의서에 의거 구축되었다. 속성데이터는 코드와 설명데이터로 구성되어 있으며, 유적과 시대는 분류기준에 의거 정보가 입력되어 있다. 이러한 구축지침은 지표·발굴조사구역 정보에도 동일하게 적용되고 있어 시대와 유적 종류에 따라 다양하게 데이터를 통합할 수 있으며, GIS의 시각화 기능을 이용하여 각종 주제도를 작성할 수 있다.

〈표 5〉 문화유적분포지도 유적종류 분류 예시

최대분류	대분류	중분류	소분류	기타분류
문화유산	유형문화재	유적	생활유적	
문화유산	유형문화재	유적	생활유적	주거유적
문화유산	유형문화재	유적	생활유적	주거유적	야영지
문화유산	유형문화재	유적	생활유적	주거유적	동굴
문화유산	유형문화재	유적	생활유적	주거유적	암음
문화유산	유형문화재	유적	생활유적	주거유적	수혈주거지
문화유산	유형문화재	유적	생활유적	주거유적	고상(굴립주)건물지
문화유산	유형문화재	유적	생활유적	주거유적	건물지
문화유산	유형문화재	유적	생활유적	패총	

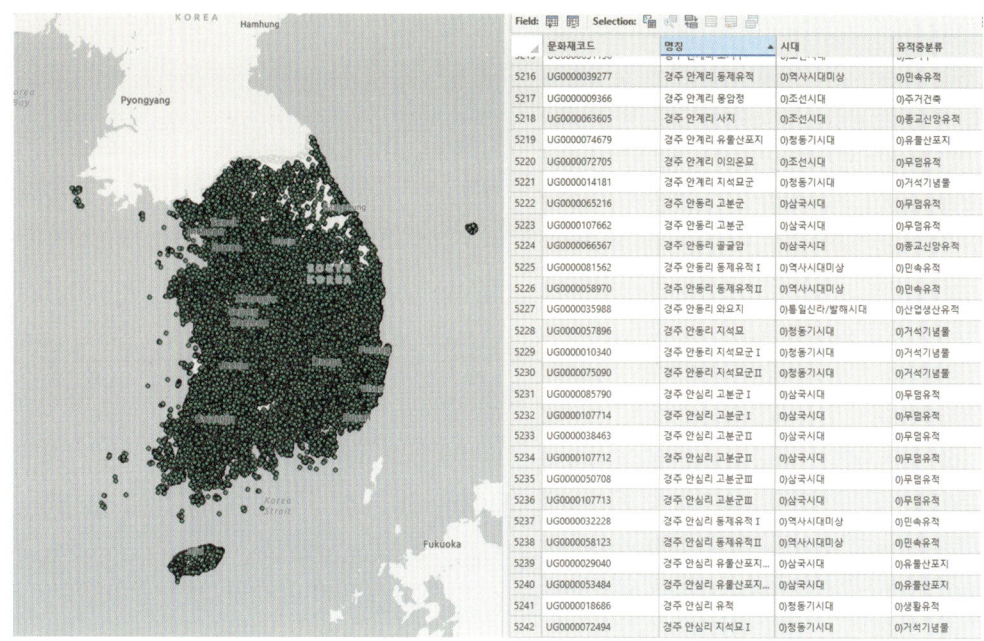

그림 52. 문화유적분포지도 정보 구축 지점과 속성테이블

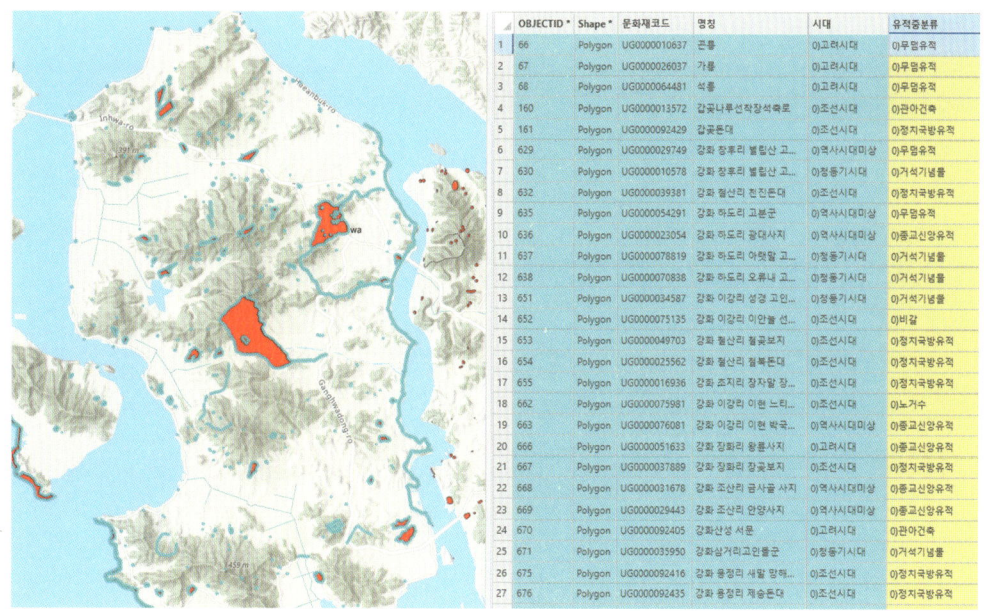

그림 53. 문화유적분포지도 공간데이터와 속성데이터

제4장 **유적 공간정보 구축** —— 87

이와 같은 문화유적분포지도 정보는 기존에 학술 목적으로 진행된 문화유적 지표조사와 각종 문헌자료를 종합 정리하고, 전국단위의 광역지표조사를 통해 기존 유적의 위치 확인 뿐만 아니라 신규유적들을 조사하여 통합하였다는 점에서 의미가 있다. 10만 여 건에 달하는 전국의 유적 위치와 설명, 사진 등 방대한 자료를 포함하고 있는 문화유적분포지도 정보는 국내 최대의 고고학 공간정보인 것이다. 다시 말하면, 문화유적분포지도는 수치토양도, 수치지질도와 같이 국가차원에서 구축한 문화유산 분야의 국가기본도이자 국가주제공간정보이라고 말할 수 있다. 또한 한국고고학 조사연구와 유적 보존관리를 위해 반드시 필요한 빅데이터이기 때문에 지속적인 관리와 갱신이 이루어져야 할 것이다.

한편, 지표조사 구역정보는 「매장유산 보호와 조사에 관한 법률」에 의거 건설공사 지역에 국가유산이 매장되어 있거나 분포하는지를 확인하기 위하여 사전에 지표조사를 실시하고 그 결과를 공간정보로 구축한 것이다. 구역정보는 지표사업허가구역과 지표유적위치도로 구성되어 있다. 지표사업허가구역에는 면데이터로 구축된 건설공사 사업구역과 사업명, 소재지, 조사사유, 조사기관, 조사보고서명 등의 기본정보가 속성데이터로 구축되어 있다. 지표유적위치도는 건설공사 예정구역 내에서 확인된 각각의 유적 위치와 범위를 공간정보로 구축하였다. 이 공간정보도 문화유적분포지도와 마찬가지로 유적이 확인된 범위를 면데이터로 구축하였으며, 속성데이터는 지표사업허가구역과 다르게 유적명, 시대, 유적종류(대분류, 중분류, 소분류) 등이 포함되어 있다.

〈표 6〉 국가유산청 매장유산 공간정보의 종류

구분	단위	데이터 형식	공간데이터	속성데이터
문화유적분포지도	전국	면(Polygon)	유적범위	유적명, 소재지, 시대, 종류
지표조사구역	전국	면(Polygon)	지표사업허가구역	사업명, 소재지, 조사사유, 조사기관 등
			유적위치도	유적명, 소재지, 시대, 종류, 보고서명 등
발굴조사구역	전국	면(Polygon)	발굴사업허가구역	사업명, 소재지, 조사사유, 조사기관 등
			발굴유적위치도	유적명, 소재지, 시대, 종류, 보고서명 등

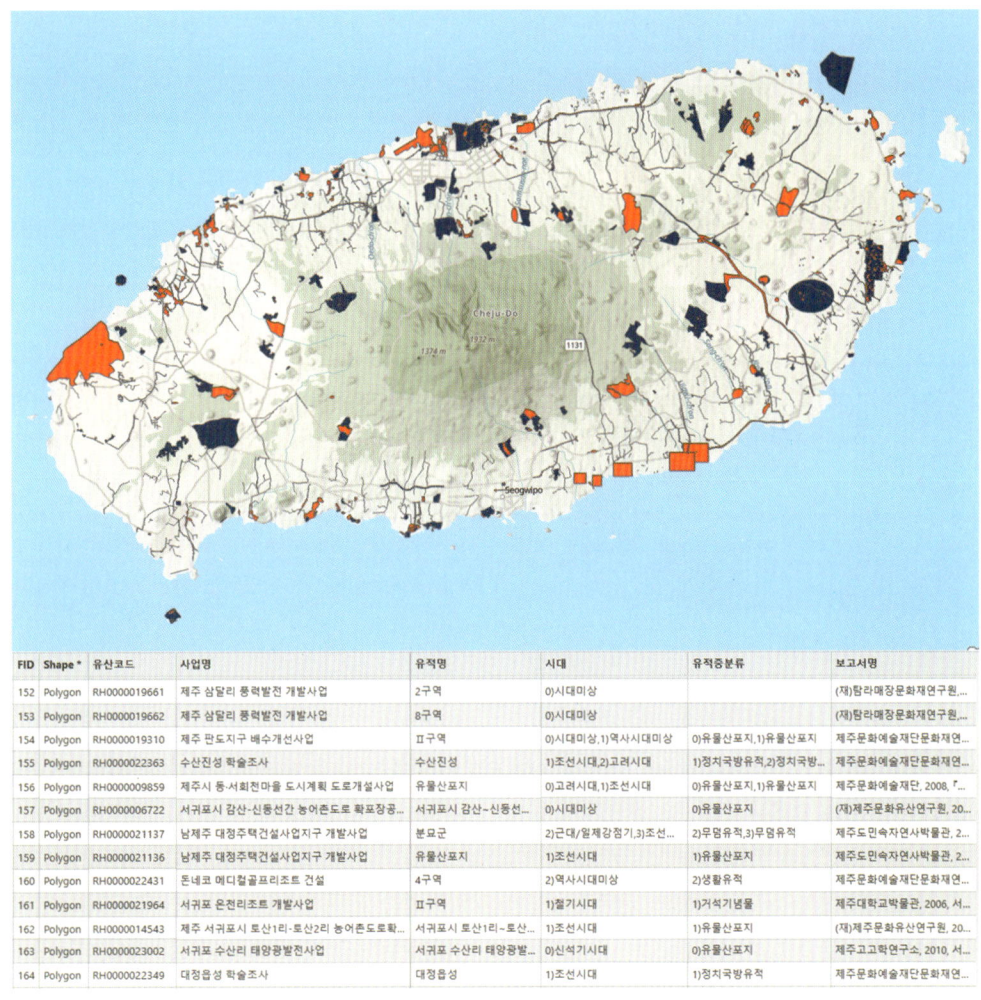

그림 54. 국가유산청 GIS의 지표조사구역 정보

    이와 같은 지표조사구역 정보는 기본적으로 문화유적분포지도 정보를 참조하여 진행되는 지표조사를 기반으로 구축된 데이터이다. 또한, 이 정보는 수시로 지표상에서 확인되는 유적·유물에 기초하여 구축되고 있기 때문에 문화유적분포지도 정보와 데이터 통합이 이루어진다면, 전국의 유적 현황을 파악할 수 있는 중요한 자료가 될 수 있다.

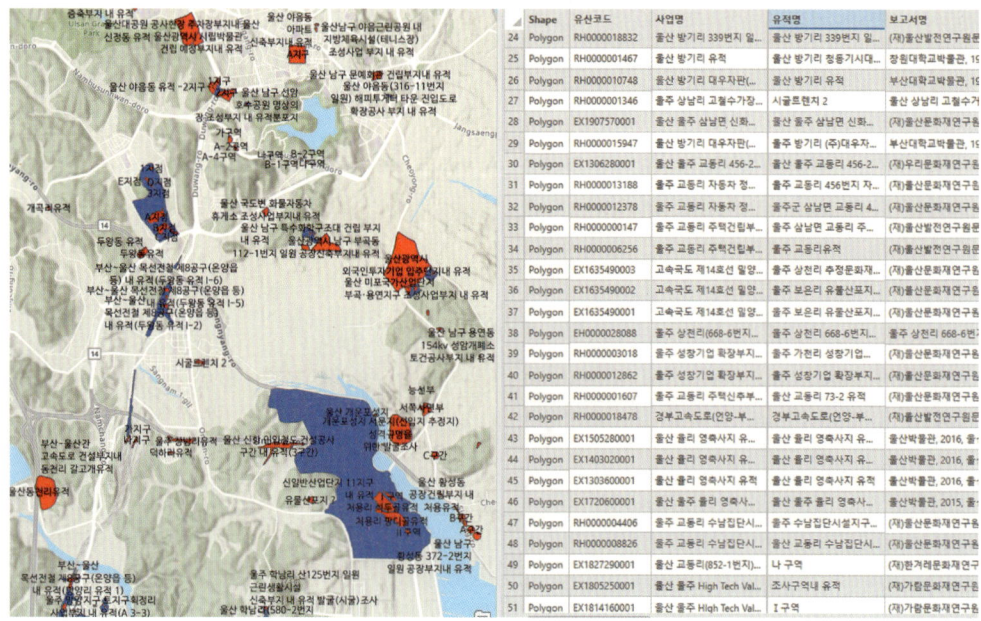

그림 55. 국가유산청 GIS의 발굴조사구역 정보

　발굴조사구역도 지표조사구역과 마찬가지로 「매장유산 보호와 조사에 관한 법률」에 의거 실시된 학술·정비 목적 또는 건설공사에 따른 구제조사 결과를 공간정보로 구축한 것이다. 구역 정보는 각 사업구역 전체를 포함하는 발굴사업허가구역, 그리고 그 구역 내에서 진행된 발굴유적의 위치도 정보를 담고 있다. 이것은 모두 면데이터로 구축되어 있다. 이러한 구역 공간데이터와 연결된 속성데이터는 발굴사업허가구역의 경우, 사업명, 소재지, 조사사유, 조사면적, 조사기간, 조사기관 등의 기본정보가 포함되어 있다. 발굴유적위치도에는 각 사업구역에서 조사된 발굴유적의 명칭, 시대명, 유적의 종류, 발굴조사보고서명 등이 상세히 입력되어 있다. 이 정보도 지표조사구역 정보와 함께 조사기관에 의해 수시로 갱신되고 있다.

　2024년 현재 지표·발굴조사구역 공간정보는 총 6만 3천여 건이 구축되어 있다. 이는 문화유적분포지도 정보와 함께 해방 이후 국내에서 이루어진 고고학 조사정보를 모두 통합한 데이터이다. 조사구역 정보는 그동안 수정·보완 과정을 거쳐 정합성을 높여 가고 있으며, 최근에는 조사기관에서 직접 공간정보를 입력하고 있기 때문에 데이터의 품질이 점차 향상되고 있는 상황이다. 또한 고고학 조사와 관련한 많은 정보가 포함되어 있어 속성데이터의 재구성에 따라 사용자가 다양한 주제도를 작성할 수 있고, 국지적 공간단위에서 전국단위의 유적을 대상으로 각종 공간분석이 가능하다는 장점을 지니고 있다. 지속적인 데이터 품질 향상과 체계적인 관리를 통해 한국 고고학을 대표하는 공간정보로서의 위상을 유지해 나갈 필요가 있다.

이상과 같이 국가 차원에서 구축·관리되고 있는 유적 공간정보는 국가유산청에서 운영하고 있는 GIS통합인트라넷시스템(https://intranet.gis-heritage.go.kr/)을 통해 검색·조회할 수 있다. 이 시스템은 유적 정보뿐만 아니라 국가유산구역, 매장유산 유존지역, 매장유산 조사현황을 제공하고 있다. 유적 공간정보의 경우, 매장유산 조사기관에서 발굴조사 완료 후 직접 구역 정보를 갱신하고 있기 때문에 최신의 유적 정보를 확보할 수 있다.

다만, 이 공간정보 플랫폼은 국가유산청에 등록된 기관에 한하여 서비스되고 있기 때문에 관련 규정에서 요구하는 별도의 계정 취득이 필요하다. 공간정보는 여기에서 제공하는 데이터개방 페이지를 통해 다운로드 가능하다.

제5장
유적분포도 작성

제5장
유적분포도 작성

5.1 고고학 연구와 유적분포도

5.1.1 유적분포도의 중요성

고고학은 인간이 남긴 물질자료를 수집, 발굴, 분석하여 과거의 역사, 문화, 생활 등을 복원하고 문화 변화 요인을 무엇인지 해석하는 학문이다. 고고학에서 물질자료는 연구의 기초가 되는데, 이것은 시간과 공간의 큐브에 존재한다. 이러한 유물, 유구, 유적 등은 통시적인 관계 속에서 문화의 변화상을 확인할 수 있는 중요한 정보를 제공한다. 또 한편으로 이것들은 동시기에 존재하는 공시적 관계를 통해 인간과 환경, 인간과 인간의 상호작용에서 비롯된 여러 가지 고고학적 현상을 설명할 수 있는 근거들을 제시한다. 즉, 유물, 유적 등과 같은 고고자료는 시계열적으로 공간을 구성하는 요소로서, 이것들의 분포, 구조, 관계는 고고학의 가장 핵심적인 연구주제라고 말할 수 있다.

유적분포도는 이러한 고고자료의 공간적 맥락을 파악할 수 있는 기본 지도이다. 유적분포도는 유적, 유구, 유물의 공간적 분포를 시각화하고 분석하는 데 사용되는 중요한 도구이며, 고고학 연구뿐만 아니라, 유적 보존관리를 위한 정책적 의사결정을 지원하는 핵심 정보를 담고 있다. 이와 같은 유적분포도의 중요성은 다음과 같이 설명할 수 있다.

첫째, 고고학적 현상에 대한 공간적 분포패턴을 시각화한다. 유적분포도는 주거지, 분묘, 도로, 성곽 등의 위치를 지도에 표시하여 공간적 분포패턴을 분석할 수 있는 정보를 제공한다. 유적, 유구, 유물이 특정 지역에 밀집해 있거나 분산된 패턴을 보여주고, 이와 관련한 사회적·환경적 요인을 추론할 수 있게 한다. 예를 들어, 하천과 근접하여 유적이 분포하는 경우, 이것이 취락의 입지와 농경지 확보에 미친 영향에 대해 검토해 볼 수 있다. 그리고 간선도로망을 따라 성곽이 분포하는 경우, 관방체계의 형성에 인적·물적 자원의 유통이 중요하게 작용하였음을 해석할 수 있을 것이다.

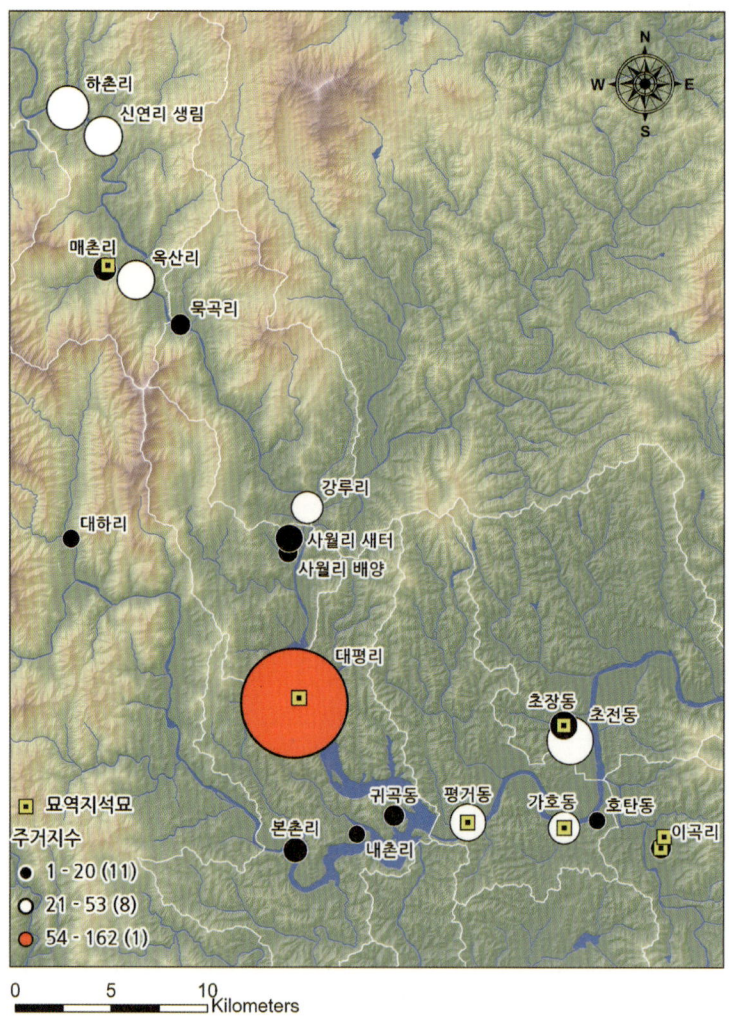

그림 56. 남강유역 청동기시대 취락과 분묘 분포도

둘째, 유적분포도는 물질문화의 시간적 변화상을 추적할 수 있는 도면을 제공한다. 유적분포도는 특정 시기의 유적 층위에 나타난 고고학적 현상을 시계열적으로 표현할 수 있다. 이것은 물질문화의 형성, 확산, 쇠퇴와 관련한 문화 변동 과정을 설명하고, 기술의 발전과 사회 변화상을 파악할 수 있는 시각화 도면을 제공한다. 또한, 유적분포도를 통해 인구의 이동, 이주와 확산에 대한 시각화가 가능할 뿐만 아니라, 문화 변동(전파, 접변, 동화, 융합) 양상과 사회발전 과정을 이해하는 중요한 자료를 확보할 수 있다.

그림 57. 세종특별자치시 청동기시대~백제 유적 분포도

 셋째, 자연적·사회적·문화적 경관을 재구성하고, 인간과 환경 간의 상호작용 관계를 분석·해석하는 자료를 제공한다. 경관고고학 연구는 유적을 단순히 개별 유물이나 구조물로 보지 않고, 그것이 위치한 지리적·환경적·사회적·문화적 경관 맥락 속에서 해석하는 접근법을 따른다. 이것은 발굴조사를 통해 확인된 주거지, 분묘, 도로, 저장시설, 농경지 등은 과거의 문화경관을 구성하는 요소이며, 이것들의 분포, 구조, 관계는 사회 변동 양상을 분석하고 해석하는 기초 정보를 담고 있다는 것을 전제로 한다.

 유적분포도는 이러한 경관고고학적 해석의 기본적인 도구로, 유적의 공간적 분포를 시각화하여 인간과 환경, 사회적 관계를 이해하는 데 중요한 역할을 한다. 뿐만 아니라, 경관에 투영된 인간의 경험, 기억, 정체성 등과 같은 주체의 주관적 경관 체험을 해석하는 기초자료를 제공하고 있다. 특히, GIS를 활용하여 작성한 유적분포도는 유적 형성의 환경적 맥락과 생태적 적응 과정을 설명하는 근거가 되며, 교류 네트워크를 시각화하고 중심성을 평가하는 도구로 이용되고 있다.

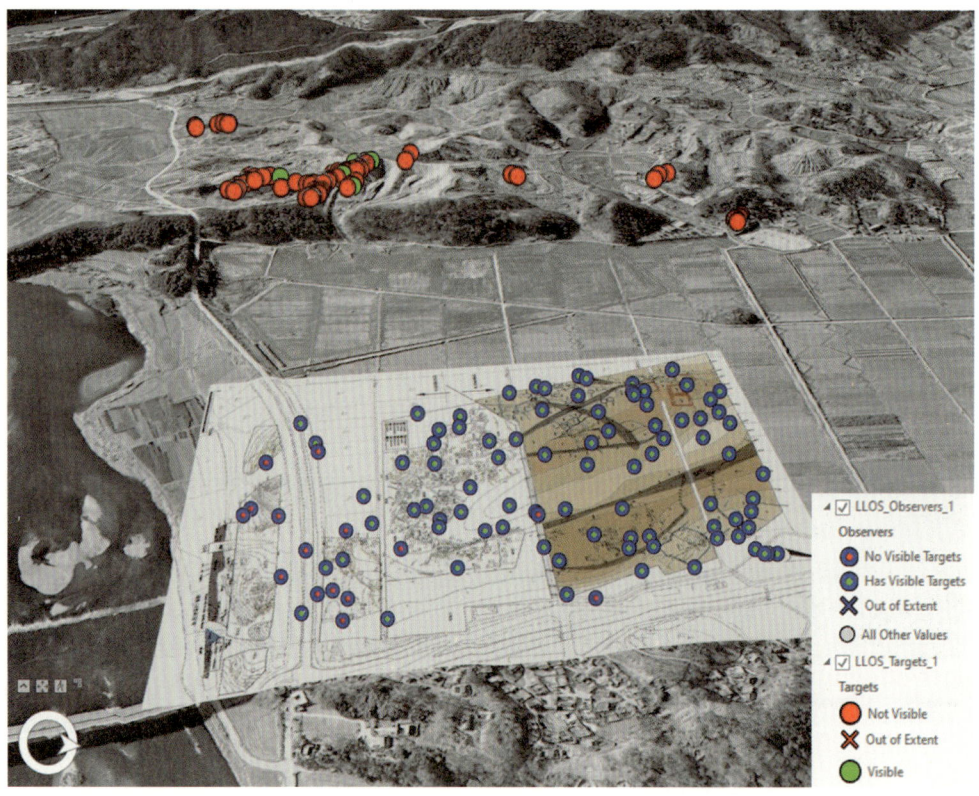

그림 58. 세종 나성리유적·송원리고분군 분포와 가시 경관

넷째, 유적분포도는 유적의 위치와 분포 밀도를 파악하여 보존 관리의 우선 순위를 정하거나 개발 계획에 반영하는 예방적 차원의 도구로 활용할 수 있다. 유적은 도로 개설이나 주택 건축 등 건설공사로 인해 훼손될 우려가 있다. 만약 유적분포도를 통해 유적의 분포 정보를 사전에 확인할 수 있다면, 유적의 피해를 최소화할 수 있는 합리적인 보존관리 대책을 수립할 수 있을 것이다. 〈그림 59〉와 같은 매장유산 유존지역 분포도 제작은 이러한 조치를 위해 진행되고 있는 대표적인 사업으로, 사전에 수립된 유적 보존 대책에 따라 효율적으로 고고학적 조사를 실시할 수 있는 기초 자료를 제공하고 있다. 또한, 지진, 홍수 등 자연재해에 취약한 유적을 파악하여 보호 조치를 마련할 수도 있다. 실제 문화유적분포지도와 같은 유적 분포도는 국가유산 안전관리지도 제작에 활용되기도 하였다.

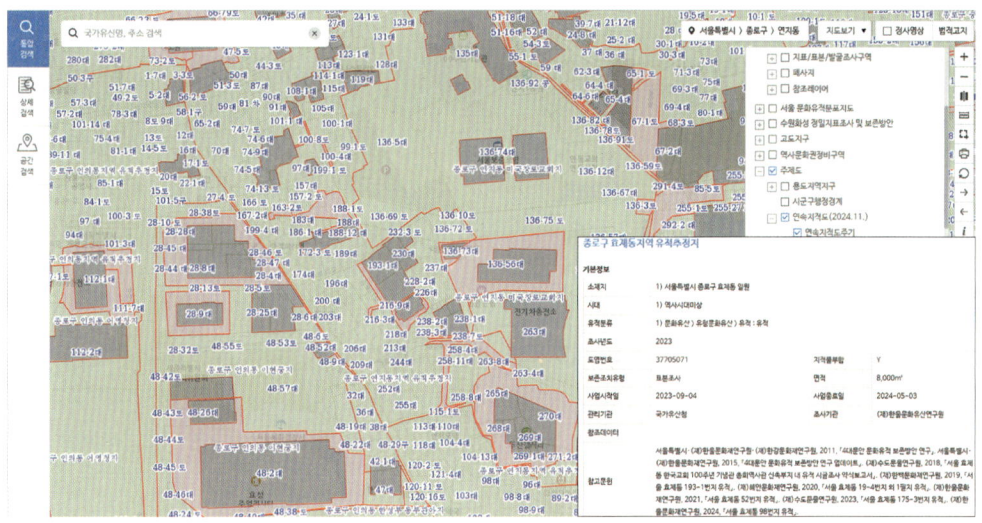

그림 59. 서울특별시 매장유산 유존지역분포도(국가유산청, GIS통합인트라넷시스템)

마지막으로, 대중고고학 활동에서 유적에 대한 대중의 인식을 제고하는 도구로 활용 가능하다. 대중고고학은 고고학적 지식과 유산을 일반 대중, 지역 공동체, 비전문가와 공유하고 그들의 참여를 통해 고고학의 사회적 가치를 높이는 학문적·실천적 접근이다. 유적분포도는 이와 같은 대중고고학에서 유적의 공간적 맥락을 시각적으로 전달하고 대중의 이해, 참여, 문화유산 보존 의식을 강화하는 데 중요한 도구로 활용될 수 있다. 유적분포도는 복잡한 고고학적 데이터를 직관적이고 시각적인 지도 형태로 제시하여 대중이 유적의 위치, 분포 패턴, 역사적 맥락을 쉽게 이해하도록 도울 수 있기 때문이다. 또한 이것은 지역 주민들에게 유적의 위치와 분포를 명확히 확인하게 하여 개발, 도시화, 자연재해로부터 유산을 보호하는 데 필요한 대중의 지지를 얻는 기본 자료로 활용할 수 있다.

이처럼 유적분포도는 고고학에서 공간적·시간적·문화적 맥락을 이해하는 데 필수적인 도구로, 학술적인 조사연구뿐만 아니라, 문화유산 관리, 교육에 이르기까지 광범위하게 활용되고 있으며, 그 중요성을 크게 인정받고 있다. 최근에는 고고자료의 시공간적 현상을 효과적으로 표현하는 GIS를 이용한 주제도 작성을 통해 보다 다양한 시각에서 고고학적 현상을 해석하고 설명하려는 움직임이 진행되고 있다.

그림 60. 세계유산 분포도(국가유산청, 문화유산공간정보서비스)

5.1.2 유적분포도의 변천

18세기에 고고학이 성립된 이래 과거 물질자료의 공간 현상을 파악하려는 노력은 지속적으로 이루어지고 있다. 이를 위해 그동안 다양한 방법론이 개발되어 왔으며, 이 방법론들은 고고학적 사고의 근간이 되는 공간에 대한 이해력을 높이는 데 크게 기여하였다(Gillings et al. 2020: 1).

이러한 공간 현상의 표현 방법들 가운데 가장 대표적인 것은 유적분포도였다. 고고학에서는 물질자료를 기본적인 조사와 연구 대상으로 하고 있다. 이 때문에 조사를 통해 확보한 고고자료를 수집·정리하고, 그것의 분포와 구조, 관계를 분석하고 해석할 수 있도록 정보를 통합할 필요가 있었다. 이를 인식한 초기의 연구자들은 일찍이 고고학에서 가장 핵심적인 역할을 하고 있는 유적에 대한 분포도를 작성하였다.

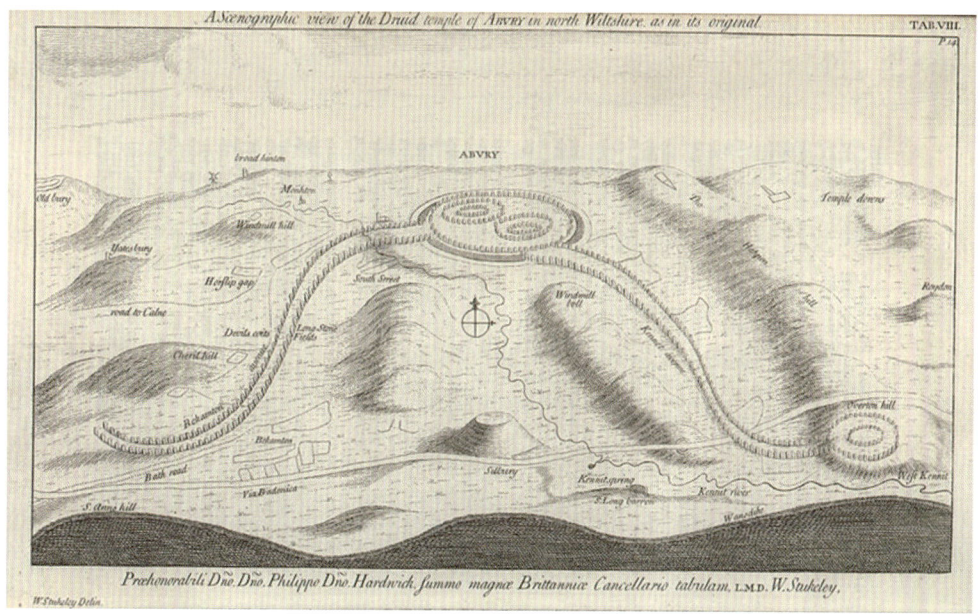

그림 61. 스터클리의 유적분포도(Arc 855.214*, Houghton Library, Harvard University)

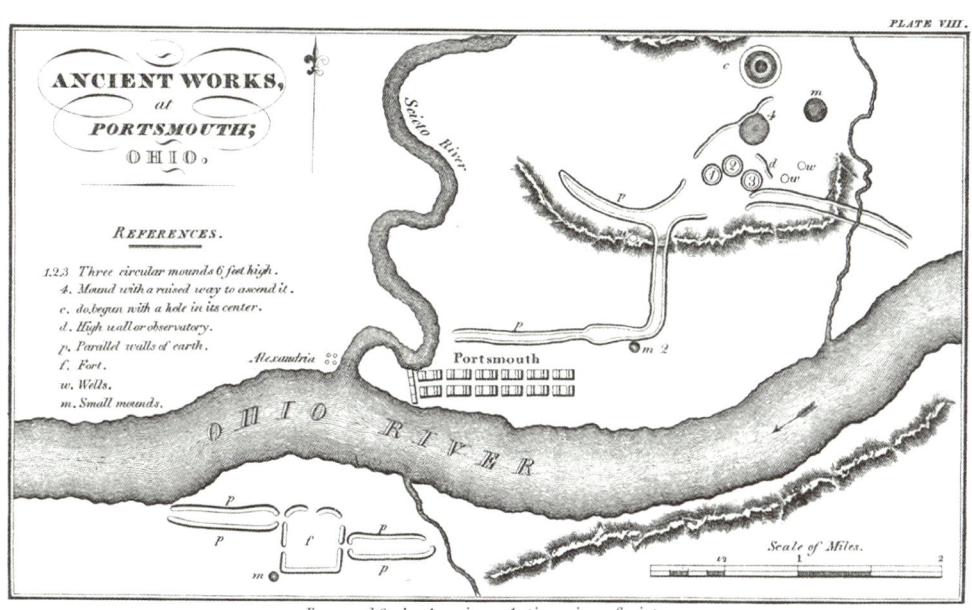

그림 62. 에트워터의 마운드 분포도(Atwater 1820)

제5장 **유적분포도 작성** ─── 101

대표적인 사례로, 18세기 초 영국의 거석기념물과 고분들을 답사하고 분포도를 작성한 스터클리의 예가 있다. 그는 유적이 지닌 서사보다는 기록과 분석에 관심을 갖고 유적과 유물 자체를 이해하고자 하였다. 이후 19세기 초에는 콜트 호오(Hoare 1812)의 『The History of Ancient Wiltshire』에서 볼 수 있듯이, 유적 분포 조사와 발굴 기록은 풍부한 설명과 함께 지도, 평면도에 통합되었다. 미국의 경우, 애트워터(Atwater 1820)는 마운드 빌더 논쟁과 관련하여 마운드의 공간적 배치 관계를 이해하기 위해 정확한 축척을 기반으로 분포도를 작성하고 세부 설명을 기술하였다. 이를 계기로 미국 고대 협회(American Antiquarian Society)에서는 고고학 조사에 정확한 도면과 설명을 요구하게 되었다. 이러한 초기 연구자들의 노력에 힘입어 20세기에 접어들어서 차일드와 같은 고고학자를 중심으로 문화 집단의 이주와 문화 전파를 설명하기 위해 많은 유물과 유적을 기록하는 접근 방식을 채택하게 되었다.

유적분포도를 통한 고고학적 현상의 파악과 분석에 가장 크게 기여한 것은 고든 윌리였다. 그는 페루 비루 계곡 프로젝트를 통해 지역적 차원의 광범위한 현장 조사와 자료 수집, 해석 등과 관련한 공간적 사고를 발전시켰다. 윌리(Willey 1953)는 이 프로젝트에서 특정한 장소를 식별하고 각각을 기록하였으며, 이를 기초로 과거 경관을 재구성하였다. 윌리가 주목한 것은 취락유형(Settlement Pattern)이었다. 이것은 인간이 삶을 영위하고 있는 공간에 자신을 배치하는 방식으로, 여기에서 다루었던 공간의 범위는 국지적 단위에 배치된 개별가옥, 가옥군, 공공건축물뿐만 아니라, 지역적 차원에서 상호작용을 하고 있었던 취락들의 관계였다. 이러한 취락 패턴은 당시의 자연 환경, 기술 수준, 사회조직 등을 반영한다고 보고, 이를 설명하기 위해 기본 정보를 수집하고 분석하였다. 가옥, 피라미드, 분묘 간의 관계는 사회 집단을 나타내는 화살표와 점선으로 표현되었고, 농업 활동 영역도 구역을 나누어 따로 구분하였다. 유적 간의 관계는 개별 장소가 아닌 다양한 공간스케일에서 사회적 관계로 해석되었다. 이와 같은 공간 접근법은 규모와 구조 측면에서 대상 지역의 개념에 큰 변화를 초래하였다. 개개의 건축물에서 지역적 차원의 유적 분포까지 상이한 공간 단위를 대상으로 공간분석을 실시하여 유적분포도를 보다 정교한 도구로 완성하는 단계까지 이르게 되었다.

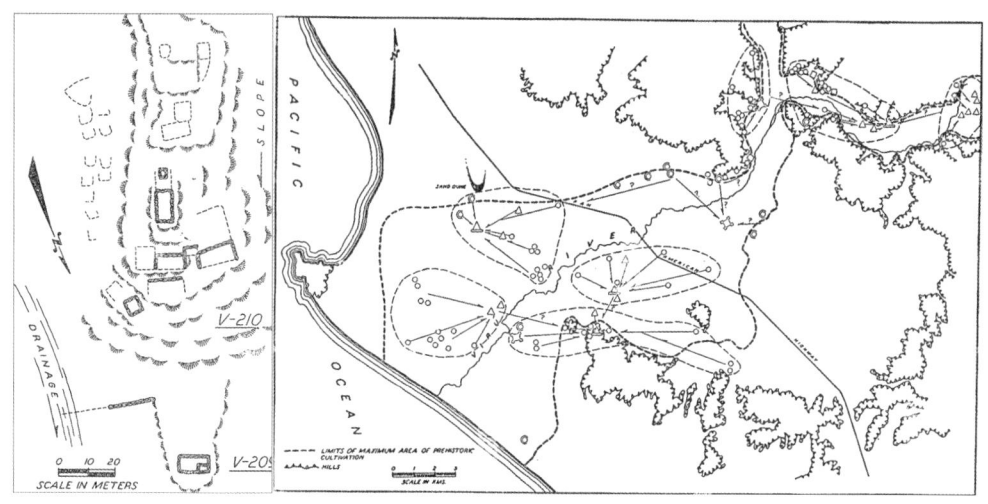

그림 63. 윌리의 비루계곡 유적분포도(Willey 1953)

　윌리에 의해 촉발된 취락패턴의 공간적 현상에 대한 연구는 지표상에서 발견된 유적과 유물을 지도에 표시하여 고고학적 현상의 공간적 맥락을 파악하기 위해 지질, 토양 등과 같은 환경 정보를 중첩하여 판단하는 방법이 주로 사용되었다. 하지만 이 방식은 지도화에 많은 시간이 소요될 뿐만 아니라, 고고학자의 주관에 의해 그 현상이 해석되기 때문에 객관성이 결여된다는 단점이 있었다. 이러한 문제점을 보완하기 위해 1970년대부터는 보다 객관적으로 계량화된 분석 결과를 제시하고자 하였고, 그 결과 공간통계기법이 취락고고학 연구에 도입되기 시작하였다.

　이러한 취락고고학의 접근법은 영국에서 공간고고학을 주도한 데이비드 클라크에 의해 구체적으로 정리되었다. 클라크는 생태학적 시각에서 과정고고학의 주요 이론이었던 체계이론과 계량적 공간분석을 고고학 연구에 적극 수용하여 문화 변화 과정을 객관적으로 설명하고자 하였다. 이러한 입장에서 고고학적 현상을 수집하고 공간분석을 통해 해석할 수 있는 모든 계량적인 방법과 모델, 이론을 공간고고학(Spatial Archaeology)으로 명명하였다. 클라크는 1968년에 출간한 그의 저서 『Analytical Archaeology』와 1977년의 『Spatial Archaeology』에서 고고학적 공간을 구성하고 있는 유적들의 불연속적 분포를 점, 선, 면으로 표현하고, 각종 다이어그램과 공간통계를 이용한 다양한 분석법을 제시하였다.

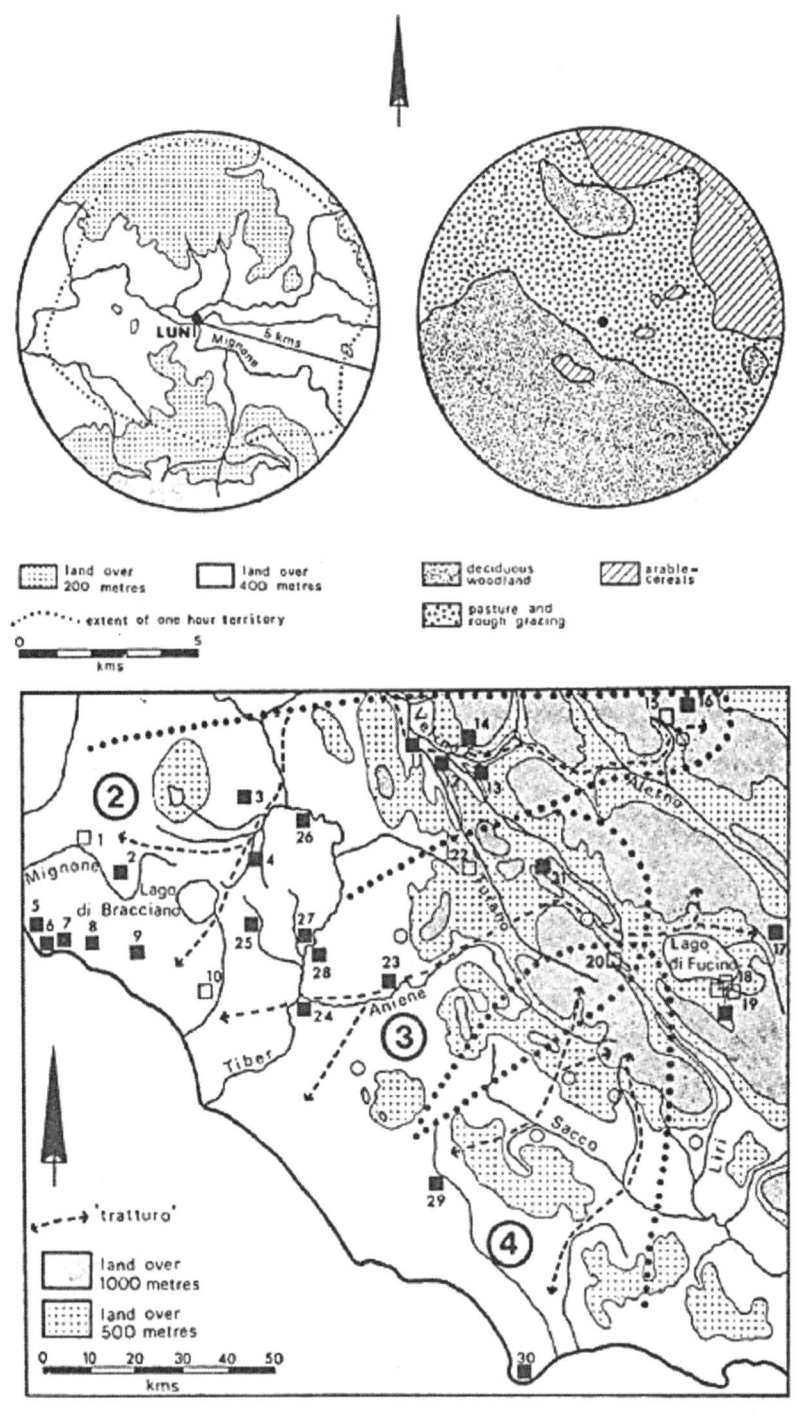

그림 64. 클라크의 유적분포도(Clarke 1968)

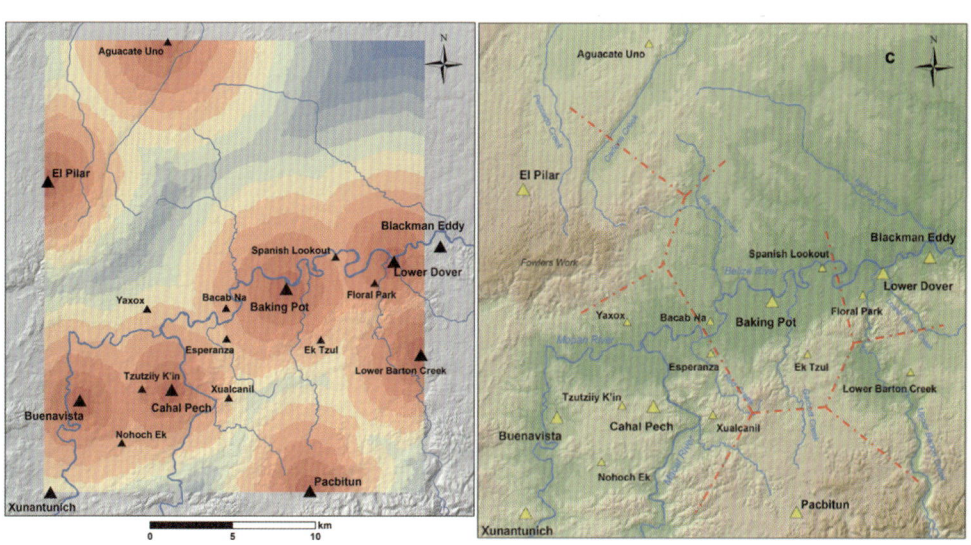

그림 65. 1956년 제작 윌리의 벨리즈 계곡 취락 분포도(왼쪽 위),
GIS를 이용하여 재구성한 벨리즈 계곡의 취락 분포도(오른쪽 위, 아래)(Helmke et al. 2020)

제5장 유적분포도 작성 —— 105

클라크와 동시기에 활동한 렌프루 역시 과정고고학의 이론을 바탕으로 고고학적 현상과 문화 과정을 설명하고자 하였다. 체계이론, 신진화론, 생태학의 시각에서 유물과 유적의 분포패턴을 계량적으로 분석하는 공간통계 분석기법을 적용하거나 방사성탄소연대측정, 산지추정 등과 같은 자연과학적 분석을 이용하는 방법론을 채택하였다. 특히, 렌프루는 거석기념물의 영역 표시적 성격을 추론하면서 공간분석기법 중 하나인 티센폴리곤을 사용하여 주목을 받았다(Renfrew 1973). 이러한 공간 접근법은 호더(Hodder 1976)로 이어졌으며, 분포도에 나타난 고고학 정보에 기초한 공간통계분석 결과는 문화사적 고고학에서는 설명하지 못하는 다양한 현상을 해석함으로써 공간정보의 중요성을 다시 한번 인식하는 계기가 되었다.

고고자료의 양적 혁명에 기반한 이러한 공간분석 방법은 1980년대에 GIS의 도입으로 크게 진전되었다. 항공사진이나 지도를 이용하여 유적과 유물의 분포 정보를 수집하고 분석하는 수준에서 벗어나, 공간정보로 구조화와 편집이 가능하게 되었다. 뿐만 아니라, 데이터 기반의 공간분석을 통해 각종 고고학적 현상을 정교하고 다양하게 표현하게 되었다. 단지 점, 선, 면의 형태로 유적의 위치를 나타내는 정적인 지도가 아닌 고고학적 문제를 해결하는 다양한 분석기법을 제공하는 수준에 이르게 된 것이다.

5.2 GIS를 이용한 유적분포도 작성

고고학적 물질자료가 절대좌표 개념의 공간적 위치정보, 즉 공간데이터만 있을 경우, 이것은 백지 위에 점, 선, 면의 형태로 표현된 형상물에 불과할 수 있다. 또한 이것은 단순히 분포만을 나타내고 있기 때문에 각 개체 간의 거리, 면적 등과 같은 간단한 객체 정보만을 얻을 수 있다는 한계를 지니고 있다. 하지만, 지형도, 지질도, 고지도, 음영기복도 등과 같은 주제도 상에 표현된 유물과 유적의 분포 정보는 고고학적 현상에 나타난 공간적 맥락을 폭넓게 설명하거나 이해할 수 있다는 장점이 있다. 다시 말하면, 각종 유적 조사보고서에 수록된 분포도는 단순히 유적의 위치정보를 알려주는 것이 아니라, 각종 주제도에서 제공하는 다양한 정보와 결합되어 고고학적 현상을 분석·이해하는 정보의 원천이 된다고 말할 수 있다.

이러한 유적분포도는 GIS를 이용하여 효과적으로 작성할 수 있다. 이를 위해서는 우선 분포도 제작의 목적을 명확하게 설정할 필요가 있다. 또한, 유적분포도에 표현하고자 하는 고고자료와 참조 공간정보의 특성을 이해하고, 공간정보 레이어를 구성하는 적절한 기법을 사용할 수 있어야 한다.

5.2.1 유적분포도 작성 절차

유적분포도 작성은 유물, 유구, 유적의 분포 정보를 비롯하여 이것들이 위치한 지점과 주변의 지형, 하천, 도로 등 각종 주제 정보를 포함하고 있기 때문에 다소 복잡한 절차에 의해 진행된다. 유적분포도 작성 절차는 크게 가장 중요한 정보가 되는 유적 공간정보 구축과 배경지도로 활용할 수 있는 주제정보의 수집으로 나눌 수 있다. 이밖에 분포도 레이어 구성과 레이아웃 설정, 유적의 속성을 나타내는 심볼과 레이블 생성 등의 과정을 거쳐 완성하게 된다.

다음은 영산강중류역의 삼국시대 취락분포도를 작성한다는 것을 전제로 유적분포도 제작 과정을 설명한 것이다.

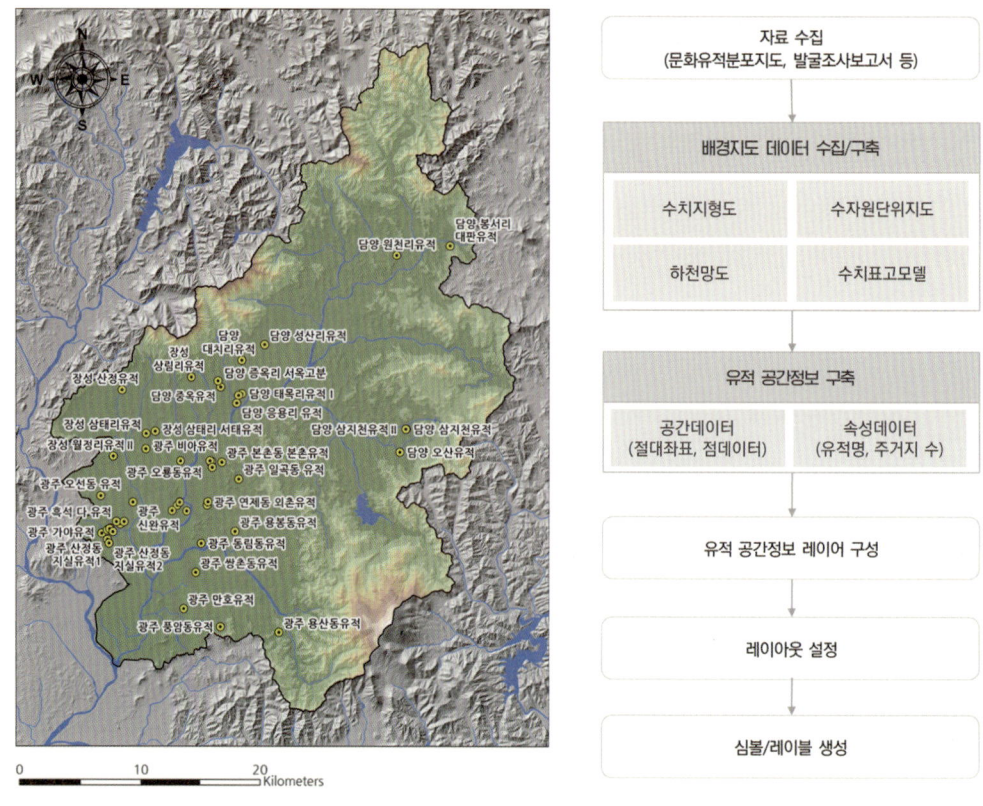

그림 66. 유적분포도 제작 절차

첫 번째 단계는 해당 유적과 관련한 자료 수집이다. 문화유적분포지도, 발굴조사보고서 등 각종 고고학 조사보고서를 토대로 삼국시대 취락 현황을 확인할 수 있는 자료를 수집해야 한다. 유적분포도 작성에서 가장 활용 빈도도 높은 것은 문화유적분포지도와 발굴조사보고서이다. 문화유적분포지도는 처음에 종이지도로 제작되었지만, 국가기본공간정보구축사업을 통해 GIS에서 활용가능한 데이터로 구축되었다. 여기에는 문화유적분포지도 제작 시점까지 발굴조사된 유적 정보가 수록되어 있다.

발굴조사보고서는 「매장유산 보호 및 조사에 관한 법률」에 따라 책자로 발간되고 있다. 보고서 전자파일은 국가유산청 누리집이나 학술DB 서비스에서 제공하는 데이터베이스를 통해 확보할 수 있다.

그림 67. 국가유산청 발굴조사보고서 서비스

그림 68. 한국역사문화조사자료 데이터베이스의 발굴조사보고서 서비스

보고서 수집 시 주목해야 할 것은 유적의 절대적 지리좌표를 확인할 수 있는 유적 위치도나 유구배치도 현황을 파악하는 것이다. 현재 발간되는 발굴조사보고서는 국가유산청의 「발굴조사의 방법 및 절차 등에 관한 규정」에서 별도로 '발굴된 매장유산 위치 도면 작성시 유의사항'을 정하고 있고, 조사구역도나 유구배치도에 GPS 절대좌표값을 기재하도록 되어 있기 때문에 위치정보를 확보하기 용이하다. 만약 규정 제정 이전에 발간된 발굴조사보고일 경우, 위치도면을 스캔하여 공간데이터를 구축할 수 있는 준비를 진행해야 한다.

두 번째는 배경지도로 활용할 데이터를 수집하거나 구축하는 단계이다. 유적분포도에는 지형도를 비롯하여 하천망도, 수자원단위지도, 수치표고모델, 음영기복도 등 각종 주제도가 배경 지도로 활용된다. 이 지도의 대부분은 국가기본공간정보로 구축하여 무상으로 제공하고 있다. 이 가운데 고고학 조사에서 가장 많이 사용하는 것은 수치지형도이다. 국토지리정보원에서 제공하는 수치지형도는 각종 지형지물에 대한 벡터데이터를 포함하고 있어 이와 관련한 유적의 공간적 맥락을 직관적으로 확인할 수 있다는 장점이 있다. 또한 이러한 공간데이터를 활용하여 수치표고모델과 같은 래스터데이터를 제작할 수 있기 때문에 데이터 활용도가 매우 높다. 이밖에 수자원단위지도, 하천망도 등의 주제공간정보도 유적분포도 작성시 자주 활용되는 데이터인데, 이것은 국토교통부에서 운영하는 V-WORLD 디지털트윈국토의 공간정보 다운로드를 통해 확보할 수 있다.

세 번째는 유적 공간정보 구축 단계이다. 이 정보는 일반적인 공간정보와 마찬가지로 공간데이터와 속성데이터로 구성된다. 공간데이터의 구축은 절대좌표(X, Y)가 있는 점·선·면의 형태로 구축된다. 〈그림 66〉의 경우는 유적을 점으로 표현하였기 때문에 유적을 대표할 수 있는 중심점을 기준으로 데이터를 구축하는 것이 좋을 것이다. 절대좌표값이 있는 점데이터를 취득하기 위해서는 기준이 되는 지도가 있어야 한다. 지형정보를 보여주는 수치지형도나 지번 정보가 있는 연속지적도가 이에 해당한다. 이러한 수치지도에서 유적의 위치를 특정할 수 있는 경우, GIS 프로그램에서 직접 점데이터를 생성하여도 된다. 하지만 발굴조사보고서의 유구배치도 등을 기반으로 정확한 조사구역을 생성하고자 할 때는 GIS의 지리보정 도구를 이용하여 정위치 편집을 하여야 한다. 이 과정이 완료된 이후에는 별도로 유적명이나 주거지수, 시대, 시기 등을 입력하여 속성데이터를 구축해야 한다.

이처럼 직접 유적 공간정보를 구축하는 경우도 있지만, 국가유산청에서 기 구축한 매장유산 정보를 이용하면 보다 쉽게 정보를 취득할 수 있다. 국가유산청은 1990년대 초부터 전국의 문화유적분포지도를 제작하고, 이를 공간데이터로 구축하였다. 또한 2009년부터는 일제강점기 이후의 유적 조사자료를 GIS에서 이용할 수 있도록 데이터 구축사업을 진행하였다. 지금은 매장유산 조사기관에서 발굴조사완료 후 직접 구역 정보를 갱신하고 있기 때문에 최신의 유적 정보를 확보할 수 있다는 장점이 있다. 여기에는 해당유적과 관련한 각종 속성정보도 함께 공개하고 있기 때문에 매우 유용한 데이터라고 할 수 있다.

네 번째 단계는 앞서 구축한 유적공간정보와 배경지도를 이용하여 레이어 그룹을 구성한다. 취락의 위치를 특정한 점데이터, 수자원단위지도에 포함된 영산강상류역 권역, 국가 또는 지방하천이 표시된 하천망, 수치지형도를 이용하여 제작한 수치표고모델, 그리고 이것을 활용하여 만든 음영기복도 등의 차례로 중첩하여 영산강상류역 삼국시대 취락 레이어 그룹을 구성하면 유적분포도를 제작할 수 있는 데이터세트가 완성된다.

다섯 번째와 여섯 번째 단계에서는 이러한 데이터세트를 이용하여 레이아웃을 지정하고, 심볼, 레이블을 구성하는 과정을 거쳐 최종적으로 유적분포도를 완성한다. 레이아웃은 분포도의 크기와 범위, 방위, 스케일 등을 정하는 단계로, 기본적으로 지도 제작에서 갖추어야할 요소들을 설정하는 과정이라고 할 수 있다. 이 단계가 완료되면, 마지막으로 유적명을 레이블로 지정하고 유적 심볼을 결정하면 유적의 분포 현황을 시각적으로 표현할 수 있다.

5.2.2 수치지도 활용 유적분포도

수치지도를 활용한 유적분포도는 수치지형도를 비롯하여 국가공간정보플랫폼에서 제공하는 하천, 유역, 토양 정보 등을 데이터를 이용하여 작성할 수 있다. 여기에서는 전남서부권 삼국시대 취락에 대한 공간정보가 구축되어 있다는 전제 하에, 유적분포도 작성 사례를 살펴보도록 하겠다.

먼저, 국가공간정보플랫폼인 V-WORLD 디지털트윈국토에서 수자원종합정보를 검색하여 하천 유역(대권역, 중권역, 표준권역, 하천망) 정보를 다운로드한다. 이 정보들은 GRS80 좌표체계를 따르고 있기 때문에 기 구축한 유적정보도 GIS의 좌표정의(Define Projection)를 이용하여 좌표계를 변환할 필요가 있다.

하천 유역정보 중 하천망도는 전국의 하천망을 면데이터로 구성한 것으로, 속성테이블에는 국가하천과 지방하천, 기타 하천 정보가 구축되어 있다. 이를 이용하여 각 하천 등급별로 데이터를 선택하거나 통합하여 유적분포도 작성에 활용할 수 있다. 또한, 하천유역권 정보가 담긴 수자원단위지도도 면데이터로 구축되어 있어 사용 목적에 따라 해당 권역만 추출하여 유적분포도를 작성할 수 있다.

OBJECTID	Shape	LEVEL1	NAME1
1	Polygon	국가	지석천
2	Polygon	국가	고막원천
3	Polygon	국가	황룡강
4	Polygon	국가	함평천
5	Polygon	국가	탐진강
6	Polygon	국가	영산강
7	Polygon	국가	보성강
8	Polygon	지방1	광주천
9	Polygon	지방1	황룡강

OBJECTID	Shape	MBSNCD	MBSNNM
20	Polygon	5005	고막원천
12	Polygon	4101	섬진강서남해
29	Polygon	5303	신안군
16	Polygon	5001	영산강상류
19	Polygon	5004	영산강중류
23	Polygon	5008	영산강하구언
21	Polygon	5006	영산강하류
26	Polygon	5202	영암방조제
22	Polygon	5007	영암천
28	Polygon	5302	와탄천
13	Polygon	4102	완도
9	Polygon	4007	주암댐

그림 69. 하천망과 하천중권역 속성 정보

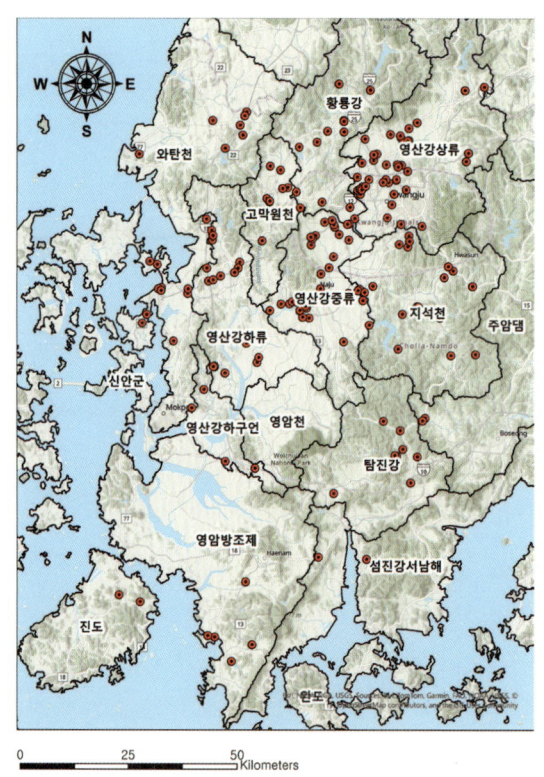

그림 70. 하천유역 정보를 이용하여 작성한 유적분포도

이러한 하천정보를 기반으로 유적분포도를 작성하면, 〈그림 70〉과 같이 나타낼 수 있다. 이 분포도에서는 유적과 하천의 분포, 각 하천중권역별 유적의 분포 현황을 확인할 수 있다. 공간조인(Spatial Join) 기능을 활용할 경우에는 취락유적과 하천유역을 결합하여 각 취락이 속한 하천권역을 추출할 수 있다(그림 71).

토양도를 이용할 경우, 분포지형 정보를 활용하여 취락이 어떤 지형에 입지하는지를 시각적으로 표현할 수 있으며, 공간 조인을 통해 취락이 입지한 지형을 정확하게 추출해 낼 수 있다. 가령 〈그림 72〉 같이, 전남서부권 삼국시대 취락 정보와 하천 중권역, 토양도의 분포지형 정보를 공간조인하고, 이를 기초로 통계표와 도표를 작성할 수 있다.

유적명	주거지수	MBSNNM	LF
광주 본촌동 본촌유적	13	영산강상류	곡간지
광주 용봉동유적	2	영산강상류	곡간지
광주 세동유적	10	황룡강	곡간지
광주 흑석 다 유적	23	영산강상류	곡간지
광주 연제동 외촌유적	2	영산강상류	곡간지
광주 용두동 용두유적A	12	영산강상류	곡간지
광주 용두동 용두유적B	9	영산강상류	곡간지
영광 단주리 주만동유적	4	와탄천	곡간지
장성 장산리유적2	29	황룡강	곡간지
해남 석호리유적	1	영암방조제	곡간지
해남 석호리유적	8	영암방조제	곡간지
영광 마전유적	9	와탄천	곡간지
영광 운당리유적	21	와탄천	곡간지
영광 학정리유적	1	와탄천	곡간지
광주 가야유적	3	영산강상류	곡간지
광주 풍암동유적	2	영산강상류	곡간지
담양 대치리유적	6	영산강상류	곡간지
장성 산정유적	8	영산강상류	곡간지
장성 삼태리 서태유적	3	영산강상류	곡간지
장성 월산리유적	4	황룡강	곡간지
장성 월정리유적Ⅱ	10	영산강상류	곡간지
장성 장산리1유적	64	황룡강	곡간지
장성 주산리 정각유적	129	황룡강	곡간지
장성 환교유적Ⅰ	65	황룡강	곡간지
나주 구기촌유적	4	영산강중류	곡간지
나주 대호동유적	5	영산강중류	곡간지
나주 동수동유적	2	영산강중류	곡간지
나주 송월동유적	2	영산강중류	곡간지
나주 안산리유적	5	영산강중류	곡간지
나주 오량동유적Ⅲ	1	영산강중류	곡간지
나주 운곡동유적Ⅳ	25	영산강중류	곡간지

구분	취락(개소)	비율(%)	주거지(기)	비율(%)
영산강상류	51	27.9	2,047	36.2
영산강중류	35	19.1	657	11.6
와탄천	19	10.4	314	5.5
영산강하류	18	9.8	882	15.6
지석천	17	9.3	434	7.7
황룡강	12	6.6	686	12.1
고막원천	9	4.9	51	0.9
탐진강	8	4.4	198	3.5
영암방조제	5	2.7	149	2.6
영산강하구언	3	1.6	38	0.7
섬진강서남해	2	1.1	96	1.7
주암댐	2	1.1	91	1.6
진도	2	1.1	15	0.3
계	**183**	**100.0**	**5,658**	**100.0**

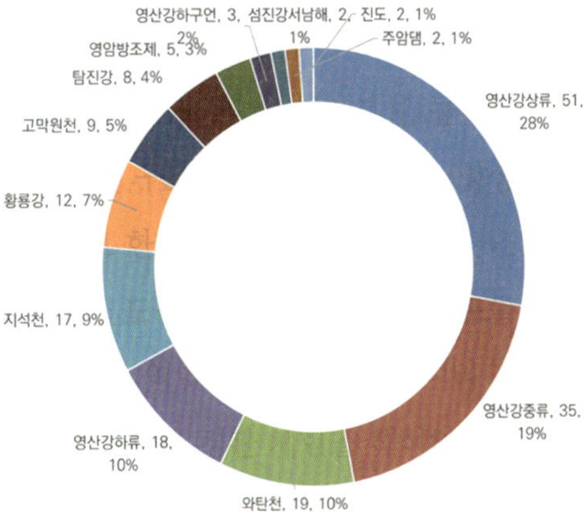

그림 71. 유적정보-하천 · 분포지형 공간조인(Spatial Join)과 통계분석 결과

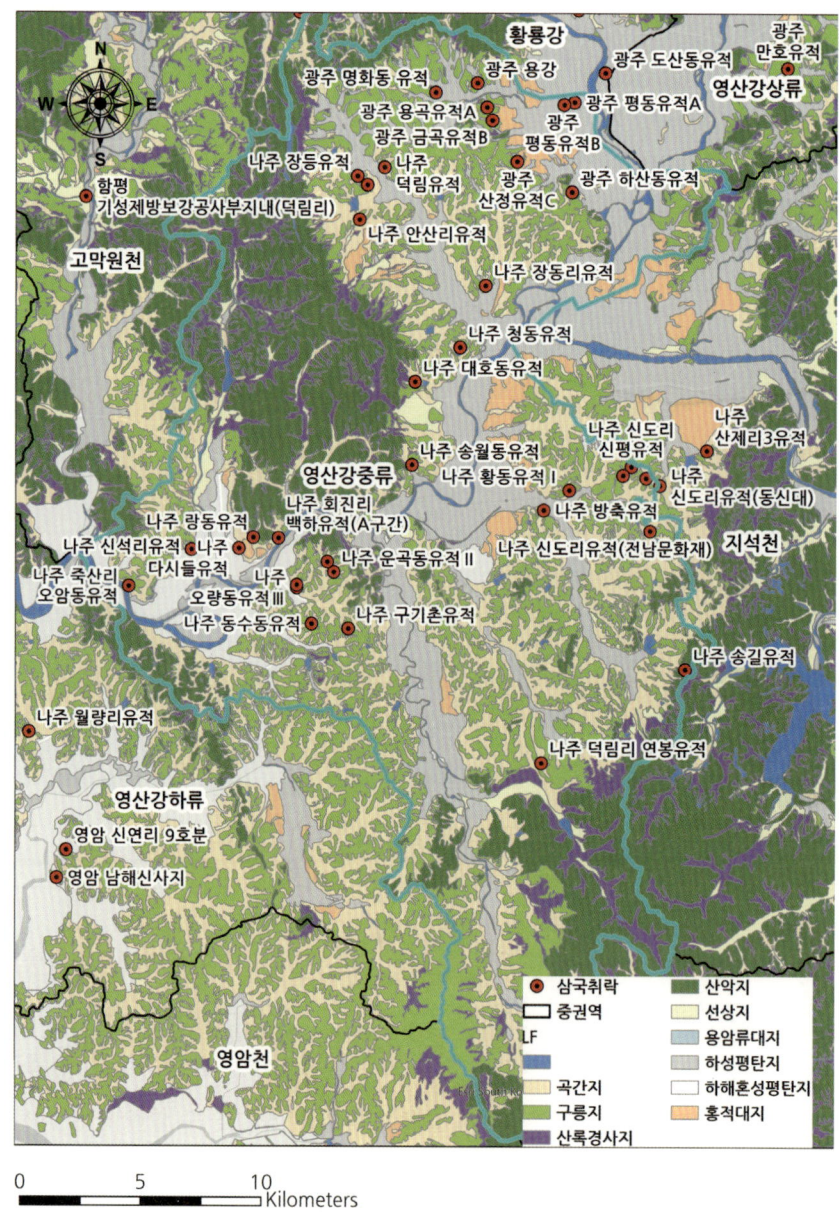

그림 72. 토양도의 분포지형을 기반으로 작성한 유적분포도

5.2.3 수치표고모델 활용 유적분포도

수치표고모델은 고도값을 포함하고 있기 때문에 지형 정보를 다각적으로 시각화할 수 있다는 장점이 있다. 고도값은 심볼 조정을 통해 고도 분포 구간을 임의로 설정 가능하며, 다양한 색상으로 지형을 나타낼 수도 있다. 또한 수치표고모델을 이용하여 음영기복도를 제작하거나 경사도, 사면향 등을 분석할 수 있기 때문에 유물과 유적의 분포 맥락을 가장 효과적으로 나타낼 수 있는 데이터이다.

수치표고모델은 국지적 공간단위에서는 자체적으로 제작이 가능하다. 특히, 현상변경 이전의 지형정보를 중시하는 고고학 조사연구에서는 고지형복원을 통한 래스터데이터 제작이 필요하다. 하지만 지역적 수준이나 광역적 공간단위에서는 데이터 제작 시간이 많이 소요될 뿐만 아니라, 데이터의 운용에도 문제가 있을 수 있다. 이 경우에는 국내외의 공간정보플랫폼에서 제공하는 수치표고모델을 이용하는 것이 보다 유리하다.

수치표고모델에는 각 셀단위로 고도값이 포함되어 있기 때문에 일반적으로 GIS에서 제공하는 심볼화(Symbology) 기능에 있는 구간분류(Classify)를 이용하여 등간격으로 나누거나 임의 입력값에 의해 다양하게 표현할 수 있다. 또한 색상 조합(Color Scheme)을 통해 지형의 굴곡을 가장 잘 표현할 수 있는 색상을 사용자가 선택 지정할 수도 있다. 이를 이용하면 유적이 위치한 지형의 입지적 특징을 쉽게 읽어 낼 수 있다.

한편, 수치표고모델을 이용하여 고고학 조사연구에서 활용도가 높은 음영기복도를 제작할 수 있는데, 이것은 지표면의 굴곡을 입체적으로 시각화하기 때문에 유적이 분포하고 있는 지점의 지형을 효과적으로 나타낼 수 있다. 음영기복도는 햇빛이 북쪽에서 비추었을 때를 기준으로 음영 처리한 지형 기복도이다. 즉, 지표면 높낮이에 따라 그림자 효과를 만들어 지형의 기복을 보여 주는 것이라고 말할 수 있다. 이것은 2차원의 지표면에 그림자를 생기게 하는 착시 현상을 이용하여 지표면을 굴곡을 효과적으로 표현하기 때문에 2.5차원의 평면형상으로 부르기도 한다.

이상의 고도 구간 조정 기능과 음영기복도 제작 도구를 이용하여 유적분포도를 작성하면 다음 그림과 같이 나타낼 수 있다.

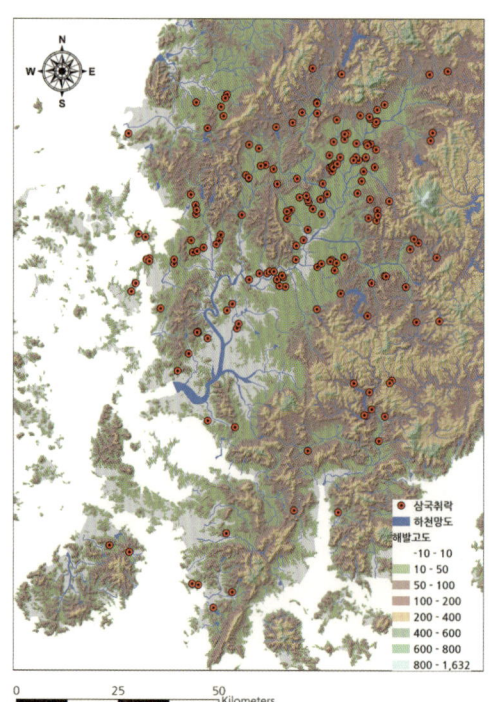
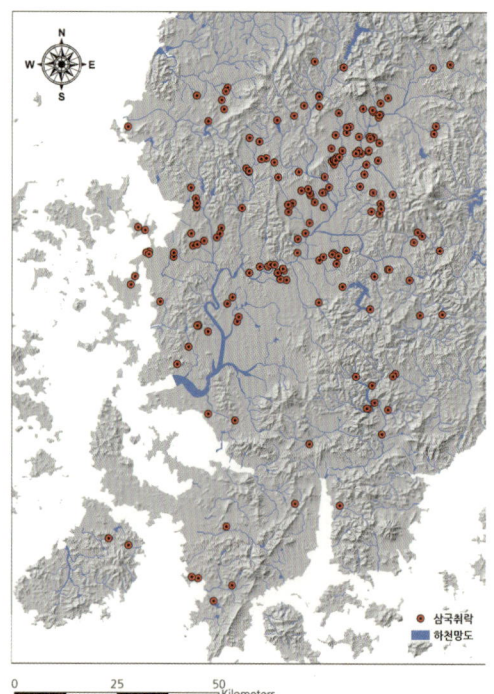

그림 73. 수치표고모델 기반 유적분포도   그림 74. 음영기복도 기반 유적분포도

5.2.4 심볼을 이용한 유적분포도

　수치지도와 수치표고모델은 유적분포도 배경지도로 활용 가능한 데이터로서 유적의 분포패턴을 확인할 수 있는 각종 주제도를 제작할 수 있다는 장점이 있다. 이와 더불어, GIS에서 제공하는 심볼의 지정 선택을 통해 유적 공간정보에 구축된 계량데이터를 효과적으로 시각화할 수 있다.

　에스리(ESRI)사에서 개발한 ArcGIS Pro의 경우, 심볼 기능은 모두 10가지를 제공한다. 이 가운데 가장 많이 사용하는 것은 등급화 심볼(Graduated Symbols)이다. 이것은 심볼의 크기를 변화시켜 맵핑된 피처 간의 양적 차이를 보여 준다. 즉, 각 레이어의 필드를 다양한 방법을 적용하여 분류하는데, 분류 구간은 임의로 설정할 수 있다. 가령, 분류 단위가 3개일 경우에 심볼의 크기를 3개로 지정하고 동일한 색상을 적용한다. 분류법은 다음 그림과 같이 총 8개를 적용할 수 있다.

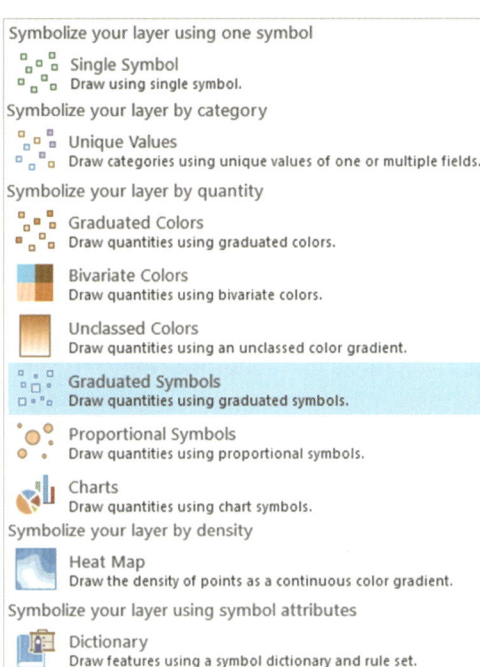
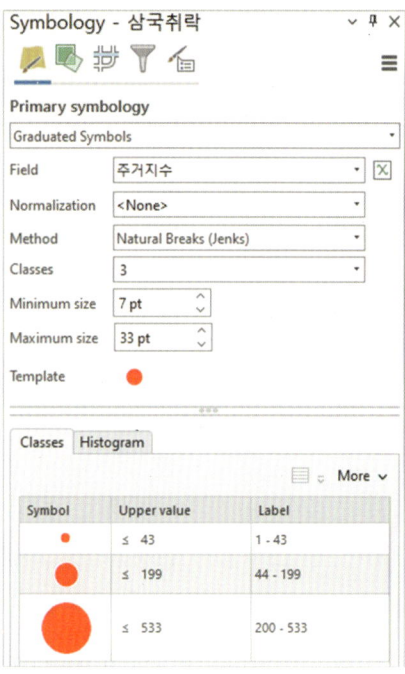
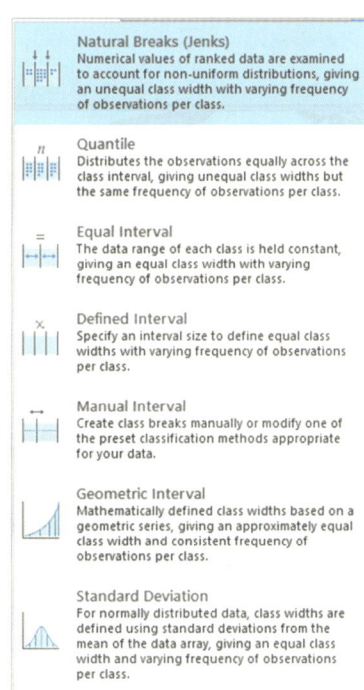

그림 75. 심볼 지정 방식과 데이터 분류법

이처럼 심볼을 표현하는 방식을 정하여 유적분포도를 작성할 경우, 심볼 방식을 결정한 이후에는 다양한 데이터 분류법에 따라 유적 분포 패턴을 시각화할 수 있다. 이러한 분류 방법으로는 자연분류법, 등간격법, 분위수법, 수동분류법 등이 있다.

먼저 자연분류법(Natural Breaks)은 데이터에 내재된 자연스러운 그룹화를 기반으로 등급을 나누는 방법이다. 이것은 유사한 값을 가장 잘 그룹화하고 등급 간 차이를 극대화하는 방식으로 만들어지는데, 데이터 값에 비교적 큰 차이가 있는 경계를 기준으로 등급이 구분되는 특징이 있다. 하지만, 이 분류법은 각 데이터별로 적용되는 것이기 때문에 각기 다른 데이터로 작성된 지도를 비교하는 데에는 적절하지 않다. 〈그림 76〉은 자연분류법의 특성을 잘 보여주고 있다. 등간격법은 데이터를 균등하게 구분하는 방법으로, 해발고도와 같이 등간격 표현이 용이한 경우에는 적합하지만, 데이터가 한쪽으로 치우쳐 있거나 큰 이상치가 있을 시 값이 없는 구간을 생성하므로, 경우에 따라 적합하지 않을 수 있다. 분위수법은 전체 데이터구간을 등분하는 방식이며, 수동분류법은 말 그대로 사용자가 임의로 구간을 설정하는 것을 말한다. 이러한 데이터 분류법 가운데 가장 많이 사용되는 것은 자연분류법이다. 이 분류법은 연속되는 데이터가 경계를 이루는 지점을 기준으로 구간을 설정하기 때문에 고고학 연구에서 자주 사용되는 히스토그램과 같이 연속적으로 분포하는 데이터의 분류 구간을 합리적으로 구분한다는 장점이 있다.

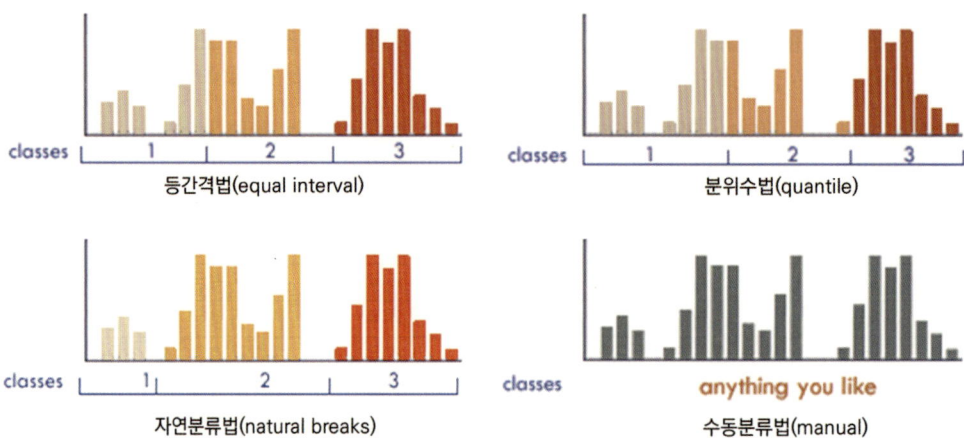

그림 76. 데이터 분류법별 종류(Choropleth Maps: Methods and Usage)

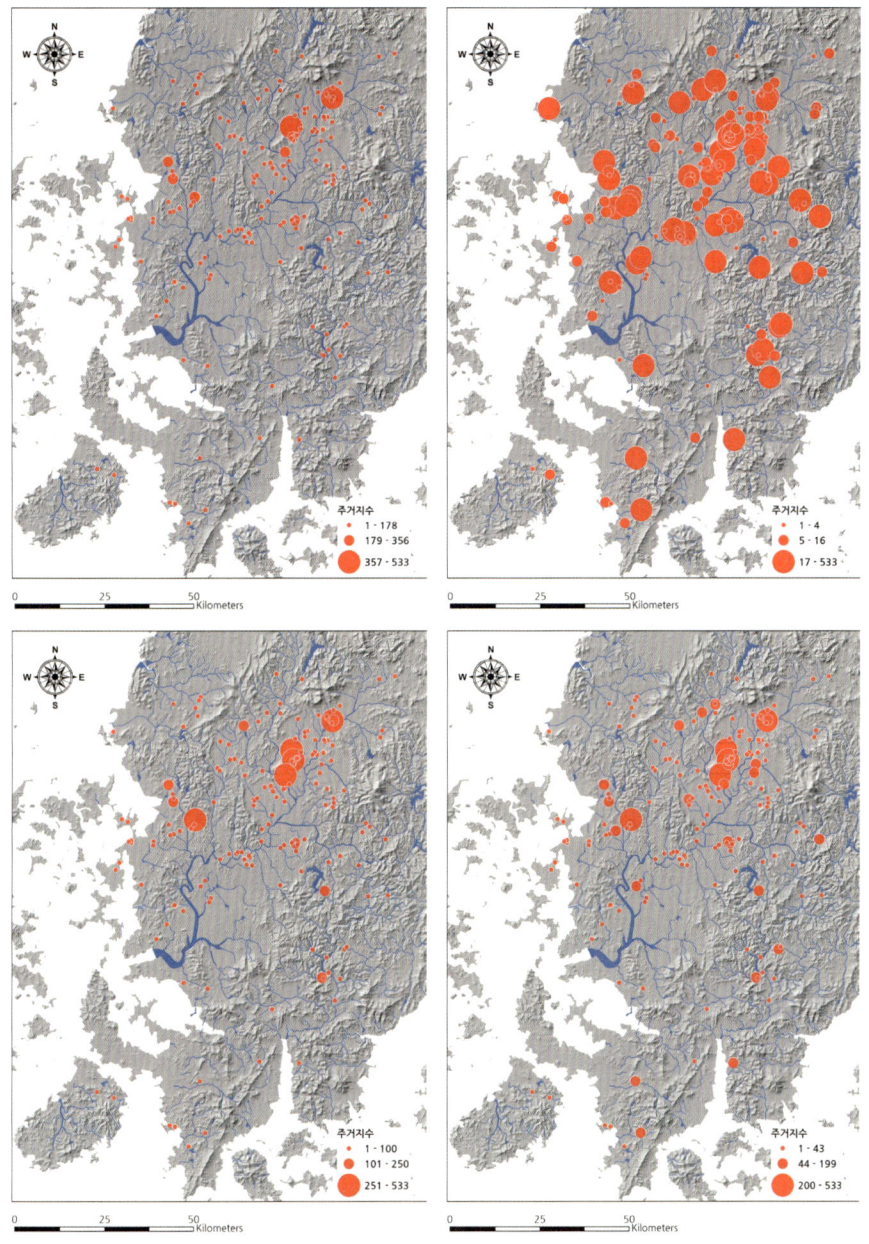

그림 77. 데이터 분류법별 유적분포도 비교(시계방향: 등간격법, 분위수법, 자연분류별, 수동분류법)

위의 그림은 이러한 분류법을 적용하여 전남서부권의 삼국시대 취락분포도를 작성한 것이다. 분류 방법에 따라 시각화의 정도가 크게 달라지는 것을 볼 수 있다.

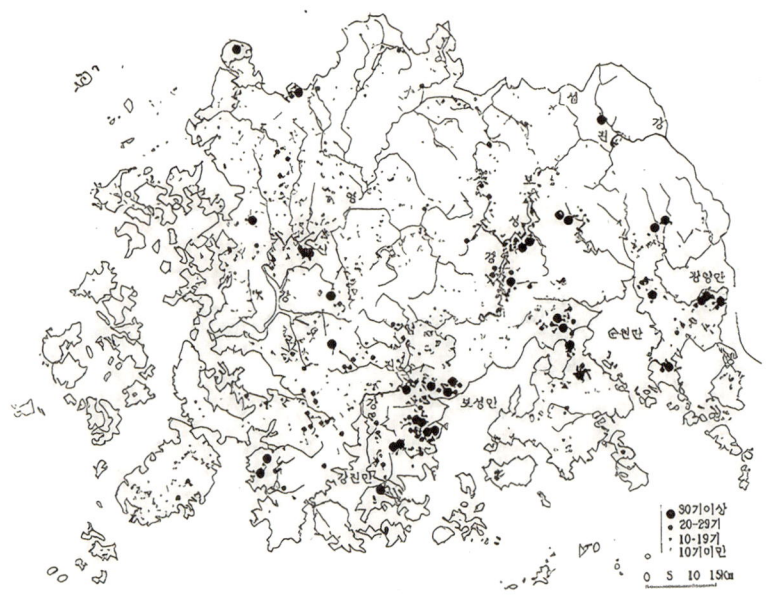

그림 78. 광주전남지방 지석묘군 분포도(이영문 2002)

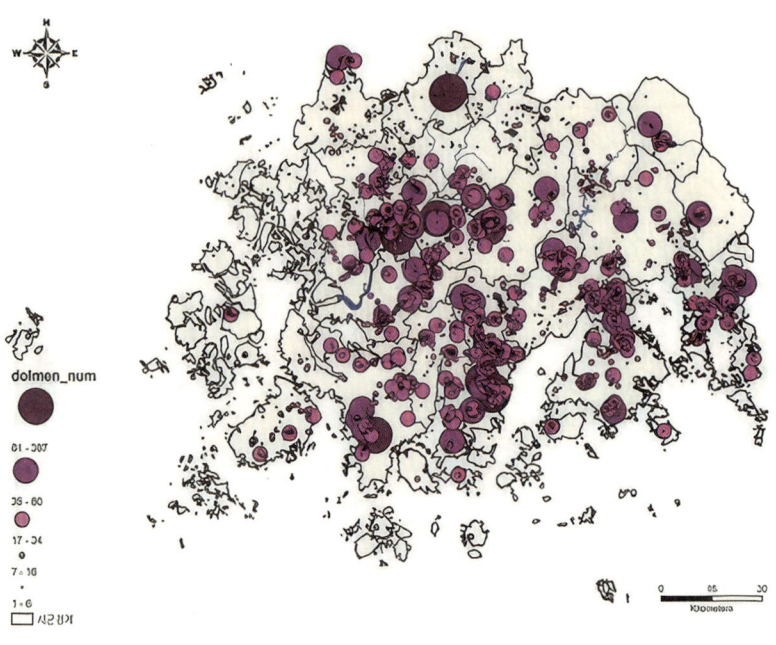

그림 79. 자연분류법을 이용하여 작성한 광주전남지방 지석묘군 분포도

고고학 연구에서는 〈그림 78〉에서 보는 것과 같이, 유적분포도에서 군집 규모를 시각화하는 경우에 등간격으로 군집을 구분하는 사례가 자주 보인다. 하지만, 이것은 연구자의 주관적 판단에 의거하여 일정한 간격으로 그룹화한 것으로, 특정 공간 단위에 분포하는 전체 군집의 상대적 크기를 감안하지 않았다는 한계가 있다. 이런 경우에 자연분류법을 사용한다면, 군집 규모를 합리적이고 객관적으로 구분할 수 있을 것이다. 그림의 지석묘군 분포를 자연분류법에 의해 재작성하면 〈그림 79〉와 같이 나타낼 수 있다.

5.2.5 국가공간정보 이용 유적분포도

국가유산청에서는 전국 단위의 유적 공간정보를 구축·관리하고 있다. 이 공간정보는 자체 분류체계에 따라 유적의 시대와 종류를 세분하여 속성정보를 구성하였기 때문에 데이터를 선택하여 각종 주제도 작성이 가능하다. 특히 발굴조사 정보의 경우, 조사구역단위가 아닌 유적이 확인된 구역을 기준으로 세부 속성정보를 구축하고 있어 데이터의 재구성이 용이하다는 장점이 있다. 이 공간정보는 국가에서 유산의 보존관리를 위한 행정적 목적으로 구축·관리하고 있다. 하지만 속성데이터의 큐레이션을 통해 고고학 조사연구에 필요한 정보를 수집하고, 시간과 비용을 절감하여 효과적으로 데이터를 활용할 수 있다는 강점을 지니고 있다.

이러한 발굴조사 정보는 현재 조사구역 위치도면 작성 지침에 의해 체계적으로 구축되고 있으나, 이 지침이 마련되기 이전의 구역 정보는 조사보고서에 수록된 도면을 참조하여 구축되었기 때문에 다소 부정확할 수 있다. 해당 보고서 도면에는 지도 축척을 고려하지 않고 발굴구역을 표시하거나, 심볼을 이용하여 유적의 위치를 표기한 경우가 있다. 이 경우에도 발굴조사 정보 구축을 위해 심볼의 중심점 기준으로 공간데이터를 생성하였다. 이러한 공간정보는 대축척 단위의 유적분포도 작성에 활용하는 것은 부적절하지만, 전국 단위 또는 광역적 차원에서 유적 분포패턴을 확인하거나 분석하는 데에는 크게 무리가 없다고 본다. 예를 들면, 국가공간정보를 이용하여 시군별 지석묘군 분포 현황을 간단히 시각화할 수 있으며, 영남지방 청동기시대 취락 규모별 분포도 등 각종 주제도를 작성할 수 있다.

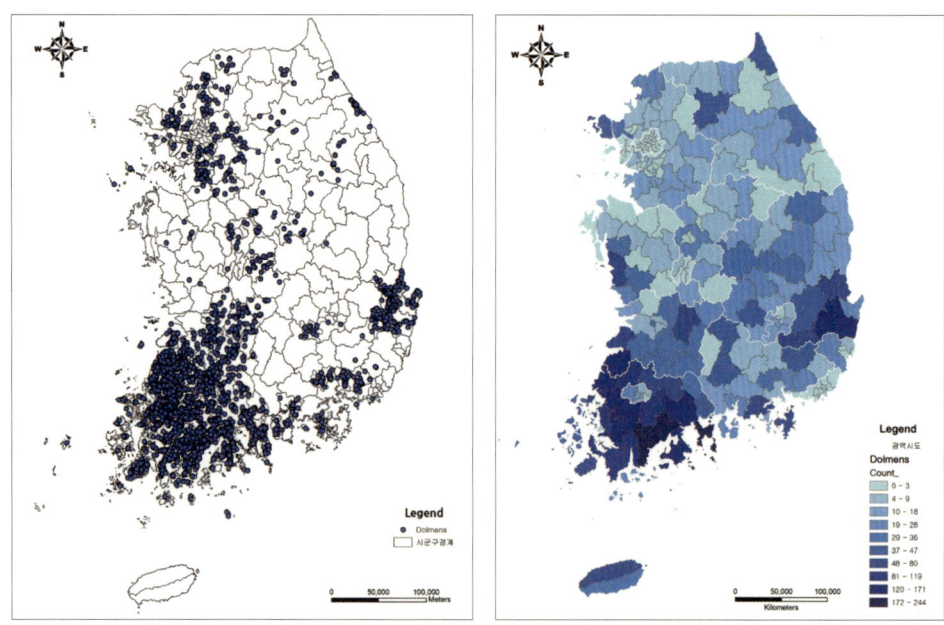

그림 80. 국가공간정보를 이용한 유적분포도 작성 사례 : 전국 시군구별 지석묘 분포 현황

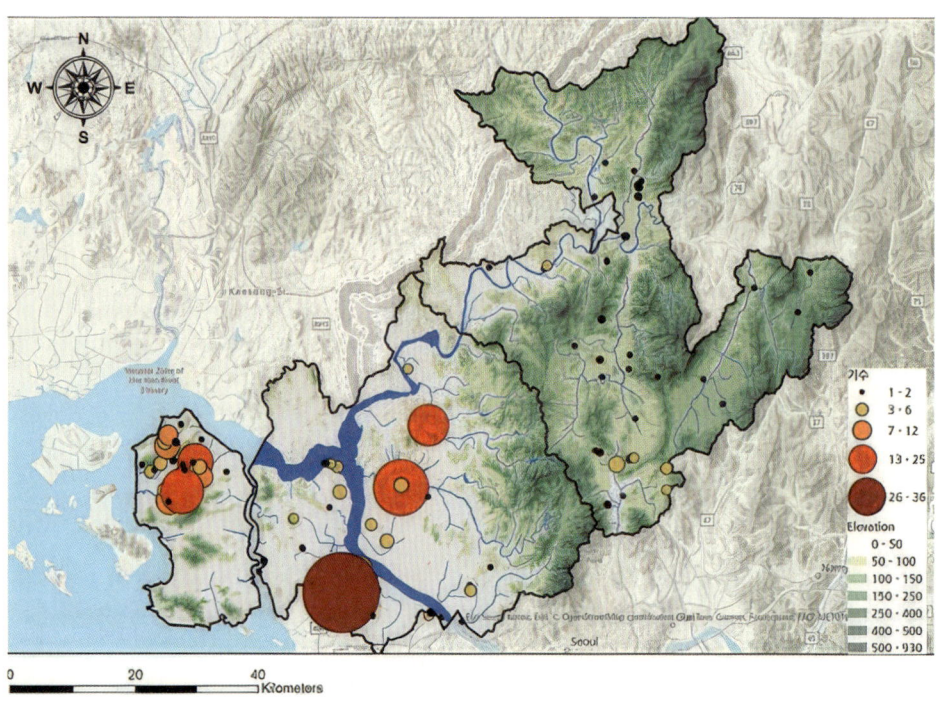

그림 81. 국가공간정보를 이용한 유적분포도 작성 사례 : 경기북부 지석묘의 군집 규모

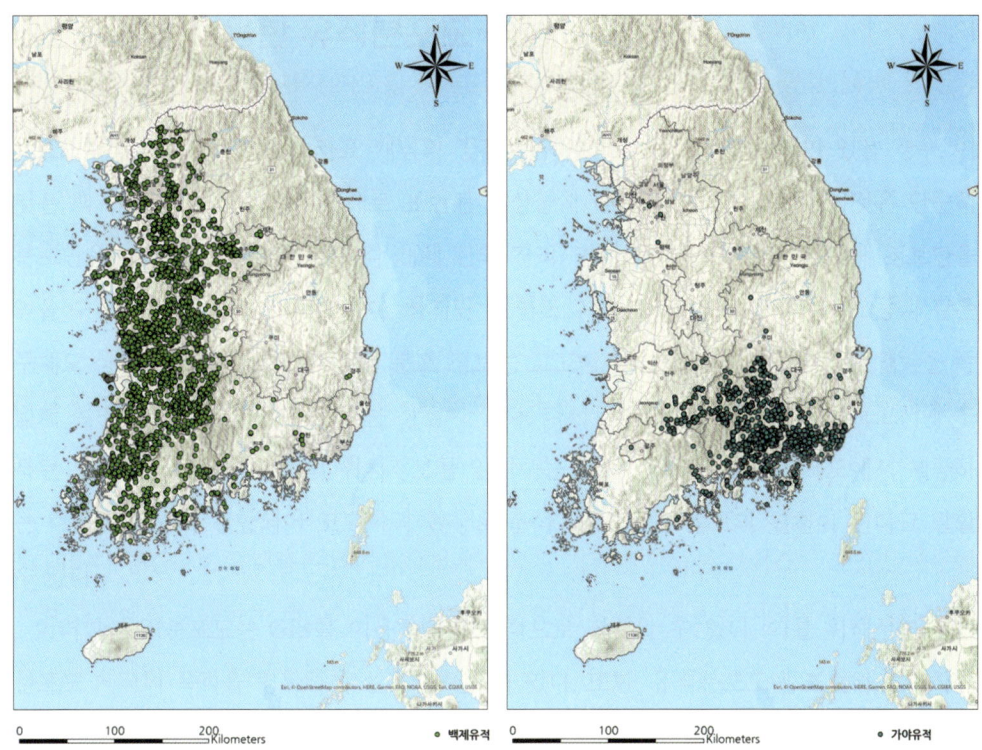

그림 82. 국가공간정보를 이용한 유적분포도 작성 사례 : 백제(좌)·가야(우) 관련 유적 분포

제5장 **유적분포도 작성**

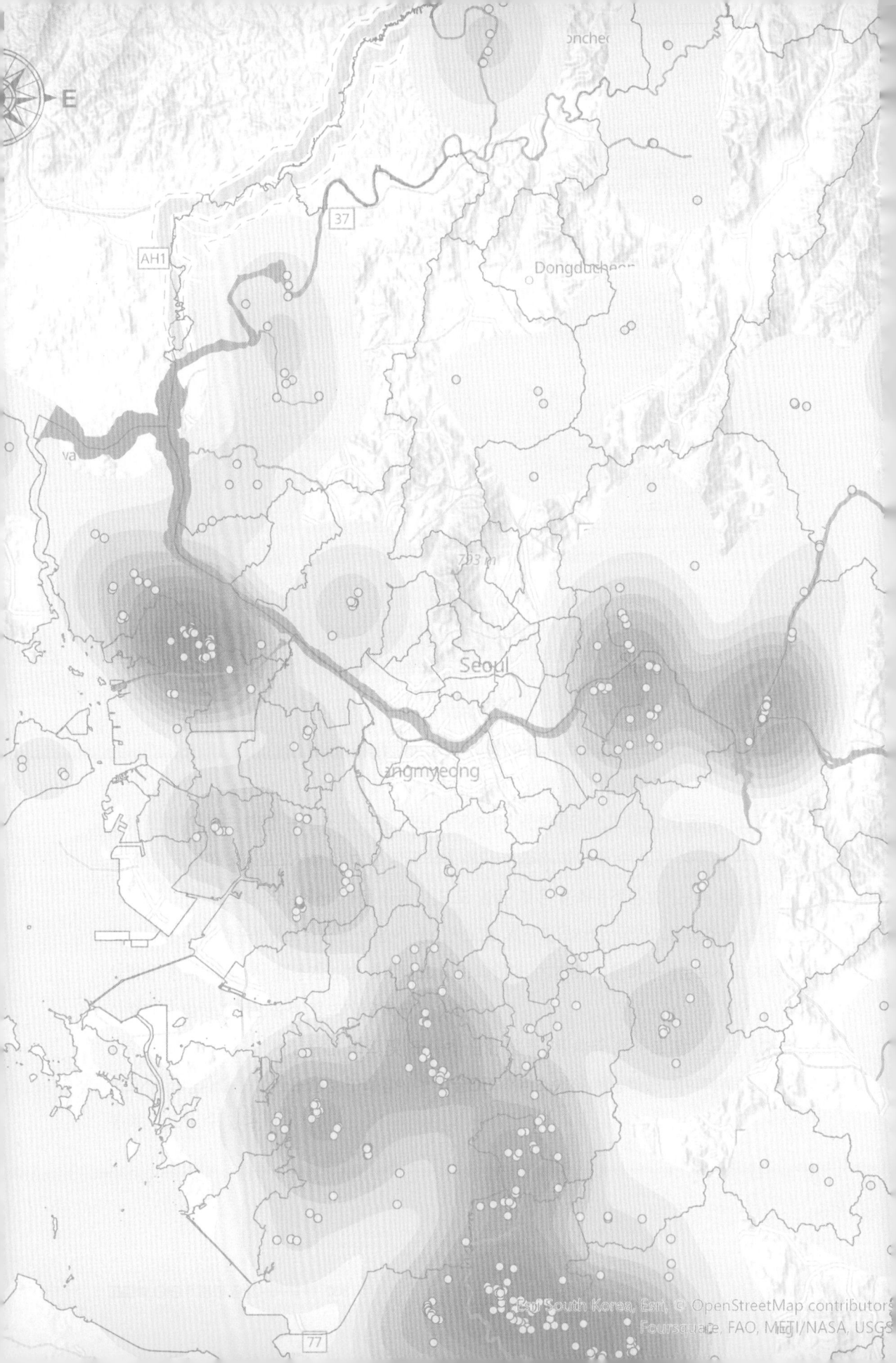

제6장

점패턴 분석

제6장
점패턴 분석

6.1 고고학에서의 점패턴 분석

점패턴은 지리 사상을 나타내는 객체가 공간적으로 어떠한 분포패턴을 이루고 있는지 살펴보는 것을 말한다. 그리고 점패턴 분석은 이러한 객체의 분포패턴이 집중적인지 아닌 규칙적인지, 임의적인지를 확인하고, 그 현상이 어떠한 공간 규모에서 발생하고 근접성은 어떠한지를 분석하는 것을 의미한다. 이러한 분석은 점분포의 전체적인 경향을 파악할 수 있는 전역적 차원과 특정 지역의 공간적 군집 현상을 살펴보는 국지적 차원의 공간단위에서 진행된다.

고고학에서 이와 같은 점패턴에 대한 관심은 유물이나 유적 분포지도를 작성하는 단계부터 시작되었다고 말할 수 있다. 1950년대 취락고고학이 성립되면서 유적의 분포패턴에 대해 주목하게 되었고, 1960년대 후반부터 과정고고학에서 정량적 분석 방법을 본격적으로 도입하면서 점패턴 분석은 고고학적 현상을 설명하기 위한 주된 연구방법론으로 이용되었다(Clarke 1968·1977; Hodder 1977). 이러한 경향은 1980년대에 들어서 GIS가 고고학 연구에 적용되면서 크게 확장되었다.

점패턴 분석은 공간에 대한 통계적 접근 방식을 기초로 하여 보다 객관적으로 유적과 유물의 분포패턴을 설명하기 위해 도입된 방법론이다. 유적분포도에 점으로 표시된 유적의 분포를 고고학자의 경험이나 직관에 따라 임의로 군집화하고, 유적 간의 근접성을 주관적으로 판단하여 선으로 연결하는 것을 자주 목격할 수 있다. 점패턴 분석은 이처럼 경험과 주관적 판단에 의해 고고학적 현상을 파악하는 방식이 아닌, 공간통계라는 계량적 분석을 통하여 유적의 군집성과 근접성을 분석하고, 이를 근거로 고고학적 현상을 설명하는 방법이다. 이 분석법은 고고학적 조사에서 확인한 불규칙한 현상이나 관계를 정량적으로 시각화함으로써 공간적 패턴을 식별하고 설명하는 능력을 크게 향상시키는 역할을 하고 있다.

6.2 점패턴 분석의 정의와 분석 기법

6.2.1 점패턴과 점패턴 분석

점분포패턴은 지리 공간에 점이 위치하고 있는 형태를 말하며, 공간상에 분포하고 있는 점들의 패턴은 군집과 분산으로 구분할 수 있다. 이러한 군집과 분산의 정도는 점 간의 거리를 통해 측정 가능하다. 그런데 여기서 거리는 공간의 크기와 점의 수에 따라 상대적으로 다를 수 있다. 가령 공간의 크기가 같으나, 분포한 점의 수가 다를 수 있으며, 점 간의 거리는 차이가 있지만 동일한 분포패턴을 보일 수 있기 때문에 표준화된 거리 개념을 적용하여야 한다. 또 한편으로는 점의 간의 거리는 같지만, 점들이 어떻게 분포하는가에 따라 패턴이 달라질 수 있으므로, 점들이 위치한 양상을 파악하는 것이 중요하다. 점패턴분석에서는 이 점에 유의하여 절대좌표로 정의된 점 간의 거리와 위치가 지리 사상에서 어떠한 패턴을 이루고 있는지 분석한다.

점패턴은 기본적으로 군집적(clustered), 규칙적(regular), 임의적(random)유형으로 구분된다. 이러한 점패턴은 각기 특정한 통계적 확률 분포에 의해 나누어지며, 실제 점패턴을 비교·분석하는 기준이 되고 있다. 군집적 패턴은 밀집된 배열에 따라 각 점과 근접한 점 간의 거리가 달라지며, 규칙적 패턴은 점들이 규칙적인 배열로 분포하는 양상을 나타낸다. 임의적 패턴은 점 간의 간격이 무작위로 분포한다는 것을 의미한다. 그런데 실제 점으로 표현된 지리 사상은 기본적으로 임의적인 패턴으로 나타난다. 이것들이 어느 정도 밀집 분포하는가, 아니면 분산되어 있는가에 따라 군집적 또는 규칙적 패턴을 보이는지 판단하게 된다. 이처럼 군집과 분산은 상대적이고 쉽게 구분하기 어렵기 때문에 통계적인 분석방법을 이용하여 패턴을 결정하게 된다.

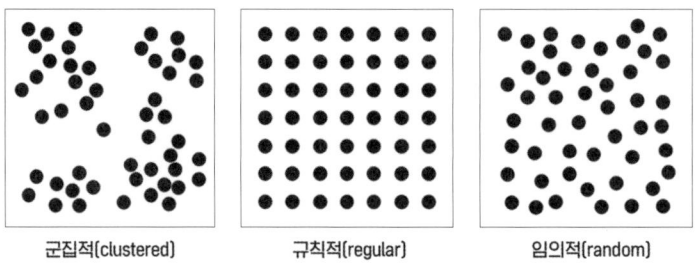

그림 83. 점패턴 유형

이러한 점패턴에 대한 분석은 크게 전역적 차원과 국지적 차원으로 나누어진다. 전역적 차원의 분석은 특정 단위공간 내의 전체적인 점 분포패턴을 파악하기 위한 방법이고, 국지적 차원에서 진행되는 분석은 보다 작은 단위공간의 군집 양상을 확인하기 위해 이용된다. 점패턴 분석은 단위공간의 크기를 어떻게 정의하는가에 따라 그 결과가 크게 달라진다. 분석 결과에서 왜곡이 발생하지 않기 위해서는 이러한 민감도를 감안하여 적절한 분석방법을 적용할 필요가 있다.

<표 6> 점패턴 분석법의 종류

구분	전역적	국지적
분석법	방격분석법(Quadrat Count Method)	최근린분석(Nearest Neighbour Distance)
	커널추정(Kernel Density)	K 함수(K-Function)
	모란지수(Moran's I)	국지적 모란지수(Local Moran'I)

6.2.2 점패턴 분석 기법

6.2.2.1 방격분석법

방격분석법은 점패턴 분석 가운데 비교적 간단하게 공간패턴을 확인할 수 있는 방법이다. 이것은 분석 대상 지역을 등간격의 격자로 나누어 방안을 설정한 후, 각 격자 안에 점의 수를 세는 방식으로 진행한다. 측정된 점의 수는 도수분포표로 정리하여 공간 분포패턴을 확인한다. 그리고 도수분포표 작성에서 확인한 평균과 분산을 통해 점패턴이 규칙적, 군집적, 임의적인지 판단하게 된다. 격자 안에 있는 점의 수가 모든 격자에서 극단적으로 규칙적인 분포를 보이는 경우에 분산은 0이 되며, 점이 한 격자 안에 군집되어 있을 때에는 점의 수의 분산이 최대가 된다. 이 둘 사이에 존재하는 분산을 임의적 분포로 볼 수 있다.

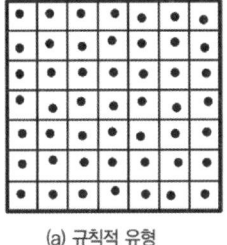　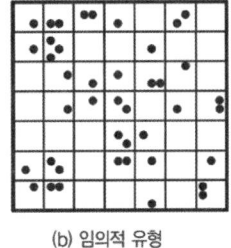　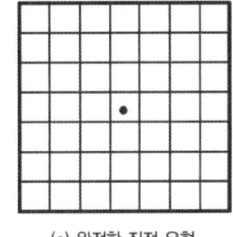

(a) 규칙적 유형　　　　(b) 임의적 유형　　　　(c) 완전한 집적 유형

그림 84. 방격 내 점 분포 패턴(정재준 · 노형희 2007)

이 분석법에서는 임의적 분포를 판단하는 기준이 중요하게 작용하는데, 여기에는 포아송 확률분포를 적용한다. 포아송 확률분포는 주어진 공간 단위 내에서 어떤 현상이 발생하는 횟수를 나타내는 이산확률분포이다. 유물이나 유적의 분포는 임의의 공간 단위에서 무작위적으로 발생하는 특성이 있는 점을 감안하면, 포아송의 확률분포에 의해 점패턴을 분석하는 방격법은 고고학 연구에서 사용할 수 있는 유효한 방법 중 하나라고 말할 수 있다.

방격법은 다음과 같은 통계식을 따른다. 격자 m의 점의 수가 xm일 때, 분석 결과에 의해 산출된 X^2값과 $x^2\, m-1$분포를 비교하여 유의도를 검정한다.

$$X^2 = \frac{(m-1)\delta^2}{\bar{x}} = \frac{\sum_{i=1}^{m}(x_2 - \overline{x})^2}{\bar{x}}$$

m : 격자의 수, $\bar{x}$: 격자의 평균점의 수, x_2 : i번째 격자의 점의 수, δ^2 : 분산

방격분석법은 격자의 크기를 어떻게 산정할 것인가에 따라 분석 결과가 상이하게 나타나므로, 분석 대상지역의 특성을 고려한 적정한 규모의 격자 크기 산정이 필요하다. 일반적으로 2A(대상지역 면적)/N(점의 수) 또는 A/N이 적절한 크기로 상정되고 있다.

이 분석법은 유물이나 유적의 분포 양상을 파악하는 통계적 도구로 국내에서도 상세히 소개된 바 있으며(강봉원 1995), 고고학 연구지역에서 보이는 현상을 간단하게 파악하는 방법으로 인용되고 있다(Bevan 2020: 60-63).

6.2.2.2 커널밀도 추정

커널밀도 추정법은 공간상에서 분포하는 점데이터로부터 전역적 차원의 공간 확률밀도를 추정하는 방법이다. 이것은 점데이터의 공간 분포를 가시화하고 이를 통해 패턴을 찾아낸다. 점 분포도는 점의 수가 많은 경우에 점끼리 겹치기 때문에 점 밀도의 지역 간의 차이를 판별하기 어렵다. 또한, 이 경우는 동일 지점 상의 점의 중복에 관한 정보를 가시화할 수 없기 때문에 전체의 분포패턴을 명확하게 파악할 수 없는 문제가 있다. 이를 해결하는 방법으로 커널 밀도 추정이 이용되고 있으며, 공간데이터를 평활화하여 시각화한다는 점에서 공간적 평활화라고 불리우기도 한다. 이 분석법은 각각의 점을 중심으로 하는 작은 커널을

배치하고, 이것의 중첩 상황에 따라 커널을 쌓아 올리는 방식으로 매끄러운 연속면 생성하는데, 이러한 연속면은 농담으로 가시화할 수 있다. 이 과정에서 점 간의 거리 또는 점의 속성을 기준으로 히스토그램을 만들어 평활화한다. 커널밀도 추정의 공간적 평활화에서는 공간 집계 단위의 경계선 부근에서 값의 급격한 변화가 발생하지 않는다는 이점이 있으며, 점 분포 전체를 매끄러운 면으로 표현하기 때문에 유물이나 유적의 분포 패턴을 파악할 수 있는 적절한 방법 중 하나로 인정받고 있다(姜東錫 2020: 43).

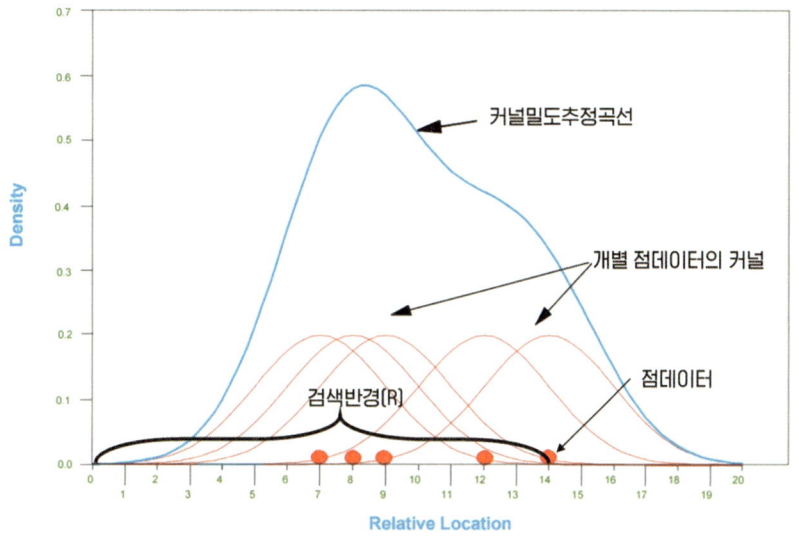

그림 85. 커널밀도 추정 개념도

커널밀도 추정을 위한 수식은 다음과 같다.

$$\hat{f}(x) = \frac{1}{nh} \sum_{i=1}^{n} K\left(\frac{x - X_i}{h}\right)$$

$\hat{f}(x)$는 x지점에서의 커널밀도 추정값을 의미하며, $K()$는 커널 밀도 함수를 가리킨다. h는 커널 밀도 함수를 적용할 공간 범위로, x지점으로부터의 탐색 반경(Bandwidth 또는 Radius), X_i는 탐색 반경 내 i번째 지점에서 실제 발생한 관측값, n은 탐색 반경 내에서 발생한 관측값의 총개수를 나타낸다(Silverman 1986).

실버먼이 제시한 커널 밀도는 가우시안 함수를 사용하고 있다. 이것은 탐색 반경(Radius)과 셀의 크기를 계산하여 결과를 표출한다. 이론적으로 각 점은 그것을 중심으로 원형의 영역을 생성하여 반경 내의 점데이터를 탐색하게 된다. 밀도를 나타내는 표면값은 각 점이 위치한 지점에서 최대가 되고, 점에서 거리가 증가함에 따라 작아지게 되는데, 점으로부터의 거리가 탐색 반경과 같아지게 되면 0이 된다. 따라서 커널밀도 추정에서는 탐색반경(R)이 평활도를 결정하는 매우 중요한 변수가 된다(Silverman 1986: 7). 셀의 크기는 출력 해상도를 결정하는 변수이므로, 표출하고자 하는 정보의 특성이나 분석데이터로서의 활용도를 고려하여 적절하게 설정하면 된다.

아래의 〈그림 86〉은 탐색 반경에 따라 밀도추정 결과가 달라지는 예를 보여주는 것이다. 취락고고학 연구에서 취락의 분포밀도를 추정하거나 취락 내 주거지 수에 따른 인구밀도 등을 추정할 때, 이러한 탐색 반경은 중요한 변수로 작용한다. 이 경우에는 수렵채집사회, 농경사회에서의 자원개척영역, 일상생활권, 일일이동거리 등과 같은 반경과 거리를 고려한 탐색 반경 설정이 필요할 것이다.

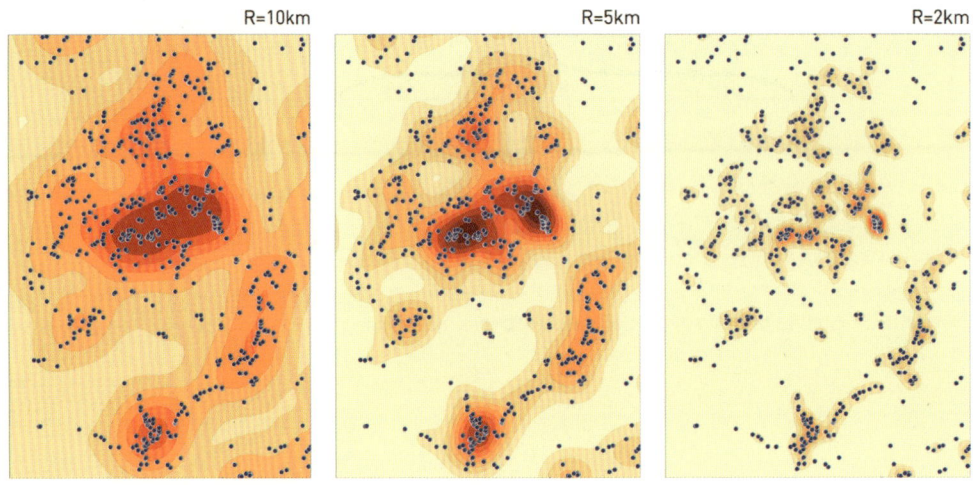

그림 86. 검색 반경에 따른 커널밀도추정 결과

커널 밀도 추정은 고고학 연구에서 공간 데이터를 분석하고 시각화하여 과거 인간 활동의 패턴과 분포를 이해하는 강력한 도구로 인정받고 있다. 이 분석법은 단순히 공간적 패턴을 보여 주는 것에 그치는 않고, 시간에 따른 공간적 패턴 변화를 분석하는 데에도 적극 활용되고 있다. 특정 문화나 시대별 유물의 분포 밀도를 비교하여 취락의 이동과 인구 변화, 문화 교류를 추적하는 연구가 대표적인 예이다.

6.2.2.3 최근린분석

최근린분석은 어떤 현상의 공간적 분포를 결정할 때, 특정 점으로부터 가장 가까운 점까지의 거리를 측정하여 패턴을 파악하는 방법이다. 이 분석법은 방격분석법 사용 시 제기되는 문제점을 해소하기 위해 고안된 분석기법 중 하나로, 어떤 현상의 공간적 분포를 결정할 때에 지리공간상에서 가장 가까운 두 점 간의 거리를 측정하여 패턴을 파악한다는 점에서 방격분석법과는 다른 차원의 지리적인 접근법에 해당한다고 말할 수 있다(이희연 1999: 660).

이 분석법에서는 점 간의 거리를 측정하여 평균거리를 산출한 후에 실제로 관측된 점패턴이 이론적인 점의 분포패턴에 비해 어느 정도 벗어났는가를 파악한다. 여기서 관측된 평균거리와 기대 거리의 비율은 최근린지수(NNI, Nearest Neighbour Index)로 나타낸다. 이 지수는 점패턴에서 각 점 간의 간격이 임의적인 점분포의 간격에 비해 어느 정도 차이가 있는지를 보여준다. NNI가 1인 경우는 완전히 임의적인 분포패턴을 의미하며, 1보다 큰 경우는 규칙적인 분포, 1보다 작은 경우는 군집적 패턴으로 상정한다.

최근린분석에서는 이러한 최근린지수와 1 사이의 차이를 검증하기 위해 Z 검정이 이용된다. 점의 분포가 임의적이라는 것을 전제로 검정통계량을 구하고, 그것을 임계값과 비교한다. 여기에 사용되는 표준오차(SEd)와 검정통계량(Z)은 다음과 같은 수식에 의해 산출할 수 있다(유근배 1998).

$$SEd = \frac{0.261}{\sqrt{n^2/A}}$$

n : 점의 수, A : 대상지역의 면적

$$Z = \frac{\text{관측된 최근린거리} - \text{기대되는 최근린거리}}{\text{표준오차}(SEd)}$$

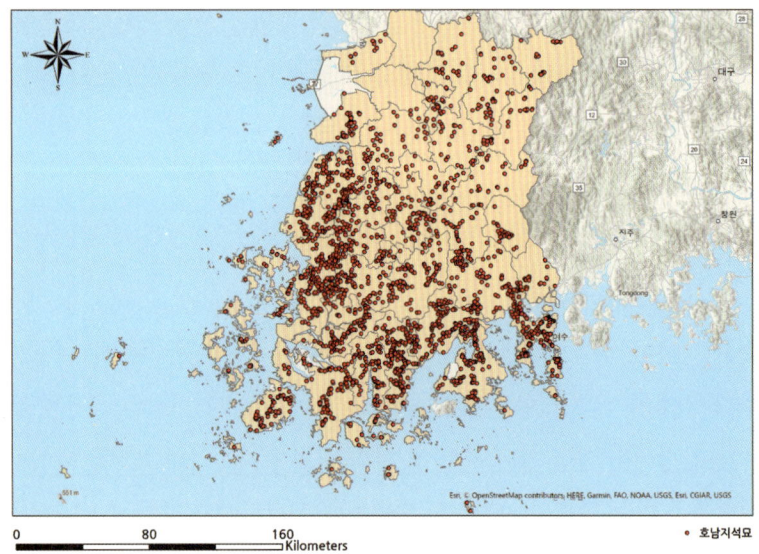

그림 87. 호남지방 지석묘군 분포

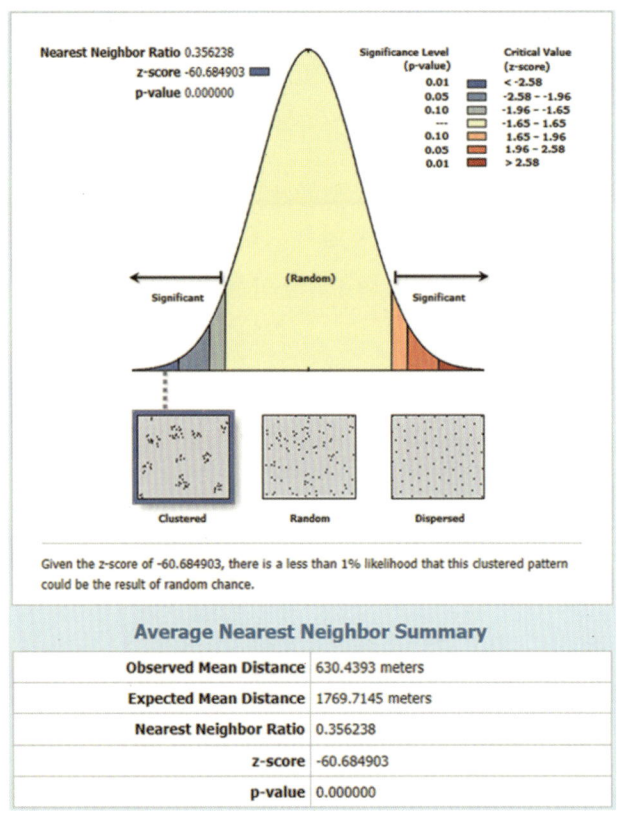

그림 88. 호남지방 지석묘군 분포에 대한 최근린분석 결과

이상의 최근린분석법을 이용하여 호남지방 지석묘군의 분포패턴을 분석해 보았다. 분석은 ArcGIS Pro의 최근린분석을 이용하였다. 호남지방에는 문화유적분포지도를 기준으로 〈그림 87〉에서 보는 것과 같이, 2,917개소에 지석묘가 단독 또는 군집을 이루며 분포하고 있다. 이러한 지석묘군의 군집패턴은 임의적 또는 군집적인지에 대해 객관적 근거를 들어 설명할 수 없다. 그런데 최근린분석법에 의한 군집 분석을 실시해 보면, 최근린지수가 0.356238로 나타난다(그림 88). 이 수치는 1보다 작으므로, 지석묘군의 분포가 군집패턴을 보인다고 말할 수 있다. 이처럼 최근린분석법은 고고학적 현상에서 보이는 군집 양상을 파악함에 있어 주관적 판단에 의한 해석의 문제점을 최소화할 수 있다.

6.2.2.4 K 함수

K 함수는 점의 공간적 배열을 평가하기 위해 고안된 분석법으로, 점의 분포패턴이 공간적 상호작용에 의해 형성되었는지를 설명하는 통계기법이다. 점패턴 분석은 크게 단위공간에서 발생하는 현상의 평균을 측정하는 밀도(Intensity, λ)와 점 간의 상호작용을 특성으로 하여 분석한다. 상호작용은 두 점 간의 거리를 측정하여 공간적인 상호의존성을 파악하는데, 리플리(Ripley 1976)가 제안한 K 함수는 각 지점에서 모든 점과의 거리에 따른 관계를 파악하여 거리별로 패턴을 파악할 수 있다는 장점이 있다.

K 함수는 임의의 점에서 일정한 거리에 있는 실제 분포하는 점의 수와 이론상 규칙적으로 분포하는 점의 수를 비교하여 점의 분포가 임의적 또는 규칙적인지, 아니면 군집적인지 판정하는 함수이다. 이와 관련한 수식은 아래와 같다.

$$K(h) = \frac{1}{\lambda N} \sum_i \sum_j I_h(d_{ij}) = \frac{1}{\lambda^2 R} \sum_i \sum_j I_h(d_{ij})$$

$K(h)$: 거리별 점 군집도(Ripley의 K값), N : R공간단위에서 관측된 점의 수, R : R공간단위의 면적, λ : R공간단위의 점의 발생 밀도, d_{ij} : R공간단위 내 위치한 i번째 점과 j번째 점 간의 거리 ($i \neq j$), h : 밀도분석을 위한 한 점에서의 임의의 범위(lag distance), I_h : 지표($d_{ij} < h$이면 1, $d_{ij} > h$이면 0)

K 함수에 의한 점패턴 분석은 주어진 점 i에서 일정한 거리 h에 해당하는 모든 점들 j와의 평균 거리를 강도로 나누는 방법으로 추정한다. 임의적인 점패턴일 경우에 각 점에서의

일정한 거리 h에 대한 강도가 독립적이며 일정하다. 포아송 분포를 준수한다는 가정 하에 점패턴 분석이 완전한 임의적 분포를 보일 경우, 점의 평균밀도를 λ라고 할 때, 특정 점에서 h에 해당하는 범위의 밀도는 $\lambda\pi h^2$이 된다(Baddeley and Silverman 1984). 다시 말하면, 공간적 상호작용이 무작위적이라면 λ가 1이 되어 $K(h)=\pi h^2$라고 할 수 있다. 점 간의 거리가 짧아 군집일 경우 $K(h) > \pi h^2$이고, 균질한 분포일 경우 $K(h) < \pi h^2$이다(곽현빈 외 2010: 261). 실제 분석 결과를 시각적으로 나타내면 다음과 같다.

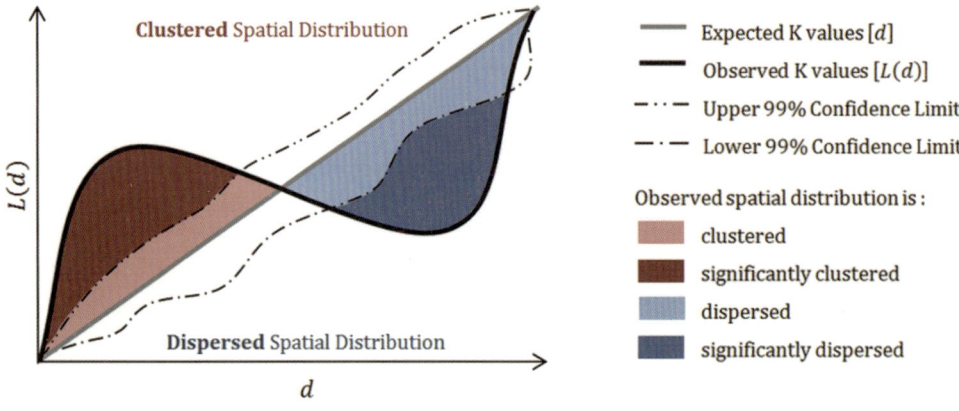

그림 89. 리플리의 K 함수 해석

이와 같이 K 함수는 공간 점 패턴 분석에서 점 분포의 무작위성, 군집화, 분산을 평가하는 도구로, 이산확률분포를 기반으로 하는 공간 현상에 대한 분석에 적합하다. 이 분석법은 다중 척도 분석을 통해 다양한 거리에서 패턴을 파악하고, 완전 공간 무작위성을 기준으로 군집과 분산을 구분할 수 있다는 장점이 있다. 또한, 가중 K 함수를 이용하여 속성 분석과 3차원 데이터, 시공간 데이터 기반의 분석이 가능하다는 특성을 지닌다. K함수는 고고학적 현상에 나타난 복잡한 공간적 패턴을 정량적이고 직관적으로 이해할 수 있는 실질적인 통찰력을 제공하고 있다.

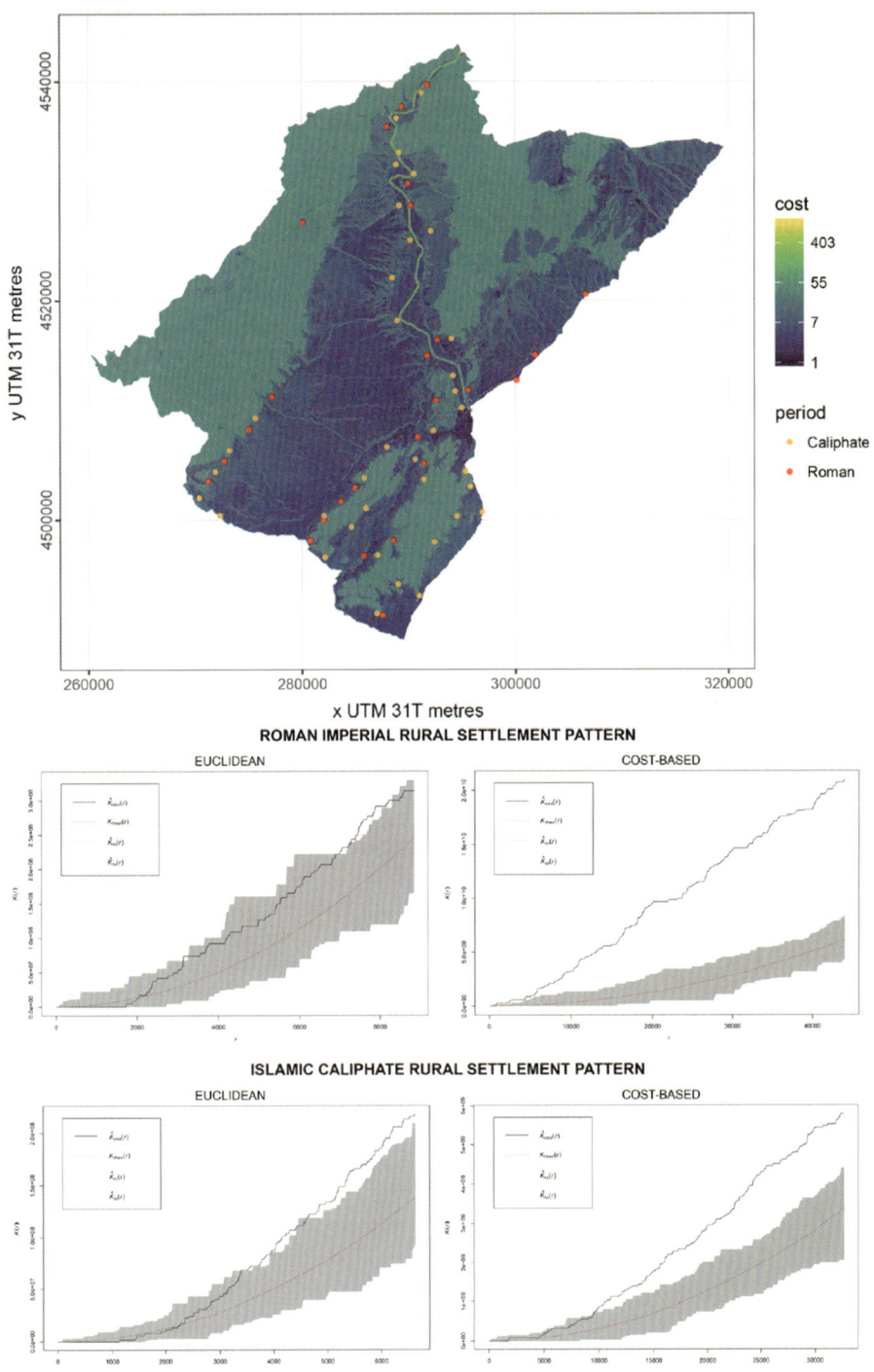

그림 90. 리플리 K함수를 이용한 취락패턴 분석 사례(Negre et al. 2018)

이 분석법은 고고학에서 취락의 밀도와 분포패턴을 연구하는 데 주로 사용되고 있다 (Bevan and Conolly 2006; Casarotto et al. 2016). 니그로(Negre et al. 2018)의 연구 사례를 살펴보면, 고고학에서 분포 분석이 지리적 현실에 내재된 공간적 이질성을 무시한 채 단순히 직선 거리에 의해 취락패턴을 설명하는 경우가 많다고 지적하였다. 그리고 이러한 한계를 극복하기 위해 비용-거리 기반의 군집 분포 분석의 필요성을 제기하였다. 구체적으로, 스페인에서 로마제국과 코르도바 칼리프국 시기 취락의 군집패턴에 대해 리플리의 K함수를 이용하여 살펴보았는데, 유클리드 거리와 GIS의 비용-거리를 비교하여 분석을 진행하였다. 그 결과 유클리드 또는 비용 기반 접근의 여부에 따라 군집패턴 그래프가 상당한 차이가 있음을 확인하고, 지표면 이동시의 장애요인을 고려한 K 함수의 적용 필요성을 역설하였다.

〈그림 90〉을 보면, 실제 로마제국 시기의 취락패턴은 유클리드 거리에 의한 분석에서 완전한 공간적 무작위성이 확인되지만, 비용 기반 분석에서는 상당한 수준의 군집패턴을 이루고 있음을 알 수 있다. 이는 칼리프국 시기에도 마찬가지로 나타난다. 이와 같은 결과는 가파른 지형 경사면이나 하천에 의해 사람들이 이동하는 데 제약이 있고, 이것이 취락패턴에 영향을 미쳤음을 의미한다. 이러한 연구는 비용-거리분석에 의한 랠프의 K함수를 이용할 경우, 효과적으로 취락패턴의 변화 요인을 설명할 수 있다는 것을 보여주는 예이다.

6.2.2.5 모란지수

토블러(Tobler 1970)의 지리학 제1법칙에서는 공간상에 인접하는 것들은 서로 상관이 있고, 멀리 있는 것보다 가까이 있는 것의 관련성이 더 많다고 하고 있다. 이것은 공간상의 한 위치에서 발생하는 사건과 그 주변에서 발생하는 사건은 높은 상관관계를 보이고 파급 효과도 높다는 것과 관련이 있다. 이러한 공간 현상을 공간적 자기상관(Spatial Autocorrelation)이라 한다. 이러한 공간자료의 자기상관성 측정에는 모란(Moran 1950)이 고안한 모란지수(Moran's I) 통계량이 가장 일반적으로 사용되고 있다(이희연·노승철 2012: 598). 모란지수는 공간가중행렬을 바탕으로 공간적 자기상관을 측정하며, 대상지 내에서 유사한 값들의 전반적인 군집 경향을 하나의 지표로 요약하여 나타낸다.

이러한 공간적 자기상관성 유무는 고고 유적의 공간 분포패턴에서도 확인할 수 있다. 특정한 공간패턴의 확인이 필요할 경우, 모란지수는 이것을 효과적으로 표현하는 분석법으로 활용될 수 있다.

모란지수는 공간적 자기상관성의 정량화를 위해 활용되는 통계지수이다. 모란 통계량을 활용한 분석은 두 단계의 과정을 거쳐 수행된다. 먼저 전역적 모란지수를 활용하여 점 분포 패턴에서 공간적 자기상관성의 유무를 확인한다. 모란지수를 구하는 식은 아래와 같다.

$$I = \frac{n \sum_{i=1}^{n} \sum_{j=1}^{n} w_{ij}(x - \bar{x})(x - \bar{x})}{(\sum_{i=1}^{n} \sum_{j=1}^{n} w_{ij}) \sum_{i=1}^{n} (x_i - \bar{x})^2}$$

n : 단위 영역의 개수, x_i, x_j : 각각 i와 j영역의 관측값, $\bar{x}$: 전체 단위 영역 관측값의 평균, w_{ij} : 공간적 가중치

모란지수는 -1에서 1의 범위로 나타내며, 계수가 양의 값을 가질수록 군집된 패턴으로 볼 수 있고, 음의 값으로 커질 경우는 분산 패턴에 가깝다고 말할 수 있다. 모란지수 계수 값이 0이 아니거나 명확하지 않으면 공간적 자기상관이 존재하지 않고 임의적이라고 판단할 수 있다.

이와 같은 전역적 모란지수는 공간상에 존재하는 데이터 전체의 군집화 정도를 확인할 수 있다. 하지만 이것은 어느 지역이 군집을 이루고 있는지, 어느 지역이 주변 지역과 다른 패턴을 보이는지, 또는 국지적 차원의 군집패턴이 어떠한 양상을 이루고 보이고 있는지에 대해서는 파악할 수 없다는 한계가 있다. 이러한 한계를 극복하기 위해 특정 지역과 그 주변 지역을 비교하여 군집패턴의 차이를 찾아내는 국지적 모란지수를 활용한다. 이것의 산출식은 아래와 같다.

$$I_j = Z_i \sum_{j=1} w_{ij} Z_j$$

W는 가중치를 의미하며, Z는 표준화 점수, i는 특정 지역, j는 주변 지역을 나타낸다. 분석을 통해 값의 크기가 높은 양(+)의 값이 나올 경우에는 지역 간 유사성이 있는 핫스팟이라는 것을 의미하며, 높은 음(-)의 값이 나올 경우에는 지역 간 유사성이 없다는 것을 의미한다. 이는 높은 값 주변에 높은 값이 존재하는 HH(high-high), 낮은 값 주변에 낮은 값이

존재하는 LL(low-low), 낮은 값 주변에 높은 값이 존재하는 LH(low-high), 높은 값 주변에 낮은 값이 존재하는 HL(high-low)로 구분한다(Chae et al. 2014). 그 외 특정지역과 주변지역 간 공간적 자기상관성(연관성)이 없는 지역은 'Not Significant'로 나타낸다.

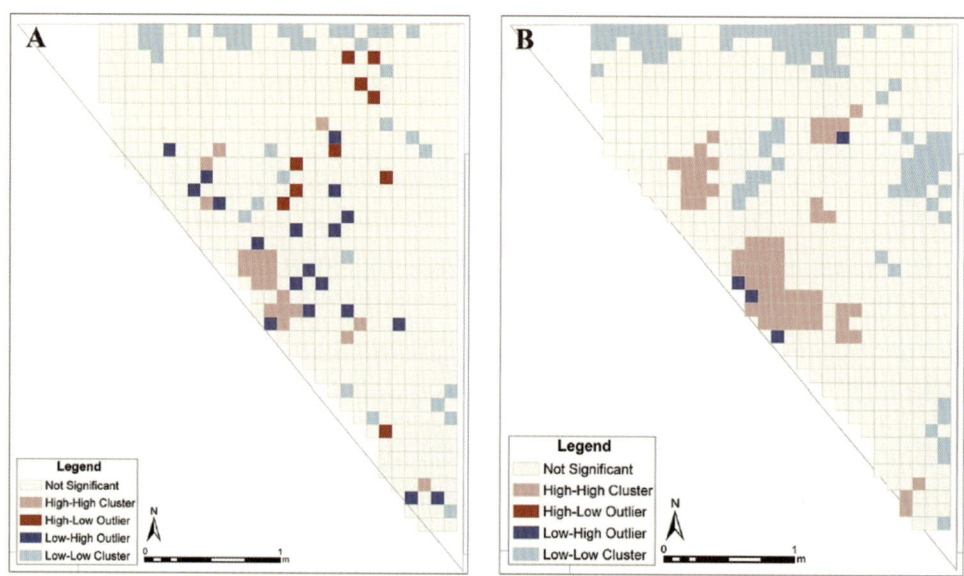

그림 91. 모란지수를 이용한 샤텔페로니안 후기 구석기시대 유적의
석기 군집패턴 분석 사례(Sanchez-Romero 2022)

사례 | 커널밀도추정을 이용한 영산강 지석묘사회의 취락 분포 패턴 분석[01]

영산강유역 지석묘사회의 취락패턴은 발굴조사에서 확인된 취락과 이것의 존재 가능성을 보여주는 지석묘를 근거로 재구성해 볼 수 있다. 이러한 취락패턴은 취락 간의 규모와 기능 차로 인해 계층적·상호의존적인 관계를 이루는 하달형이거나 중앙권력의 통제없이 소규모의 공동체가 자발적으로 사회조직을 구성하는 자발형의 방향으로 진전되었을 가능성이 있다.

만약 영산강유역의 지석묘사회가 하달형의 구조를 이루고 있었다면, 국지적 취락패턴이 최상위취락, 상위취락, 하위취락으로 구성된 체제를 이루고 있고, 중심취락 주변에 취락이 집주하여 높은 밀도를 보일 것이다(Delgado-Espinoza 2002: 26). 그리고 하위취락으로부터 잉여를 수집하여 정치권력을 확대하는 구조를 이루기 때문에 중심주변취락의 상호작용 규모와 강도가 클 것으로 예상된다. 지역적 차원에서는 최상위 수장권력을 정점으로 최상위-상위-하위취락이 직접 상호작용하는 전형적인 피라미드형을 형성하고 있었을 것이다. 이와 같이 가정한 취락패턴 모델은 GIS를 이용한 커널밀도추정에 의해 입증할 수 있다. 밀도분석을 통해 취락의 규모를 파악할 수 있을 뿐만 아니라, 취락의 집주 양상도 확인 가능하다.

하달형 모델의 국지적 취락패턴에서 취락 간 계층 관계를 확인하기 위해서는 우선 중심취락의 존재를 검토해 보아야 할 것이다. 중심취락은 대규모취락을 정점으로 하는 계층적 취락구조 속에서 파악되어 왔으며, 취락의 규모와 기능은 주요 판정 기준이 되었다. 지석묘사회에서는 주거지 수, 지석묘(군)의 규모와 분포 밀도가 취락 규모를 추정하는 직접적인 근거가 될 것이다.

먼저, 주거지 수는 취락 내 인구규모와 중심지로서의 기능을 추정할 수 있는 직접적인 지표가 된다. 최근 영산강유역에서는 대규모 발굴조사를 통해 취락유적 수가 증가하고 있는데, 사실상 전면 조사의 성격을 띠고 있기 때문에 취락 규모를 추정하는 근거로 활용할 수

---

01   2018년에 『한국고고학보』109에 발표한 「지석묘사회의 취락패턴과 복합화-GIS를 활용한 영산강중류역 취락패턴의 재구성」의 일부이다.

있다. 한편, 지석묘군집 내 지석묘 수는 국지적으로 존속하였던 단위공동체의 공간점유기간을 간접적으로 시사한다. 즉, 지석묘 수가 많을수록 장기간 공간점유가 이루어졌다는 것을 의미하기 때문에 대규모 취락의 형성 가능성을 짐작할 수 있다. 전남지방의 경우, 대규모 지석묘군일수록 위신재의 부장비율이 높은 경향이 있기 때문에(이영문 2002: 328-345) 지석묘군집의 규모는 지석묘 축조집단의 계층 차를 파악하는 근거로 활용할 수 있다. 이처럼 지석묘군의 규모는 취락의 지속성과 거점성을 식별할 수 있는 지표이며, 취락 간 계층관계를 상정하는 기준으로 삼을 수 있다. 마지막으로, 지석묘 밀도도 지석묘 수와 함께 취락 규모를 추정하는 기준으로 이용할 수 있다. 지석묘 수는 개별군집 단위로 검토하기 때문에 근접한 지석묘군의 규모를 고려할 수 없다는 한계가 있다. 만약 일정 반경 내의 지석묘 수를 모두 합쳐서 그 규모를 추정할 수 있다면, 지석묘의 집중 분포양상을 가시화할 수 있고, 이것은 중심취락을 특정하는 근거가 될 것이다.

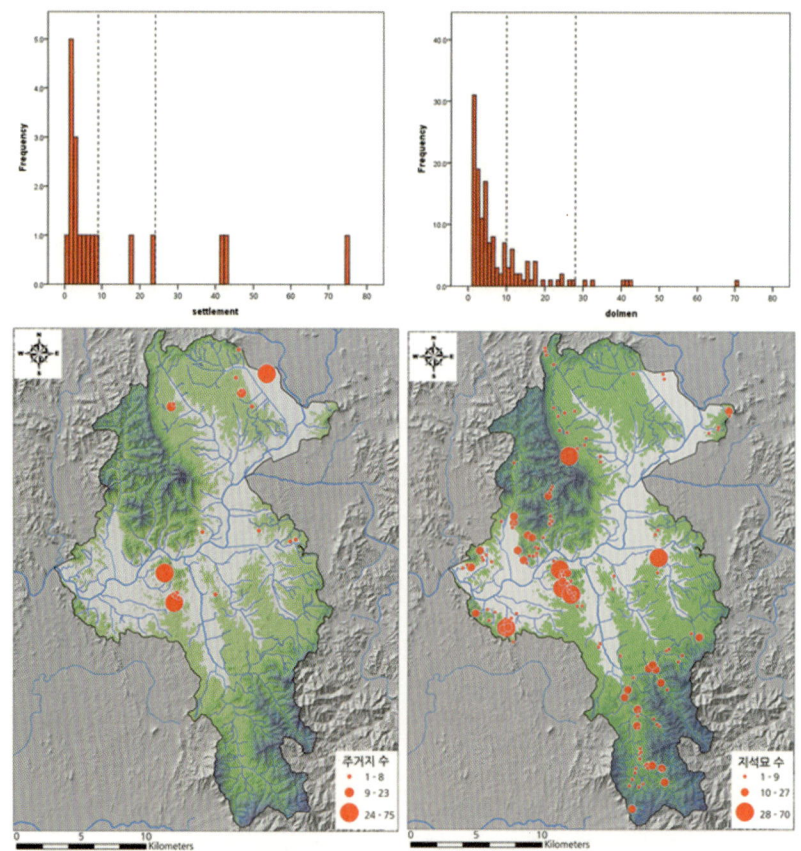

그림 92. 영산강중유역 청동기시대 주거지 수(좌)와 지석묘 수(우)

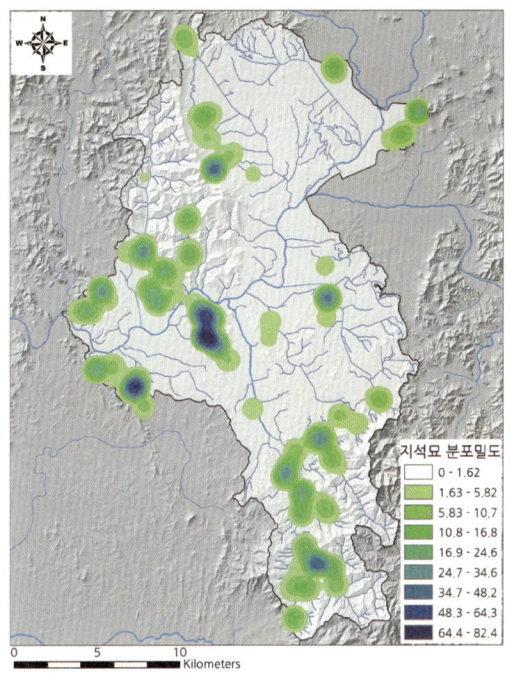

그림 93. 영산강중유역 지석묘 분포밀도

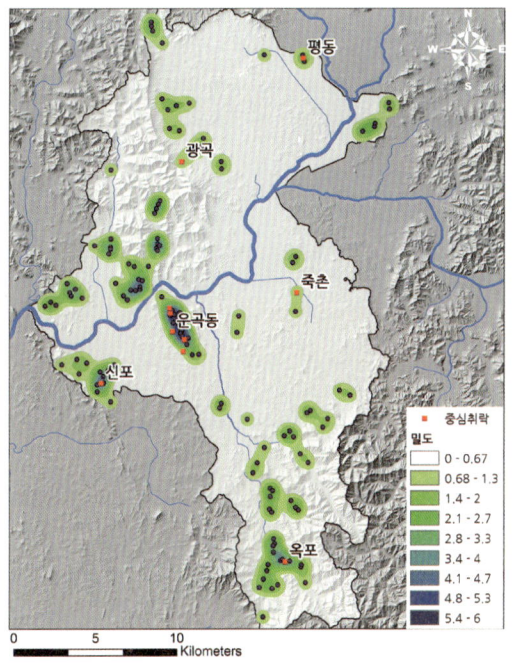

그림 94. 영산강중유역 지석묘군 분포밀도

제6장 **점패턴 분석** —— 143

영산강유역 송국리형 문화단계의 사회에서는 지석묘가 단일묘제라고 해도 과언이 아닐 정도로 인식되고 있으며, 지표상에 노출되어 있는 지석묘의 특성상 군집의 규모를 쉽게 파악할 수 있다는 장점을 지니고 있다. 따라서 위에서 언급한 주거지 수, 지석묘군집 규모와 밀도는 영산강중유역의 취락 규모를 파악하는 충분한 근거가 될 수 있다. 우선, 영산강중유역에서 발굴조사된 19개소 217기의 주거지를 대상으로 주거지 수를 분석해 보았다. 이를 히스토그램과 분포도로 작성해 보면(그림 92), 각 유적별 주거지 수는 24~75기, 9~23기, 1~8기의 세 그룹으로 구분되는데, 이것을 대·중·소규모의 취락을 나누는 기준으로 삼을 수 있다. 지석묘군집 규모를 취락 규모와 비례관계로 이해한다면, 이것은 영산강중유역 전역의 취락 분포양상을 대변한다고 말할 수 있다.

한편, 지석묘(군) 밀도는 점분포패턴 분석법의 하나인 커널밀도추정을 이용하여 분석할 수 있다(그림 94). 분포 밀도는 지석묘군집 내의 지석묘수를 기준으로 분석하였으며, 9개 구간으로 표현할 수 있다. 이 구간을 자연분류법(Natural Breaks)에 의거 구분해 보면, 밀도 34.7~82.4는 고밀도 구간으로 분류할 수 있는데, 이 구간은 대체로 지석묘 대군집 분포지와 일치한다. 이와 같은 현상은 지석묘군집을 대상으로 한 밀도분석에서도 마찬가지로 나타난다(그림 94).

이상 유적 내 주거지 수, 지석묘군집 규모와 분포밀도에 대한 분석결과를 종합해 보면, 영산강중유역에서는 운곡동을 최상위 중심취락하여 5개의 상위중심취락이 존재하고, 이밖에 하위의 일반취락이 분포하는 것을 알 수 있다.

사례 | 모란지수를 이용한 선사~고대 생활유적의 공간패턴 분석[02]

국가유산청 GIS에서는 전국단위의 유적 공간정보를 구축·관리하고 있다. 이를 기초로, 모란 지수를 활용하여 청동시기대~삼국시대 생활유적 간의 공간적 자기상관성과 통시적 변화상을 검토해 보았다.

이를 위해 우선 단위지역과 매장유산의 공간데이터를 재구성하였다. 단위지역 데이터는 통계지리정보서비스(통계청)에서 제공하는 센서스용 행정구역경계(시군구)를 사용하였다. 이때 단위지역 간 면적 차이를 줄이기 위하여 자치구 단위는 각각 특별시, 광역시 등으로 데이터를 수정하여 분석에 활용하였다. 데이터가 수정된 지역은 서울, 부산, 대구, 인천, 광주, 대전, 울산, 경기도 고양·성남·수원·안산·안양·용인, 경북 포항, 경남 창원, 전북 전주, 충북 청주, 충남 천안 등이다.

유적 데이터는 국가유산청 GIS에서 제공하는 발굴조사구역 및 문화유적분포지도 공간정보를 사용하였다. 이들 데이터는 매장유산 조사를 통해 지상에 노출되어 있거나 지표면 아래에서 확인된 유적의 분포 구역을 폴리곤 객체로 재구성한 데이터이다. 그런데 유적구역은 행정구역 경계를 가로지르는 경우가 있으므로, 폴리곤 객체의 중앙에서 포인트 데이터를 생성하는 방법은 본래의 데이터가 가지고 있는 정보를 상실하게 될 우려가 있다. 이에 따라 레이어 중첩 방법 중 교차를 사용하여 행정구역별로 유적 구역 정보가 남아있도록 데이터를 수정하고 포인트 데이터를 생성하였다.

분석을 위한 샘플 데이터 생성 시 유적의 시대적 범위는 청동기시대, 철기시대, 삼국시대로 한정하고, 유적 종류는 생활유적 분류에 해당하는 데이터만 수집하였다. 다만, 철기시대에 대해서는 삼한시대, 원삼국시대가 철기시대에 포괄된다는 점을 감안하여 철기시대로 재분류하였다. 한편, 생활유적은 국가유산청 GIS 데이터 분류체계에 의거 주거유적, 패총에 해당하는 유적을 이에 포함시켰다. 생활유적의 분류는 다른 유적에 비해 소분류가 복잡하지 않고 유사한 성격의 유적으로 묶여 있어 유적 간의 공간적 연관성을 판단하기 위한 샘플 데이터로 적합하다고 보았다. 이 기준에 해당하는 유적 샘플의 수량은 총 13,043건이다.

---

02 2022년에 김유진과 함께 『대한공간정보학회지』30(2)에 발표한 「매장문화재 공간정보의 활용 방안 연구」를 요약한 것이다.

유적의 분포 양상은 위치정보를 직관적으로 시각화하여 육안으로 확인하는 방법도 있지만, 여기에서는 그러한 분포 양상의 통계적 유의성까지 확인하는 것을 목표로 분석을 수행하였다.

공간정보는 위치가 속성에 영향을 미치는 특수한 성질이 있으므로, 공간적 자기상관성이 존재할 수 있다(Lee *at al.* 2015). 이는 지리적으로 가까울수록 먼 것보다 서로 더 연관성이 있다는 지리학 제1법칙과 관련된 특성이다(Tobler 1970). 즉, 유적의 공간패턴에서도 공간적 자기상관성 유무를 확인하고, 특징적인 공간패턴이 도출될 경우 그것을 효과적으로 표현할 필요가 있다. 이를 위해 모란지수(Moran's I) 통계량을 활용하였고, 분석은 ArcGIS Pro의 Cluster and Outlier Analysis(Anselin Local Moran's I) tool을 사용하였다.

모란지수 통계량을 활용하여 분석하고자 하는 지리적 현상, 즉 생활유적 분포를 알기 위하여 단위지역별 생활유적의 밀도를 구하였다. 시군별 생활유적 밀도의 기술통계 결과, 단위지역 간 편차가 크고, 비대칭적인 데이터 분포(positive skew)를 확인하였다(표 7).

생활유적 벡터 데이터(point)를 시각화한 결과에서도 연구범위 전역에 균일하게 분포한 양상이 아닌 일부 지역들에 유적이 집중적으로 분포한 모습을 확인할 수 있다(그림 95). 유적 데이터는 대부분 서울·경기지역, 충청도, 경상도, 전라남도 일부 지역 등에 집중되어 있다. 반면 비교적 데이터 수량이 적은 지역은 강원도와 경상북도 일부 지역 등으로 확인된다.

〈표 7〉 시군별 생활유적 분포에 대한 기술통계

구분	시군구(n)	Min	Max	Mean	STD
청동기시대	166	0.001	5.251	0.328	0.623
철기시대	166	0.000	1.453	0.165	0.272
삼국시대	166	0.000	1.986	0.265	0.340

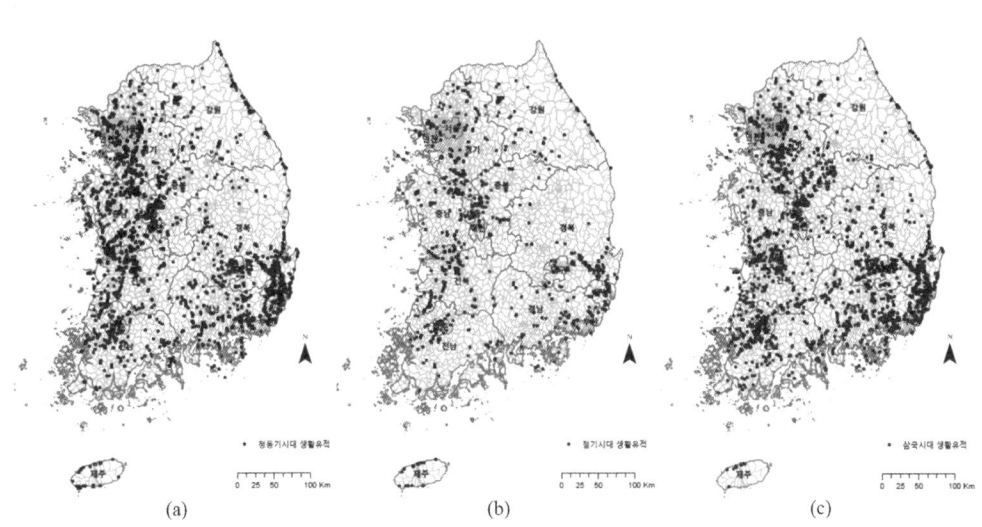

그림 95. 청동기시대~삼국시대 생활유적 분포

모란지수 통계량의 결과가 통계적으로 유의한지 해석하기 위해서는 지수의 표준화가 필요하므로, I는 정규분포를 가정한다(Fu *et al*. 2014; Mathur 2015). 이때 로그 변환, Box-Cox 변환 등을 통해 데이터를 정규분포에 가까운 수준으로 변환할 수 있다. 여기에서는 원시 데이터를 가장 정규분포에 가깝게 변환한 Box-Cox 변환을 활용하였고, Kolmogorov-Smirnov(K-S) 통계검정을 적용하여 데이터의 정규성을 검정하였다(표 8).

〈표 8〉 정규성 검정(Normality test) 결과

구분	왜도(skew)	첨도(Kurtosis)	K-S
청동기시대	0.086	0.229	0.200*
철기시대	0.249	-0.758	0.000
삼국시대	0.117	-0.015	0.200*

연구범위 전역의 공간 연관성을 정량적으로 측정할 때 보편적으로 모란지수 I 통계량을 활용한다(Lee *et al*. 2015; Lee *et al*. 2011). I 통계량은 유사한 값들끼리 서로 인접하지 않으려는 작용이 강할 수록 -1에 가까운 값을 가지며, 유사한 값들이 공간적으로 모이려는 작용이 강할수록 +1에 가까운 값으로 나타난다.

<표 9> 전역적 모란지수 요약

구분	모란지수	z-score	p-value
청동기시대	0.394	7.735	0.000*
철기시대	0.209	4.151	0.000*
삼국시대	0.208	4.151	0.000*

공간분석은 Box-Cox 변환한 수치로 이루어진 생활유적 데이터를 활용하였다. 변환한 수치가 입력된 데이터는 GIS 프로그램을 통해 단위지역 데이터와 조인하였고, 이러한 과정을 반복하여 시대별 생활유적의 I 통계량을 측정하였다. 측정 결과 모든 데이터가 통계적으로 유의미한 약한 양의 공간적 자기상관성을 가지고 있음을 알 수 있다(표 9). 이는 생활유적의 공간패턴에 유사한 값들이 연속적으로 배열된 군집패턴이 존재한다는 것을 의미한다.

한편, 생활유적의 공간패턴에서 특이지역을 파악하고, 분포의 이질성 정도를 평가하기 위해서는 국지적 모란 통계량을 활용할 수 있다(Anselin 1995; Ko and Cho 2020). 시대별 생활유적 공간데이터의 국지적 모란 통계량을 시각화한 결과는 아래의 그림과 같다.

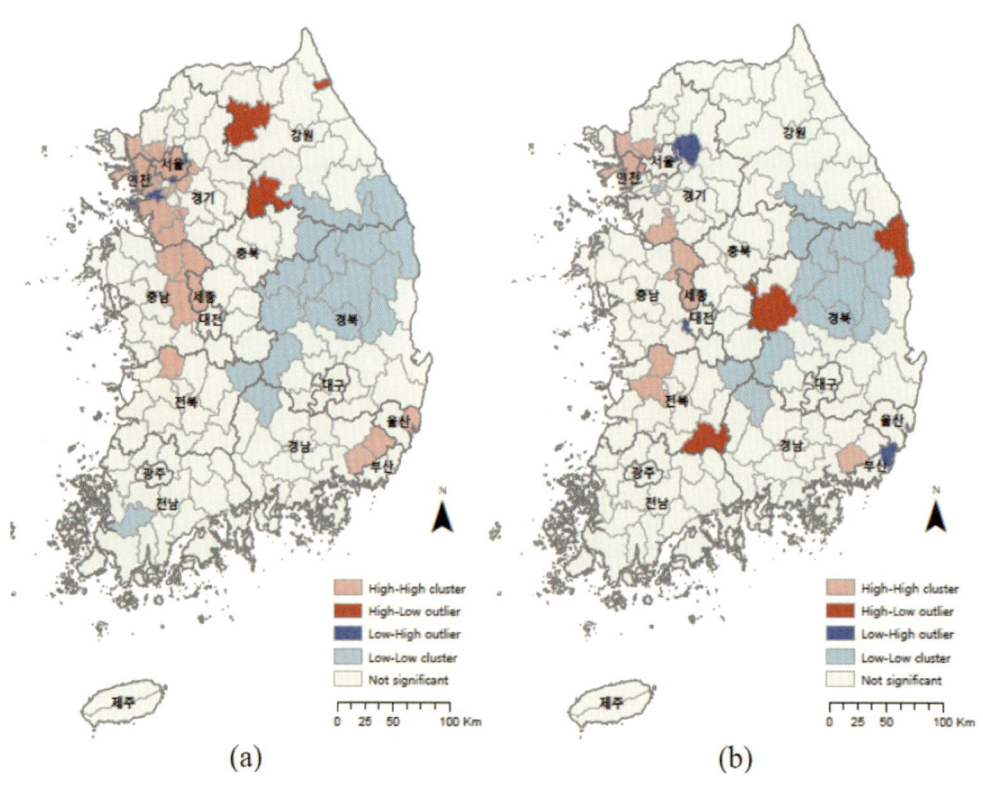

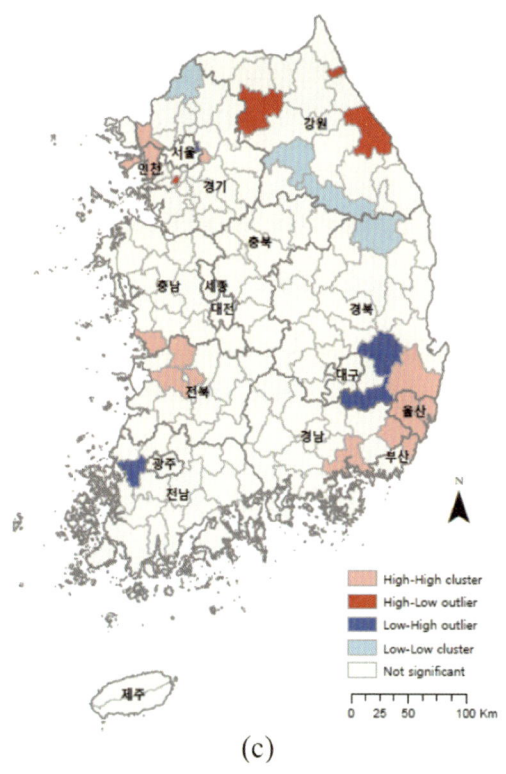

그림 96. 국지적 모란지수에 의한 청동기시대~삼국시대 생활유적의 분포 패턴 분석 결과

　시각화된 공간연관성은 특성에 따라 네 가지 유형으로 분류될 수 있다. 먼저 H-H cluster는 유적 수가 연구 범위 전체 유적 수의 평균보다 높은 지역들이 모여 있는 경우이며, L-L cluster는 유적 수가 평균보다 낮은 지역들이 모여 있는 경우이다. 다음으로 H-L outlier는 유적 수가 평균보다 높은 지역이 낮은 값을 가진 지역들로 둘러싸인 경우이며, L-H outlier는 그와 반대의 경우이다.

　분석 결과, 청동기시대에서 유적 군집을 보이는 H-H cluster는 서울-경기 서부, 세종-충남 동부, 울산 일원으로 나타났다(그림 96(a)). 서울-경기지역은 건설공사, 도시개발로 인한 발굴조사가 많은 지역들이 모여 있어 생활유적 밀집지역으로 나타난 것으로 보인다. 익산, 세종-충남 동부 지역은 청동기시대 전기·중기의 취락이 집중적으로 발견되는 지역이다. 세종 일원은 가락동 문화유형으로 대표되는 청동기시대 전기의 유적이 집중분포하는 지역이며, 익산과 충남 동부는 청동기시대 중기 송국리문화유형 유적의 밀집도가 높다. 김해와 양산, 울산 일원은 청동기시대 후기 생활유적이 분포권을 이루고 있는 지역에 해당한다. 한편 강원 춘천은 중도의 대규모 선사유적 분포 영향에 따라 H-L outlier로 나타났다고 볼 수 있다.

철기시대의 H-H cluster는 평택-천안-세종, 인천-김포-고양, 전북 익산-김제, 그리고 경남 김해에 나타난다(그림 96(b)). 평택-천안-세종 및 경기지역은 최근 대규모 건설공사 과정에서 많은 수의 철기시대 주거지, 건물지 등의 생활유적이 확인되었다. 전북 익산 일원은 전북지역 마한문화 성립의 기반이 되었던 초기철기유적이 집중적으로 분포한다. 특히, 이 지역은 소위 '익산 문화권'이 설정될 정도로 지역연맹체 수준의 많은 유적이 발견되고 있다. 김해는 봉황동유적을 중심으로 가락국의 성립과 관계가 있는 유적이 다수 분포하는 지역이다.

마지막으로 삼국시대에 유적 군집패턴이 존재하는 H-H cluster는 인천-김포, 익산 일원, 경주-울산과 창원 일원을 중심으로 광범위하게 나타난다(그림 96(c)). 인천-김포는 철기시대의 양상과 마찬가지로 최근 건설공사에 따른 매장문화재 발굴조사에서 백제 한성기의 생활유적이 다수 발견된 지역이다. 익산 일원도 철기시대에서 삼국시대로 이어지는 생활유적이 다수 분포한다. 영남 동남부의 유적 군집패턴은 철기시대에 성립한 변한과 진한 사회가 신라, 가야 등의 고대국가로 발전되어가는 양상을 반영한 결과로 보인다. 이 지역들은 대부분 유적 밀도가 높기 때문에 상대적으로 밀도가 낮게 측정된 경북 영천-청도 등이 L-H outlier로 나타난다. 한편 전남 함평이 L-H outlier 지역이 된 것은 인근에 위치한 광주-나주지역의 영향으로 보인다. 광주-나주는 영산강유역에 해당하는 지역으로 삼국시대 마한세력이 번성한 지역에 해당하며, 대규모 고대 취락들이 자주 발굴조사되고 있다.

이상의 공간상관성 분석 결과는 청동기시대~삼국시대에 걸쳐 거주민들의 공간점유 변화 양상을 공시적·통시적 관점에서 관찰할 수 있었다는 점에서 의미가 있다. 이를 통해 선사~역사시대에 한반도 남부지역에서는 지역적 특성을 지닌 문화가 형성되기 시작하였고, 이를 기반으로 국지적·광역적인 차원에서 생활공간을 확장해 나갔음을 알 수 있었다. 이처럼 국지적 공간연관성 지수 분석결과는 이러한 문화의 성립과 확산 양상을 보여 주는 근거자료로 활용 가능하다.

모란지수 통계량은 공간적 자기상관성을 기반으로 하는 통계 분석이므로, 단순히 유적이 많이 소재한 지역과 그렇지 않은 지역을 표현하고자 할 경우에는 적합하지 않다. 또한 분석의 단위지역 설정 방법에 따라서도 결과가 달라질 수 있다. 이와 관련하여 유적 수가 많은 지역으로 집계된 광주광역시, 대구광역시, 전남 지역들, 충북의 청주시 등은 뚜렷하게 특징적인 공간패턴이 드러나지 않았다. 대신 통계적으로 유의미한 유적의 군집, 또는 특이지역을 도출하고자 할 때 효과적인 방법이라고 말할 수 있다.

제7장
유적 자원영역분석

제7장
유적 자원영역분석

7.1 유적 자원영역분석[03]의 개념

　유적 자원영역분석은 유적의 경제적 범위 내에 있는 자원 간의 관계를 연구하기 위해 고안된 방법으로, 1970년에 비타핀지와 힉스(Vita-Finzi and Higgs 1970)에 의해 처음 정의되었다. 이 분석법은 선사시대 생업경제와 관련한 가설을 수립하고 검증하는 수단으로 이용되었다. 이것은 과거 인간은 일정한 영역 내에서 생업경제자원을 개척하는 행위를 하였을 것이고, 그 영역 내에 있는 자원의 잠재력을 당시의 기술 수준, 인구 규모와 연관지어 분석해 보면, 개별 유적의 경제적 배경을 이해할 수 있다고 보았다(추연식 1997: 30). 이는 기본적으로 인간은 자신들이 거주하는 지점에서 쉽게 접근할 수 있는 영역 내에서 생존에 필요한 자원을 획득하였고, 거주지에서 멀리 떨어질수록 자원을 활용하는 경제적 비용이 커지기 때문에 개척되지 않았다는 것을 전제로 한다. 즉, 유적 자원영역분석은 최소비용에 의한 최대효과라는 비용-편익 원칙에 기초로 하고 있으며, 당시 기술 수준으로는 일상적으로 개척하기 어려운 비경제적 영역에서 경제 활동을 하지 않았을 것으로 상정하고 있다.

　비타핀지와 힉스는 이러한 자원영역을 설정하기 위해 민족지학적 자료와 역사적 사례를 참조하였다. 수렵채집단계는 아프리카 쿵 부쉬맨의 사례를 근거로 일일 활동 변경을 최대 10km 영역으로 정의하였다. 농경단계의 자원영역은 유럽 농경민의 토지활용과 관련한 치솜(Chisholm 1968)의 연구를 참고로 하였다. 치솜은 지리학적 조사를 통해 농가에서 반경 1km의 지역은 이동 비용에 따른 수확이 보장되지만, 반경 3~4km 지역을 벗어나면 극도의

---

[03]　유적 자원영역분석(Site Catchment Analysis)이라는 용어는 集水域分析(배기동 1988), 가용자원확보지역(이선복 1988), 자원영역(이기길 1991; 신숙정 1994), 문화활동영역분석(추연식 1997) 등으로 번역되었다. 여기에서는 국립문화유산연구원『한국고고학전문사전(신석기시대편)』에 수록된 '자원영역분석'을 참조하여 유적 자원영역분석이라고 명명하고자 한다. 그리고 Site Territorial Analysis는 추연식(1997)의 번역에 따라 상용자원잠재력 평가분석으로, Site Exploitation Territory는 상용자원 개척가능영역으로 부르고자 한다.

비용-편익 불균형이 발생하기 때문에 그 지역은 거의 경작되지 않는다고 하였다. 이를 참고하여 비타핀지와 힉스는 농경사회의 상용자원 개척가능영역을 반경 5km로 제안하였으며, 치솜의 거리함수작용력 변화에 기초하여 반경 1km 영역별 생산력 가중치를 부여하였다. 그리고 지역의 지형적 요소가 이동 시 방해 요인으로 작용할 수 있기 때문에 1시간 단위의 이동 시간을 고려하여 분석을 실시하였다.

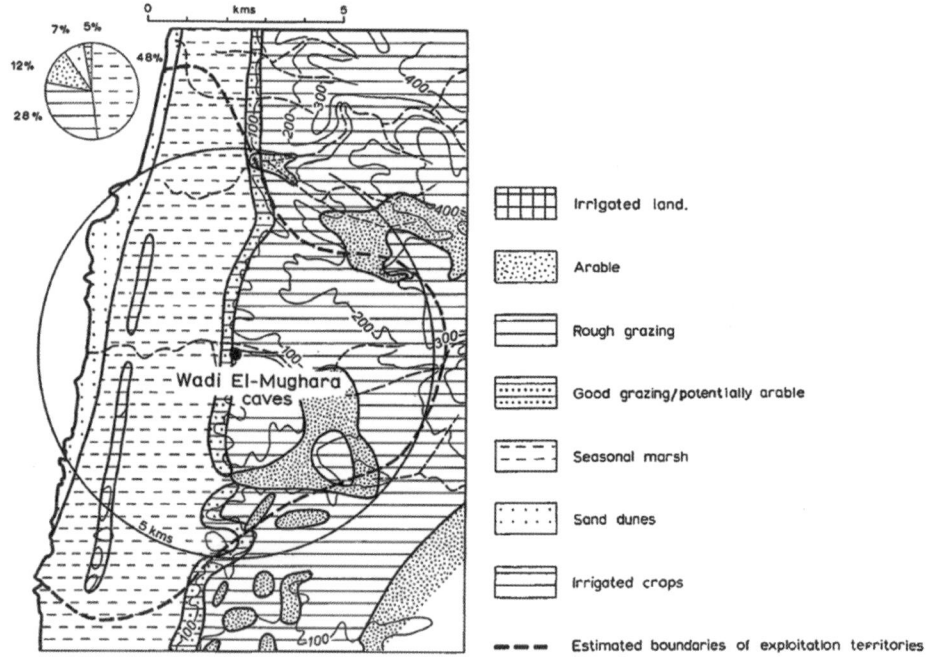

그림 97. 비타핀지와 힉스의 자원영역분석 예(Vita-Finzi and Higgs 1970)

이 방법은 처음에 이스라엘과 팔레스타인에 위치한 유적에서 진행되었다. 직접 연구 참여자들이 유적 주변을 답사하며 지형, 토양, 식생 등 환경 변수를 기록하여 지도를 작성하였는데, 이 지도는 유적 형성 당시의 생업경제 방식을 결정하는 데 사용되었다. 1972년에 힉스와 비타핀지(1972)는 유적 자원영역분석을 상용자원 잠재력 평가분석(Site Territorial Analysis)이라는 용어로 변경하였다. 이것은 주어진 위치에서 일상 생계를 위해 이용되는 영역으로 정의되는 상용자원 개척가능영역(Site Exploitation Territories)에 대한 분석이었다.

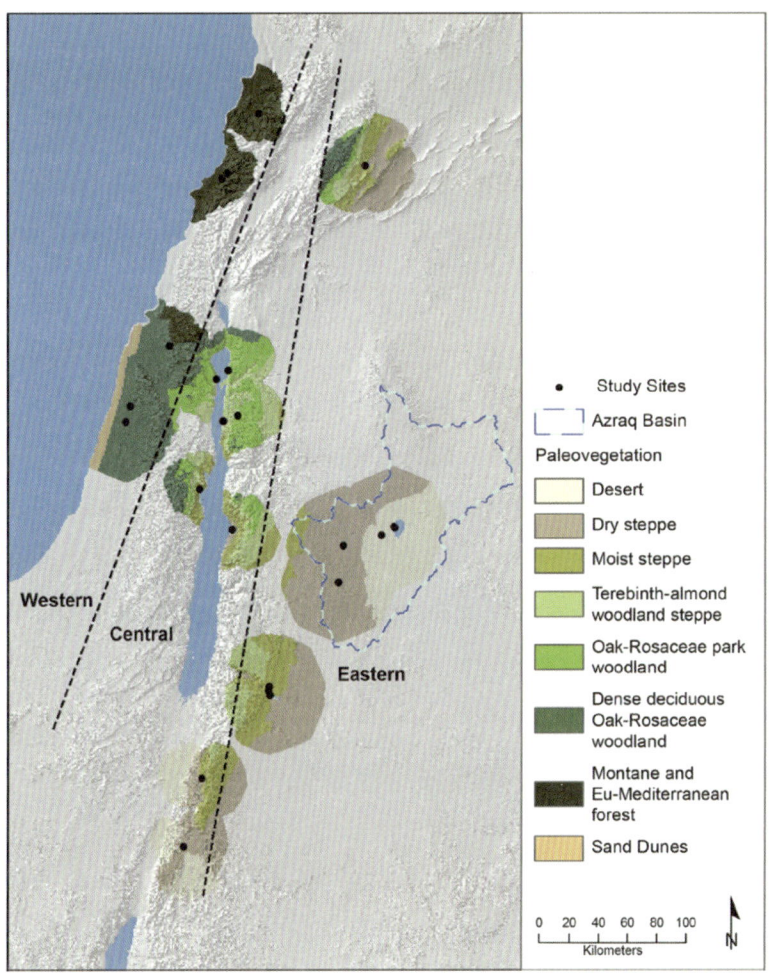

그림 98. 레반트 지역 후기 구석기시대 수렵채집사회의 최대 2일 이동거리 자원개척 영역(Byrd et al. 2016)

유적 자원영역분석은 고고학 연구에서 유적 주변의 자원과 환경을 분석하여 과거 인간의 생계 전략, 취락 입지의 선택, 공간적 상호작용을 이해하는 강력한 도구로 인정받고 있다. 특히, GIS가 이 분석에 적용되면서 보다 다양한 변수들을 고려한 정량적이고 시각적인 분석이 가능하게 되었고, 취락의 문화적·경제적 분포패턴을 추론하는 데 크게 기여하였다.

또한 유적 자원영역분석은 선사시대 유적과 주변의 변수에 대한 세부적인 검토를 통해 각 유적의 경제적 행위 양상에 대한 새로운 가설을 수립하고 탐구하였다는 점에서 큰 의미가 있다(Bailey 2005: 173). 이 분석법은 개발된 이후 10여 년 동안 신고고학 또는 과정고 고학의 이론과 방법론에 영감을 주면서 선사시대 인간과 환경의 상호작용에 대한 많은 연구로 확장되었다. 이를 지지한 연구자들은 이러한 접근법에 따라 대규모 자료 분석을 위한 과학적인 증거를 지속적으로 수집하였고, 이것은 결과적으로 고고학 조사 연구의 패러다임을 전환하는 계기를 마련하였다.

하지만 이 분석법은 후기과정주의 고고학자들로부터 과거 환경에 대한 객관적 자료를 확보하기 힘들고, 당시 선사인들의 실제 사고방식을 파악하기 어렵기 때문에 실효성이 떨어진다는 비판을 받았다(Trigger 1989; Bernbeck 1997; Eggert and Veit 1998). 자원영역분석은 각 유적이 갖는 특수성을 배제한 채 모든 지역의 상황을 일반화하였고, 인간의 행동 특성과 환경적 맥락을 고려하지 않고 분석 과정을 단순화하였다는 지적이 이어졌다. 이 분석에서 중요한 척도가 되는 거리는 영역을 정의하는 데 유용하지만, 유적 주변의 지형을 고려하지 않는 문제점이 있었다. 또한 자원영역 내의 이동로, 하천, 바위 등의 물리적 장애물과 함께 종교적 금기 지역과 같은 인문적 요소로 인해 접근이 어려운 지역이 있다는 사실을 고려하지 않았다는 지적을 받기도 하였다.

이와 같은 비판에도 불구하고, 자원영역분석은 지역 특수성을 고려하는 방식의 보완과 함께, 시간-거리요인의 적용과 고환경복원을 통한 과거 자원의 확인, 그리고 GIS에 기초한 체계적인 분석 방법의 채용을 통해 많은 한계를 극복하면서 여전히 유효한 분석법으로 활용되고 있다. 특히, GIS는 자원영역분석의 방법론을 정교하게 만드는 데 크게 기여하였다. 수치표고모델을 이용하여 지형의 기복을 시각화하고, 지형 경사, 소요시간을 변수로 하는 비용-거리분석과 최단경로분석을 통해 반경 영역 설정하고 이동로를 추정하는 것이 가능하게 되었다. 또한 토양, 지질, 산림, 하천 등 유적주변의 각종 환경요소들을 간단히 추출하고, 이것들이 인간 활동에 영향을 미치는 정도에 따라 유적의 입지를 평가할 수 있는 방법이 개발되었다. GIS를 이용한 유적과 주변 환경 간의 정량적·객관적 분석은 과정고고학뿐만 아니라 인간 행위와 지각을 중시하는 현상학에 기초한 경관고고학자들에게도 고고학적 현상을 설명하고 해석하는 타당한 근거들을 제시해 주었다.

7.2 유적 자원영역분석과 GIS

7.2.1 반경 영역

유적의 자원영역분석의 첫 번째 단계는 유적에 거주하였던 사람들이 일상적으로 개척하였던 영역을 상정하는 것이었다. 비타핀지와 힉스는 그 영역을 수렵채집사회는 10km, 농경사회는 5km라고 정의하였다. 이것은 유적 주변 지형이 장애가 거의 없는 평탄지라는 것을 전제로 하였다. 비록 〈그림 97〉에서 보는 것과 같이, 추정된 자원개척영역을 별도로 제시하였지만, 기본적으로 평면지도 상에서 유적을 기점으로 반경 거리를 설정하여 영역을 그리는 방식으로 분석이 진행되었다.

GIS에서는 간단히 버퍼(Buffer)를 생성하여 이러한 자원영역 설정이 가능하다. 이것은 일반적으로 2차원의 평면지도에서 지점과 지점 간의 거리를 측정하여 반경을 그리는 것과 동일하게 유클리드 공간에서 기하학적으로 직선거리를 계산하는 방식으로 진행된다. 이러한 반경 영역은 지구체에 곡면이 있다는 사실을 감안하면, 지구환경에서는 존재하지 않는 이상적인 거리 측정에 의해 생성된 영역이다. GIS에서는 지구 곡률을 고려한 측지선(Geodesic) 버퍼생성 기능도 제공하지만, 자원영역분석에서 제안한 거리반경과 같이 왜곡이 낮은 영역에서는 유클리드 버퍼가 보다 정확한 결과를 제시한다.

버퍼는 점·선·면의 벡터데이터를 기준으로 생성가능하다. 취락 내 주거지 배치 상태나 단위취락를 고려하여 영역을 생성하고자 할 때, 이를 고려하여 다양하게 반경 영역을 생성할 수 있다는 장점이 있다.

하지만 비타핀지와 힉스가 제안한 이러한 반경 영역은 평탄지를 가정하여 정의되었기 때문에 지형 환경을 고려하지 못한다는 단점을 지니고 있었다. 〈그림 100〉에서 보는 것처럼 실제 반경 영역은 지표면의 굴곡을 반영하여 설정하는 것이 타당할 것이다. 일반적으로 사람은 평탄지에서 약 1시간에 6km 정도 이동할 수 있지만, 매우 가파른 지표면에서는 1시간에 0.2km 정도 밖에 이동하지 못한다(Posluschny *et al*. 2012: 416). 다시 말하면, 지표면의 경사도는 인간의 이동에 영향을 미치는 주요 요인으로 볼 수 있다. 비타핀지와 힉스가 처음 자원영역분석을 시도할 때에는 이러한 거리-비용 변수를 적극적으로 반영하지 못하였다. 이후에 GIS가 고고학 연구에 도입되면서부터는 이러한 경사도와 소요시간을 감안한 반경 영역 설정이 가능하게 되었다.

그림 99. 점 · 선 · 면 버퍼(ArcGIS Pro)

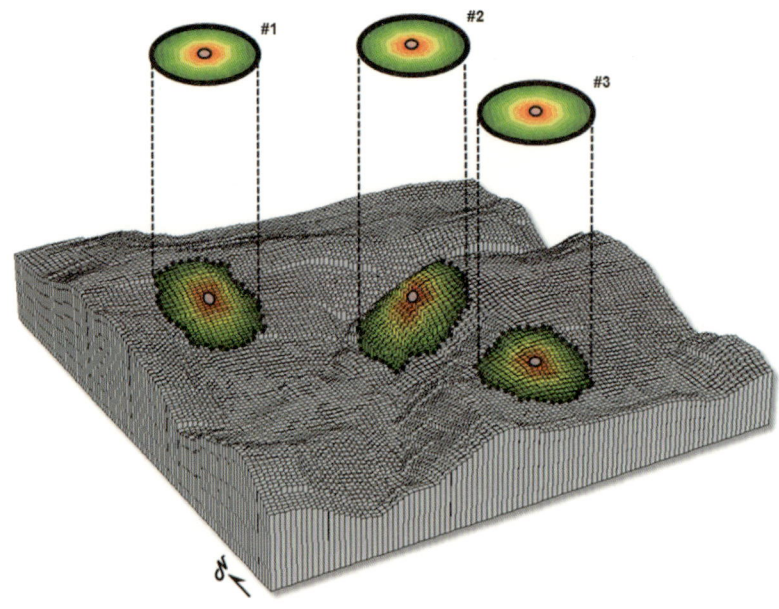

그림 100. 경사도 적용 버퍼(Berry 2014)

경사도를 변수로 하는 GIS 분석은 비용-거리분석(Cost-Distance Analysis)이 있다. 이 분석은 기본적으로 비용 변수 추출을 위해 수치표고모델을 활용한다. 이것은 셀을 기준으로 각 셀에서 특정 셀까지 도달하기 위해 가장 비용이 적게 드는 최소비용 경로를 결정하고, 이를 기준으로 반경을 설정하는 방식으로 진행된다. 이 때 최소비용은 지표면 이동 시 누적되는 비용을 의미하는데, 일반적으로 경사도가 비용으로 적용된다. 이를 기준으로 유적 자원영역분석에서 제시하는 5km, 10km 등의 최소비용 거리를 산출하게 된다.

비용-거리분석에서는 누적 비용 표면을 생성하는 것이 중요하게 작용하는데, 이것은 각 셀에 할당된 통과하는 단위 거리당 비용을 나타낸다. 이 과정에서 백 링크 방향(Backlink Direction)이 반경 거리 영역을 형성하는 데 영향을 미친다. 비용-거리는 각 셀이 가장 가까운 소스 위치로 돌아가는 데 필요한 누적 비용을 식별하지만, 어느 소스 셀로 돌아가야 하는지 또는 어떻게 가야 하는지 보여주지 못한다. 백 링크 방향 분석은 이와 관련한 방향 래스터를 생성하여 모든 셀의 가장 낮은 비용 경로를 따라 가장 가까운 소스로 돌아가는 경로를 식별하여 시각화한다. 예를 들어, 경사도가 비용 표면을 구성하는 경우에 백 링크 방향은 경사도가 낮은 셀들을 따라 형성되게 될 것이다. 이와 같은 비용-거리분석과 백 링크 방향은 최소비용경로를 분석하는 매개변수로 이용된다.

이처럼 비용-거리분석은 지형과 환경을 고려하여 이동 거리를 분석하는 방법으로, 과거 사회 구성원의 행동 패턴을 이해하고 생업경제활동 영역을 추정하는 데 유용하게 활용되고 있다. 이 분석법은 경사, 하천 등을 반영해 효율적인 경로를 예측하거나 취락의 입지 요인을 파악할 수 있다는 장점이 있다. 또한, 물, 채석장, 농경지 등과 같이 취락 주변에 위치한 자원에 대한 접근성을 평가하여 생업경제활동을 재구성할 수 있다. 최근에는 이동과 문화 확산에 영향을 미친 인문지리적 제약 요인을 적용하여 인간의 행위패턴을 분석함으로써 GIS를 이용한 비용-거리분석의 한계를 극복하고 있다.

다음 〈그림 101〉은 유클리드 공간 버퍼와 비용-거리분석을 이용하여 반경 5km의 영역을 생성해 본 것이다. 두 반경 영역의 범위가 크게 차이가 나는 것을 볼 수 있다. 그런데 이것은 하천과 같은 장애물을 고려하지 않은 분석 결과이다. GIS를 이용하면, 〈그림 102〉와 같이 장애물을 회피한 반경 영역 설정도 가능하다.

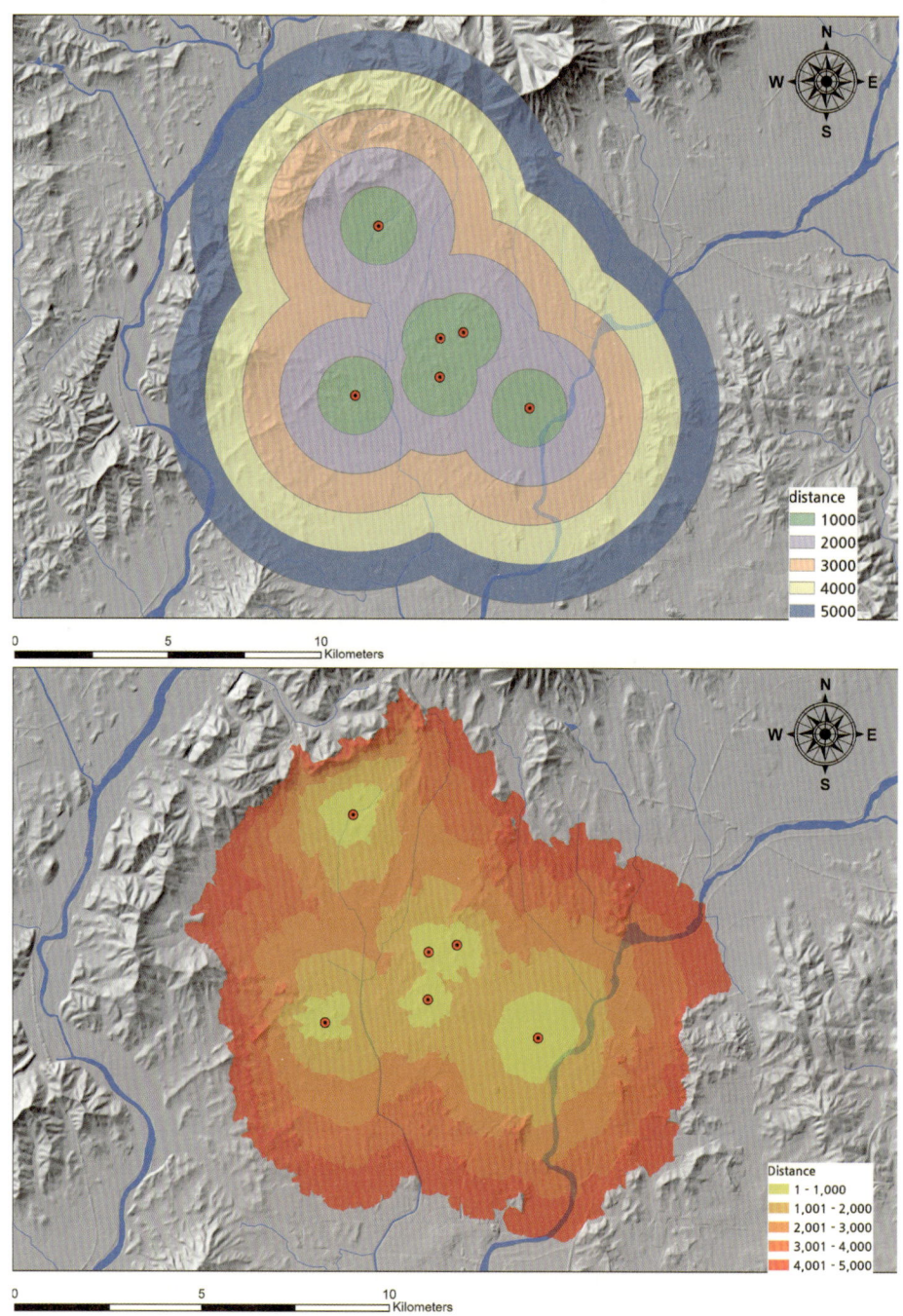

그림 101. 유클리드 버퍼(위)와 비용-거리분석(아래) 결과 비교

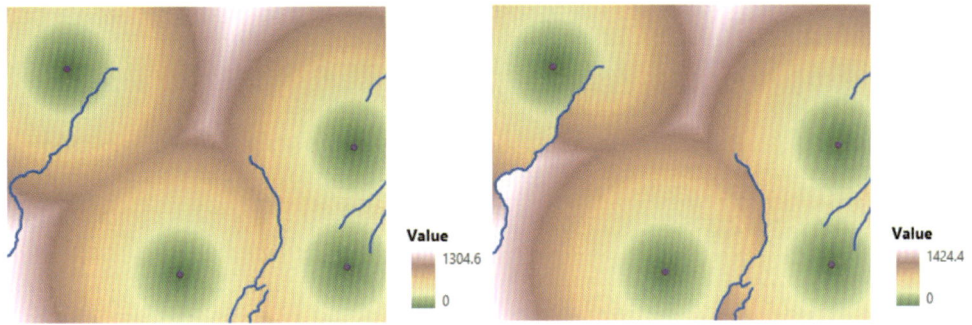

그림 102. 장애물을 고려한 반경 설정(Esri)

　자원영역분석을 위한 영역 설정에서 또 하나의 변수는 인간의 이동 시간이었다. 평탄지에서는 지형 굴곡이 인간의 움직임에 영향을 미치지 않기 때문에 이동 거리가 변수가 될 것이다. 하지만 가파른 경사면이 반복되는 지표면에서는 절대 거리보다는 이동 시간이 자원 개척영역을 설정하는 기준이 될 수 있다. 최소 비용을 고려하면 일상적으로 개척되는 생업 경제영역은 약 1시간 정도의 거리로 상정된다(Volkmann 2017: 7).

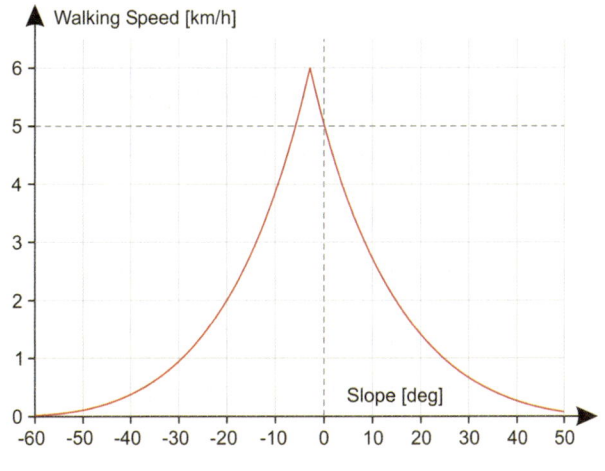

그림 103. 토블러의 도보함수 그래프

　이처럼 이동 시간을 고려한 반경 영역은 GIS에서 제공하는 래스터 계산기(Raster Calculator)를 이용하여 설정할 수 있다. 이 분석법은 지표면에서 사람이 이동할 때 영향을 미치는 비용 요소와 지표면 거리를 고려한 최소 비용 거리를 계산한다. 이러한 인간의 이동 시간에 따른 공간 평가 방법은 토블러(Tobler 1993)의 도보함수(Hiking function)(그림 103)를 기초로 생성된 알고리즘을 따라 분석한다. 도보함수는 경사도를 기준으로 도보 속도를 결정하는 함수이다. 이는 위의 그래프에서 볼 수 있듯이, 경사도가 증가할수록 시간당 이동할 수 있는 거리(km)가 달라진다는 것을 의미한다. 이러한 함수식은 GIS를 이용한 분석할 수 있는데, 그 수식은 아래와 같다. 이를 통해 시간과 비용거리에 따른 반경 영역을 설정할 수 있다.

이 식에서 T는 시간이고, R은 수치표고모델의 해상도, D는 경사도이다. π는 원주율을 의미한다. 이 수식을 통해 이동에 영향을 주는 마찰표면 생성하고, 비용-거리분석을 실시하면, 이동시간을 고려한 반영 영역이 생성된다.

$$T = \frac{\frac{R}{1000}}{6 * e^{-3.5 * \left|\tan\left(\frac{D*\pi}{180}\right)+0.5\right|}}$$

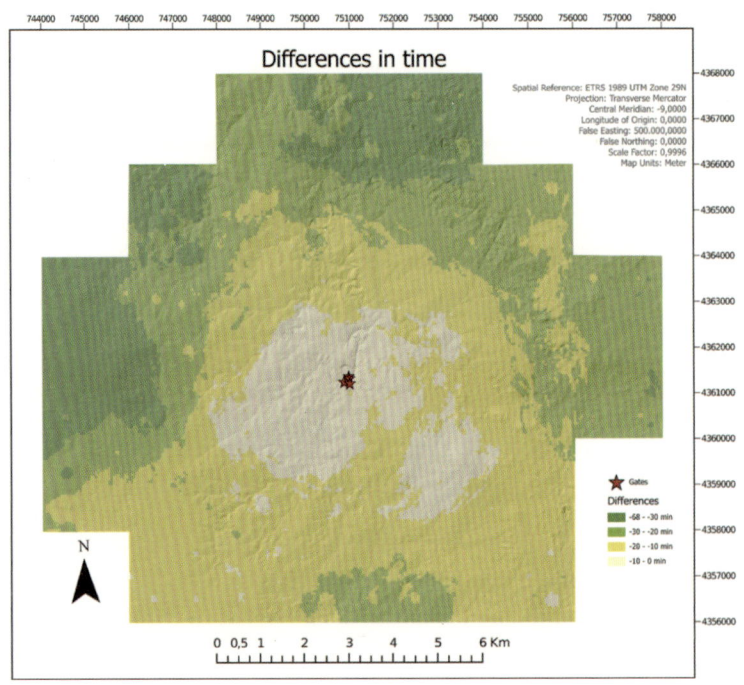

그림 104. 도보함수를 이용한 힐포트(Hillfort)의 시간당 이동 반영 분석 예(Quirós 2024)

7.2.2 이동 경로

후기 과정주의 고고학자들로부터 유적 자원영역분석이 지적받았던 것 중 하나는 영역 설정 방식과 함께 이동 경로였다. 이것은 자원개척영역 내의 특정 지점까지 이동할 경우 어떠한 경로로 이동하였는지와 관련한 것이었다. 이를 재구성하기 위해 유적 자원영역분석에서는 비용-편익 원칙이 적용되었다. 즉, 만약 가파른 경사가 있다면 인간은 경사로를 선택하기 보다는 최소의 비용이 드는 경사면을 따라 이동한다는 것을 전제로 하였다.

이러한 행동 패턴은 GIS를 이용한 최소비용경로분석(Least Costpath Analysis)으로 재현되었다. 이 분석법은 출발지와 도착지 사이의 최소비용 경로를 찾는 방법으로, 가파른 경사면, 하천 등과 같이 이동을 방해하는 물리적 특성을 반영하여 과거 인간의 이동 경로를 합리적으로 추정한다. 이것은 누적 비용표면을 생성하여 반경 영역을 정의하는 비용-거리분석 결과를 참조로 하며, 특정 시간 내에 도달할 수 있는 영역을 설정하거나 환경적 특성을 고려하여 경로를 분석하기도 한다.

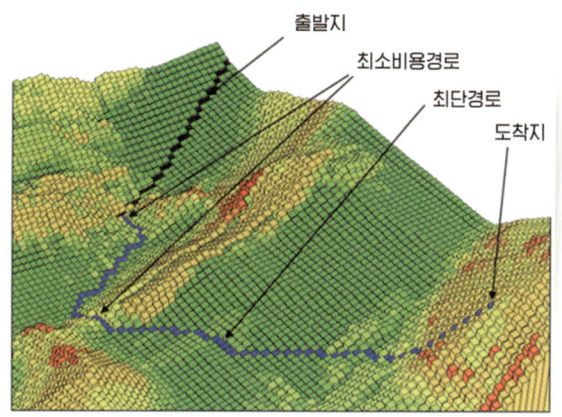
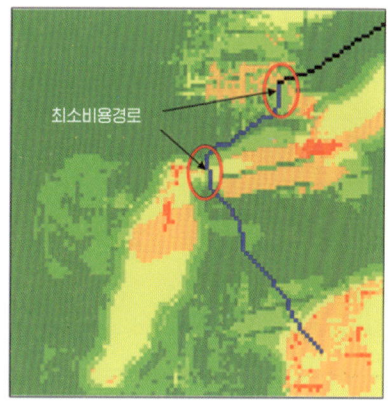

그림 105. 최소비용거리분석(Berry 2014 수정)

〈그림 105〉에서 보는 것처럼, 최소비용경로분석은 수치표고모델을 이용하여 생성한 셀 단위의 경사면 표면에서 경사도가 가장 낮은 지점을 따라 형성된 최소비용이 드는 경로를 탐색한다. 이 분석에서는 비용 거리, 비용 백 링크(Cost Backlink)를 매개변수로 사용하고 있다. 비용 거리는 앞서 본 바와 같이 비용 표면 상에서 각 셀까지의 최소 누적 비용 거리를

계산한 결과이며, 비용 백 링크는 최소 누적 비용 경로에서 가장 낮은 비용 소스로 가는 다음 셀을 정의하는 데 사용된다.

이러한 매개변수를 이용하여 최소비용경로를 분석한 결과는 〈그림 106〉과 같다. 이는 출발지에서 도착지까지 이동 시 에너지 소모를 최소화할 수 있는 지점들을 따라 이동하였을 것으로 추정되는 경로이다. 이를 통해 인간의 이동 패턴을 추정할 수 있을 뿐만 아니라, 경로 상에서 발견되는 유적들과의 관계를 해석하여 고고학적 현상이 발현된 배경에 대해 추론할 수도 있다.

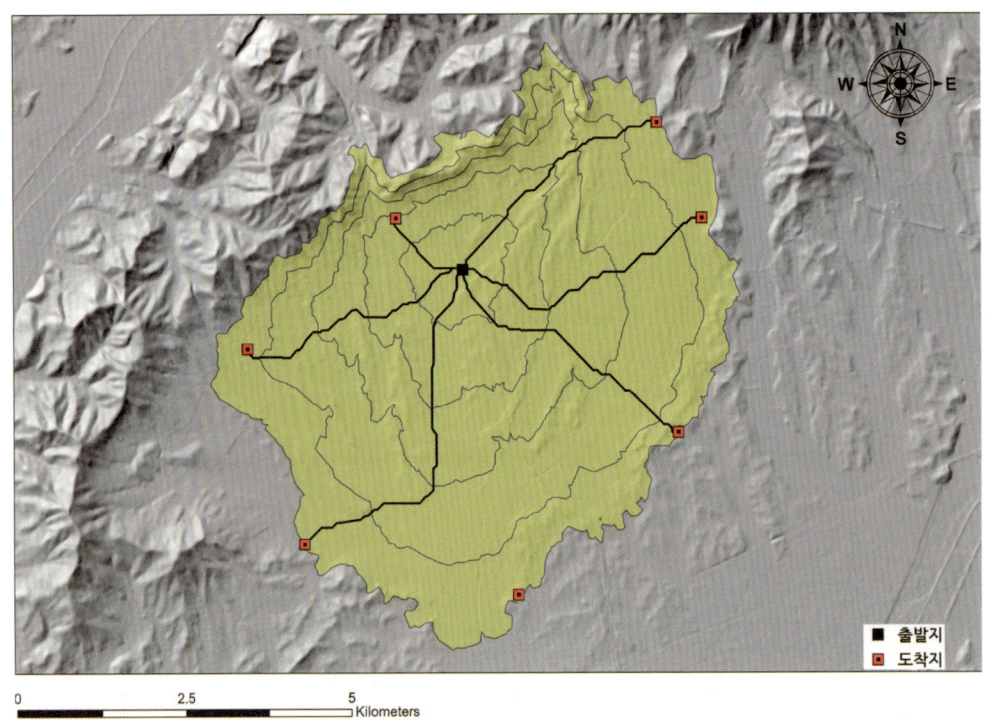

그림 106. 최소비용경로분석 예시

이러한 최소비용경로분석은 교통로에 대한 정보가 남아 있지 않은 선사 또는 고대의 이동로 연구에 유용하다. 예를 들면, 지석묘에 사용된 석재 채석장으로부터 지석묘 축조 장소까지의 석재 이동로를 추정하거나 성곽 간의 이동, 수공업 생산품의 유통망을 재구성하는 데에도 적용해 볼 수 있다.

7.2.3 수문해석

자원영역분석에 대해 부정적인 입장을 견지하고 있었던 연구자들은 이 방법이 얼마만큼 인간의 행동 패턴과 과거 환경을 재구성할 수 있는지에 대해 문제를 제기하였다(Bailey 2005: 174-175). 예를 들면, 현재의 하천은 과거와 다를 수 있고, 이동 거리나 시간이 아닌 거주지에서 가시되는 산지의 분수령이 자원개척영역을 한정하는 요소로 작용할 수 있다는 것이다. GIS를 이용한 수문해석(Hydrology)은 이러한 과거 환경을 재구성하는 방법 중 하나로, 하천과 유역을 생성하는 기능을 한다.

수문해석은 정량적 분석을 통해 지표면의 물리적 특징을 밝히고, 하천의 분포와 이동, 유역의 경계를 생성하는 모델 수립에 적합한 방법이다(대한지질학회 지질학백과). GIS를 이용한 수문해석은 수치표고모델을 이용하여 하천의 방향과 유량, 수계, 유역 산출이 가능하다. 이 가운데 자원영역분석에서 자주 사용하는 분석법은 하천 생성 기능이다.

그림 107. GIS 수문해석에 의한 하천 차수와 유역 생성 절차

수문해석의 절차는 〈그림 107〉과 같다. 이 기법에서는 수치표고모델의 고도값을 이용하여 지표면 상의 물의 방향, 총연장의 산출, 하천 차수의 할당, 유역 생성, 하천망의 작성 등

대상 지역 내의 수문학적 특성을 표현한다. 이 가운데 하천 차수는 하천의 순위와 유로 순서를 할당 방식에 따라 결정되는데, 이것은 아래의 그림과 같이 스트렐러(Strahler)와 슈리브(Shreve)가 제안한 두 가지 방법이 있다(Tarboton *et al*. 1991).

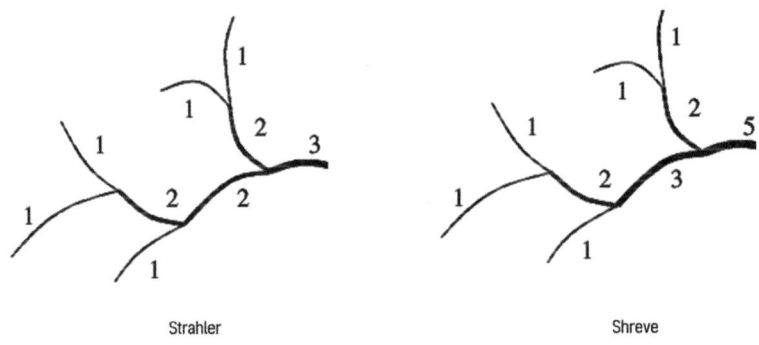

그림 108. 스트렐러(Strahler)와 슈리브(Shreve) 하천 생성 모델

스트렐러의 방법에서는 지류가 없는 모든 링크에 1차 하천이 할당되고, 같은 차수를 갖는 하천이 교차하면 차수가 증가한다. 따라서, 1차 링크가 2개 교차하면 2차 링크가 생성되고, 2차 링크가 교차하면 3차 링크가 생성되며, 필요에 따라 동일한 방법으로 후속 링크가 생성된다. 단, 다른 차수를 갖는 2개의 링크가 교차해도 차수는 증가하지 않는다. 예를 들어, 1차 링크와 2차 링크가 교차하더라도 3차 링크는 생성되지 않고, 교차하는 링크의 최대 차수가 유지된다. 이 방법은 가장 일반적인 하천의 순위를 매기는 방법이지만, 동일한 차수의 교차에서만 차수가 증가하므로, 일부 링크가 고려되지 않고 링크의 추가나 삭제의 영향을 받기 쉽다는 단점이 있다.

슈리브 방법은 하천망 내의 모든 링크를 계상한다. 스트렐러 방법과 동일하게 모든 외부 링크에 1차가 할당되지만, 슈리브 방법에서는 모든 내부 링크의 차수가 가산된다. 예를 들어, 1차 링크가 2개 교차하면 2차 링크가 생성된다. 1차 링크와 2차 링크가 교차하면 3차 링크가 생성된다. 차수가 가산되므로 슈리브 방법에 따른 수치는 차수가 아닌 크기로 나타낼 수 있다. 이 방법은 하천의 크기를 파악할 때 유용한 하천 차수 할당법이다.

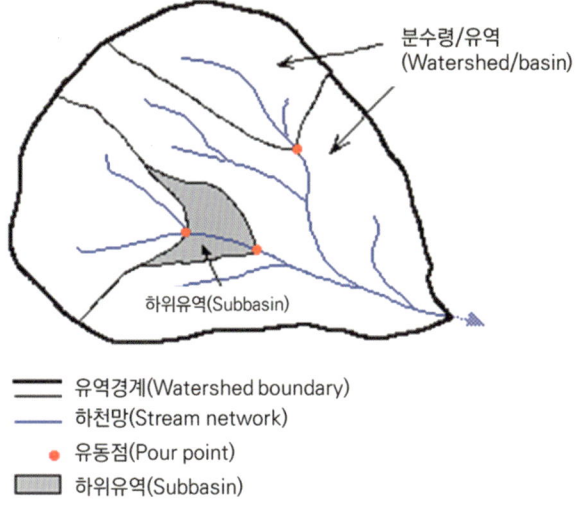

그림 109. 유역 생성 모델

그림 110. GIS 수문해석에 의한 유역 생성 예(고김해만 일원)

한편, GIS를 이용한 수문해석에서는 유역 생성이 가능하다. 유역은 집수역이라고도 하는데, 하천으로 물이 모여드는 만든 지역을 의미한다. 이것은 하천이 흐름이 멈추는 유동점을 기준으로 유역을 생성하는 방법으로, 물의 흐름에 의해 형성된 지역을 설정할 수 있다. 하천 유역은 분수령에서 시작된 물이 모여 소하천을 중심으로 유역권을 형성하고, 이것들이 모여 보다 큰 규모의 유역권을 생성하게 된다. 이러한 하천 유역은 국지적 단위에서 과거 인간의 행동 패턴을 제한하는 요인으로 작용하여 단위공동체의 생활권을 설정하는 기준이 될 수 있다. 즉, 유역은 자연 경계인 동시에 단위공동체의 경제적 활동과 상호작용의 기반이 되는 영역이 될 수 있기 때문에, 인문적 요소를 고려한 자원영역분석에서 이를 주목할 필요가 있다.

사례 | 유적 자원개척영역분석과 수문해석을 이용한 영산강중류역 청동기시대 중심취락의 생업경제환경 분석[04]

　복합사회 연구에서 취락체계는 중앙집중적이고 강력한 정치권력을 가진 하달형과 수평적 상호관계가 작용하는 소규모의 자발형 취락이 있으며, 두 모델이 결합된 양상도 있는 것으로 이해되고 있다. 만약 대표적인 지석묘 밀집지역인 영산강중유역에서 청동기시대 중심취락이 하달형 또는 자발형 체제를 이루고 있었다면, 중심취락 주변의 농업환경을 근거로 이를 검증해 볼 수 있을 것이다. 하달형일 경우, 대규모의 중심취락이 존재하는데, 이것은 노동력의 집중을 의미한다. 중심취락으로의 노동력 집중은 대규모 노동력을 투입하여 잉여생산성을 높일 수 있는 농업생산환경을 전제로 하므로, 중심취락 주변은 생산성을 보장할 수 있는 논토양이 분포하고, 안정적 수자원 확보가 용이한 대하천 주변에 위치할 것이다. 반면, 자발형일 경우에는 소규모 노동력으로도 농업생산성이 보장되는 논토양 분포지에 위치하며, 소규모 공동체에 의해 운영 가능한 관개시설이 소규모 하천 주변에 분포할 것으로 예상된다(김범철 2012:50).

　다시 말하면, 중심취락 자원개척영역의 도작농경 생산환경은 노동력의 투입과 통제 규모를 추정할 수 있는 기준이 될 수 있다. 하달형·자발형의 취락은 모두 생산성을 보장되는 논토양과 근접하지만, 하달형은 대규모 하천, 자발형은 소규모 하천 주변에 분포하는 경향을 보일 것이다. 이러한 가설은 중심취락 주변의 논토양 급지 정보와 수문해석을 이용한 하천차수 생성을 통해 검증해 볼 수 있다. 토양도에서는 토양의 깊이, 토성, 자갈의 양 등 토양 생산성에 영향을 미치는 항목과 더불어, 토양 관리와 저해 요인을 분석하여 논토양을 1~5급지로 구분하고 있다. 이 가운데 생산성이 높은 1급지와 2급지를 주목할 필요가 있다.

　이러한 토양도를 참고로 하여 중심 취락의 자원개척영역의 생산성을 평가하여 취락체계 모델을 검증해 보았다. 자원개척영역은 안정적으로 농업생산이 가능한 것으로 상정되고 있는 반경 1㎞를 분석역으로 설정하였다. 다만, 분석역 설정시 단순히 직선거리가 아닌 지형 경사도를 감안하여 비용-거리분석을 실시하였다. 또한 분석역 내의 논토양 분포를 보다 합

04　2018년에 『한국고고학보』109에 발표한 「지석묘사회의 취락패턴과 복합화 –GIS를 활용한 영산강중류역 취락패턴의 재구성」의 일부이다.

리적으로 살펴보기 위해 농경지로 활용가능성이 높은 곡간지와 평탄지만을 대상으로 논토양의 분포양상을 검토하였다. 분석은 각 분석역에서 1·2급지가 차지하는 면적비를 산출하는 방식으로 진행하였다.

분석 결과, 영산강중유역에서 중심취락으로 상정되는 평동유적의 경우, 1급지가 분석역의 약 80%를 차지하고 있으며, 2급지를 포함하면 전체의 98.8%가 생산성을 보장할 수 있는 토양분포를 보인다. 운곡동유적은 전체의 52.1%가 1~2급지에 해당하며, 광곡·죽촌유적에서도 분석역의 약 60% 이상이 토양생산성 보통 이상의 논토양이 분포하고 있다. 반면, 신포유적은 36.7%, 옥포유적은 19.1%로 비교적 낮은 면적비를 보였다.

이처럼 영산강중유역 중심취락 주변의 논토양 분포는 옥포유적을 제외하면, 대체로 대규모 노동력 동원이 필요한 농업생산환경을 갖추고 있다. 이것은 하달형의 국지적 취락패턴과 일치한다. 다만, 옥포유적과 같이, 도작농경에 불리한 중심취락도 존재하기 때문에 중심취락을 핵으로 하는 모든 국지적 취락패턴이 하달형 모델과 일치하지 않을 가능성이 있다. 즉, 하달형에서 하위취락은 농업공동체를 이루며 중심취락 주변에 분포하기 때문에 농업생산성이 보장되는 토양이 분포할 것으로 예상되지만, 영산강 유역의 경우, 반드시 이러한 경향을 보이지 않는다.

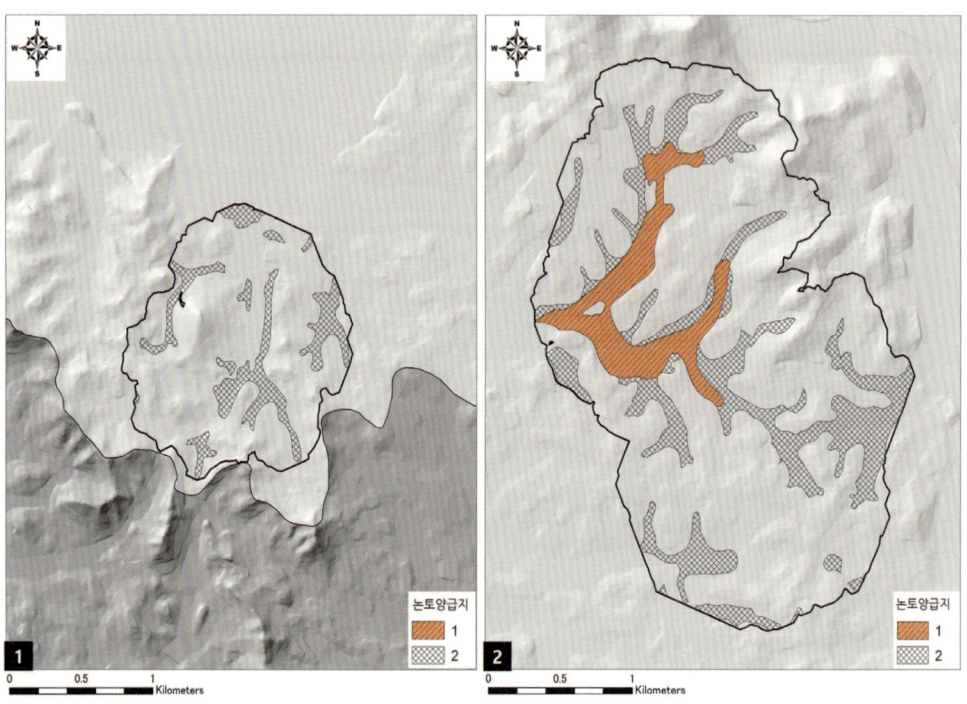

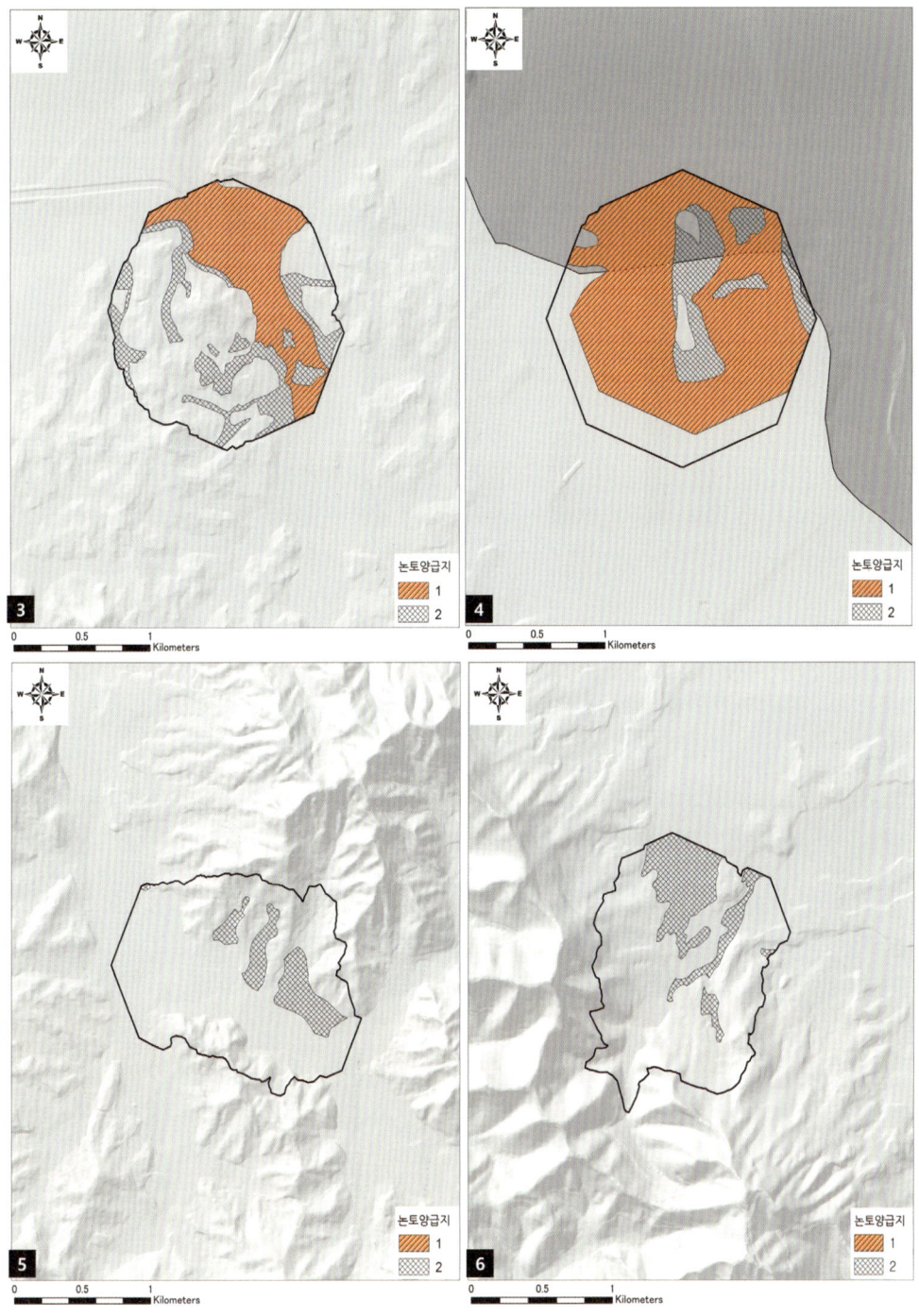

그림 111. 영산강중류역 중심취락 주변의 논토양 분포(1.운곡동 2.평동 3.죽촌 4.광곡 5.옥포 6.신포)

제7장 **유적 자원영역분석** ──── 173

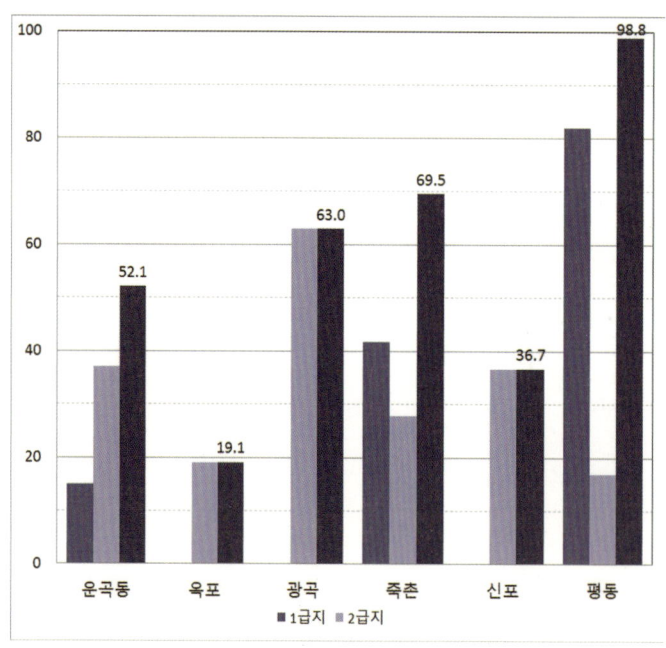

그림 112. 영산강중류역 중심취락 주변 논토양 분포 비율

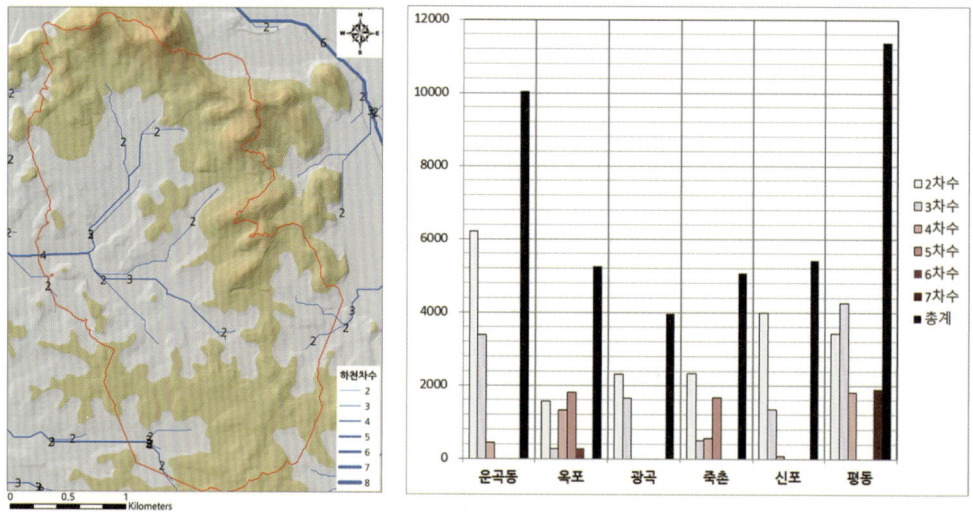

그림 113. GIS 수문해석에 의한 하천차수 분석과 중심취락 자원영역의 하천 총연장

한편, 하천 분포를 보면, 영산강유역의 현재 하천은 농업기반시설 건설과 하천 개량사업과 같은 현상변경으로 인해 본래의 모습과 크게 차이가 난다. 따라서 GIS의 수문해석을 이용하여 하천차수를 재구성하고, 이를 바탕으로 중심취락 주변의 수자원 분포양상을 검토하였다.

영산강중유역에서 가장 큰 규모의 취락으로 상정되는 운곡동유적의 경우, 수문해석에 의해 2~4차수의 하천 분포양상을 복원할 수 있으며, 분석역 내의 각 하천 차수별 분포를 상세히 확인할 수 있다. 이처럼 하천 차수를 기준으로 하여 곡간지와 평탄지에 분포하는 각 하천의 연장을 측정하는 방식으로 하천 분포를 살펴보았다.

분석 결과, 대규모 하천을 나타내는 7차수의 분포는 평동유적에서만 확인할 수 있다. 평동유적은 하천의 총연장이 영산강중유역 중에서도 가장 길며, 4~6차수가 총연장의 약 65%를 차지한다. 두 번째로 하천 총연장이 긴 중심취락은 운곡동유적이다. 하지만 이 유적은 4차수 이상은 거의 분포하지 않고, 2~3차수의 소하천이 대부분을 차지한다. 이것은 유적의 입지가 평탄지에 위치하는 평동유적과 달리, 구릉지에 입지하고 곡간부가 발달하였기 때문이라고 생각된다. 운곡동유적은 논토양의 분포가 분석역의 50%이상을 차지하고 있다는 것을 감안하면, 소규모 하천의 협업적 관리에 의한 농경지 활용이 이루어졌을 가능성이 크다.

제8장
유적 입지분석

제8장
유적 입지분석

8.1 고고학 연구와 입지분석

유적 입지분석(Site Location Analysis)은 고고학 연구에서 중요한 위치를 차지하고 있으며, 오랜 역사를 지니고 있다. 유적의 위치와 배치 양상은 생계 활동, 정치 구조와 경제 조직, 상호 작용, 사회적 관계와 관련한 근거뿐만 아니라, 공간 점유, 경제적·정치적 변화와 같은 특정 주제에 대한 근거를 제공해 줄 수 있다(Jochim 2023). 이와 관련한 유적의 입지 양상을 파악하기 위해 1950년대부터 다양한 접근법이 개발되어 왔다. 대표적인 사례로는 처음으로 대축척지도와 항공사진을 이용하여 지역적·국지적 수준의 지표조사를 실시하고, 이를 바탕으로 취락의 분포패턴을 분석하였던 고든 윌리의 취락고고학 연구를 들 수 있다. 지형학자인 비타핀지와 고고학자인 힉스가 선사시대인들의 생업경제 활동을 이해하기 위해 고안한 자원영역분석도 입지분석과 관련이 있다.

이러한 유적 입지와 관련한 연구는 과정고고학의 정량혁명에 의해 크게 진전되었다. 과정고고학 연구에서 연역적 가설검증법에 의한 정량적 입지분석과 통계학적 분석에 기초한 모델링이 진행되면서 유적의 입지 특성을 분석하는 방법론이 개발되었다. 이러한 움직임은 유적의 분포를 예측하는 모델링으로 이어졌다. 이것은 인간의 활동 패턴과 이미 알려진 유적 입지 정보를 유적이 조사되지 않은 지역에 투영하여 예측하는 기법이었다. 예측모델링은 대규모 건설공사 예정지의 유적 분포 가능성을 예측하여 유적 훼손을 최소화하기 위해 개발되거나 유적 형성 요인 등을 검토하기 위한 학술 연구 목적으로 진행되고 있다.

유적 입지분석은 1950년대 윌리의 문화경관 연구에서 시작된 이래, 인간 활동과 환경 변수와의 상관관계에 대한 가용성 논의가 이루어졌으며, 이와 관련한 다양한 정량적 방법론이 개발되었다. 1990년대에는 GIS가 고고학 조사와 연구에 도입되면서 입지 분석이 본격화되었다. 이는 고고학적 예측모델(APM, Archaeological Preditive Model)로 불리우고 있다. APM은 특정지역에 분포하는 유적의 위치를 해당 지역의 사례나 인간 행동의 기본적 패턴에 기초하여 예측하는 기법으로(Kohler and Parker 1986: 400; Kohler 1988: 33), 어떤 공간에 유적이 존재할 가능성을 나타내는 도구로 정의할 수 있다.

APM은 모델링 과정에서 비문화적 또는 환경적 변수를 사용하여 기존에 알려지지 않은 유적의 공간 패턴을 식별하는데, 이것은 인간의 정주 활동이 특정한 물리적 경관 내의 자원 분포와 환경적 요인에 의해 영향을 받는다는 생각에 기초한다. 바꾸어 말하면, 특정지역에 분포하는 유적의 공간적 패턴은 사회경제적 자원 획득을 위해 물리적 경관을 개척하여야 했던 과거 인간의 행동 패턴을 반영한다는 것이다.

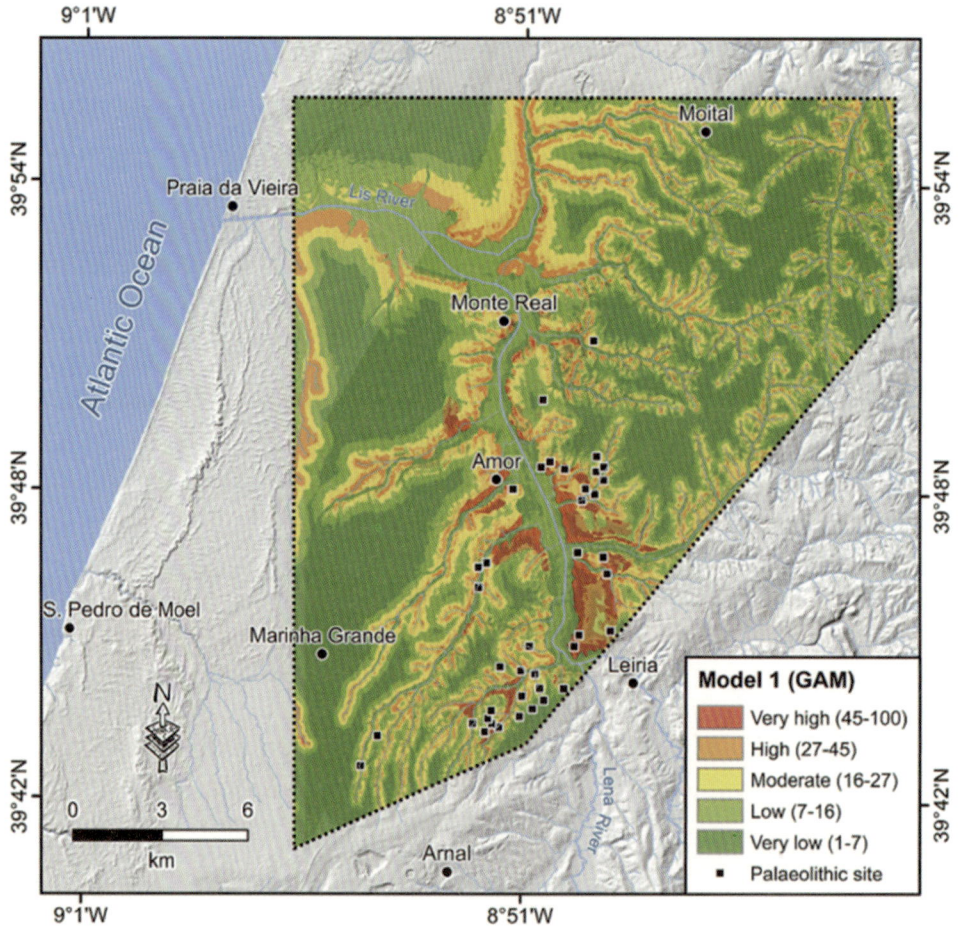

그림 114. 유적 예측 모델링 사례(Dimuccio et al. 2023)

이처럼 APM은 기본적으로 인간의 정주 활동이 결코 임의적이지 않고, 취락도 무작위로 분포하지 않으며, 취락의 입지 선택은 특정한 환경 조건에 강하게 영향을 받는다는 것을 전제로 한다(Warren and Asch 2000). 이러한 이론적 전제는 1950년대부터 진행된 취락과 관련한 수많은 연구에서 취락 입지 결정 과정이 사회경제적 조건과는 별개로, 지형의 기복, 수계와의 거리, 토양 등과 같은 자연환경 요소에 의해 영향을 받았다는 결론을 제시함으로써 입증되고 있다(Jaroslawa and Hildebrandt Radke 2009).

이와 같은 유적과 환경 간의 상관관계에 주목한 예측 모델은 귀납적(Inductive) 또는 상관적(Correlative), 데이터 중심적(Data Driven) 모델로 불리고 있다. 이 모델은 상대적으로 연역적(Deductive), 설명적(Explanatory), 이론중심적(Theory Driven) 모델을 지향하는 연구자들에게 비판을 받기도 한다. 하지만, 귀납적 모델은 유적의 입지를 정량적으로 추정하기 때문에 고고학자의 주관적 판단과 편향적 사고에서 벗어나 선사시대 취락의 적지를 통계적으로 모델링한다는 점에서 그 유용성을 크게 인정받고 있다(Kohler 1988: 21).

고고학적 예측모델은 유적의 위치, 분포, 중요성을 예측하기 위해 GIS를 이용한 공간 분석과 통계 모델링, 머신러닝 등이 활용되고 있다. 이러한 모델링은 새로운 유적을 탐색하거나 발굴조사 우선순위를 설정하는 방법으로 활용되거나 과거 인간의 활동 패턴을 추론하는 분석법으로 적용되고 있다.

고고학적 예측모델의 대표적인 예로, 미국 미네소타의 예측 모델(MN Model)을 들 수 있다. 이것은 미네소타 주에 분포하는 1837년 이전 고고 유적의 위치를 예측하여 과거 인간의 정착과 자원 활용 패턴을 이해하고, 건설공사에 따른 유적 훼손 최소화와 합리적 발굴조사 계획 수립을 지원하기 위해 구축되었다. 방법론은 GIS를 활용하여 수자원, 지형, 식생 등 59개 환경 변수를 추출하고, 단계적 다중 로지스틱 회귀분석과 의사결정나무 알고리즘을 사용하여 지역별 예측 모델링을 진행하였다. 이 예측 모델은 높은 예측 정확도를 입증하면서 발굴 비용과 시간을 절감하였을 뿐만 아니라, 과거 원주민의 취락 패턴을 밝히고, 개발 계획에서 유적 보호의 우선순위를 설정하는 데 크게 기여하였다.

8.2 고고학적 예측 모델링의 몇 가지 문제

8.2.1 환경결정론적 접근 방식

APM은 인간의 기본적인 행동 패턴을 기반으로, 이미 알려진 유적과 유물의 분포 패턴을 알려지지 않은 공간에 투영하여 그 위치를 예측하는 기법이다. 예측 모델은 유적이 무작위로 위치하는 것이 아니라, 환경적 특성과 관련이 있다는 가정에서 출발한다. 예를 들면, 농경사회에서 취락의 입지를 선택하는 경우, 무엇보다도 농업에 적합한 토지의 가용성이 우선시 되었다고 보는 것이다.

이러한 예측 모델의 접근법은 인간과 환경의 상호작용을 강조하고, 정량적 분석에 초점을 맞추었던 과정고고학 연구와 함께 크게 발전하였다. 하지만 이것은 후기 과정고고학자들로부터 경관의 물리적 특성만을 반영한 환경결정론이라고 비판받았다(Ebert 2004; Kvamme 2006; Verhagen and Whitley 2012). 이들은 예측 모델이 사회적 변수에 충분한 관심을 기울이지 않았으며, 인간의 행동은 예측 불가능하기 때문에 모델링할 수 없다고 주장한다.

그러나 예측 모델은 여전히 환경 결정적이며 계량적이다. 이것은 예측 모델에 적용된 환경적 요소가 문화적 특성을 반영하고 있으며, 인간의 행위 패턴을 예측하는 비교적 안정적 변수라는 점에 주목한 결과이다(Kohler 1988:21).

8.2.2 귀납적·연역적 모델링의 이분

예측 모델 방법론은 귀납적 또는 연역적 모델링의 이분법적 접근으로 자주 논의된다. 데이터 기반 모델이라고도 하는 귀납적 모델은 알려진 유적의 환경 변수를 이용하여 다른 유적의 위치를 탐색하는 정량적 접근법이다. 한편, 이론 기반 모델이라고도 하는 연역적 모델은 인간의 행위 패턴에 기초하여 유적 입지에 영향을 미치는 요인을 가정한다. 선택된 변수는 이론적 중요성에 따라 가중치가 부여되며, 중첩 분석(Overlay)을 통해 예측 확률로 표현된다.

과정주의와 후기 과정주의 고고학자들은 이러한 접근법의 옳고 그름에 대해 논하였다. 이

두 접근법은 기본적인 틀에서 크게 다를 수 있지만, 상호 배타적인 것으로 간주해서는 안 된다(Kamermans and Wansleeben 1999; Kvamme 2006; Verhagen *et al.* 2007; Verhagen and Whitley 2012). 대부분의 모델링에서는 귀납적·연역적 방법이 혼합되어 있다. 귀납적 모델링을 위한 데이터 세트 선택이 항상 이론을 배경으로 하고 있다는 사실을 무시하면 안되며, 연역적 가설은 항상 기존 데이터에서 수집된 지식에 기반한다는 점도 주목해야 한다. 따라서 무엇이 우선일 수 없으며, 결과적으로 두 접근 방식의 결합이 필요하다.

8.2.3 데이터의 편향성과 분석 방법

예측 모델의 논란은 데이터 세트의 편향성에서 기인한다(Verhagen *et al.* 2007). 이것은 예측에 필요한 적절한 유적 데이터 세트를 얻지 못하는 것과 관련이 있다. 이러한 편향성의 문제는 환경생태적·경제적 변수를 강조한 귀납적 예측 모델링에 집중되었다(Gaffney and Leusen 1995; Wheatley 1993·1996·2003). 데이터 편향의 문제를 해결하기 위해서는 인간 행위의 반복적 패턴과 고고 유적 간의 인과 관계를 확인할 수 있는 매개변수의 추출, 그리고 적절한 데이터 세트의 사용과 통계 기법의 적용이 수반되어야 한다.

이러한 차원에서 전통적 예측 모델의 한계를 극복하기 위한 방안으로 가시권, 역사적·상징적 맥락 등과 같은 사회문화적 변수를 식별하고 적용하는 시도가 이루어지고 있다(Carrer 2013; Ridges 2006; Whitley 2000).

한편, GIS의 공간 분석과 통계모델링 기법의 발달은 예측 모델에 적용되는 데이터 세트 구성과 분석법의 한계를 해결할 수 있는 방안을 제시하고 있다. 비환경변수의 연속데이터 생성, 고해상도의 지형 데이터의 제작, 베이지안 통계와 퍼지함수의 응용, 계층적 의사결정법의 적용 등 고도화된 GIS의 공간통계기법, 원격탐사기법(Remote Sensing), 딥러닝(Deep Learning)과 같은 인공지능기술의 도입은 그동안 지적된 예측 모델의 문제점을 해소해 나가고 있다.

8.3 GIS를 이용한 예측 모델링 방법

8.3.1 예측 모델링 절차

유적 예측 모델링 방법으로 광범위하게 활용되고 있는 것은 귀납적 모델이다. 귀납적 분석은 유적과 환경 변수의 상관관계에 기초하여 유적의 분포패턴과 관련한 데이터를 발견한다는 의미에서 일종의 데이터 마이닝이라고 할 수 있다. 이를 위해 먼저 환경 변수에 따라 유적의 입지 정보를 수집하여 분석 가능한 데이터를 준비하는 단계가 필요하다. 이것은 고고 유적과 환경의 상관관계를 추론하는 데이터세트의 구성에 해당한다. 두 번째 단계는 이러한 데이터세트를 기반으로 상관 분석을 실시하여 유적 입지패턴에 중요하게 작용하였던 공간 변수를 결정하고, 반복적으로 가중치를 도출한다. 그 이후에 예측 함수를 이용한 알고리즘을 생성한다. 세 번째는 예측모델링 알고리즘을 유적이 조사되지 않은 지역에 적용하여 유적 분포 가능성을 예측하게 된다. 마지막으로, 예측 결과를 실제 지표조사를 통해 확인하거나 입지환경 변수를 추출한 유적을 대상으로 적중률을 평가하여 예측 모델의 타당성을 검증한다. 이러한 과정을 거쳐 타당성이 인정된 예측모델은 유적 보호나 학술 연구에 활용되게 된다.

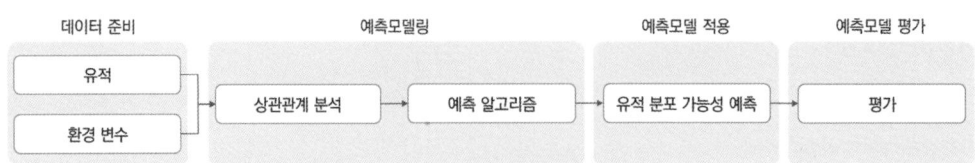

그림 115. 귀납적 예측 모델링 절차

8.3.2 환경 변수

유적의 입지를 정량적으로 추정하는 APM의 귀납적 모델에서는 환경 변수로서 지형과 자연 환경 요소를 주로 활용한다. 지형 변수는 일반적으로 고도, 사면향, 경사도, 수자원와의 거리 등이 적용되고, 자연환경 변수는 토양도, 분포지형, 지질도, 임상도 등에 포함된 속성들을 이용한다. 이러한 변수들은 모두 래스터 데이터 모델로 변환하여 모델링 데이터로 활용된다.

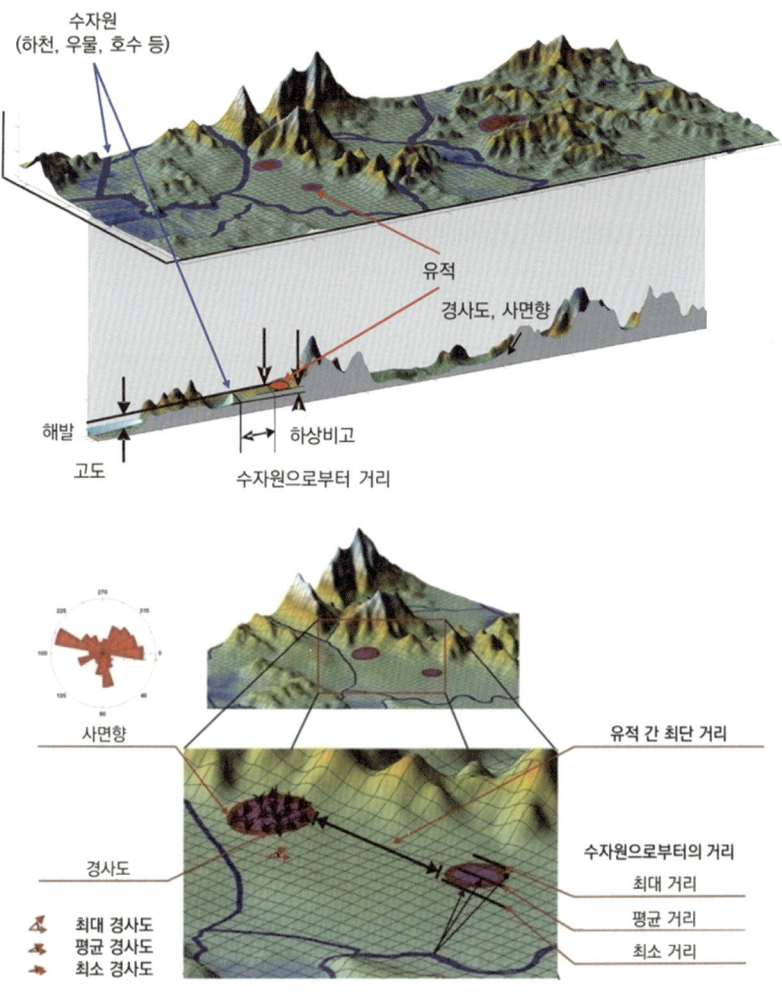

그림 116. 유적 예측 모델링 환경 변수(이진영 2009)

고도는 해발고도와 하상비고가 변수로 사용된다. 고도값은 수치지형도 기반으로 제작한 수치표고모델을 이용하여 간단히 추출할 수 있다. 하지만 대부분의 발굴 유적이 위치한 지점은 이미 지형 변경이 이루어졌을 가능성이 있으므로, 원지형 데이터를 반영한 수치표고모델 제작이 필요하다. 해발고도는 절대 기준점에서 측정한 고도값이기 때문에 지리적으로 멀리 떨어진 유적들을 대상으로 일괄적으로 적용하는 것은 타당하지 않다. 예를 들면, 강원도 산간지역에 있는 유적은 인천지역에서 확인된 유적보다 상대적으로 해발고도가 높지만, 실제 지표면으로부터의 고도는 해발고도 기준점이 있는 인천지역 소재 유적보다 낮을 수 있다. 이러한 문제점은 하상비고의 측정을 통해 해소할 수 있다. 하상비고는 유적과 인접한 하천으로부터의 고도를 말하는 것으로, 각 유적의 상대고도를 이용하여 보다 합리적으로 환경 변수를 추출할 수 있다는 장점이 있다.

 사면향은 경사면의 향을 의미한다. 수치표고모델을 이용하여 사면향 추출이 가능하며, 각 셀로 표현된 지표면이 향하는 나침반의 방향을 나타낸다. 사면향 값은 0~360 숫자로 표현된다. 예를 들면, 북향은 0-22.5, 337.5-360 구간이 되며, 남향은 157.5-202.5가 된다.

 경사도도 사면향과 마찬가지로 수치표고모델의 고도값을 통해 산출이 가능하다. 이것은 수치표고모델의 각 셀의 기울기를 나타내는데, 일반적으로 경사율(%) 수치로 표현된다. 경사도가 100일 경우에 경사각이 45°라는 것을 의미한다.

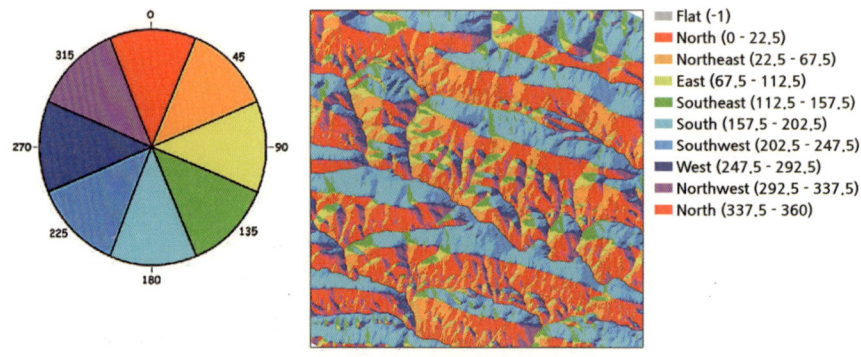

그림 117. 사면향(Aspect)

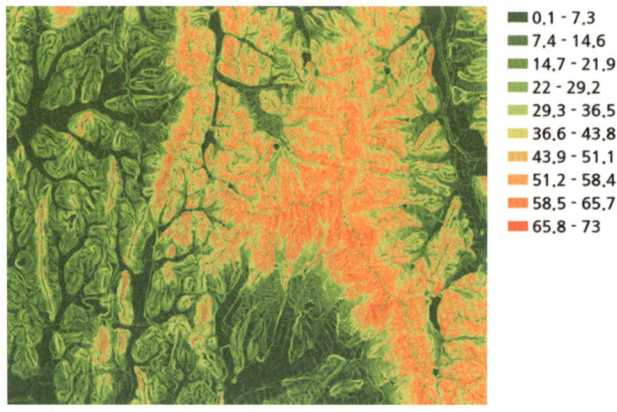

그림 118. 경사도(Slope)

수자원과의 거리는 유적에서 가장 가까운 하천이나 호수, 우물 등 용수가 있는 지점까지의 거리를 의미한다. 일반적으로 직선거리를 계측하지만, 최소비용경로분석을 통해 실제 사람들이 이동하였을 동선을 추정하고, 이를 기준으로 거리값을 산출하기도 한다.

토양, 분포지형, 지질, 식생 등의 정보는 수치지도로 제작된 경우가 많다. 이 가운데 분포지형은 토양도에서 제공하는 정보를 기반하여 추출할 수 있다. 이것은 산악지, 산록경사지, 구릉지, 선상지, 곡간지, 하성평탄지, 해성평탄지 등으로 구분되어 유적의 입지를 객관적인 자료에 의해 추출할 수 있다는 장점이 있다.

환경 변수의 추출은 일반적으로 유적이 위치한 지점을 대상으로 이루어진다. 하지만 범위가 넓은 유적은 하나의 지점이 유적 전체의 고도, 경사도, 사면향을 대표할 수 없다. 이 경우는 구역 통계(Zonal Statistics)기법을 이용하여 구역 내의 최소, 최대, 평균 값을 추출한 후에 분석이 이루어져야 한다. 예를 들어 GIS의 구역 통계 기법을 이용하여 특정구역 내의 고도값을 추출하면, 아래의 그림과 같이 해당 구역의 최소와 최대 고도값, 평균 고도값을 추출할 수 있다.

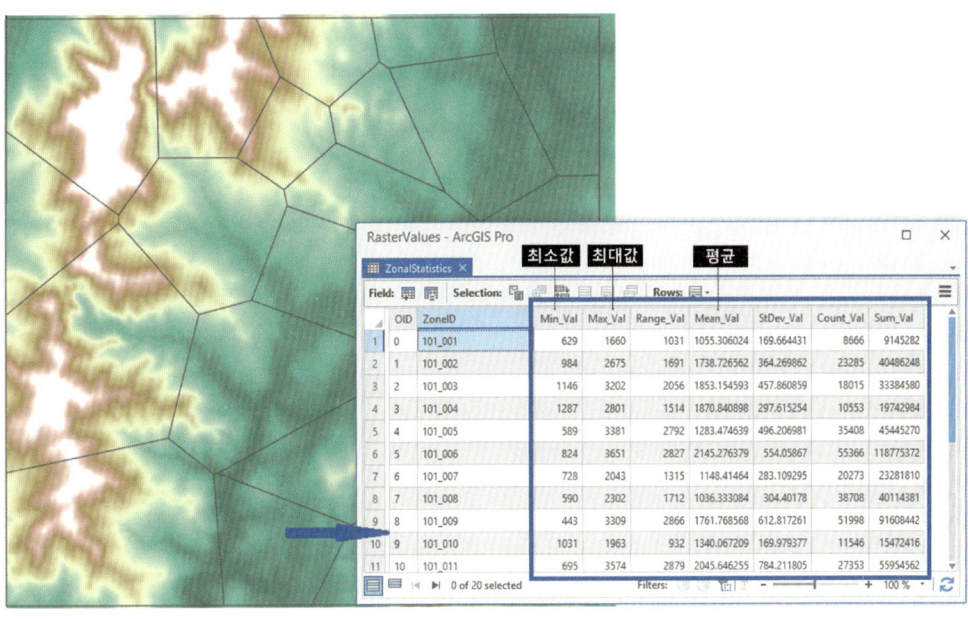

그림 119. 구역 통계(Zonal Statistics)기법을 이용한 래스터데이터 값 추출 예시

8.3.3 예측 모델링 기법

유적의 환경 변수 데이터세트가 구축되면 유적과 환경 변수 간의 상관관계 분석을 진행하게 된다. 이 과정은 유적의 분포패턴 관찰에서 파생된 추론을 통해 알고리즘을 적용하는 머신러닝(Machine Learning)에 해당하며, 데이터세트의 학습과 생성 유형에 따라 크게 등급화분석(Classification)과 회귀분석(Regression Analysis)으로 구분된다.

등급화분석에서 사용하는 알고리즘의 기본 개념은 각각의 환경 변수를 적절한 분류방식에 따라 등급을 구분하고, 이것의 계산을 통해 예측 모델을 제작하는 방식이다. 〈그림 120〉에서 보는 것과 같이, 먼저 고도, 경사도, 사면향 등의 정보가 포함된 래스터 데이터에서 각 유적이 위치한 셀의 값을 추출해 내고, 이를 분류하여 등급화한다. 가령 청동기시대 취락의 고도를 확인한 결과, 10m~20m에 가장 많은 취락이 존재할 경우에 이것을 1등급으로 설정하고, 그 다음에 많이 분포하는 고도 구간 5m~10m은 2등급으로 설정하는 방식으로 순차적인 등급 구간을 생성한다. 경사도와 사면향도 마찬가지 방식으로 등급화한다. 다음 단계는 등급화가 완료된 각각의 환경 변수 래스터를 1~5등급과 같이 동일 등급으로 재분류한 이후, 이것을 중첩(Overlay), 가중 중첩(Weighted Overlay)하거나 합(Sum)하여 최종적으로 예측지도를 제작하게 된다.

이러한 등급화분석에는 계층적 의사결정법(Analytic Hierarchy Process)이 적용되기도 한다(이한동·김교원 2012). AHP는 상호 배타적인 대안들을 체계적으로 평가하여 우선순위를 도출하는 의사결정법으로, 문제가 복잡하고 다수의 평가 기준이 있을 경우에 단계적 또는 계층적으로 문제를 분석하여 합리적인 의사결정을 지원한다. AHP는 상대적인 중요도나 선호도를 비율척도(Ratio Scale)로 측정하여 정량적 결과를 도출하는데, 이를 기준으로 유적이 분포할 가능성이 있는 지점을 예측할 수 있다.

AHP 분석에서는 복잡한 문제를 계층화하여 주요 요인과 세부 요인들로 분해하고, 이러한 요인들에 대한 일대일 쌍대비교를 실시하여 상대적 중요도를 산출한다. 고고학적 예측 모델링의 경우, 특정 유적이나 지역에서 조사 경험이 많은 복수의 고고학자가 유적 입지에 영향을 미치는 환경 변수들을 1:1로 쌍대비교하여 중요도를 평가하는 방식으로 진행할 수 있다. 이 방법은 전문가들이 참여하는 집단적 의사 결정이기 때문에 특정인의 영향력에 좌우되지 않고 객관적으로 결과를 도출할 수 있다는 장점이 있다.

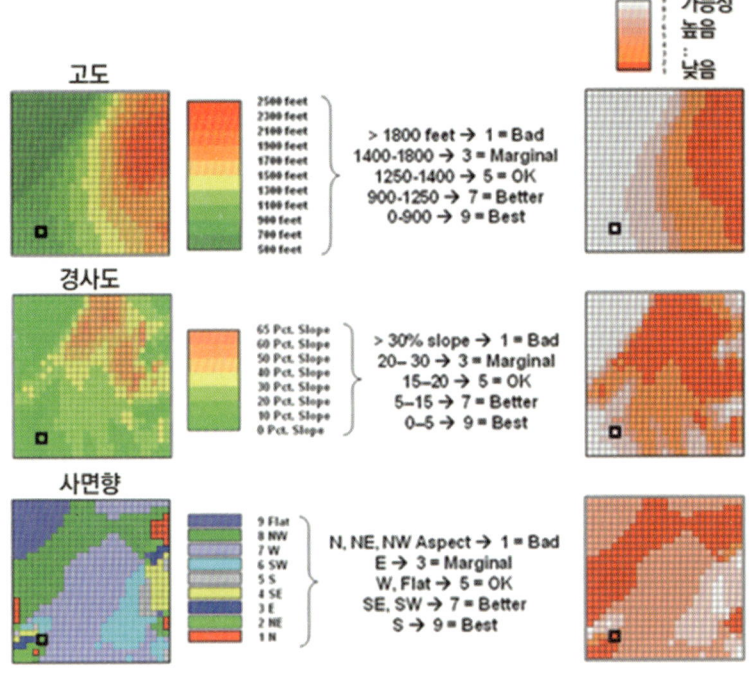
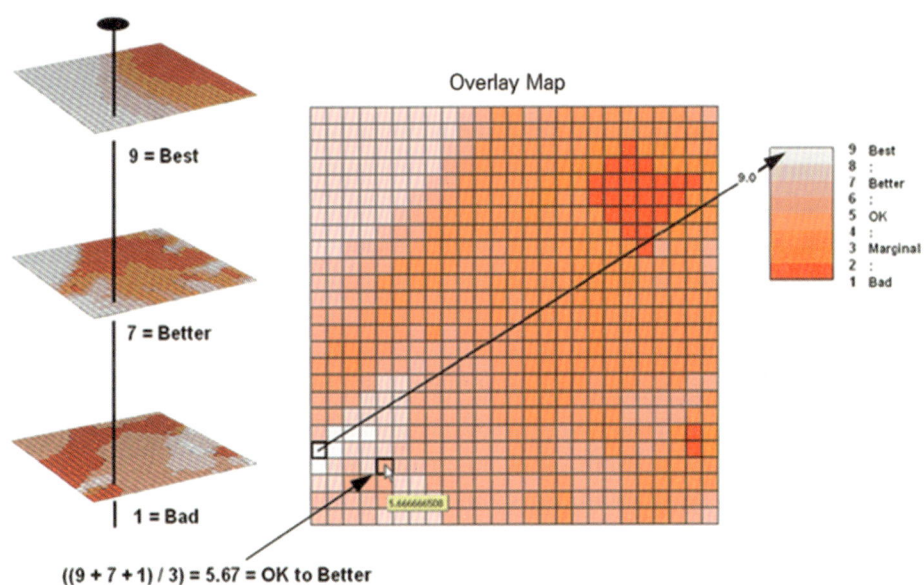

그림 120. 등급화분석에 의한 예측 모델링 예시(Berry 2014)

제8장 **유적 입지분석** ── 189

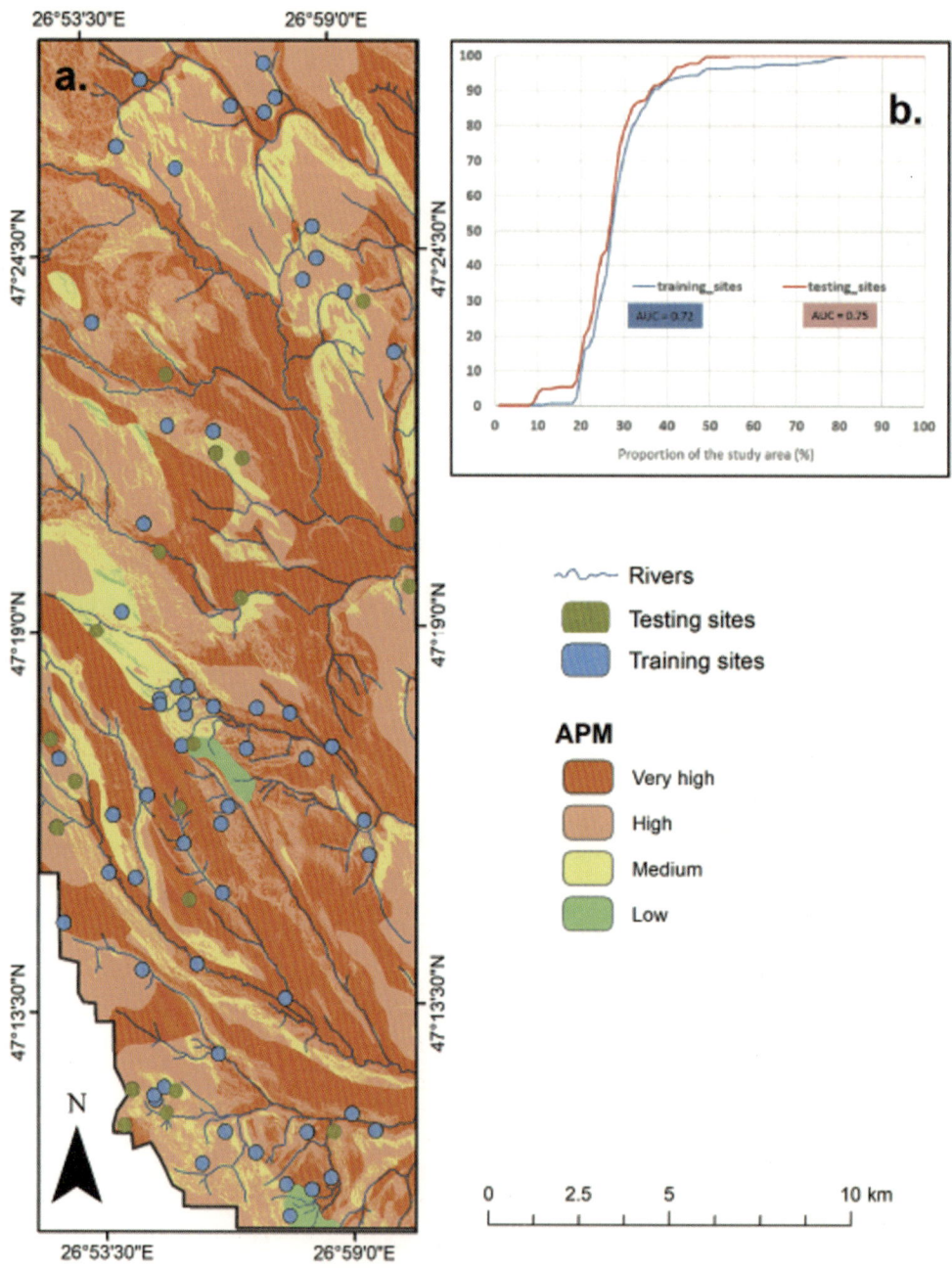

그림 121. 등급화분석에 의한 루마니아 북동부의 신석기시대 유적 예측지도(Nicu et al. 2019)

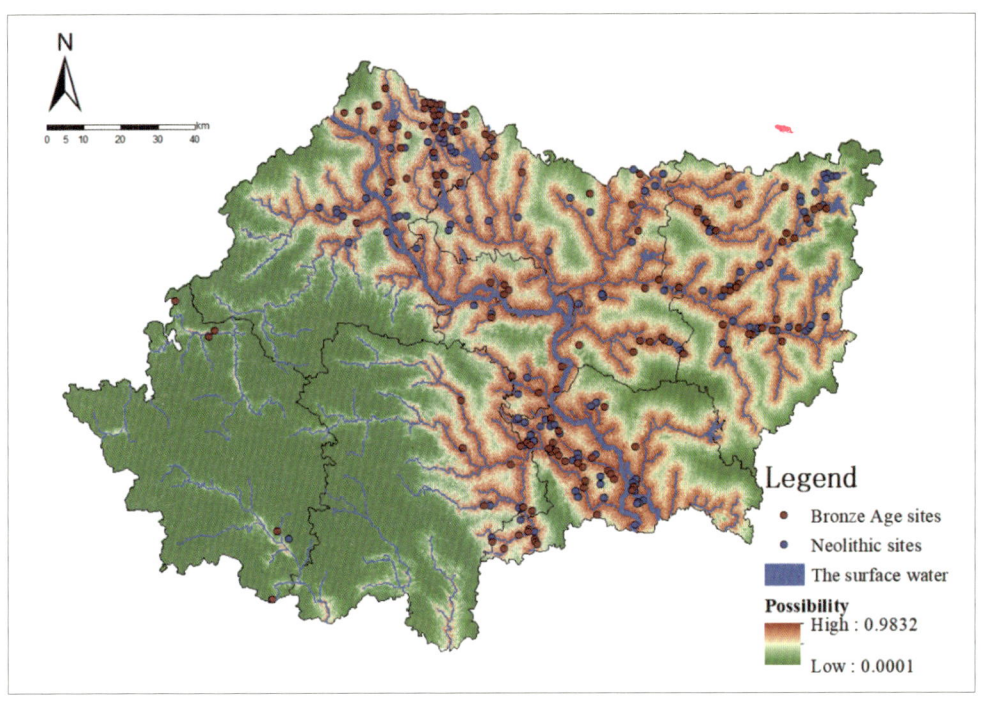

그림 122. 로지스틱 회귀분석에 의한 중국 후베이성의 신석기시대 유적 예측 모델링(Li et al. 2022)

    등급화 분석과 함께 고고학에서 자주 활용되는 예측 알고리즘은 회귀분석이다. 회귀분석은 예측 모델링에 사용되는 환경 변수(독립변수)와 예측 결과(종속변수) 간의 관계를 추정하는 일련의 통계분석에 의해 진행된다. 이것은 기본적으로 관찰된 연속형 변수에 대해 독립변수와 종속변수 간의 선형 회귀식을 구하고, 그 식을 이용하여 독립변수가 주어졌을 때 달라지는 종속변수의 값을 구한다. 이러한 선형회귀분석은 개별 독립변수의 변화가 종속변수의 변화에 어떠한 영향을 미치는지 쉽게 판단할 수 있는 장점이 있다. 하지만 독립변수가 많은 고차원의 데이터에서는 독립변수들 간에 강한 상관관계가 나타나는 다중공선성의 문제가 있고, 각 독립변수들이 갖는 계수들에 대해 이해가 어려운 경우가 있다.

    로지스틱회귀분석(Rogistic Regression)은 이러한 선형회귀분석의 단점을 극복할 수 있는 방법으로 제안되고 있으며, APM에도 가장 많이 사용하고 있는 예측 모델이다(Kvamme 1989; Warren 1990). 이것은 종속 변수가 이진(예/아니오)으로 나오는 경우에 적합한 모델이다. 즉, 이 분석에서는 고고학적 현상이 나타날 확률을 0과 1 사이의 값으로 표현한다. 원칙적으로 로지스틱회귀분석에서는 있고 없음의 데이터가 필요한데, 고고학적 예측 모델에 사용되는 데이터세트의 대부분은 여기에 해당하기 때문에 유용한 분석으로 인정받고 있다. 하지만 지표조사에서 유물이나 유구가 확인되지 않았다고 해서 유적이 없다고 단정짓기 어렵기 때문에 고고 자료의 성격을 감안한 예측 모델링이 필요하다.

사례 | 퍼지중첩을 이용한 취락 입지 추정[05]

강화도 지석묘는 그동안 대형 탁자식지석묘의 존재와 대규모 지석묘군의 분포로 주목받아 왔다. 이러한 지석묘의 축조는 사회복합화 과정에서 작용한 공동체의 경제력에서 비롯된 것이며, 그 경제력은 취락의 규모와 관련이 있었을 것이다. 이것은 취락 입지로 적합한 지역은 대규모 취락이 발달할 가능성이 높고, 대규모 노동력의 확보를 통해 축적된 경제력은 지석묘 축조의 사회경제적 배경이 되었다는 것을 전제로 한다. 즉, 사회복합도가 높은 지석묘 분포패턴이 보이는 지역은 취락 적지 면적비가 높을 것이라는 가설을 설정할 수 있다. 이를 입증하기 위해 Ⅰ·Ⅱ·Ⅲ유형의 지석묘 분포패턴을 설정하고, 퍼지중첩(Fuzzy Overlay)를 이용하여 취락 분포 가능지를 예측해 보았다. 그리고 이를 근거로 지석묘 분포패턴과 취락 적지와의 관계를 분석해 보았다.

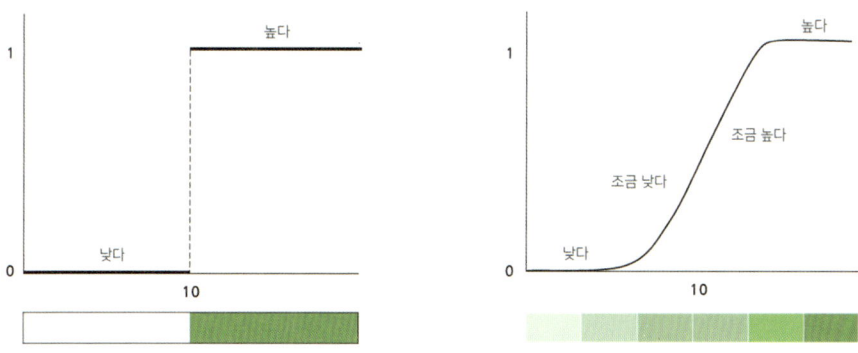

그림 123. 크리스프집합 이론(좌)과 퍼지집합 이론(우)

* 고고학적 예측 모델과 관련하여 크바메(Kvamme 1989)는 귀납적 예측모델을 유적 분포패턴 인지의 공식적인 도구로 인정하였으며, 유적이 위치할 가능성이 큰 구역에 유적을 정확하게 배치하는 절차로 정의하였다. 그런데 이러한 유적 배치 과정을 효과적으로 수행하기 위해서는 우선 유적 입지에 영향을 미치는 환경 요인을 공간 단위별로 분류하는 기준을

05　2022년에 『한국고고학보』116에 발표한 「강화도 지석묘 축조의 사회경제적 배경 검토」의 일부를 요약한 것이다.

설정할 필요가 있다. 하지만 경사도, 사면향, 고도와 같은 환경요인의 값이 크게 차이가 나지 않거나 명확하게 그 경계면을 설정하기 어려운 경우, 선호 지역과 기피 지역의 경계를 어떻게 규정할 것인가가 문제가 된다.

이러한 분류기준 설정의 문제는 고고학적 예측모델에서 매우 중요하게 작용하였다. 기존에는 절대적인 임계값에 의해 단정적으로 입지환경요인의 분류값을 결정하는 크리스프(Crisp) 집합이론의 불(Boolean) 논리를 따르는 경우가 많았다. 이 분류법은 임계값을 기준으로 예외를 허용하지 않는 이분적 분류 방식을 적용한 것이다. 예를 들어, 불 논리에서는 고도 10m가 높고 낮음을 판별하는 기준이라고 할 때, 0~10m는 낮고, 10.1m는 높다는 식의 평가 방식을 따른다. 하지만 이러한 방식은 기준을 상당히 충족하고 있음에도 불구하고, 둘 중 하나에 속하지 않으면 기준을 기각한다고 판단하는 문제점을 지닌다. 따라서 이 방식은 현상의 과도한 단순화로 인한 유용한 정보의 손실, 그로 인한 오류의 발생, 그리고 이러한 오류들이 중첩되어 발생하는 평가 결과의 정확성 저하 등, 단정적 분류가 지니는 여러 가지 논리상의 문제들을 야기하였다(오규식·정연우 1999: 72).

퍼지집합 이론은 이러한 크리스프 불 논리의 문제점을 해결하기 위한 대안으로 제시되었다. 고고학적 예측 모델에 적용되는 고도, 경사, 수계 등의 입지환경요인들은 대부분 지리정보에 해당하며, 그 고유의 특성으로 불확실성을 지닌다. 퍼지이론은 이러한 모호하고 불분명한 대상을 단정적으로 정의하기보다는 어떠한 기준에 속하는지를 정량화하여 나타낸다. 예를 들면, 크리스프 이론과 같이 고도의 낮고 높음을 이분하여 단정하는 것이 아니라, 고도값을 연속적 표현하여 현실적인 평가가 가능하게 한다.

퍼지이론은 소속함수(Membership Function)를 이용하여 값을 표현한다. 일반적으로 크리스프집합에서는 어느 원소 x가 보통집합 A에 소속되면, 소속함수 $\mu(x)=1$, 소속되지 않으면, $\mu(x)=0$이 되어 소속함수의 값이 1 또는 0의 정수가 된다. 즉, 크리스프집합에서의 소속함수 μ는 전체집합 X의 모든 원소를 0, 1로만 대응시킨다. 이와 달리, 퍼지집합에서는 소속함수의 값이 1과 0뿐만 아니라, 1과 0사이의 임의의 실수값을 가질 수 있으며, 원소 x가 퍼지집합 A에 소속될 가능성을 $\mu_A(x)$로 표시하고 이 가능성은 0과 1사이의 실수값이 된다(이광형·오길록 1991). 한편 원소 x의 집합 A에 대한 소속 정도가 어떻게 결정되는가는 퍼지집합의 소속함수에 의해 정의된다. 이것은 자료의 특성에 따라 여러 가지 모양의 함수가 사용되는데, 지금까지 제시된 소속함수의 모양은 가우스, 선형, S형 등이 있다.

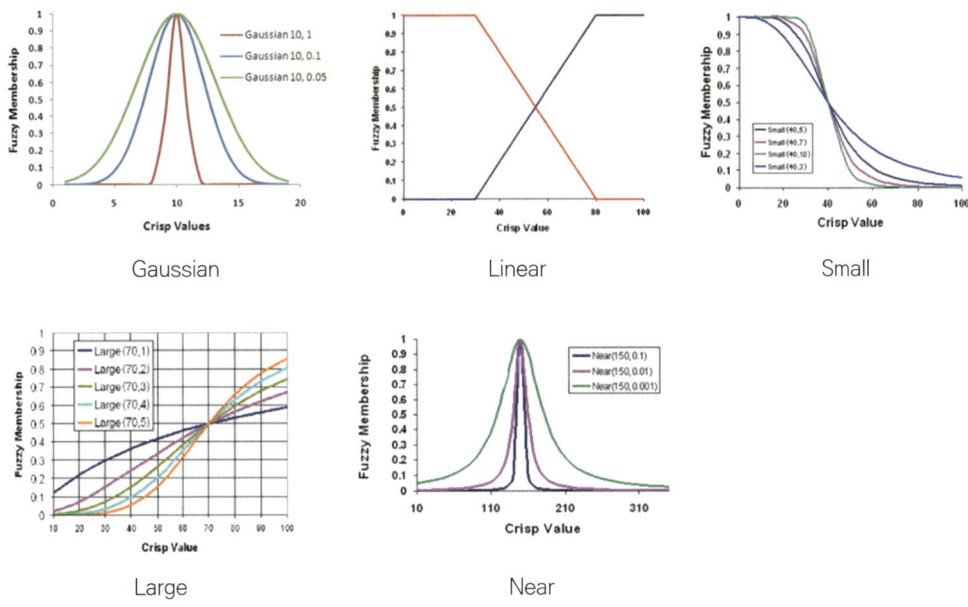

그림 124. 퍼지 집합이론의 소속함수(Membership Function) 유형

고고학에서 퍼지이론은 1980년대부터 적용되기 시작하였으며, 이를 활용한 GIS의 퍼지중첩(Fuzzy Overlay)은 다양한 환경요인이 작용하는 유적의 입지 추정에 주로 활용되고 있다(Hatzinikolaou et al. 2002; Jaroslaw and Hildebrandt-Radke 2009; Banerjee et al. 2018).

퍼지중첩은 GIS를 이용한 다기준의사결정법(Multi-Criteria Decision Analysis) 중 하나로, 유적의 입지 선택 과정에서 작용하였을 것으로 판단되는 복수의 환경평가 기준들을 고려하여 유적의 위치를 합리적으로 예측하는 방법이다. 이는 경사, 사면향, 고도 등의 입지환경요인들에 대해 퍼지 소속함수를 각각 적용하여 레이어를 구성하고, 연구자의 선택적 연산과정을 통해 최적의 유적 입지를 예측하는 절차를 거치게 된다.

이러한 퍼지중첩을 이용하여 지석묘 분포패턴과 취락 적지와의 상관성을 살펴보았다. 그 절차는 다음과 같다.

그림 125. 강화도 지석묘 축조 공동체의 취락 입지 추정 절차 및 GIS 분석 방법

먼저, 강화도 지석묘의 형식과 규모, 입지를 분석하여 지석묘군을 Ⅰ·Ⅱ·Ⅲ유형으로 구분하였다. Ⅰ유형은 주로 소규모 지석묘들로 구성된 군집으로, Ⅱ유형과 같이 산악지에 특별히 배려된 공간이 아닌 생활공간 내에 축조된 것으로 감안할 때, 수장권력에 의해 특정한 사회적 역할과 기능이 부가되지 않은 지석묘라고 할 수 있다. Ⅲ유형은 중대형 지석묘로, 소군집들과 공간적으로 분리되어 평지에 단독으로 분포한다. 이 지석묘들은 그 규모로 볼 때, 대규모 노동력을 동원할 수 있는 지역적 차원의 정치 권력과 경제력이 작용하고 있었다고 볼 수 있다.

<표 10> 강화도 지석묘 분포 유형 분류   *( )는 유형 수

구분	형식	개석 크기	군집 규모	입지
Ⅰ유형(32)	개석식/탁자식	소형>중형	1~12기	곡간지>구릉지>선상지>산악지>평탄지>산록경사지
Ⅱ유형(8)	개석식<탁자식	소형<중형	4~11	산악지
Ⅲ유형(5)	탁자식	중형<대형	1기	평탄지, 구릉지

그런데 Ⅰ유형은 강화도 북부 전역에 분포하는 반면, Ⅱ유형은 삼거리를 중심으로 하는 특정 지역에 밀집 분포하는 경향을 보인다. Ⅲ유형은 북부의 중심부를 따라 집중되어 있다.

특히, 삼거리 일대에는 Ⅰ·Ⅱ·Ⅲ유형 모두가 집중된 양상을 보인다. 지석묘의 형식과 규모, 입지에 따른 이러한 분포유형의 차별화는 국지적 또는 지역적 단위에서 노동력을 통제할 수 있는 경제적 부의 축적과 정치 권력의 성장을 시사한다고 할 수 있을 것이다. 바꾸어 말하면, 각 유형의 공간적 분포는 단위공동체 내에서 사회복합화가 진전된 정도를 보여 준다고 할 수 있다. 이러한 양상은 취락 발달 수준에 따른 사회경제적 기반의 차이에서 비롯되었을 것이다. 이것은 지석묘를 축조하였던 국지적 단위공동체의 사회경제적 수준이 각기 달랐다는 것을 의미한다.

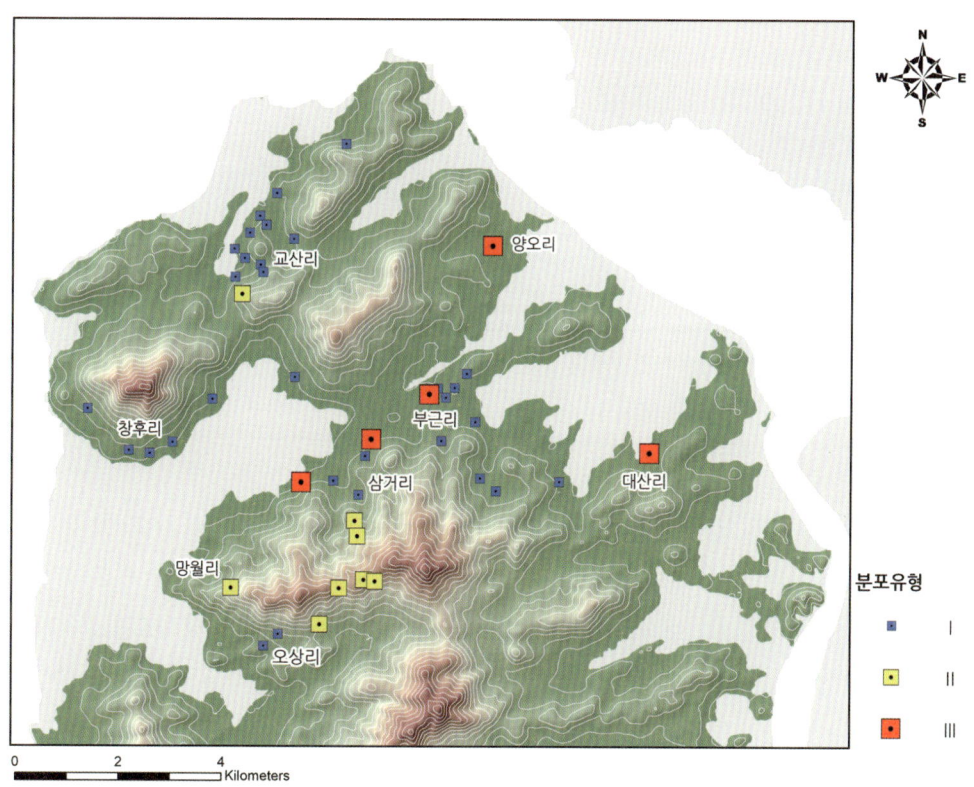

그림 126. 강화도 지석묘 유형별 분포도

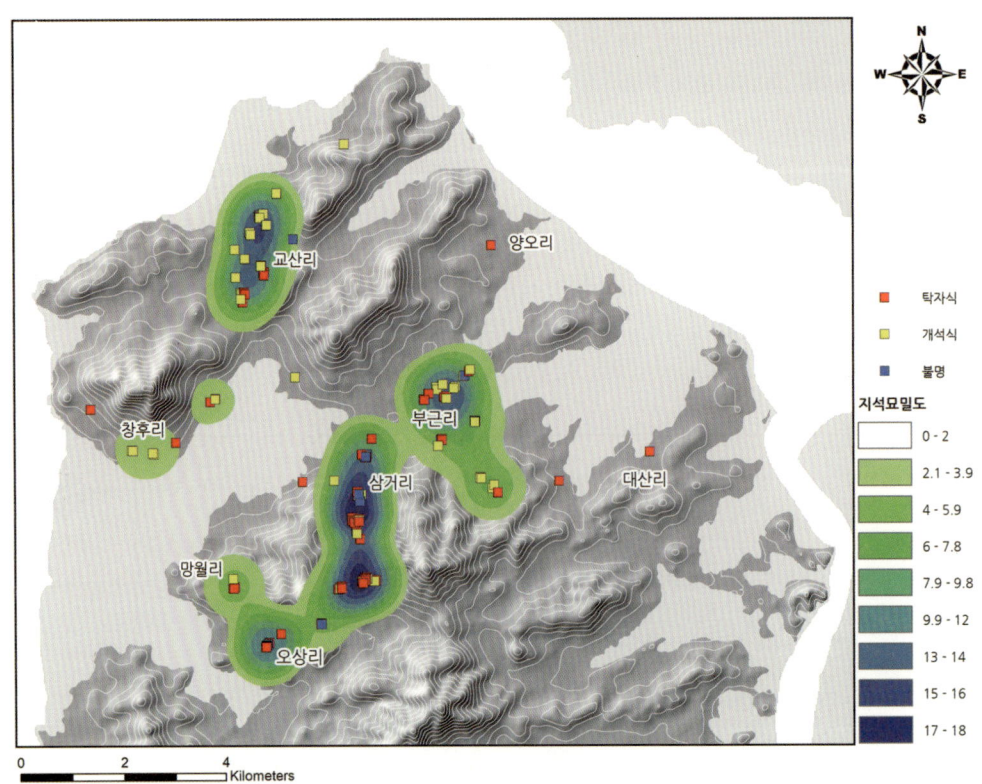

그림 127. 강화도 지석묘의 분포밀도

　이러한 국지적 단위 내의 취락 입지 적합성을 평가하기 위해서는 국지적 단위와 취락의 범위 설정이 필요하다. 국지적 단위는 지석묘의 분포밀도와 GIS 수문해석을 이용한 하천유역을 근거로 설정하였다. 지석묘는 매장의례공간인 동시에 그것을 조영하였던 공동체의 점유공간을 간접적으로 보여 주는 자료이다. 따라서 지석묘 축조 공간은 넓은 의미에서 취락의 공간적 범주에 포함시킬 수 있다. 즉, 지석묘 밀집 범위는 단위공동체의 생활권 일부로 볼 수 있을 것이다. 〈그림 127〉에서 상위 3단계의 고밀도 구간은 삼거리, 부근리, 교산리, 오상리 등에 형성되어 있는데, 이는 국지적 단위를 설정하는 참고 기준이 된다. 하지만 이것은 단지 지석묘 밀집권역이기 때문에 이것만을 기준으로 실제 지석묘 축조 공동체의 생활권을 상정하는 데에는 한계가 있다. 이를 해소하기 위해 GIS 수문해석을 이용하여 하천유역권을 설정하고, 비용-거리분석에 의해 지석묘군으로부터 반경 1km의 영역을 생성하여 각 국지적 공동체의 생활권역을 추정하였다. 그 결과는 〈그림 128〉과 같다.

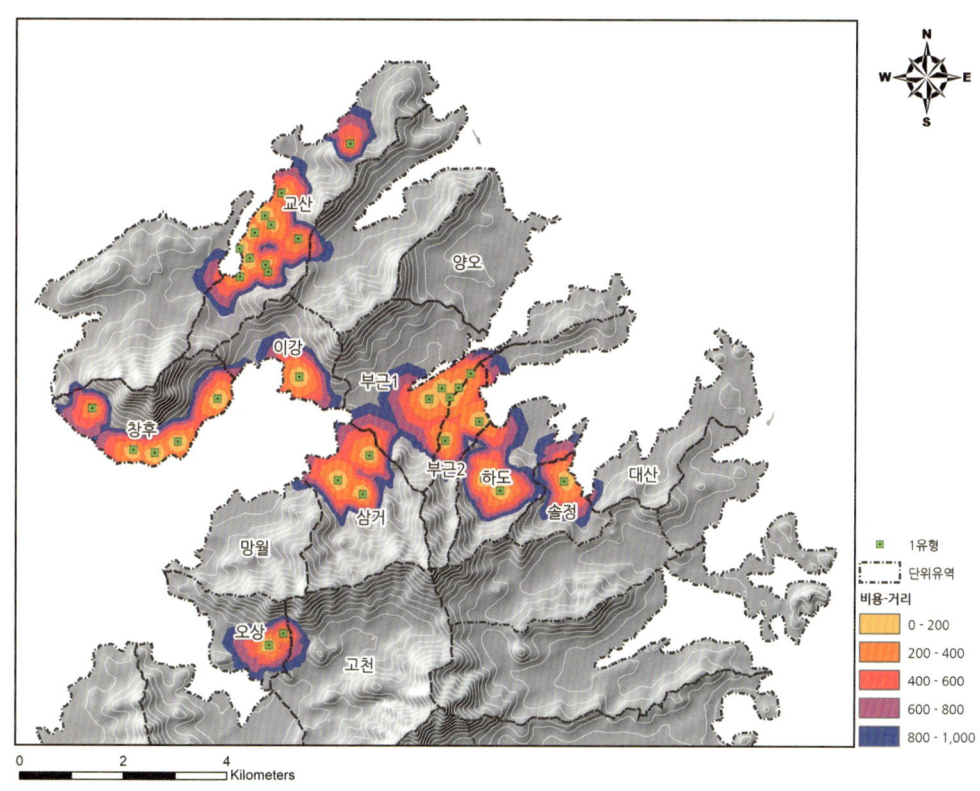

그림 128. 강화도 북부지역의 국지적 하천유역과 생활권 추정 범위

　두 번째 단계는 이러한 생활권역의 취락 입지 적합성을 평가하는 것이다. 이를 위해서는 우선 취락 입지 선택 과정에서 영향을 미쳤던 환경 요인을 선정해야 한다. 기존 청동기시대 취락 연구에서는 제시된 다양한 취락 입지 결정요인 가운데 고도, 경사도, 사면향, 하천과의 거리, 분포지형을 기본적인 입지 요인으로 설정하고, 논, 밭 등과 같은 토지이용을 환경변수로 추가하였다.

　이를 바탕으로 세 번째 단계에서는 퍼지집합이론에 기초하여 각각의 입지환경요인에 적합한 소속함수를 선정·분석하고, 퍼지 레이어를 생성하였다. 퍼지집합이론은 크리스프 이론에서 제시한 값을 0, 1의 구간으로 재배치하는 것이기 때문에 연속형 또는 이산형 자료를 각 입지환경요인들 간의 상호 비교가 가능하도록 일정한 기준에 의해 점수를 부여하고, 이를 표준화할 필요가 있다. 또한 이 과정에서 환경요인들의 특성에 적합한 함수의 형태를 결정하고, 함수의 변곡점을 결정하는 것이 중요하다.

먼저 고도는 하천 또는 해안을 기준으로 한 상대비고를 말하는 것으로, 이에 대해서는 지석묘 분포유형 중 Ⅰ유형을 참고로 설정가능할 것으로 보인다. Ⅰ유형 지석묘군은 주로 곡간지, 선상지 등에 입지하는데, 이것은 Ⅱ·Ⅲ유형과 같이 별도로 배려된 장소가 아닌 생활공간과 근접해 있다는 것을 시사한다. 이 점에 주목하여 우선 Ⅰ유형이 위치한 지점으로부터 반경 100m 범위 내의 고도값을 추출해 보면, 대체로 15m~40m에 집중된 경향을 보이며, 10m~15m, 40m~60m에서 낮은 빈도를 보인다.

경사도와 사면향의 경우, 청동기시대 취락 입지 분석 결과를 참고하면, 경사도 10% 이내, 사면향은 남향계열에 주거지가 주로 입지한다는 점에 주목할 필요가 있다. 하천과의 거리의 경우, 도서지역이라는 강화도의 특수성으로 인해 수자원의 확보는 무엇보다도 중요한 취락 입지 선택 요인으로 작용하였을 것이다. 특히, 상시적으로 이용가능한 용수의 확보는 필수불가결한 조건이었다고 본다. 강화도 북부지역에는 3차수까지의 하천이 분포하는데, 2차수 이상의 소하천에서 상시적인 수자원 이용이 가능하기 때문에 이를 기준으로 100m, 200m 단위의 이격거리에 따라 등급 구간을 나누었다.

다음으로, 이산형 자료에 속하는 분포지형은 농촌진흥청의 정밀토양도에서 제시한 지형 분류 기준에 따라 구간을 나누었다. 토양도에서는 분포지형을 산악지, 구릉지, 산록경사지, 선상지, 홍적대지, 곡간지 등으로 분류하고 있다. 분포지형도 고도와 마찬가지로, 지석묘 Ⅰ유형이 위치한 지점을 기준으로 반경 100m 이내의 분포지형을 검토하였다. 그 결과, 곡간지가 가장 많고, 구릉지, 산록경사지 등의 순으로 나타났다. 이를 참고하여 분포지형은 곡간지를 1등급으로, 구릉지는 2등급, 산악지, 선상지는 3등급, 산록경사지와 홍적대지는 4등급으로 구분하였다. 마지막으로, 토지이용은 농경과 관련된 환경요인이다. 이는 생업경제 활동과도 관련이 있다. 강화도는 지형의 특성상 밭농사가 주로 행하여졌을 것으로 추정된다. 따라서 여기에서는 정밀토양도의 밭토양적성등급을 참고하여 입지 등급을 구분하였다. 다만, 강화도 북부지역에는 1등급의 밭토양이 분포하지 않기 때문에 2~5등급의 밭토양을 이산형 자료로 하여 각 등급을 설정하였다.

<표 11> 강화도 지석묘사회의 취락 입지 환경 요인 분류 기준과 소속함수

입지환경 요인	등급분류 기준				Fuzzy 소속함수
	A μa(x)=1	B μa(x)=0.75	C μa(x)=0.25	D μa(x)=0	
상대고도	15m<x≤40m	x≤10m	40m<x≤80m	x>80m	fuzzy Small
경사	x≤5%	5%<x≤10%	10%<x≤25%	x>25%	fuzzy Small
사면향	112.5°<x≤202.5°	67.5°<x≤112.5° 202.5°<x≤247.5°	22.5°<x≤67.5° 247.5°<x≤292.5°	0°<x≤22.5° 292.5°<x≤360°	fuzzy Gaussian
2차수 하천거리	x≤100m	100m<x≤200m	200m<x≤400m	x>400m	fuzzy Small
분포지형	곡간지	구릉지	선상지, 산악지	산록경사지, 홍적대지	fuzzy Linear
밭적성등급	2급지	3급지	4급지	5급지	fuzzy Linear

 이상의 취락 입지환경요인과 각각의 해당 분류기준을 표로 나타내면 <표 11>과 같이 정리할 수 있다. 그리고 각 환경요인별로 A~D까지의 등급 간 임계값 분포 특성에 따라 소속함수를 결정하였다. 이러한 소속함수의 결정 예로서 상대고도의 함수 그래프를 나타내면 <그림 129>와 같다. 고도의 등급 구간은 15m~40m가 가장 높은 등급에 해당하는데, 여기에서 15m는 변곡점이 된다. 한편 40m 이상부터는 소속값의 빈도가 낮아지므로 곡선을 그리게 된다. 이와 같은 상대고도의 그래프는 Small 소속함수를 통해 Fuzzy 집합을 나타낼 수 있다. 이러한 방식으로 나머지 입지환경 요인들의 임계값 분포를 파악하여 각각의 소속함수를 결정하였다.

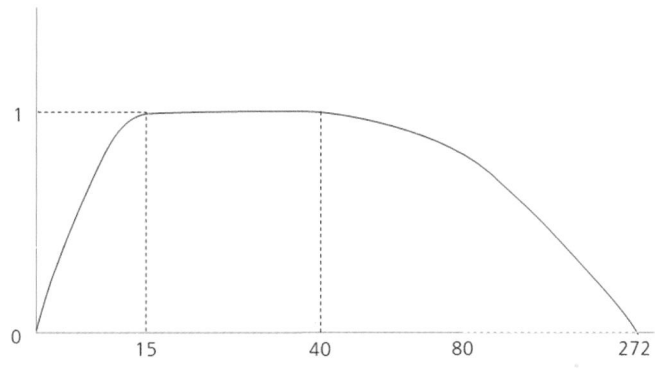

그림 129. 강화도 북부지역의 국지적 하천유역과 생활권 추정 범위

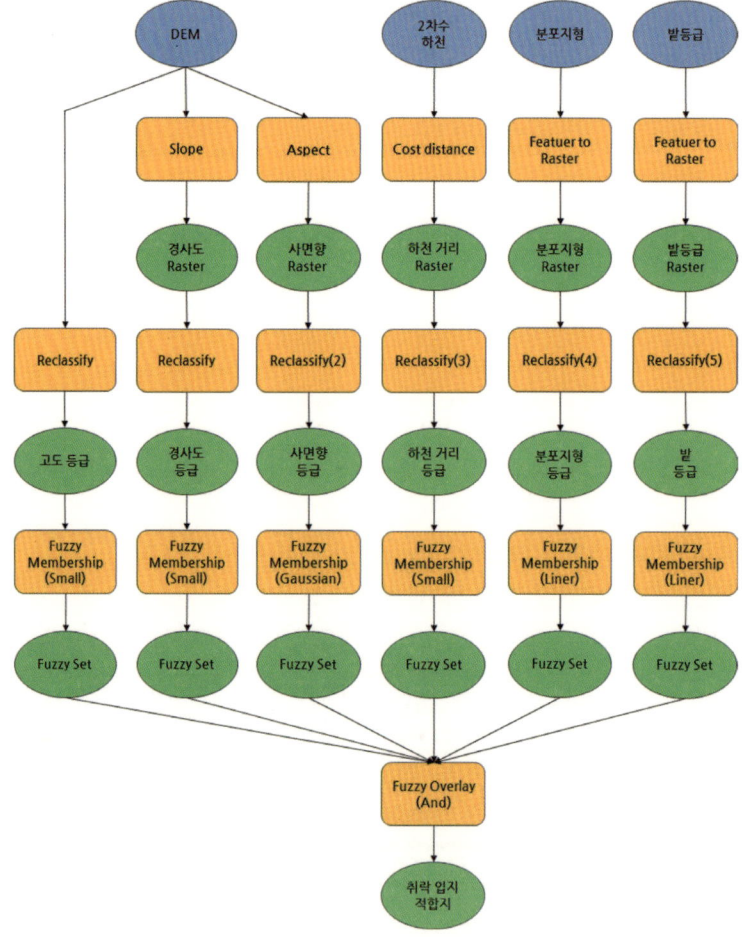

그림 130. ArcGIS Model Builder를 이용한 취락입지 적합성 평가 절차

　마지막 단계에서는 취락입지 환경 요인의 분류 기준과 소속함수에 의거 퍼지중첩 분석을 실시하였다. ArcGIS Pro의 모델빌더(Model Builder) 이용하였다. 고도, 경사도, 사면향에 대한 지표면 분석에 사용된 수치표고모델은 공간보간법인 크리깅을 이용하여 별도로 생성하였으며, 격자의 크기는 5m×5m이다. 2차수 하천의 경우, 단순히 버퍼생성를 생성하여 하천으로부터의 거리를 측정하는 방식이 아니라, 실제 지형의 경사도를 감안한 비용-거리 분석을 통해 래스터 데이터를 만들어 분석을 진행하였다. 그리고 각 입지환경요인은 〈표 11〉의 분류 기준에 따라 재분류하여 모든 요인들에 대한 중첩 분석이 가능하도록 표준화하

였다. 마지막 단계에서는 그림에서 보는 것과 같이 각 환경요인별로 적절한 소속함수를 적용하여 퍼지세트(Fuzzy Set)을 생성한 후, 중첩을 통해 취락의 적지를 추정하였다. 퍼지중첩 방식은 'And' 방법을 선택했는데, 이것은 모든 환경요인을 포함하는 중첩 분석 결과를 도출하였다는 것을 의미한다.

〈그림 131〉은 6개의 취락 입지환경 요인에 대해 퍼지집합의 소속함수를 적용하고, 그 결과로 퍼지 세트를 생성한 도면들이다. 여기에서는 고도, 경사도, 사면향, 하천과의 거리, 분포지형, 밭적성등급 등의 환경요인들이 소속함수의 값 1과 0사이의 실수값을 가지도록 정의하였다. 이것은 기존 크리스프집합에서 소속함수 값을 1 또는 0으로 대응시켜 이분하는 단정적 정의 방식의 한계를 극복하고, 취락이 입지할 가능성이 높은 최적지를 합리적으로 평가할 수 있는 데이터세트를 제공한다.

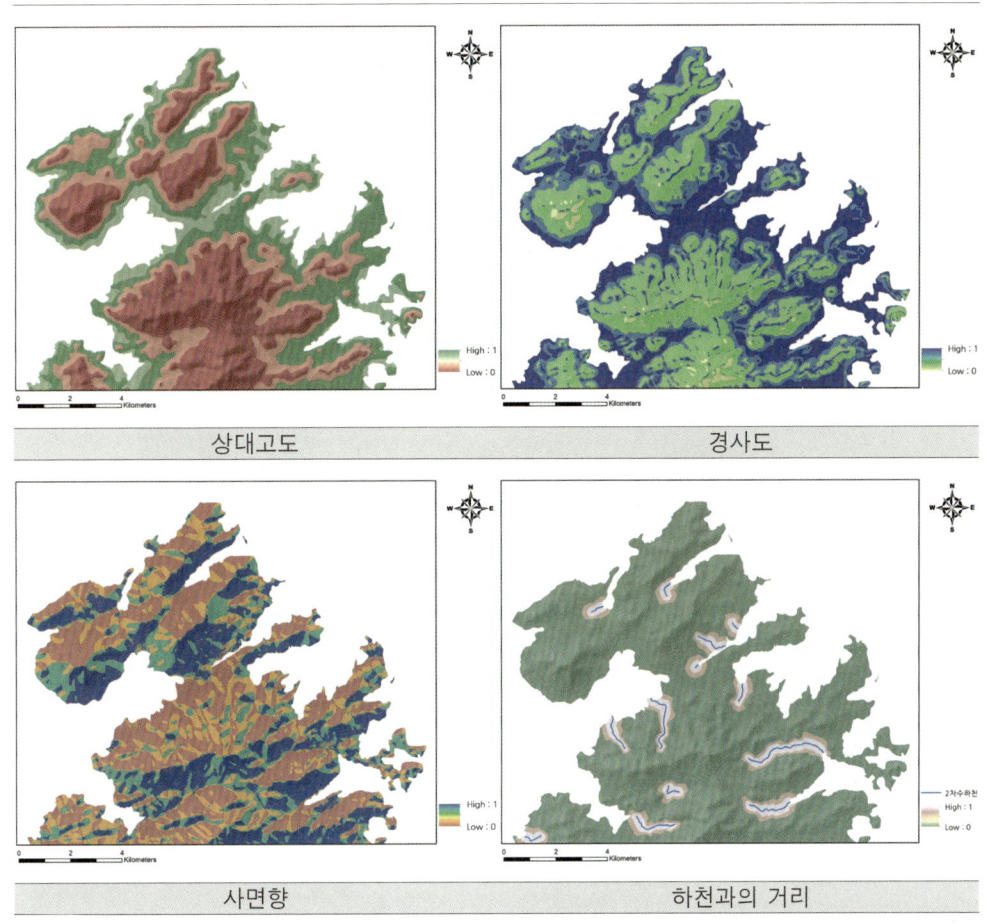

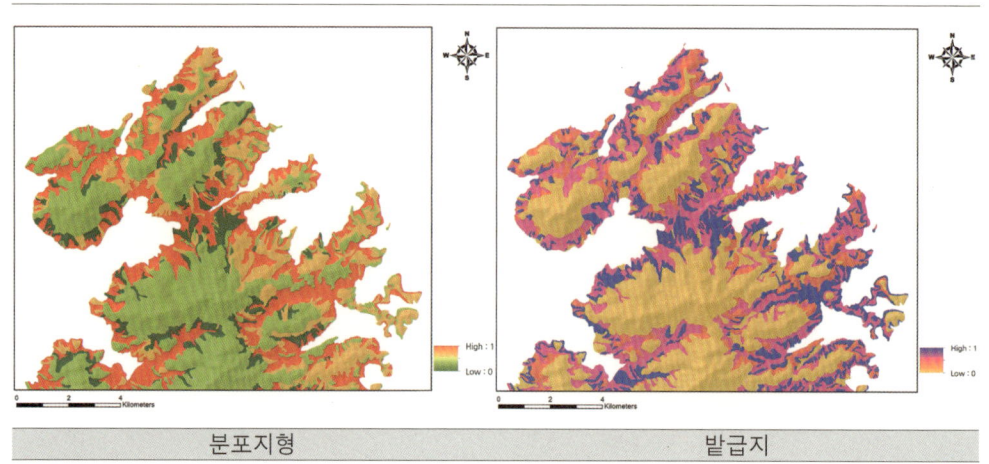

| 분포지형 | 밭급지 |

그림 131. 퍼지집합 소속함수에 의한 입지환경요인 분석 결과

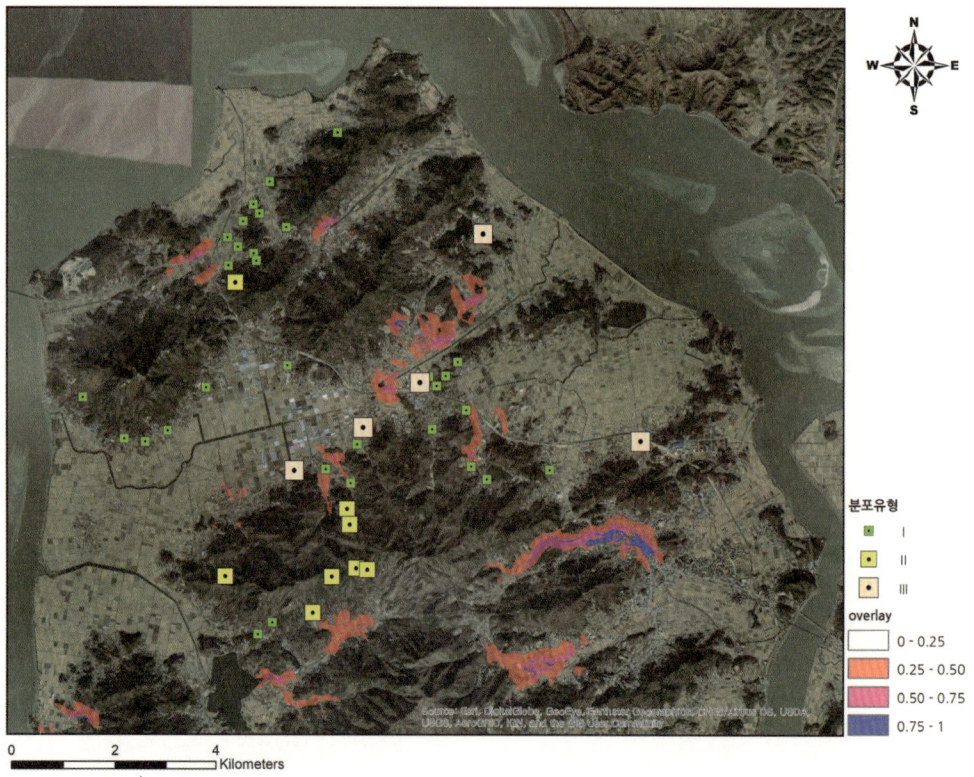

그림 132. 강화도 북부지역 취락 입지 적합성 평가 결과

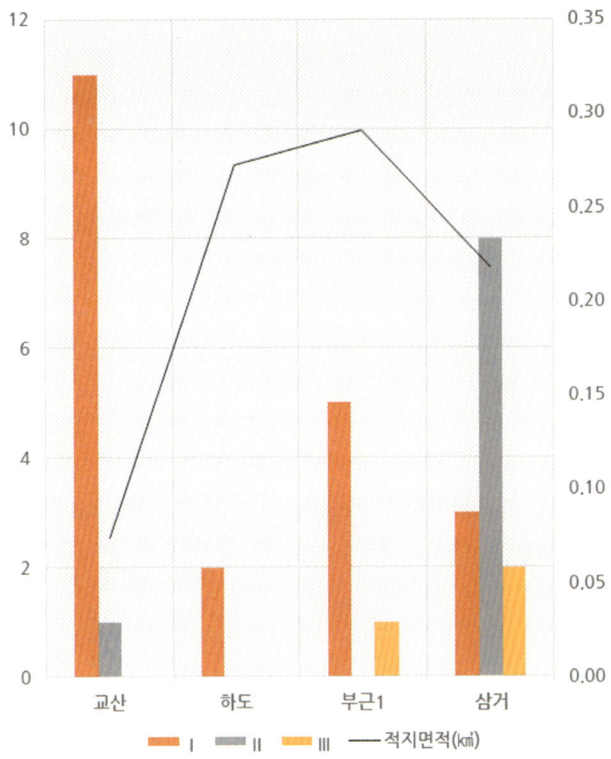

그림 133. 강화도 지석묘 분포유형과 취락 적지 면적 비교

　이러한 각 취락 입지환경요인의 퍼지세트를 모두 포함하여 중첩분석한 결과는 〈그림 132〉와 같다. 이를 기초로 각 단위유역별 지석묘 분포유형 수와 취락 적지 면적을 비교해 보면, 지석묘 Ⅰ·Ⅱ·Ⅲ유형이 모두 분포하고, 단위유역 중 가장 많은 지석묘가 분포하는 삼거유역에서는 비교적 광범위한 취락 적지가 확인된다. 삼거유역은 이러한 취락 입지조건을 기반으로 대규모 단위공동체를 형성하였고, 이것은 다양한 유형의 지석묘군을 축조하는 사회경제적 배경이 되었던 것이다.

제9장

가시권 분석

제9장
가시권 분석

9.1 경관고고학과 가시권 분석

가시권 분석(Visibility)은 주어진 두 지점이 서로 보이는지를 확인하는 시인 관계를 분석하거나 특정 지점의 조망권을 판별하는 방법이다. 이 분석법은 고고학적 조사연구에서 상당한 비중을 차지하고 있다. 이것은 취락이나 성곽의 입지 요인을 살펴보는 것을 비롯하여 지석묘, 고총 고분과 같은 기념물의 장소만들기 전략과 장소성의 고찰, 유적의 조망권을 확보하기 위한 보호 정책 수립까지 매우 폭넓게 이용되고 있다.

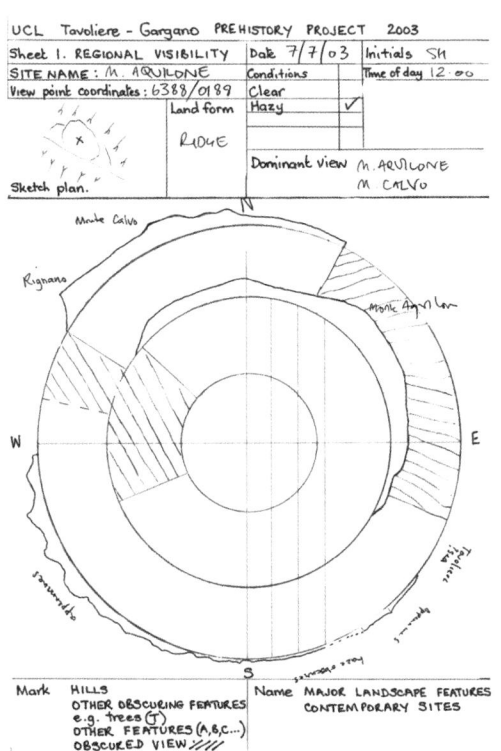

그림 134. 360° Circular View (Hamilton et al. 2006)

가시권 분석은 과정고고학 연구에서 정량화 관점에서 유적의 입지 선택에 영향을 미치는 환경 변수의 하나로 활용되기도 하였지만, 가장 활발한 이용은 현상학에 기초한 경관고고학적 접근에서 이루어졌다. 경관고고학에서는 공간을 인간의 활동과 물리적으로 분리하여 계량화하거나 모델링하는 대상이 아닌, 개인의 체험, 느낌, 감정의 관점에서 해석되어야 하는 장소로 인식하였다. 경관고고학자들은 경관을 의미화된 장소, 반복적으로 체험하는 장소로 해석하고자 하였던 것이다.

이러한 접근법에 의해 그들은 경관을 특성화하거나 표현하는 방법으로 유적에 대한 다양한 지각적 경험과 관찰, 기록을 강조하였다. 이 가운데 가장 주목하였던 것은 가시성이었다. 경관고고학자들의 관심사는 거석분묘와 같은 기념물이 특정한 지점에서 시각적으로 체험할 수 있는 위치에 있는지, 그리고 그것들 간의 시인 관계는 어떠한지, 전체 경관 내에서 거석기념물의 가시성은 어떠한 작용을 하고 있었는지에 대한 것이었다. 즉, 가시성은 경관을 구성하는 주요 특징 중 하나로, 대부분 사람들의 감각에 가장 중요한 영향을 미친다고 인식한 것이다. 이것은 시각이 촉각이나 후각보다는 장소가 지닌 형태, 색상, 공간적 위치 등 다양한 특성을 동시에 지각할 수 있고, 가장 많이 기억되고 언급되는 특성을 지니고 있기 때문일 것이다(Wheatley and Gillings 2002: 179-180).

1990년대 초에는 실제 가시 경관을 보여 주기 위해 사진을 포함한 다양한 방법이 광범위하게 사용되었다. 전체 경관에 대한 시각적 표현이 가능한 360°Circular view(그림 134), 360°파노라마 사진 등이 이용되었으며, 화가가 그린 풍경화가 사용되는 경우도 있었다. 하지만 이 방법들은 연구자의 주관적 관점이 개입하기 때문에 과거 인간의 시각적 체험을 설명하기에는 부적절한 방법으로 지적받았다(Fleming 1999; Thomas 1993). 일반적으로 지각과 동일시되는 가시성은 경관 연구에서 중요성이 인정받았지만, 가시성이 지닌 복합적 의미를 주체의 입장에서 재구성하는 것은 매우 어려운 것이었다. 현상학에 기초한 경관고고학적 연구에서 시각적인 개방성과 폐쇄성은 경관의 중층적 의미를 발견해 내는 유용한 방법일 수 있지만, 실제로 이를 확인하는 것은 매우 어렵기 때문이다.

이러한 한계를 극복하고 보다 객관적인 가시 경관을 재구성하기 위한 방법으로 GIS가 활용되었다. GIS는 시간과 공간, 형태를 동시에 분석할 뿐만 아니라, 다양한 시각화 기법에 의해 공간 현상을 상세히 표현할 수 있다는 장점 때문에 현상학에 기초한 경관 연구가 시작되었던 1980년대 후반부터 적극 도입되었다. 특히, 시각적 매개변수를 이용하여 지표면의 현상을 신속하게 정량화하여 보여준다는 점에서 가시성을 평가하는 강력한 도구로 인정받았다.

1990년대 초에 경관에 대한 현상학적 접근이 시도된 이래, 경관고고학자들은 과거의 경관과 그 속에 거주하는 사람들을 이해하는 방법으로서 가시성과 이동 패턴을 파악하고 모델링하려고 노력해 왔다. 이것은 고고학에서 처음으로 현상학에 기초한 접근을 시도한 크리스토퍼 틸리의 초창기 저서에서도 쉽게 찾아볼 수 있다. 경관고고학이 성행하기 시작할 무렵부터 가시성과 움직임은 관심의 대상이었으며, 이미 GIS를 이용하여 경관 분석을 시도하고 있었던 연구자들에게 인간의 지각을 모델링하는 것은 가능한 영역으로 인식되었다. 하지만 경험적 접근법과 GIS 공간 기술 간의 대화 실패로 인해 GIS는 틸리와 같은 정통적인 현상학적 접근을 강조하는 연구자들에게 따뜻한 포옹을 받지 못하였다(Gillings 2012: 602-604). 그럼에도 불구하고, GIS를 사용하는 고고학자들은 경관고고학 연구의 핵심요소로 간주되고 있는 시각적 체험과 이동 패턴을 과학적이고 객관적으로 증명하기 위해 지속적으로 노력하였다.

이것은 어포던스(Affordance)[06]의 개념을 도입하여 끊임없이 변화하는 일련의 시야를 통해 인간이 경관과 교감하고, 신체적 행동을 유발하는 메커니즘을 모델링하는 형태로 나타났다(Llobera 1996; Gillings 2008 · 2009; Lock et al. 2014). 대표적인 예로, 스페인 바르반자(Barbanza) 반도의 거석기념물에 대한 경관 연구 사례를 들 수 있다(Rodríguez-Rellán and Valcarce 2019).

스페인 바르반자반도에는 19세기 말부터 수행된 조사를 통해 209개의 거석기념물이 분포하는 것으로 알려져 있다. 1990년대부터는 경관고고학의 영향으로 거석기념물과 이를 가로지르는 경로에 대한 연구가 활발히 전개되었다. 이 연구에서 기념물은 공간을 인간화하고 구조화하는 요인으로 이해되었고, 기념물 축조집단의 인식과 믿음에 따라 형성된 것으로 간주되었다. 연구자들은 이러한 이론적 배경 하에 GIS를 이용하여 선사시대 인간 집단의 이동 패턴과 경관 속에서 거석기념물이 수행한 역할에 대해 이해하고자 하였다.

이들은 GIS의 공간분석을 이용하여 바르반자반도에 분포하는 209개 거석기념물 각각의 고도, 경사, 최소비용경로 간의 거리와 밀도, 상대고도, 가시권, 지평선 높이, 스카이뷰 계수를 측정하고 이를 가시화하였다. 최소비용경로는 신석기시대 취락뿐만 아니라, 반도 내 임의의 지점을 선택하여 최대한 일상적인 이동 패턴을 복원하고, 거석기념물과의 관계를 합

---

06 미국의 인지심리학자 깁슨(Gibson)이 행위자와 실세계 사이의 행동가능한 속성을 설명하기 위해 사용한 개념으로, 환경이 동물이나 인간에게 직접적으로 지각할 수 있는 가치 있고 의미있는 정보를 제공하여 결국 행위를 유발한다는 것이다. 이러한 행위 유발성은 생활 환경, 지표면, 물질이나 물체 등과 같이 인간을 둘러싸고 있는 환경에 내재되어 있는 행위를 유발하는 것으로, 특정한 행위자의 행위가능성과 관련된다. 어떤 객체와 주체가 있을 경우, 그 객체는 주체와의 상호교감 속에 어떤 행위유발성을 주체에게 제공하게 된다. 예를 들어 밀어야 하는 문에서는 '미는 행동'을 일으키는 행위유발성을 제공해야 하는데, 손잡이 대신 넓적한 판을 달아 놓는다면 손뿐만 아니라 신체의 다른 부분으로도 얼마든지 문을 열 수 있게 된다.(HDR용어사전)

리적으로 평가할 수 있도록 네트워크를 구성하였다(그림 135). 상대고도는 거석기념물이 인간의 지각력을 자극하여 행동을 유발할 수 있는 랜드마크로서 역할을 할 수 있는지를 살펴보기 위해 분석되었다. 지평선의 높이와 스카이뷰는 기념물의 개방도를 확인하는 용도로 활용되었다. 마지막으로, 누적가시권은 시각적 어포던스 또는 시각적 경관을 입증하기 위한 유용한 도구로 활용되었는데, 연구 지역을 가로지르는 5,800개의 경로를 따라 500m 간격으로 생성된 2,193개 지점에 대해 누적가시권을 분석하였다.

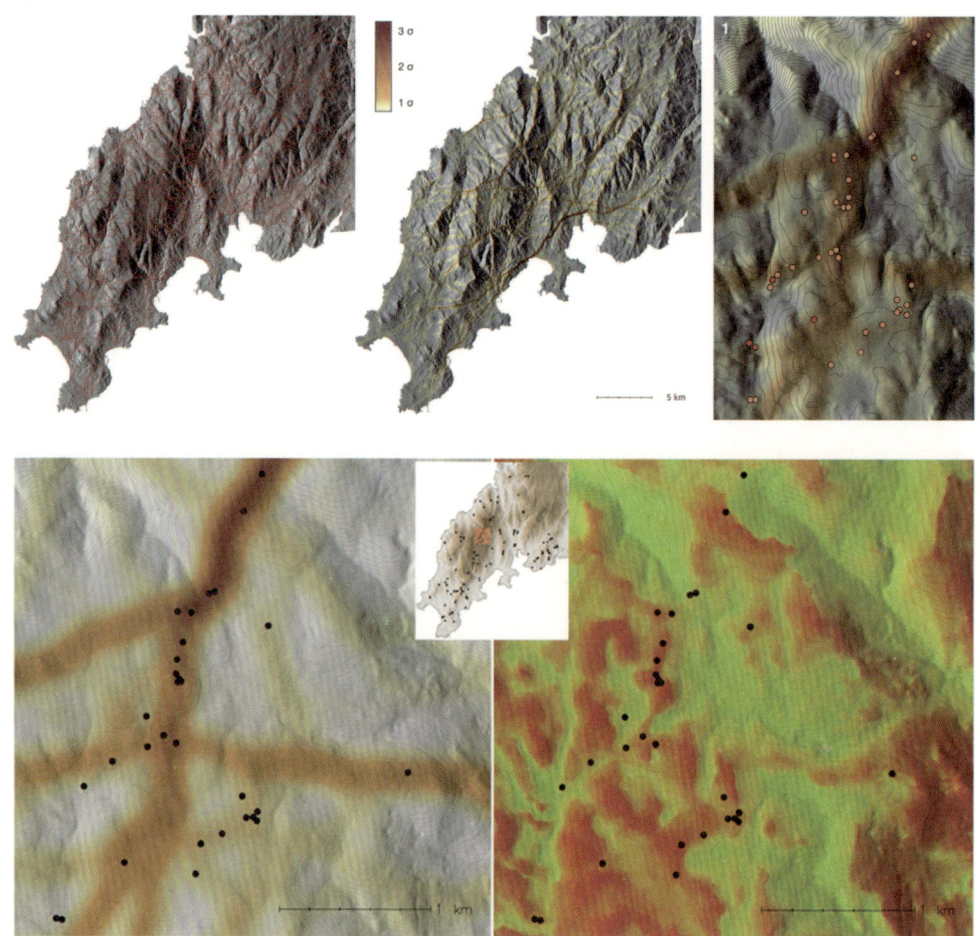

그림 135. 바르반자반도 신석기시대 최소비용경로 분석(위)과
거석기념물의 누적가시권 분석(아래)(Rodríguez-Rellán and Valcarce 2019)

분석결과, 기본적으로 바르반자반도의 거석기념물들은 높은 지점에 입지하는 경향이 강하다는 기존 연구를 부정하는 결과가 제시되었다. 또한 경사면을 피해 기념물들이 입지해 있다는 것도 확인할 수 있었다. 무엇보다도 이 분석에서는 거석기념물이 최소비용경로의 밀도가 높은 지점을 따라 분포한다는 사실을 확인하여 두 객체가 밀접한 관계를 맺고 있음을 살펴볼 수 있었다. 이밖에 기념물이 주변 환경보다 눈에 잘 띄는 현저하게 개방된 곳에 위치하는 경향이 있다는 것도 확인할 수 있었다.

결과적으로 바르반자반도의 거석기념물은 지역의 랜드마크가 아니라, 시각적인 현저성을 지니며 이동을 유도하는 기준점으로 작용하였다고 해석할 수 있었다. 이는 정착생활이 안정화되지 않은 신석기시대의 일상적인 이동을 감안한 경관의 구성이라고 할 수 있다. 즉, 개인 또는 집단이 고지대와 저지대, 해안지대를 따라 원거리를 이동해야 하는 상황에서 거석기념물이 단위 경관을 구성하는 요소인 동시에 이동의 기준점이 되어 행동을 유발하는 랜드마크로 작용하고 있었다고 판단할 수 있었다.

이처럼 가시권 분석은 고고학 연구에서 과거 인간의 공간적 선택과 문화의 전개 양상을 이해하는 중요한 도구로 활용되고 있다. 뿐만 아니라, 이것은 지형 데이터를 기반으로 가시성을 모델링하여 유적의 입지 요인과 사회 구조, 인간과 환경 간의 상호작용을 탐구하는 핵심적인 역할을 담당하고 있다. 가시권 분석은 유적의 전략적 위치 선정 요인을 밝히는 연구에 가장 많이 이용된다. 예를 들면, 방어, 감시, 통신 목적으로 설치된 성곽이나 봉수의 가시권을 분석하여 관방체계 형성 배경을 재구성하는 데에 활용되고 있다. 또한 피라미드나 고총 고분 등과 같은 기념물이 사회 내부에서 어떠한 방식으로 권력 경관을 구성하고 있었는지를 입증하는 시각적 근거를 제시하기도 한다.

가시권 분석은 과거의 지형과 식생, 건축물 등을 고려한 경관을 복원해야 한다는 어려움이 있다. 하지만 최근에는 GIS의 지형 모델링과 3차원 공간 분석 기법이 발달하면서 과거 인간의 삶과 공간적 의사결정을 재구성하는 강력한 도구로 자리매김하고 있다.

9.2 가시권 분석 방법과 종류

9.2.1 분석 방법

가시권 분석은 관측 지점과 목표 지점 간의 다양한 고도 변화를 고려하여 목표 지점의 가시 여부를 판단하고, 전체 지역에서의 가시권 범위를 파악할 수 있는 GIS 기법 중 하나이다(Burrough and Macdonand 1998: 408).

이 분석법에서는 〈그림 136〉에서 보는 것처럼, 기본적으로 관찰자가 특정 지점을 바라보는 상황에서 시야에 위치한 장애물에 의해 보이지 않는 곳과 보이는 곳을 특정하여 표현하게 된다. 이때, 지표면의 고도 차와 관측 지점의 높이, 조망 거리와 반경, 각도 등을 고려하게 되고(그림 137), 관측지점과 목표 지점 사이의 각종 지형·지물을 판독하여 지도 기반에서 그 결과를 시각적으로 표출한다. 가시권 분석에 적용되는 매개변수들은 대부분 GIS 프로그램의 옵션 선택을 통해 조정 가능하다. 예를 들면, 고고학 연구에서 성벽, 망루와 같은 구조물의 높이처럼 관찰 지점의 특수한 상황을 고려하여 높이 값을 설정한 후에 이를 반영한 가시권 분석이 가능하다.

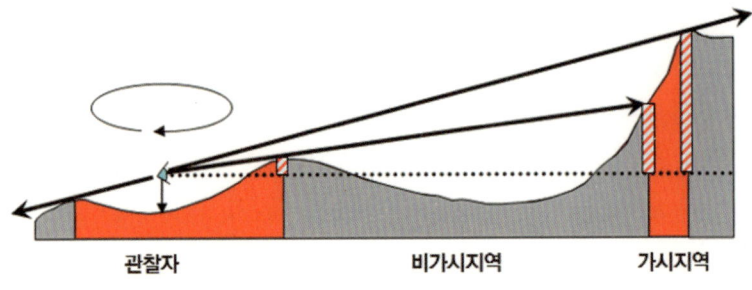

그림 136. 가시권 분석의 기본 원리(Berry 2014)

GIS의 가시권 분석은 지표면의 높낮이 정보를 포함하고 있는 수치표고모델을 이용하여 가시 지점들을 계산하여 선형 또는 권역의 형태로 분석 결과를 시각화한다. 실제 계산에서는 〈그림 138〉과 같이 관측 지점을 대표하는 셀과 목표 지점 사이의 직선상에 있는 모든 셀의 높이를 산출하고, 이것이 관찰 지점의 높이를 초과하는지를 판별하게 된다.

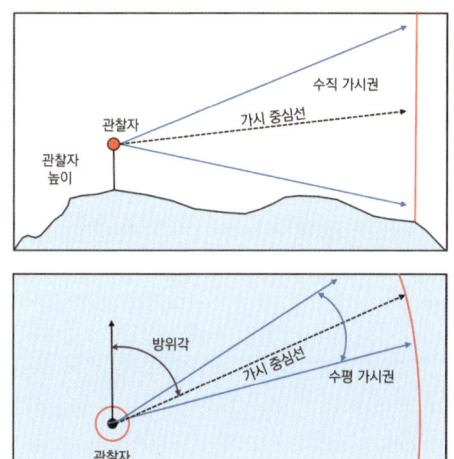

그림 137. 가시권 분석의 매개변수들

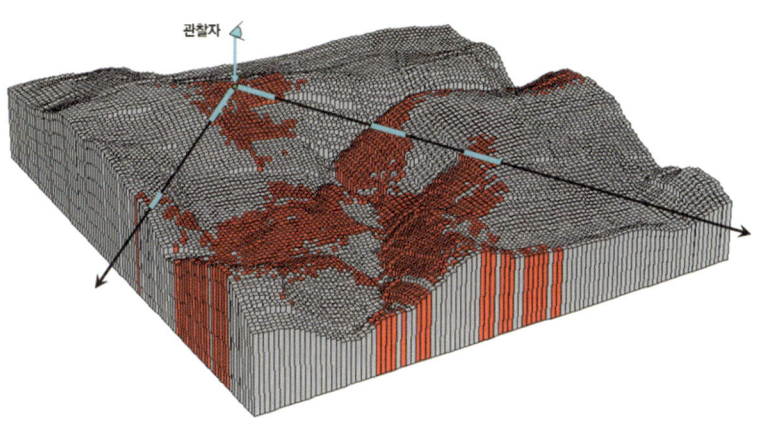

그림 138. 가시권 분석 방법 예시(Berry 2014)

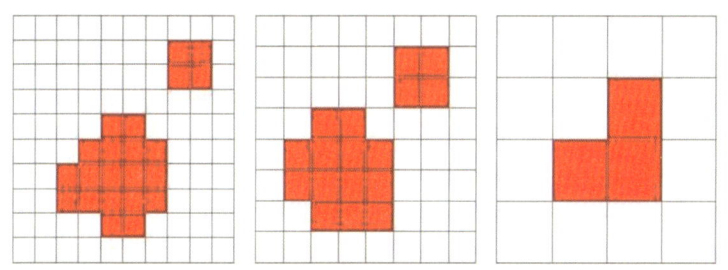

그림 139. 수치표고모델 셀 크기에 따른 가시영역의 차이

이처럼 가시권 분석에서는 래스터데이터의 각 셀에 포함된 값과 크기가 중요하게 작용한다. 이것은 분석 결과를 표출하는 해상도에도 영향을 미치지만, 가시 결과를 판정하는 중요한 변수이기 때문에 연구대상지역의 상황을 고려한 수치표고모델 제작이 필요하다. 〈그림 139〉에서 볼 수 있듯이, 셀이 크기에 따라 동일한 목표 지점의 가시 면적 차이가 발생하며 실제 보이는 지점임에도 불구하고 분석 결과에서는 가시되지 않은 결과를 표출할 수 있다.

9.2.2 가시권 분석

가시권 분석(Visibility)은 크게 관측 지점이나 관찰자의 입장에서 일정 반경 내의 가시권역을 확인하는 분석과 관측 지점과 목표 지점 사이의 직선 상에 있는 지점들의 가시공간을 탐색하는 가시선 분석(Line of Sight)이 있다. ArcGIS Pro에서는 Viewshed, Observer Points, Geodesic Viewshed, Visibility 등의 가시권 분석 기능을 제공한다.

먼저 Viewshed는 가장 일반적이고 단순한 가시권 분석법으로, 하나 또는 복수의 관측 지점을 직접적인 대상으로 하여 가시권역을 분석한다. 관측 지점은 점, 선, 면 등 벡터데이터가 될 수 있다. 분석 결과는 수치표고모델의 래스터데이터 셀 값을 계산하여 지표면상의 가시되는 셀은 1, 보이지 않는 셀은 0으로 코딩하여 비가시영역을 나타낸다. 이 방법은 관측 지점의 지표면에서 약 0.3m를 기준으로 높이 값이 설정되어 있으며, 시야각이나 거리 등을 매개변수로 사용하지 못한다는 단점이 있다. 하지만 간단하고 신속하게 관측 지점들의 가시권과 가시영역의 중첩을 확인하는 데 유용하다.

Observer Points 분석법은 〈그림 141〉과 같이 복수의 관찰자를 대상으로 상호 간에 보이는 가시영역과 비가시영역을 식별하는 방법이다. 관찰자 또는 관찰자 간의 가시영역은 분석 결과 레이어의 속성테이블과 심볼을 통해 확인할 수 있다. 가령, 속성테이블에서 관찰자1(OBS1)만 보이는 영역은 관찰자1만 1로 표시되고, 모든 관찰자가 보이는 가시영역은 모두 1로 표시된다. 이것은 시각화 도면에 표시된 심볼로도 확인 가능하다(그림 142).

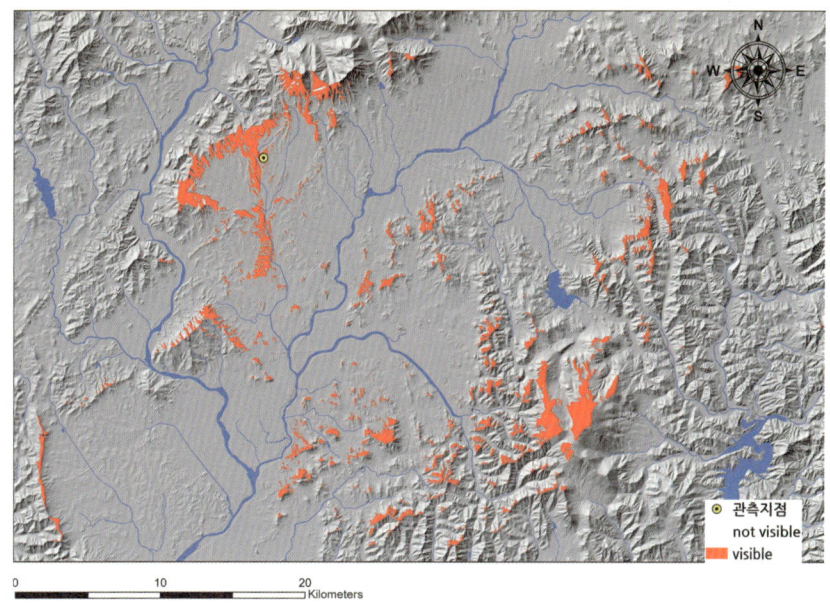

그림 140. Viewshed 분석 결과

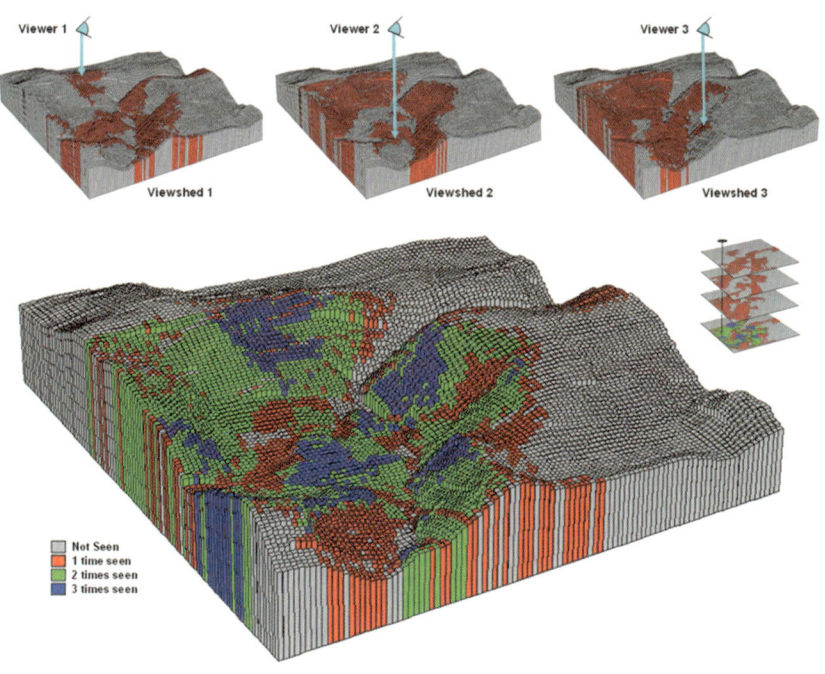

그림 141. Observer Points 분석 방법(Berry 2014)

제9장 **가시권 분석** ─── 217

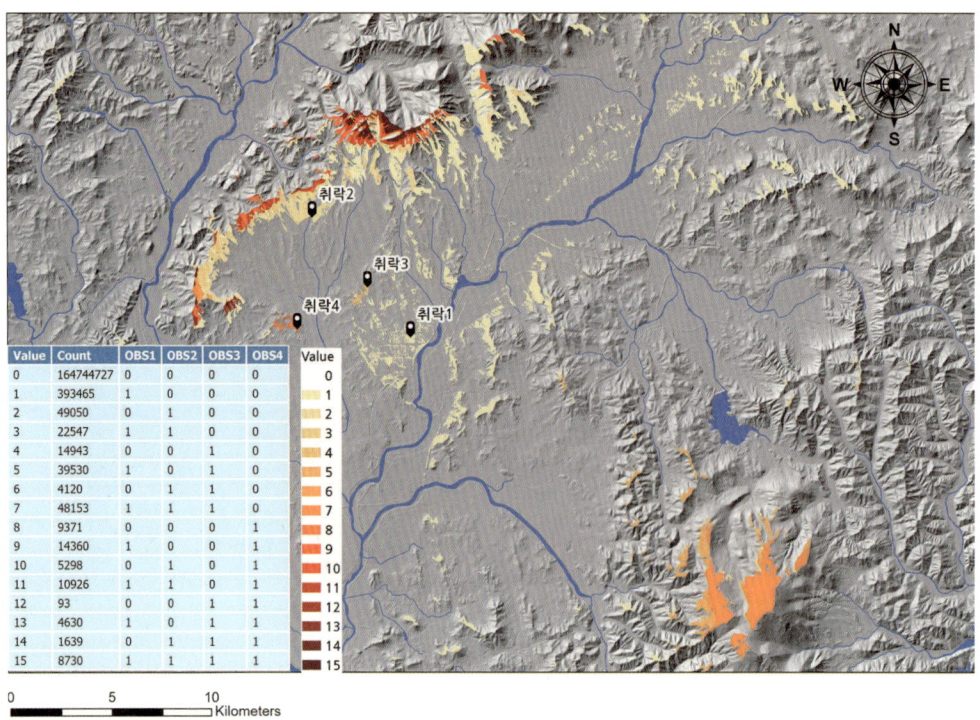

그림 142. Observer Points 분석 결과 예시

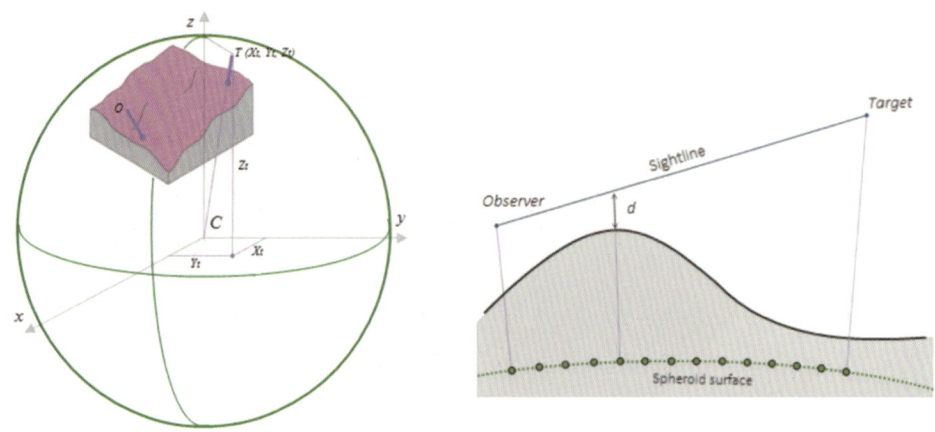

그림 143. Geodesic Viewshed 분석법의 원리(Arcgis pro Help Archive)

Geodesic Viewshed 분석법은 Observer Points와 같이 복수의 관찰자로부터 관측되는 누적가시권을 식별하는 방법이지만, 보다 향상된 기능들을 제공한다. Geodesic Viewshed 분석은 〈그림 143〉과 같이 3차원의 구형을 이루고 있는 지표면의 특성을 반영한 측지선을 감안하여 가시권을 분석하는 방법이다. 이것은 관측하고자 하는 가시권이 범위가 넓고, 정확한 분석 결과를 도출하고자 할 때 유용한 분석법이라고 할 수 있다. 또한 이 분석에서는 가시 지점의 빈도를 표출할 수 있을 뿐만 아니라, 구조물이나 관찰자의 높이, 시야각, 가시영역을 별도 지정할 수 있는 매개변수가 제공된다.

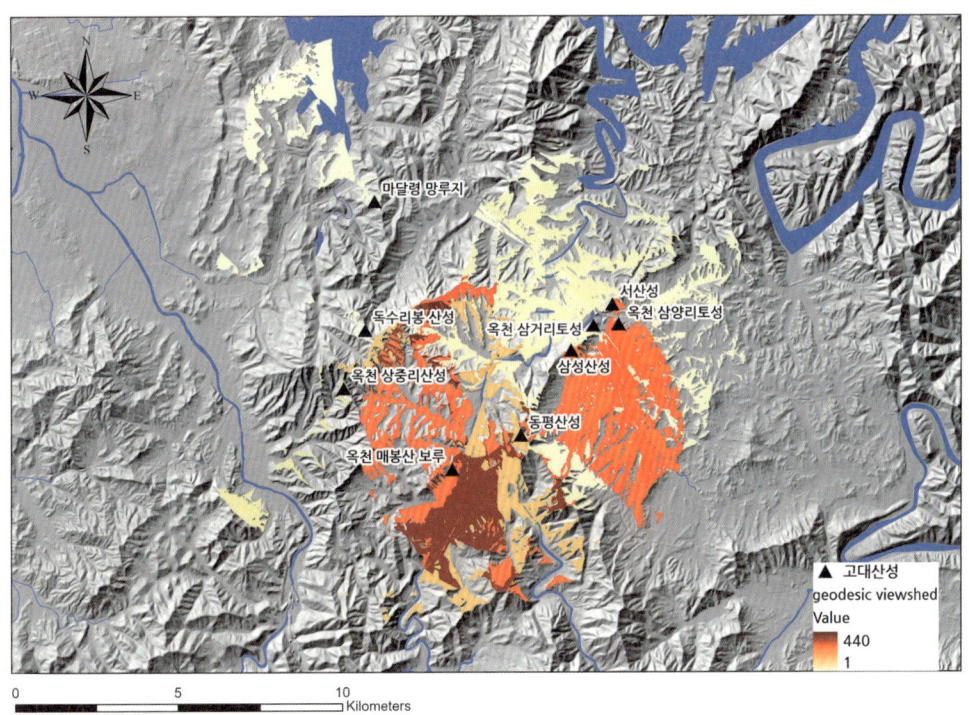

그림 144. Geodesic Viewshed 분석을 이용한 대전 · 옥천 경계 고대 관방유적의 가시권

삼국시대 관방유적 연구에서 피아 식별이 가능한 근거리는 관측 지점에서 반경 4km 정도로 파악하고 있으며, 원거리 식별 거리는 10~13km, 아주 양호한 시계 상황일 경우에는 20km 정도까지 식별 가능하다고 보고 있다(이판섭 2006). 이 가운데 근거리 식별거리를 기준으로, Geodesic Viewshed을 이용하여 대전과 옥천 경계에 분포하는 성곽의 가시권을 분석해 보면, 〈그림 144〉와 같이 시각화할 수 있다.

최근에는 사용자가 3차원 공간에서 매개변수들을 직접 조정하며 가시권을 시각화하는 반응형 가시권 탐색법(Exploratory 3D Viewshed Analysis)이 제공되고 있다(그림 145). 이것은 주어진 관점에서 3차원의 가시권역을 표출하는 방법으로, 매개변수인 거리, 시야각, 방향 등을 이용하여 3차원의 돔형 구조를 생성하면서 가시 영역을 모델링한다. 2D 평면상에서 매개변수 입력을 통해 표출하는 기존 방식보다 직관적으로 가시권을 생성하고 조정할 수 있으며, 3차원의 공간을 기반으로 분석 결과를 생성하므로 가독성 또한 뛰어나다는 장점이 있다.

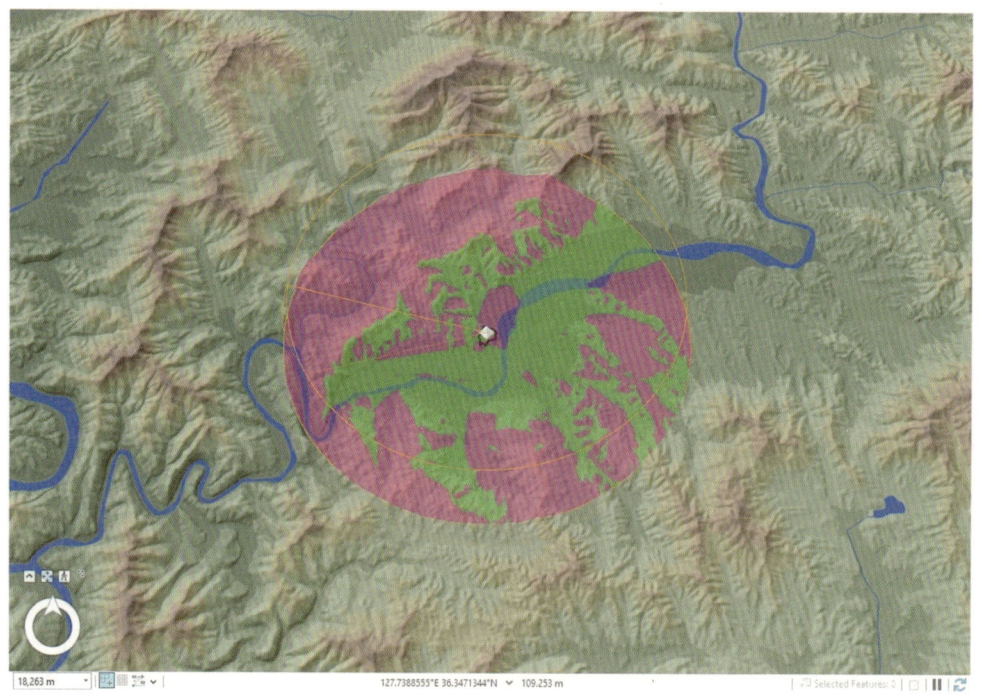

그림 145. 반응형 3D 가시권 탐색법(Exploratory 3D Viewshed Analysis) 예시

9.2.3 가시선 분석

가시선 분석은 가시영역을 식별하는 가시권 분석에서 시행하는 것과 같이, 관찰자와 목표 시점 사이를 연결하는 직선상의 가시 지점들을 탐색하는 방법이다. 이 분석에서는 관찰자가 지형과 지물을 가로질러 목표 지점을 바라보았을 때, 장애물에 의해 방해받지 않고 가시할 수 있는 지점들을 직선으로 연결하여 가시 여부를 표출한다(그림 146).

가시선 분석에서는 상호 관측 지점들의 높이를 조절할 수 있으며, 직접적인 목표물을 대상으로 시인관계가 형성되는지를 판단하기 때문에 고고학 연구에서 유적 간의 상호 관계성을 추론하는 데 유용할 수 있다. 예를 들면, 가시선 분석을 이용하여 청동기시대 취락에서 분묘와 주거지 사이에 직접적인 시인관계가 성립되는지의 여부를 확인하고, 이를 근거로 분묘의 위치 선정 시, 삶과 죽음의 공간을 연결하는 시각적 체험 요소가 작용하였다는 내용의 추론이 가능할 것이다. 최근에는 구석기시대 벽화동굴 연구에서는 벽화를 일종의 시각적 의사소통체계를 보고, 가시성을 고려하여 벽화의 위치가 결정되었을 것이라는 가설을 검증하기 위해 가시선 분석이 활용되기도 하였다(Intxaurbe *et al*. 2022).

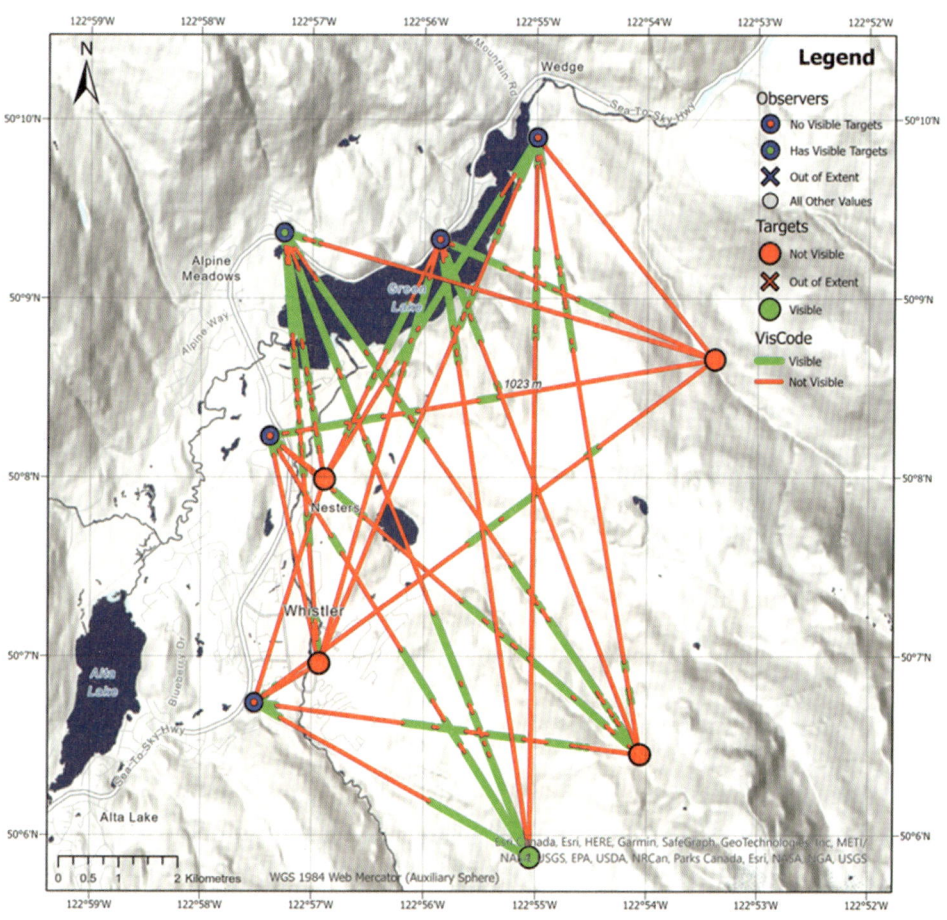

그림 146. 가시선 분석 예(Esri Canada)

사례 | 가시권 분석을 이용한 청동기시대 남강유역 취락과 분묘 분포패턴 분석[07]

인간은 주변 환경과 상호작용하며 경제적·정치적·이념적 차원의 영역을 형성한다(Zedeño 2016). 이 영역 내에는 산, 강과 같은 자연환경적 요소들과 함께 가옥, 무덤, 경작지 등이 존재하며, 이것들이 연결된 공간은 개인과 집단의 정체성을 구조화하고 의미있는 장소들을 조직한다. 이를 통해 형성된 영역은 물리적 환경과 함께 사회경제적 역할과 상징적 의미를 지닌 경관을 구성하고 있었다. 이러한 영역의 규모는 인간의 일상적인 경제 활동 범위를 고려하여, 최대 반경 5km로 상정되고 있다(Renfrew and Bahn 2005: 172-173).

하지만 분묘를 매개로 단위공동체 구성원들이 그들의 사회경제적 영역으로 인식하고 있었던 범위는 지도상의 평면에 간단히 표시되는 반경 권역은 아니었을 것이다. 실제 영역은 취락에서 일상생활을 영위하며 사방에서 시각적으로 체험하는 가시 경관이었을 가능성이 크다. 가시성은 인간의 움직임과 상호 연관되어 있으며, 끊임없이 변화하는 시각의 연속을 통해 경관을 구성한다(Gibson 1979). 예를 들어, 시각적으로 확장된 조망권을 제공하는 완만한 경사면은 사람들의 움직임을 적극적으로 유도하는 반면, 가파른 절벽은 이동의 가능성을 제한한다. 따라서 연속된 시각적 체험은 지속적으로 이동 경로를 발생시키거나 통제하면서 사회적 맥락이 작용하는 장소를 형성하게 된다(Ingond 2000·2011). 다시 말하면, 가시 경관은 정적인 세계가 아니라, 사람들의 이동에 영향을 미치고, 생활 기반이 되는 생태적·문화적 공간을 만든다고 할 수 있다. 이와 같이 가시성에서 비롯된 이동의 매카니즘은 취락을 이루고 있었던 공동체의 생활 기반을 추정할 수 있는 근거를 제공하며, 이를 통해 취락의 영역을 추정해 볼 수 있을 것이다.

특히 단위공동체의 정체성을 상징하고, 정치적·이념적 행위가 이루어졌던 장소, 즉 매장의례 시설에서 둘러보는 360° 가시 경관은 토지에 대한 공동체의 배타적 소유권이 작용하는 실질적인 영역으로 상정할 수 있다고 본다. 분묘는 공동체의 정신적 구심점이자 정체성을 나타내며, 정치적 권위와 권력이 재창출되는 상징적이고 의미있는 장소이다. 이러한 복

---

07 2023년 『한국청동기학보』 32에 발표한 「남강 유역 청동기시대 분묘의 경관 -진주 대평리·평거동·초장동 유적을 중심으로-」의 일부를 요약한 것이다.

합적 의미를 지니고 있는 분묘에서 바라본 가시 경관은 누적된 역사적 경험과 공간적 특수성을 기반으로 토지의 경제적 점유를 확고히 하고, 정치적·사회적 권력이 집중되는 경관으로 작용하였을 것이다. 그리고 이러한 가시 경관은 취락 내 여러 기능 공간들의 구조화와 개인이나 집단의 행동 패턴에도 영향을 미쳤을 것으로 보인다.

이와 같은 분묘의 가시 경관이 지닌 의미를 전제로, 진주시 일원의 남강 유역에 위치한 청동기시대 중기 취락의 영역에 대해 살펴보자. 이 일대의 취락 분포는 〈그림 147〉과 같다. 대평리를 비롯하여, 평거동, 초장동 등 비교적 규모가 큰 취락은 남강 북편에 위치하며, 소규모 취락은 남안에 분포하는 경향을 보인다. 분묘는 거의 모든 취락에서 발견된다. 이 가운데 대평리, 평거동, 초전동와 같은 대규모 취락의 분묘를 대상으로 가시 경관을 살펴보고자 한다. 이는 이들 취락이 각기 다른 권역의 최상위취락으로 상정되고 있고, 이를 중심으로 크고 작은 취락들이 국지적 네트워크를 형성하고 있었다고 여겨지고 있기 때문이다.

이러한 취락 체계는 취락 간 상호작용을 전제로 한다는 점에서 시인관계에 의해 성립될 가능성이 높다(津村宏臣 2006). 이 점을 감안하면, 최상위 중심취락의 가시권은 직접적으로 취락 간 상호작용이 이루어졌던 권역으로 상정할 수 있을 것이다. 중심취락의 가시권에 대한 분석은 토지에 대한 영속적 점유를 상징하는 분묘를 대상으로 실시하였다.

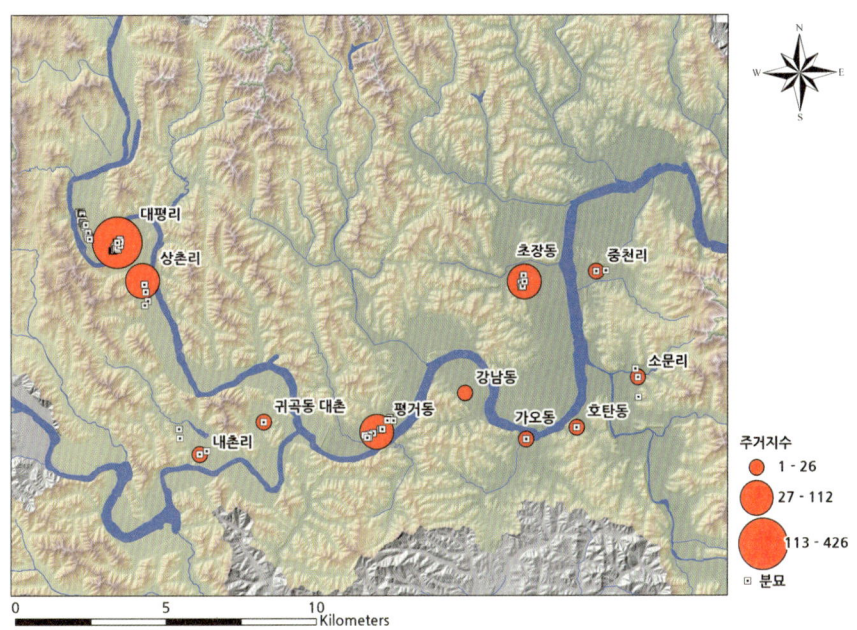

그림 147. 진주시 일원 남강 유역의 취락과 분묘의 분포

가시권분석 결과를 보면, 생업경제 활동 범위로 상정되는 반경 5km 범위와 크게 차이가 난다. 이는 실제 일상에서 시각적으로 체험하여 생활을 영위하였던 경관과 인간의 활동 범위가 달랐을 가능성을 시사한다. 한편 여기서 주목되는 점은 대평리, 평거동, 초장동의 가시권이 거의 중첩되지 않는다는 점이다. 이것은 일차적으로 각 중심취락의 구성원들이 일상생활을 영위하는 가운데 시각적으로 체험되는 공간을 공유하고 있지 않았음을 보여 준다. 분묘의 가시 경관은 적극적으로 토지 이용이 이루어지는 경제적 자원개척영역이고, 단위 집단간의 상호작용이 이루어지는 사회적 행위 영역이자, 분묘를 매개로 공동체성이 작용하는 이념적 공간을 구성한다. 이를 전제로 본다면 진주시 일원의 중심취락들은 일상적인 생활권을 공유하지 않고, 각기 독립적인 영역을 유지하며 국지적 차원에서 사회경제적 활동을 하고 있었음을 시사한다.

한편, 남강 북안 지역에 한정지어 볼 때, 각 중심취락의 가시권역 내에 다른 취락들이 분포하고 있지 않은 것을 볼 수 있다. 이것은 대규모 취락이 복수의 주변 취락과 직접적으로 상호작용하며 지역사회를 구성하고 있지 않았을 가능성을 보여 준다. 다시 말하면, 대규모 취락은 국지적 단위공동체의 중심취락으로서 기능하며 주변 취락과 수직적 네트워크를 형성하고 있었던 것이 아니라, 각기 배타적 경관을 구성하며 일상생활을 영위하는 구조를 이루고 있었다고 말할 수 있다.

이처럼 분묘의 가시 경관은 각 취락의 구성원이 일상적으로 체험하는 독립적이고 배타적인 생활권으로 상정할 수 있다. 여기에서는 이러한 권역의 실질적 범위에 대해 살펴보고자 한다. 앞서 지석묘를 비롯한 거석 무덤은 일상적으로 생업경제자원이 개척되는 초기농경사회의 영역을 추정하는 근거로 보았으며, 그 영역은 최대 반경 5km로 설정할 수 있다고 하였다. 이를 전제로, 대평리, 평거동, 초장동 취락 내에 분포하는 각각의 분묘로부터 반경 5km의 범위를 설정해 보았다. 분석은 지표면 경사도를 변수로 한 GIS의 비용-거리분석을 이용하였으며, 그 결과는 〈그림 148〉과 같다. 그림에서 반경 권역은 각 취락의 가시권과 마찬가지로 거의 중첩되지 않는다.

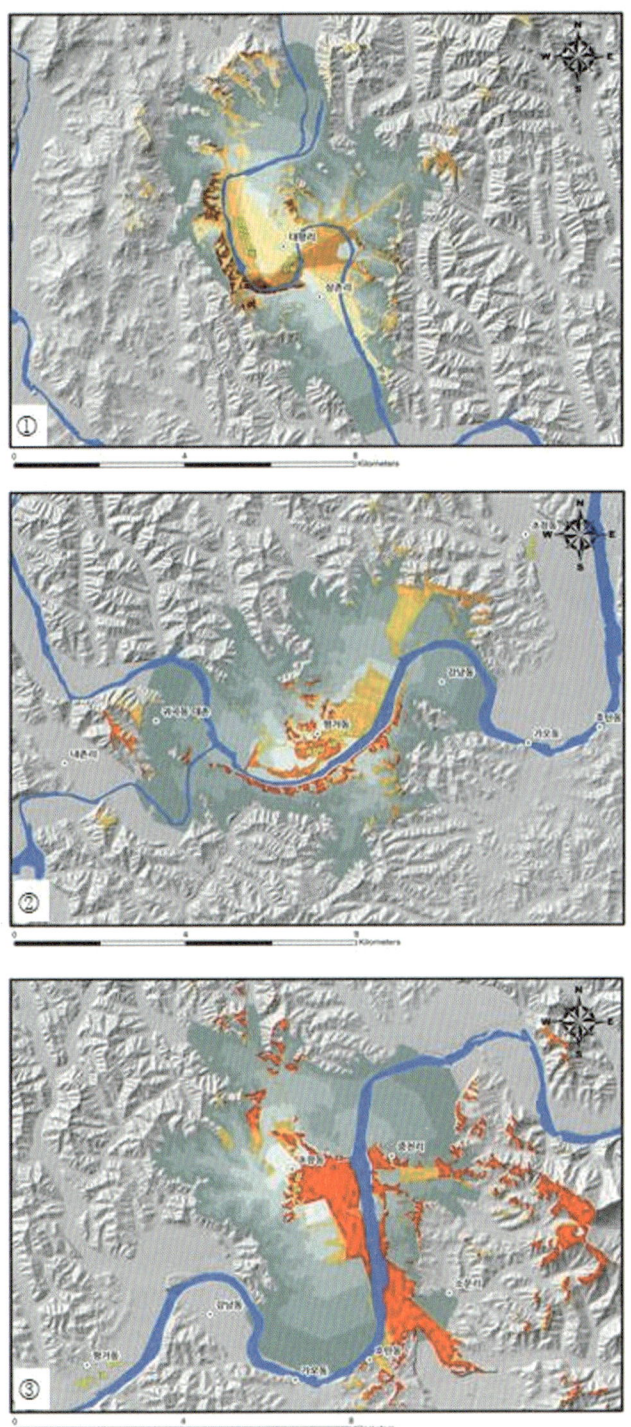

그림 148. 대평리(①)·평거동(②)·초장동(③) 가시권과 비용거리

좀 더 구체적으로, 각 중심취락의 분묘 가시권과 비용거리분석 결과를 비교 검토해 보자 〈그림 149〉. 먼저 대평리의 경우 147기의 지석묘와 석관묘에서 바라본 누적가시권역을 보면, 동서쪽은 산지로 가로막혀 있기 때문에 시야가 한정되어 있지만, 남쪽과 북쪽은 하천을 따라 멀리 조망할 수 있는 경관 구조를 이루고 있다. 이를 분묘로부터 사방 5km에 이르는 비용거리분석 결과와 비교해 보면, 경계 지점이 대체로 가시권과 일치하는 것을 볼 수 있다. 이것은 대평리 거주민들이 일상생활을 영위하면서 바라보았던 경관과 생업경제자원이 적극적으로 개척되었던 영역이 일치한다는 것을 보여 준다.

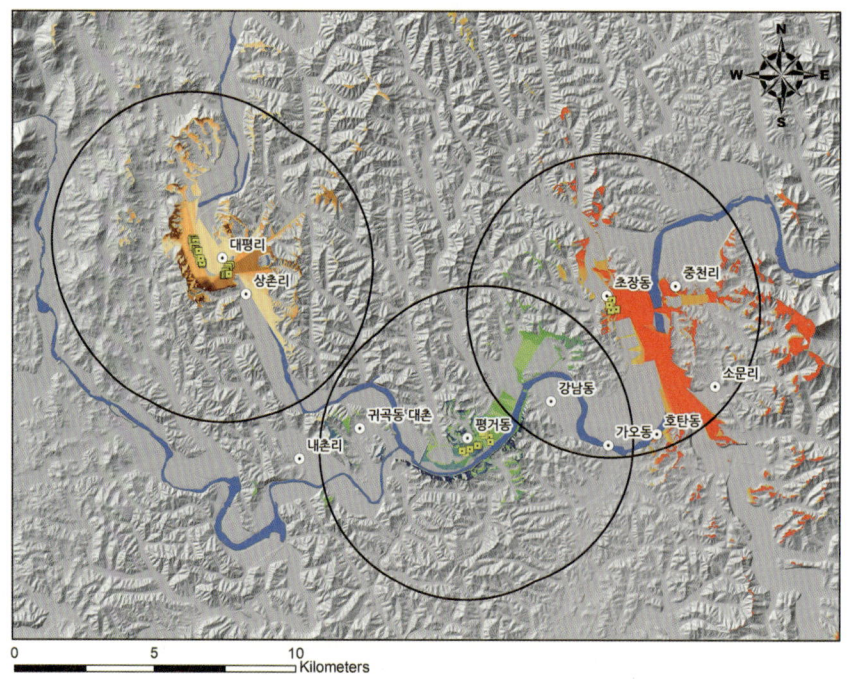

그림 149. 진주 대평리 · 평거동 · 초장동 유적 분묘의 5km 반경과 누적가시권

이러한 현상은 평거동, 초장동에서도 볼 수 있다. 분묘의 가시권은 남쪽과 북쪽에 자리한 산지에 가로막혀 있어 가시권역이 넓지 못하다. 하지만 하천이 흐르는 방향을 따라 동쪽과 서쪽은 비교적 광범위한 조망권을 형성하고 있으며, 그 범위는 대체로 반경 5km 범위에 한정된다. 초장동유적 경우에는 분묘의 누적가시권은 반경 8km의 범위를 넘지만, 유적의 남

쪽편에 넓게 형성된 주요 조망권은 하천을 경계로 하는 반경 5km 지점에 한정되어 있다. 실질적인 생활권도 이 범위에 해당될 가능성이 높다.

이와 같이 대규모 취락에 분포한 분묘의 가시 경관은 경제적 활동이 집중적으로 이루어 졌던 공간과 대체로 일치하며, 그 범위는 반경 5km에 해당한다고 말할 수 있다. 분묘에서 바라본 가시권은 사회경제적 활동이 이루어졌던 영역이었으며, 사회구성원들이 일상적으로 체험하며 경관을 구조화하고 의미를 부여하였던 공간이었던 것이다. 취락의 거주민들이 분묘를 매개로 실제 일상에서 시각적으로 체험하고 있는 경관, 즉 산과 강, 경작지, 이동로 등은 심리적·경제적으로 안정적인 생활을 영위할 수 있는 공간을 제공하였을 것이고, 취락 안팎으로 사람들이 이동하는 것을 제한하거나 움직임을 유도하는 역할을 하였을 것이다.

다음은 각 중심취락 내부의 분묘 경관에 대해 살펴보도록 하겠다. 취락은 넓은 의미에서 인간 활동의 무대 전반을 말한다. 집, 무덤, 길, 밭, 논 등은 취락의 경관을 구성하는 물리적 객체이다. 하지만 이것은 정적인 객체로서 존재하지 않으며, 일상생활 속에서 끊임없이 변화하며 관계를 맺는 네트워크를 구성한다. 이러한 객체들 간의 상호작용 네트워크는 구체적으로 이동로를 형성하거나 이정표로서 역할을 하며 삶의 바탕을 이룬다. 이 가운데 분묘는 취락의 경관을 구성하는 매장 시설 이상의 의미를 지닌다. 분묘는 망자를 위한 공간이지만, 산 자와 죽은 자를 연계하며 공동체 내부의 전통적 질서를 유지하는 '정치적 사건'이 이루어지는 장소이기도 하다. 분묘 축조를 주도한 세력은 매장의례행위를 수행하며 합법적으로 권력 행사의 정당성을 인정받고, 정치적 권위를 강화하는 장소로 이용하였다. 또 한편으로는 죽음에서 비롯된 낙담, 불안, 공포로부터 공동체의 연대감을 재정립하고, 분묘를 매개로 이루어지는 반복적인 묘사(墓祀) 행위는 공동체 구성원들에게 두려움, 애도, 불평등을 체험하게 하는 다의적 성격을 지닌다.

다시 말하면, 분묘는 물리적 환경을 구성하는 동시에, 정치적·경제적 기능과 역할, 상징적 의미가 복합적으로 작용하여 만들어진 특별한 장소라고 말할 수 있다. 이와 같은 장소적 의미를 고려하면, 분묘는 취락 내에서 특별히 배려된 공간에 축조되는 경우를 확인할 수 있다. 이로 인해 분묘 축조 공간은 일상생활에서 끊임없이 체험될 수밖에 없는 가시성을 지니고 있었고, 공동체 구성원의 움직임에도 영향을 미치는 지배적인 경관을 구성하고 있었을 것이다. 이러한 분묘의 장소적 맥락과 경관 구조는 남강 유역의 중심취락으로 상정되고 있는 초장동의 예에서 구체적으로 살펴볼 수 있다.

초장동 유적에서 확인된 분묘와 주거지, 고상건물지, 논경작지의 분포를 재구성하면 〈그림 150〉과 같이 나타낼 수 있다. 여기에서 분묘는 주거공간과 차별적인 배치를 이루며 취락 경관의 지배적인 요소로 작용하고 있다. 먼저 군집 유형을 살펴보면, 초장동에서는 대형 묘역지석묘를 중심으로 분묘들이 배치된 구조를 이루고 있다. 유적 최남단의 가장 높은 지점에 위치하며, 원형의 대형 묘역지석묘 1호와 13기의 분묘들이 하나의 군집을 이루고 있다. 1호묘는 매장주체부가 발견되지 않았지만, 창원 진동리와 진주 가호동의 원형 묘역지석묘와 같이, 중앙부에 매장시설이 존재하였을 것으로 추정된다. 분묘군의 배치 구조는 1호와 연접하여 2호묘가 축조되어 있고, 그 주변으로 4기의 석관묘가 환상으로 분포하는 형태를 이룬다. 그리고 그 외곽으로 2기의 장방형 묘역지석묘가 연접한 3호·4호와 5기의 분묘가 배치되어 있다.

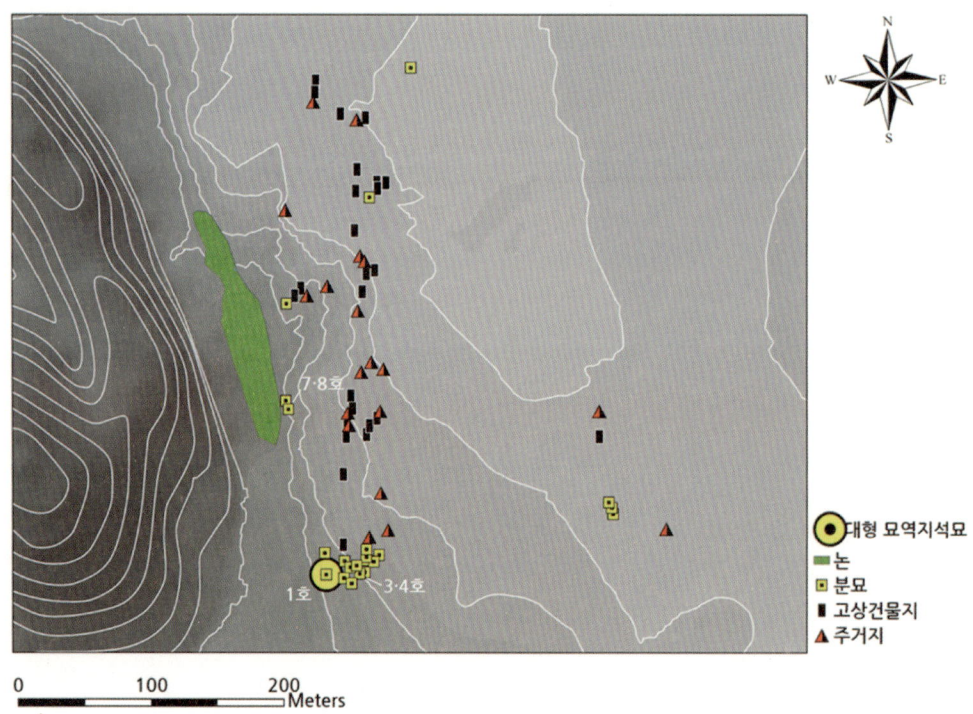

그림 150. 초장동 유구배치도

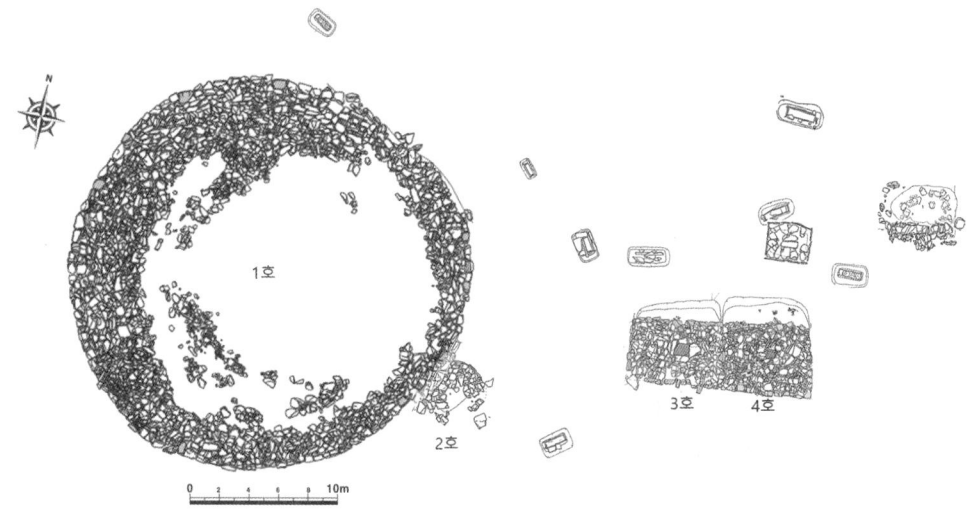

그림 151. 초장동 1호묘 주변 분묘 배치도

 이들 분묘는 약간의 고저 차가 확인된다. 발굴조사에서 확인된 묘역 조성대지를 보면, 1호묘는 해발 18.9m, 3·4호묘는 각각 해발 17.8m와 18.0m 지점에 해당한다. 취락 내에서 가장 현저한 곳에 1호묘가 먼저 축조되고, 3·4호분이 그 주변에 조영된 것으로 보인다. 다시 말하면 직경 약 26m의 원형 성토 분구를 가진 대형 묘역 지석묘가 취락에서 가장 높은 지점에 축조되었고, 이후에 원형의 묘역을 따라 석관묘군이 조영되었다고 볼 수 있다. 이러한 선대 분묘군은 일정 시기 동안 산 자와 죽은 자를 연계하는 취락의 핵심 기능 공간으로 작용하고 있었을 것이다. 이후에 1호묘군보다 상대적으로 낮은 지점에 3·4호 묘역지석묘와 관련된 석관묘들이 공간 순서를 따라 조영되었다고 본다.

 이처럼 분묘 군집의 배치 구조가 다른 점은 분묘군 조영 집단이 동일하지 않을 가능성을 시사한다. 선축된 1호묘의 피장자는 초장동에서 대형 분묘를 조성할 수 있을 정도의 정치권력을 소유하고 있었던 유력한 출계집단의 리더로 볼 수 있다. 그리고 이러한 대형 묘역지석묘의 축조를 주도하였던 세력은 동일한 집단의 구성원이었을 것이다. 이들은 취락공동체 리더의 죽음에서 비롯된 사회적 혼란과 상실감을 최소화하는 동시에, 망자가 소유하였던 정치권력을 합법적으로 이양받기 위해 지석묘 축조라는 협업적 매장의례를 수행하였다고 생각된다. 이를 통해 권력을 확보한 동일 출계집단의 유력자들은 정치권력을 유지하는 수단으로 계보와 정통성을 강조하였을 것이고, 그것의 물리적 표현은 1호묘 주변에 분묘를 배치하는 방식으로 나타났던 것이다.

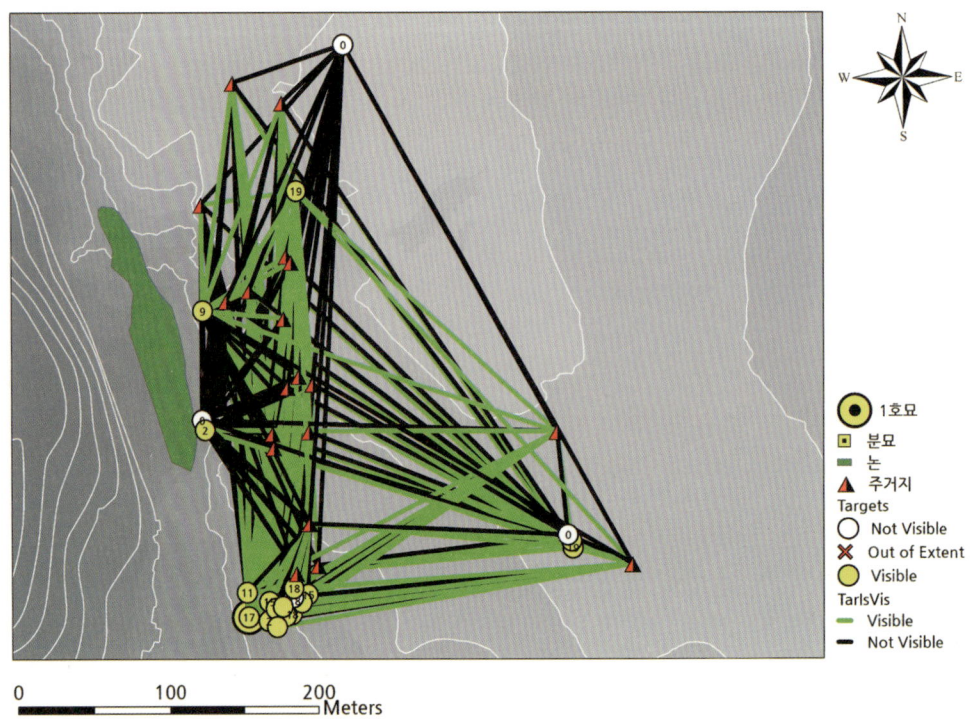

그림 152. 초장동 분묘-주거지 가시권 분석

한편 3·4호묘 조영집단은 취락공동체 내에 존재하였던 또 다른 유력 출계 집단으로 추정된다. 초장동은 주거군의 분포를 볼 때, 복수의 출계집단으로 구성되었던 것으로 보인다. 이러한 출계집단들은 분묘를 축조하는 경제적 · 의례적 행위에 상부상조하는 동시에 노동력 확보나 정치적 우위를 점하기 위해 서로 경쟁한다(김승옥 1998: 13). 이러한 경쟁적 관계는 위계 구조가 정립되지 않은 사회에서 주로 나타나며(티모시(김경택 역) 2008: 36), 권력을 지향하는 개인이나 집단이 새롭게 등장할 수 있다. 이 과정에서 사회적 주도권을 확보하며 부상한 유력자 또는 유력 출계집단은 기존 세력과 차별화하는 전략을 구사하며, 그 결과는 통치이데올로기로 작용하고 있었던 전통 질서의 파괴로 나타난다. 지석묘사회에서는 이것이 기존 분묘에 적용되었던 공간 질서를 전환하는 방식으로 표현되는데(강동석 2021b:146-147), 초장동의 경우에는 1호묘 중심의 분묘 축조 전통이 중단되고, 1호묘와 차별화된 방형 묘역을 갖춘 3·4호묘를 중심으로 분묘군을 조영하는 방식으로 나타났던 것이다.

이처럼 초장동에서 분묘군은 사회 질서를 유지하고 공동체를 통합하는 상징적 장소였다. 이러한 분묘군이 지닌 장소적 특성의 형성은 취락 구성원들이 시각적으로 상시 체험할 수 있는 공간 구현을 통해 실현 가능하였다. 이러한 사실은 분묘-주거지 간 시인 관계 분석을 통해 입증할 수 있다. 〈그림 152〉는 분묘-주거지 사이의 가시선(Line of Sight)을 분석한 결과이다.[08] 특히, 초장동 취락에서 사회적·이념적으로 중핵적 역할을 담당하고 있었던 1호묘의 가시 경관을 보면, 전체의 약 90%에 해당하는 주거지에서 분묘가 조망되는 것을 볼 수 있다. 뿐만 아니라 주변 분묘들도 주거지 11~18동과 직접적인 시인 관계를 형성하고 있다. 이는 분묘군이 취락 내에서 특별히 배려된 장소에 조영되었다는 것을 의미하며, 또 한편으로 취락 전체의 지배적 경관인 동시에, 공동체의 정체성을 대표하는 장소로서 작용하고 있었음을 보여 준다.

---

08   ArcGIS Pro의 Visibility Analysis의 가시선 분석(Line of Sight)을 이용하여 분석한 결과이다.

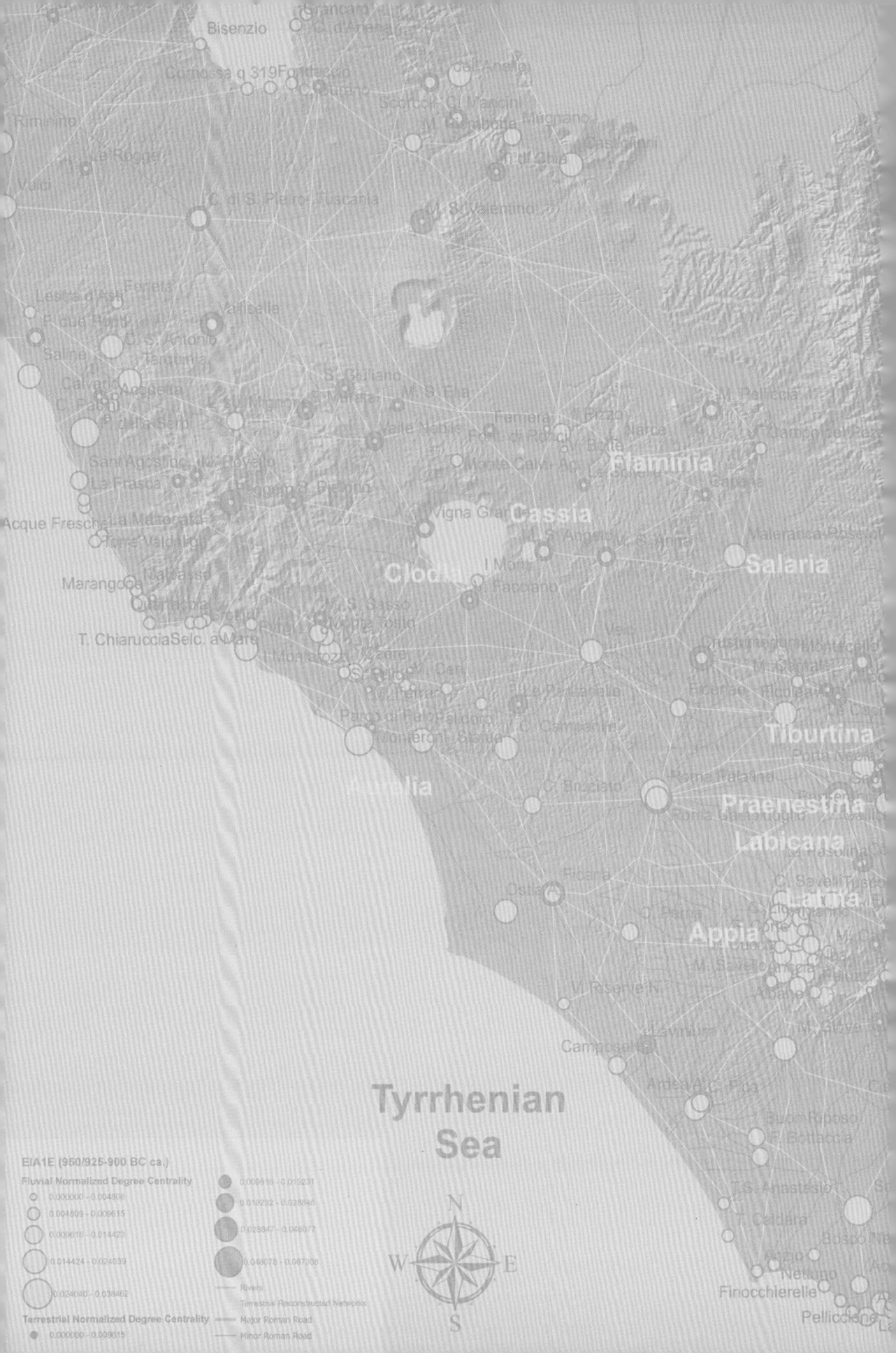

제10장

네트워크 분석

제10장
네트워크 분석

10.1 고고학과 네트워크

고고학에서 네트워크는 교환, 교류, 교역, 상호작용 등과 같이, 고고학적 현상을 설명하는 일상적이고 일반적인 용어로 사용하고 있으며(Knappett 2013: 3), 인간과 사물, 인간과 환경이 어떠한 방식으로 상호작용하였는지는 고고학적 연구의 가장 많은 영역을 차지하고 있다(Mill et al. 2013b: 185). 이러한 네트워크에 대한 접근은 특정 영역 내에 분포하는 유적 간의 관계에서부터 지역 간 상호작용에 대한 관심까지 매우 폭넓게 이루어졌다. 특히, 과정고고학에서는 가구뿐만 아니라 지역공동체에 해당하는 사회 구성단위 간의 상호작용 패턴과 그 과정을 살펴보기 위해 다양한 형태의 네트워크 분석이 진행되었으며, 이것은 고고학 연구를 위한 기본적인 절차로 여겨져 왔다(Rivers et al. 2013: 2). 이와 관련하여 다양한 공간적 차원에서 이루어지는 중심-주변유적 간의 상호작용과 관계망, 영향권을 보여 주는 중심지 이론과 티센·보로노이(Thiessen·Voronoi) 다각형, 익스텐트 모델(Extent Model), 중력모델(Gravity Model), 입지-배분모델(Location-Allocation Model) 등은 대표적인 분석법에 해당한다.

이처럼 고고학에서 네트워크에 주목한 이유는 상호작용 관계 속에 특정 위치가 지니는 의미, 즉 중심성이나 공간적 위상을 표현되는 사물 또는 행위자의 가치를 찾아볼 수 있기 때문이다. 또한 이러한 네트워크 조직 내의 상호관계를 추적하는 과정에서 기존에 드러나지 않았던 개인이나 집단의 상호작용 패턴을 찾을 수 있다는 점도 강조되고 있다. 그리고 네트워크 내 행위자의 상대적 중요성과 영향력, 그리고 시간에 따라 상호작용에 변화를 미치는 요인들에 대한 해석도 가능하다. 이와 같이 네트워크 분석은 고고학적 현상에서 유추되는 상호작용에 대한 통찰력을 제공할 뿐만 아니라, 다양한 차원에서 상호관계를 시각화하여 그동안 인식하지 못하였던 패턴을 살펴볼 수 있게 한다는 장점을 지니고 있다. 이러한 이유로 인해 최근 10년 간 고고학 연구에서 네트워크 분석 관련 논저 수는 현저하게 증가하는 추세를 보이고 있다(그림 153).

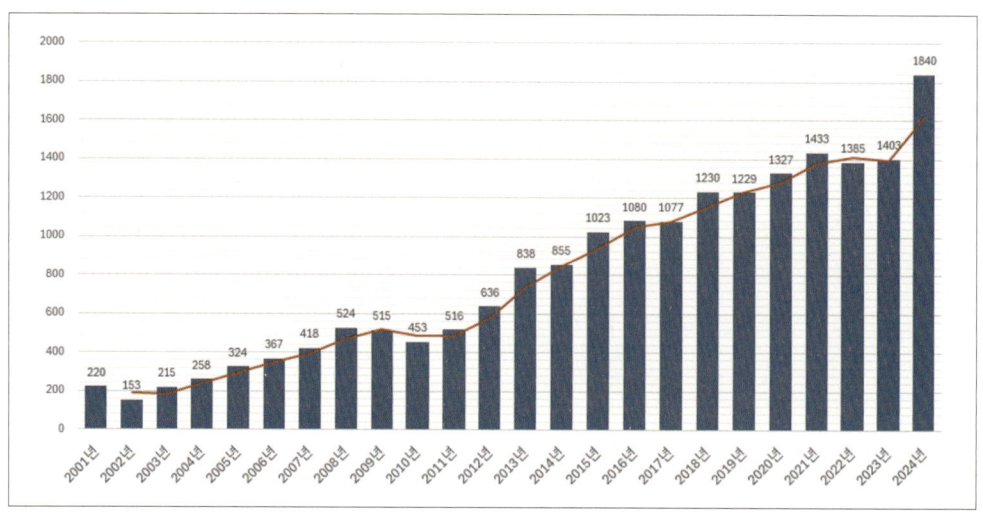

그림 153. 네트워크분석 관련 논저 수 추이(ScinceDirect 기준)

네트워크 분석 가운데 최근 가장 많이 사용되고 있는 것은 사회 네트워크 분석법(SNA, Social Network Analysis)이다. SNA는 노드(Node)와 엣지(Edge)로 구성된 그래프를 통해 상호 관계를 표현한다(金光淳 2006). SNA에 의한 고고학적 현상의 탐색은 사회적 실체 간의 관계 구조를 객관적으로 공식화·시각화·계량화하고, 이러한 관계 네트워크를 형성하고 유지하였던 매카니즘을 살펴볼 수 있다는 강점이 폭넓게 인정받고 있다. 무엇보다도 SNA는 네트워크 공간 조직 내에서 인적·물적 자원의 수직적·수평적 상호작용과 정치경제적 영향력의 우위 관계를 객관적으로 가시화하기 때문에 복합사회의 출현 연구를 위한 분석 도구뿐만 아니라, 해석에도 유용하게 활용되고 있다.

SNA에서 필수적인 노드와 엣지는 기본적으로 관계를 표현하는 것이기 때문에 반드시 지리 사상에 기초한 공간적 속성을 지닐 필요는 없다. 이 때문에 SNA는 비공간적 네트워크 분석으로 불리우기도 한다. 하지만 고고학의 연구 대상인 유적과 유물은 특정한 지역과 지점, 장소에서 확인되는 현상이라는 점을 고려하면, 지리 공간 내에서 객체 간의 관계를 시각화하는 것이 효과적일 수 있다. 이 점에 주목하여 최근에는 SNA에서 측정한 데이터를 GIS와 연계하여 나타내거나 GIS에서 직접 연결망분석(Link Charts) 기능을 제공하고 있다.

그림 154. 중부 이탈리아의 소금 생산과 사회 네트워크 중심성 분석 사례
(Fulminante and Alessandri 2024)

    네트워크 분석은 오래 전부터 고고학 연구에서 유적 간 연결성과 상호작용을 탐구하는 유용한 기법으로 활용되고 있다. 특히, GIS를 이용한 네트워크 분석은 과거의 교역로와 통신망, 사회적 관계를 효과적으로 재구성하며, 그것의 기능과 역할을 객관적으로 입증하는 근거를 제시해 주고 있다. 최근에는 인공지능과 빅데이터 기술의 발전으로 더욱 정밀한 모델링 기법이 개발되고 있으며, 다층적 데이터 통합을 통해 복잡한 사회적·경제적 관계를 보다 깊이 있게 탐구할 수 있는 기능을 지원하고 있다.

10.2 GIS를 이용한 네트워크 분석

10.2.1 입지-배분 모델

입지-배분 모델(Location Allocation Model)은 중심지와 주변 간의 상호작용을 분석하는 네트워크 분석법 중 하나로, 공공서비스 시설의 최적지를 선정하는 입지 문제를 해결하기 위해 개발되었다. 이것은 서비스의 공급과 요구에서 공간적 효율성과 평등성을 고려하여 시설의 입지와 배분을 결정한다. 다시 말하면, 입지-배분 모델은 서비스와 재화를 가장 효율적으로 공급하기 위해 시설의 최적 입지를 결정함과 동시에 각 시설에 요구를 할당함으로써 효율성을 최적화하는 모델이다(이희연 2003: 397). 여기에서 각 시설이 제공하는 서비스 권역은 수요를 바탕으로 배분하는 방식을 따른다. 예를 들면 도서관, 학교, 병원 등 공공시설의 서비스를 효율적으로 제공하거나 이용할 수 있는 입지와 서비스권의 결정에 주로 활용되고 있다.

고고학적 연구에서 입지-배분 모델은 취락 패턴을 재구성하기 위해 제시된 중심지 이론을 비판하고, 이에 대한 대안으로 채택되었다. 중심지 이론이 제시된 이후 고고학적 연구에서는 이것의 이상적 모델에 부합하도록 취락의 기하학적 배치를 추론 또는 변형하는 연구를 진행하였다. 그런데 중심지 이론은 현대의 시장시스템을 설명하기 위해 개발된 이론이기 때문에 고고학적 관점에서 취락의 입지를 결정하는 의사결정 주체의 의도를 설명하기에 부적절하다는 비판을 받았다. 그 대안으로 제시된 입지배분 모델은 중심지이론을 적용하는 데 필요한 기본 전제조건들이 없어도 물류나 정보의 흐름과 관련된 중심취락의 입지 적합성과 공간적 효율성을 검증할 수 있다는 장점으로 인해 취락 패턴을 이해하는 포괄적이고 유연한 모델로 인정받았다.

이 네트워크 분석법은 복합사회 연구에서 취락의 입지 조건을 바탕으로 가정된 취락 분포패턴이 실제 고고학적 현상과 유사한지를 검증하는 방법으로서 채용되었다(Bell and Church 1985). 또한 지역적 차원의 중심취락을 통해서 통제되는 권역을 판단하거나 통제 공간 배치의 효율성을 검증하기 위해 적용되기도 하였다(Church · Bell 1998; Witcosk 2007).

입지-배분 모델은 다양한 유형의 입지와 서비스 영역 문제를 해결하기 위해서 함수를 설정하고 있다. 그중에서 최대커버함수는 시간이나 거리 등 한정된 비용과 시설 수 내에서 수요를 최대한 커버하는 시설의 입지를 필요로 한다. 고고학에서 이 함수를 사용하면 중심취락이 최대한 커버하는 권역의 범위를 설정하거나 그 권역 내에 분포하는 하위취락의 수, 중심취락에서 하위취락까지의 거리 측정이 가능해진다. 따라서 최대커버함수를 이용하면 중심취락과 하위취락 간의 상호작용을 파악할 수 있을 뿐만 아니라, 중심취락을 기점으로 하는 공간적 상호작용의 범위와 규모, 정도를 추정할 수 있다.

최대커버함수는 다음과 같이 정의할 수 있다(石崎研二 2003).

$$max\ Z = \sum_i a_i z_i \quad (1)$$

조건
$$\sum_{j \in N_i} y_i - z_i \geqq 0 \quad \forall_i \quad (2)$$

$$\sum_j y_i = P \quad (3)$$

$$y_i = 0, 1 \quad \forall_j \quad (4)$$

$$z_i = 0, 1 \quad \forall_i \quad (5)$$

a_i는 지점 i에서의 수요, z_i는 배분변수, y_j는 입지변수, p는 시설의 수이다. 함수(1)은 수용할 수 있는 수요를 최대화하는 것이며, 조건(2)은 지점 i가 수용하는 시설이 적어도 하나 이상 있음을 나타낸다. 조건(3)은 입지하는 시설 수가 p개인 것을 말한다. 이와 같은 수식에 의해 취락 간의 관계를 형성할 때, 중심취락은 수요 권역 내에 존재하는 1개 이상의 주변취락과 네트워크를 형성하는 구조를 이루게 된다.

최대커버함수는 지역 내 공급과 수요 지점 간의 상호작용을 나타낼 수 있는데, 지역의 공간 규모에 따라 상호작용의 정도가 달라진다. 즉, 상호작용의 효율성을 고려하면, 무제한으로 범위를 확대하는 것은 의미가 없기 때문에 일반적으로 서비스 공급지가 수요를 최대한 수용할 수 있는 범위를 설정하는 것이 보다 합리적일 것이다. 예를 들면, 비타핀지와 힉스가 제시한 자원개척영역과 같이, 수렵채집사회 10km, 농경사회 5km 영역 내에서의 상호작용을 재구성하는 방식이 채택될 수 있다.

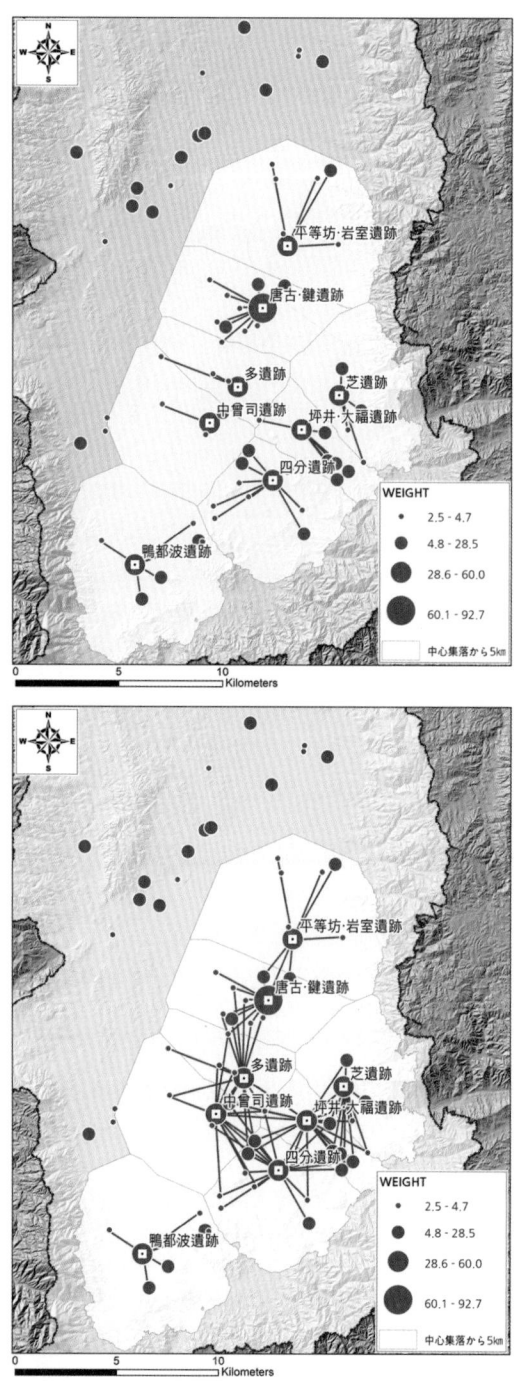

그림 155. 입지배분 모델을 이용한 일본 나라지역의 야요이 취락 네트워크 분석
(위 : 최대 커버 모델, 아래: 점유 최대화 모델)(姜東錫 2018)

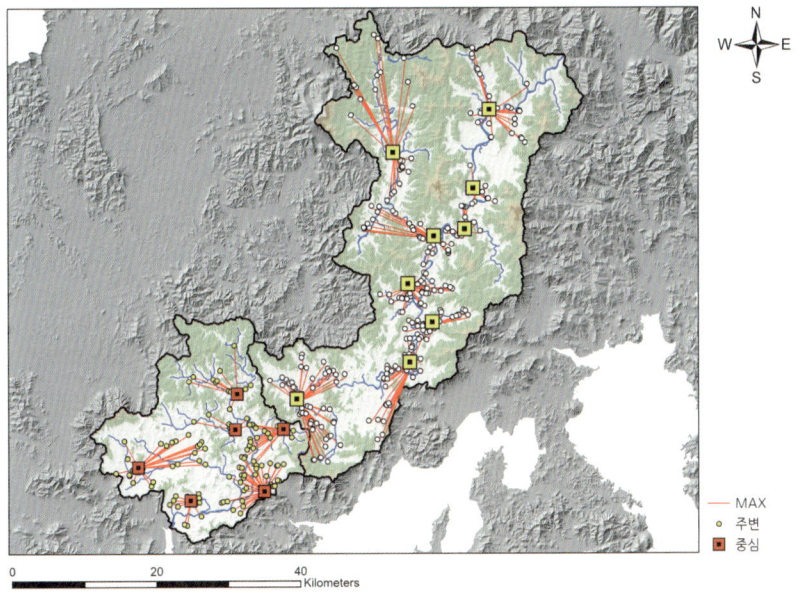

그림 156. 입지배분 모델을 이용한 보성강유역 지석묘사회의 국지적 네트워크 추정(강동석 2021c)

취락고고학 연구에서 국지적 차원의 상호작용 분석은 각각의 단위 지역에서의 중심취락과 주변취락과의 관계를 고찰하지만, 지역적 차원의 분석에서는 이들 취락들이 유기적 또는 계층적으로 연계 관계를 맺고 있는 상황을 파악한다. 이러한 지역적 수준의 상호작용 분석은 중력모델이 채택되는 경우가 많다(Evans and Felder 2014; Knappett 2013). ArcGIS Pro에서 제공하는 입지배분 모델에서는 Huff의 중력모델을 바탕으로 상호 교차하는 최대화 모델을 이용하고 있다.

Huff 모델은 확률적 상권 설정 모델로서 중심지 주변에 위치한 수요자가 특정 중심지를 이용할 확률을 구한다. 이 모델에서 수요자가 특정 중심지를 선택할 확률은 근접한 중심지와의 거리와 매력도 함수에 의해 결정된다. Huff의 중력모델은 취락고고학 연구에서 중심-주변취락의 사회경제적 관계를 가시화하는 경우에 유용하게 사용할 수 있다. Huff 모델의 수식은 다음과 같다.

$$P_{ij} = \frac{W_i/D_{ij}^{\alpha}}{\sum_{i=1}^{n}\left(\frac{w_i}{D_{ij}^{\alpha}}\right)}$$

P_{ij}는 수요자 j가 중심지 i를 선택할 확률이고, W_i는 각 중심지 또는 특정 중심지 i의 매력도를 나타내는 척도이다. D_{ij}는 수요자 j에서 각 중심지 또는 특정 중심지 i까지의 거리를 나타낸다.

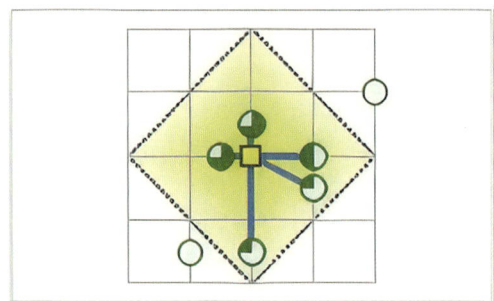 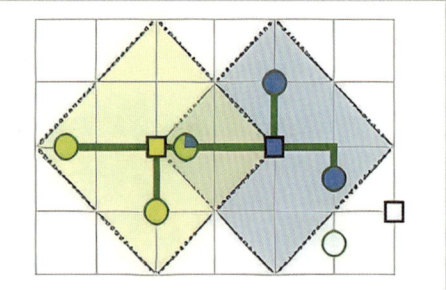

그림 157. ArcGIS Pro의 최대커버모델(좌)과 점유최대화모델(우) 개념도(ESRI)

이러한 Huff의 중력모델을 기반으로 ArcGIS에서는 점유최대화 모델을 제시하고 있다. 이것은 특정 범위 내에서 수요지점과 근접하여 복수의 중심지가 존재하는 경우에 가능한 한 많은 중심지를 선택하는 방식으로 상호작용 네트워크를 나타낸다. 다시 말해서, 특정 범위 내의 유적은 복수의 중심취락을 선택할 수 있다. 따라서 하나의 유적에 여러 중심지와의 상호작용을 상정할 수 있기 때문에 각각의 유적을 매개로 하는 상호작용을 추정할 수 있다. 또한 각각의 중심취락이 공간적 상호작용을 가지고 있다면, 이는 중심취락 간의 직접적인 관계망으로 상정할 수 있을 것이다.

10.2.2 사회 네트워크 분석

10.2.2.1 기본 개념

최근 고고학 연구에서는 행위자, 유물, 취락, 분묘, 기술, 정보, 교역, 이동 등 객체 간에 이루어지는 상호작용의 역동성을 설명하기 위해 SNA로 불리우는 사회 네트워크 분석을 자주 이용하고 있다. 일반적으로 SNA는 지리사상을 명시적으로 고려하지 않는 모델이기 때문에 비공간적인 네트워크 분석으로 정의된다. 하지만 고고학 연구 대상이 지리적 맥락에서 발현된 것이라는 점을 고려하면 공간 좌표에 기반한 네트워크의 재구성과 상호작용 분석이 필요하다.

　SNA에서는 모든 현상을 노드(Node)와 엣지(Edge)로 구성된 그래프로 표현한다. 그래프에서 노드 간의 연결은 기본적으로 0 또는 1로 표시하지만, 노드 간의 관계성에 따라 별도의 계량 데이터로 정의되기도 한다. 그리고 연결선은 방향성을 지니게 되는데, 영향력에 따라 일방향, 쌍방형으로 표현된다. 여기서 노드는 객체 또는 행위자에 해당되며, 개인, 취락, 도시, 국가 등에서 사물, 지리사상, 행위에 이르기까지 특정 단위의 규모와 관계없이 거의 모든 종류의 객체를 나타낼 수 있다. 엣지는 노드 간의 관계를 나타내는 연결선으로, 이것이 정의하는 상호작용은 사회적 관계에서 생물학적 관계, 교역망, 정보 교환망, 이동로, 조직망 등 매우 다양하다. 이러한 노드와 엣지의 네트워크는 일정한 기준에 의해 관계를 설정하며, 정량적으로 설계된 구조로 시각화된다. 그리고 이 구조는 연결, 고립, 밀집, 분리, 중심 등의 관계를 설명한다.

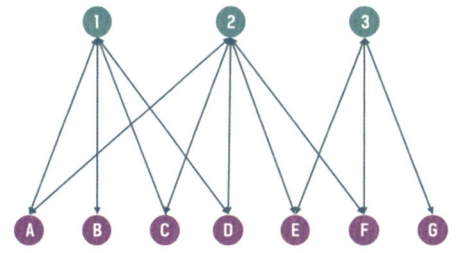

그림 158. 사회 네트워크 분석의 그래프 모델

　이러한 네트워크 구조는 물질문화, 이동, 근접성, 가시성 등을 근거로 시각화할 수 있다(Brughmans and Peeples 2023: 28-47). 물질문화 네트워크는 모든 종류의 물질문화 데이터를 사용하여 나타낼 수 있는데, 고고학적 현상에서 보이는 문화적 동질성 또는 유사성에 기초하여 네트워크를 재구성한다. 구체적으로, 유물이나 유구의 속성, 형식, 유형을 비롯하여 디자인, 화학적 특성 등과 같이 고고학자가 물리적으로 관찰할 수 있는 모든 종류의 현상이 여기에 포함된다. 이러한 네트워크를 구성하는 데 있어서 가장 중요한 것은 객체 간의 유사성이다. 즉, 물질자료가 얼마나 동질성을 지니고 있는가에 따라 상호 관계가 성립되며, 이것은 엣지로 표현된다. 고고학에서 물질문화 네트워크를 구축하는 가장 일반적인 방식은 특정한 속성의 있고 없음을 판단하거나 출현 빈도, 유사도 등을 근거로 엣지를 설정하는 것이다. 예를 들면, 동일 형식 토기의 유무나 출현 수, 흑요석과 같이 산지추정이 가능한 석재의 출처를 그래프로 재구성하는 방식이다.

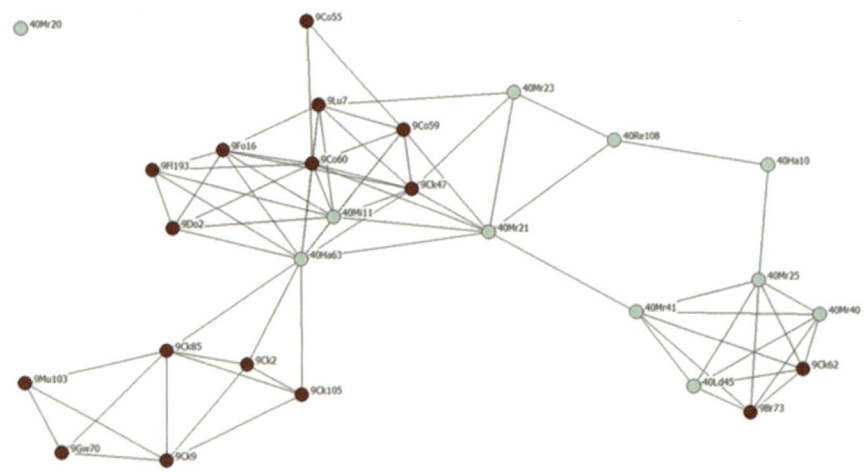

그림 159. 토기 장식의 유사도 계수를 이용한 SNA 네트워크 구성 사례(Lulewicz 2019)

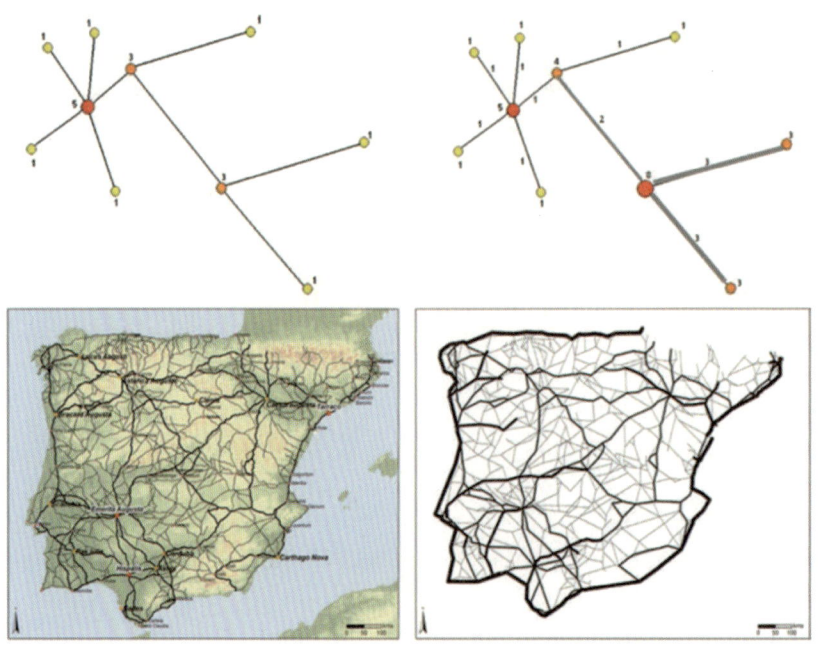

그림 160. 이베리아반도 로마시기의 교통로와 네트워크 재구성 사례(Soto 2019)

이동 네트워크는 일반적으로 교역망, 이동로와 같이 특정한 장소나 지역을 연계하는 연결망에 해당한다. 여기에서는 물류망의 전체 구조, 취락의 상대적 위치, 이동 기회와 위험 정도 등이 네트워크의 특성을 반영하는 요소가 되며, 노드 간에 작용하는 힘의 크기, 작용 방향이 중요한 변수가 된다. 조선시대 고지도에 표현된 간선과 지선은 이동 네트워크의 대표적인 예이다. 이것은 단순히 읍치, 진보, 역참을 연결하는 선이 아니라, 이용 빈도, 기능, 결절 등을 나타내는 속성을 지닌 것으로, 각 기능 공간의 중요도와 영향력을 평가하는 기준이 될 수 있다.

네트워크를 구조화하는 가장 전통적인 방식은 근접성에 의한 것이다. 이 방법에는 거리가 중요가 변수로 작용한다. 이것은 유물, 유구, 유적, 지역 간의 근접도에 따라 분포, 구조, 관계를 분석하고, 이를 기초로 공간 또는 장소 간의 연결 구조와 상호작용 패턴을 설명하는 것이었다. 이러한 근접성을 평가하기 위해 점분포패턴분석에서 언급하였던 최근린지수나 밀도분석이 활용되기도 하며, 최단경로분석, 중력모델, 입지배분 모델 등 거리변수를 이용하여 네트워크를 구성할 수 있는 모든 분석이 여기에 해당될 수 있다.

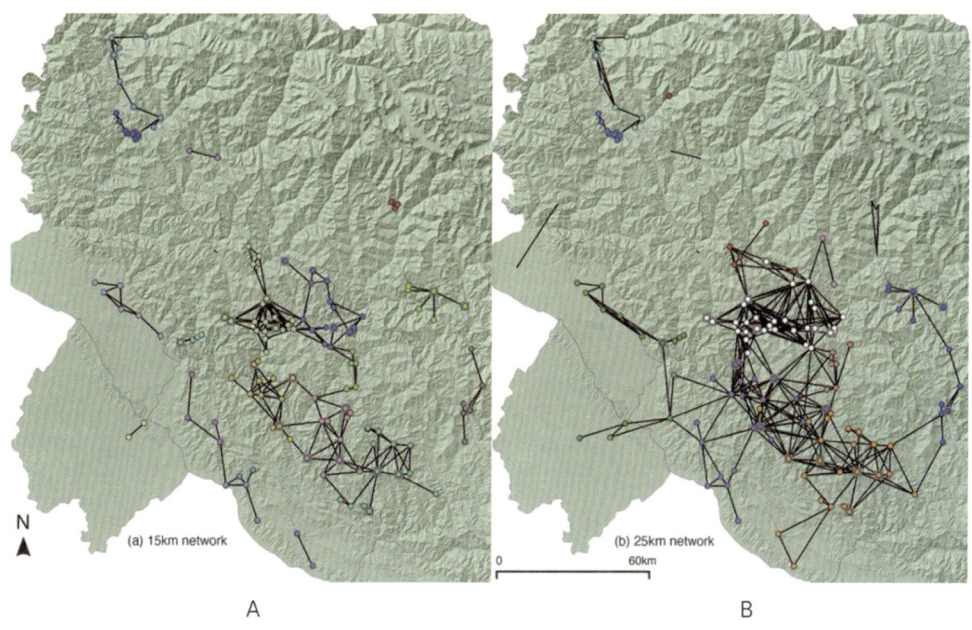

그림 161. 가시선분석을 이용한 네트워크 구성 사례(Rawat et al. 2021): 15km(A), 25km(B) 거리에서 상호 가시되는 지점들을 기준으로 네트워크 구조화

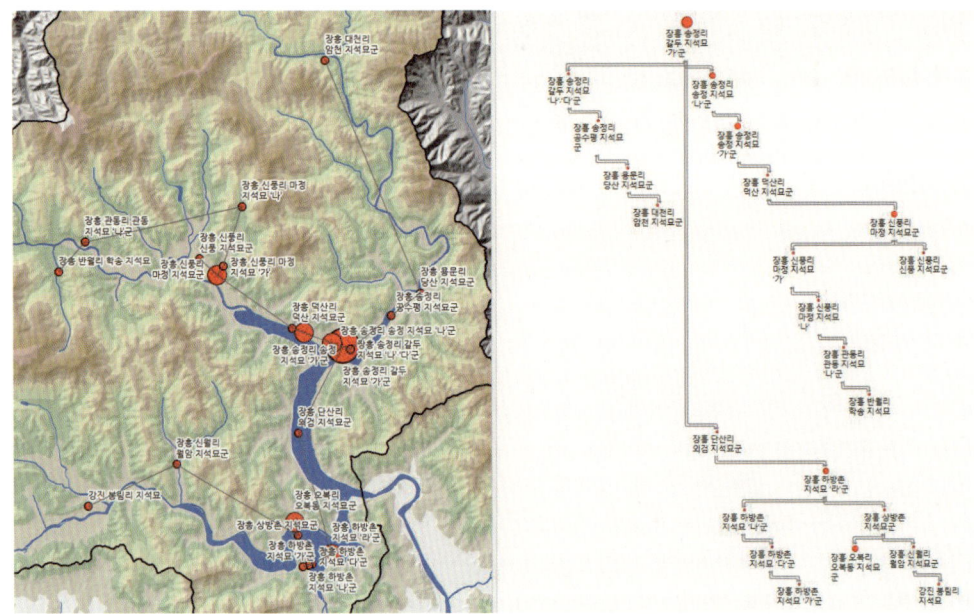

그림 162. 탐진강유역 지석묘사회 네트워크(강동석 2021b)

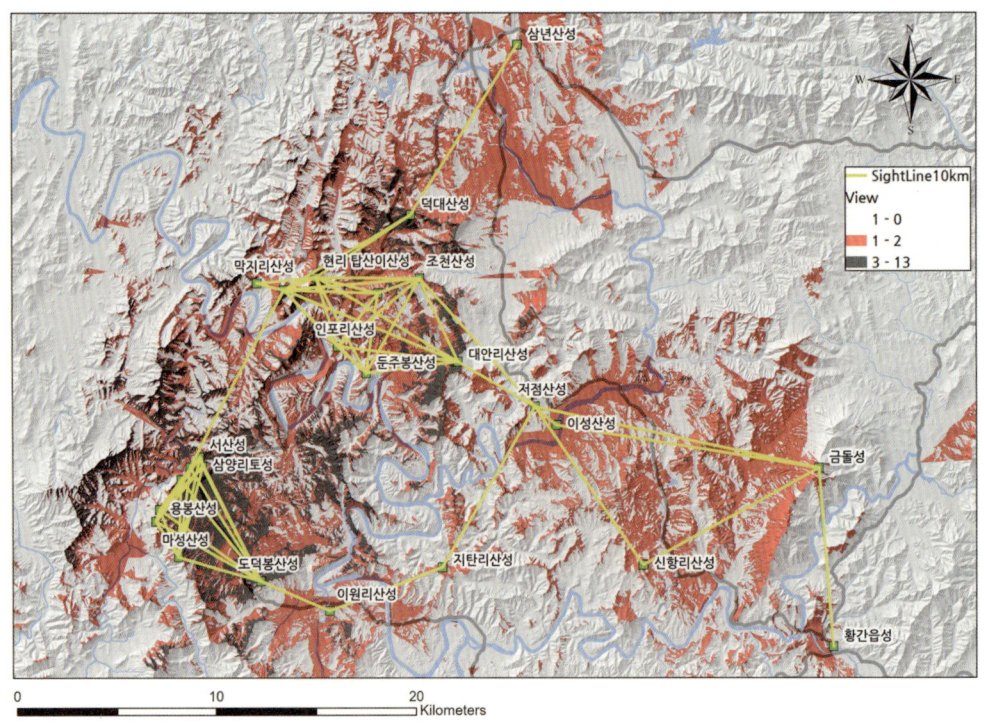

그림 163. 10km 가시권과 가시선분석을 이용한 옥천 지역 신라 성곽 네트워크(강동석 2024a)

이밖에 유적 간의 가시성에 의거하여 노드와 엣지 네트워크를 구성하는 방법이 있다. 이는 과거 인간의 행동 패턴이나 문화 형성에 영향을 미친 요인이 시인성이었다는 것을 전제로 한다. 가령 산성, 봉수와 같은 관방체계, 중심과 주변취락 간의 관계, 제의권, 생활권, 자원개척영역 등은 가시성을 기반으로 형성된 것이라는 관점이다. 가시성 네트워크는 GIS의 가시권이나 가시선 분석 결과를 참조하여 구조화되는 경우가 많다. 즉, GIS를 이용한 분석에서 각 유적이 서로 보이는 경우에 엣지를 구성하는 선으로 연결하는 방식을 따른다. 그런데 이 경우, 수치표고모델의 셀 크기에 따라 시인관계가 달리 표현되기 때문에 래스터데이터의 민감도를 고려한 분석이 요구된다. 한편, 누적가시권과 같이 여러 지점에서 보이는 경우에 별도의 그 수와 비율을 가중치로 계산하여 엣지 가중치를 부여할 수도 있다.

고고학에서는 이러한 노드와 엣지로 이루어진 네트워크 그래프를 이용하여 사회적 실체 간의 관계 중심성, 특정 집단과 하위 집단의 존재, 사회적 관계의 확산과 영향력, 고착화에 대해 많은 관심을 가져 왔다(Mill *et al*. 2013a). SNA는 이와 같은 네트워크 분석에서 공간과 규모의 제한을 받지 않기 때문에 최근 가장 주목받는 네트워크 분석방법으로 인정받고 있다(Brughmans 2014: 20-25). SNA는 분석 단위로서 구역이나 경계를 반드시 필요로 하지 않고, 개인부터 국가에 이르기까지 매우 광범위한 대상을 다룬다. 또한 이 분석법은 유적분포도에 표현된 고고학적 실체들의 단순한 속성들을 비교하는 기존 검토 방식에서 벗어나, 각각의 사회적 실체들의 기능과 규모에 따른 중심성과 영향력의 방향성, 빈도 등을 네트워크 구조 내에서 객관적으로 측정하고 가시화할 수 있다는 장점도 지니고 있다(Gjesfjeld and Phillips 2013: 281-282).

SNA는 고고학 연구에서 최근 10여 년 동안에 폭발적인 증가세를 보이고 있다. 선사시대 유적 간의 유사성 연구(Smith 2005), 취락구조의 발달에 있어서 교역과 교환의 중요성 고찰(Sindbæk 2007), 마야 복합사회에서 거석기념물을 매개로 하는 공동체의 정치적 연대에 대한 연구(Scholnick *et al*. 2013), 네트워크 중심성에 근거한 야요이-고훈시대 네트워크 위상구조와 사회적 계층 관계 검토(Mizoguchi 2009 · 2013), 지석묘사회의 네트워크 성격 검토(강동석 2019), 신석기시대 토기 문양 유사성에 근거한 지역성 연구(홍은경 2023) 등, 유적의 분포 패턴, 복합사회의 지역적 통합과 사회계층화에 이르기까지 다방면에 걸쳐 SNA를 이용한 연구가 활발히 진행되고 있다.

10.2.2.2 중심성 평가

SNA는 개인 또는 집단이 하나의 노드가 되어 상호의존적인 관계를 구성하는 사회적 관계 구조를 말한다. 모든 노드는 네트워크 안에서 개별적인 주체들이고, 엣지는 각 노드 간의 관계를 의미한다. 이러한 노드와 엣지로 구성된 사회 네트워크의 관계는 방향성, 강도(빈도), 교환 또는 교류되는 자원의 종류 등, 세 가지 척도로 제시할 수 있으며, 이렇게 구성된 네트워크 구조는 중심성(centrality)에 대한 계량적인 측정을 통해 재해석된다. 고고학 연구에서 이와 같은 중심성은 지역적 차원의 네트워크에서 중심지와 주변의 상호작용을 평가하는 중요한 지표로 인식되고 있다(Rivers et al. 2013).

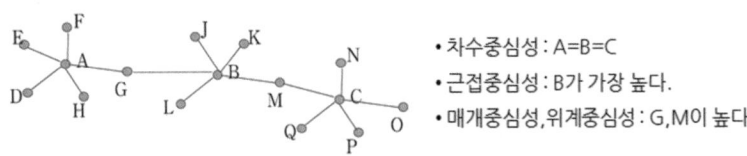

그림 164. 사회 네트워크 중심성의 의미(손동원 2002)

중심성은 한 노드가 전체 네트워크에서 중심에 위치하는 정도를 표현하는 지표이다. 예를 들면 '중심'에 위치하는 행위자는 집단 내에서 권력이 강해지기도 하고, 의사결정에 영향력을 행사할 수 있다. 이러한 중심성은 연결중심성(Degree Centrality), 근접중심성(Closeness Centrality), 매개중심성(Betweenness Centrality), 위세중심성(Eigenvector Centrality) 등으로 평가할 수 있다. 사회 네트워크 분석은 대부분 이 중심성을 측정하는 것으로, 중심과 그 주변부 간의 상호관계 혹은 계층성을 분석한다. 각각의 네트워크 중심성을 도식화하면 〈그림 164〉와 같다(손동원 2002).

각 중심성에 대해 살펴보면, 먼저 연결중심성은 하나의 노드가 다른 노드와 얼마만큼 관계를 맺고 있는가를 통해 특정 노드가 중심에 있는 정도를 계량화한다. 이 중심성은 하나의 노드에 직접적으로 연결된 노드의 합을 측정하기 때문에 간접적인 관계, 즉 두 단계 이상을 거치는 노드들은 측정하지 않는다. 따라서 연결중심성은 직접적인 연결고리를 가진 범위에 한정되어 측정되므로, 국지적 중심성의 의미가 강하다.

근접중심성은 각 노드 간의 거리를 근거로 하여 중심성을 측정한다. 이 중심성은 직접적으로 연결되는 노드뿐만 아니라, 네트워크 내에서 직접적·간접적 연결된 모든 노드들 간의 거리를 계산하여 중심성을 측정하는 특징을 지닌다. 즉, 하나의 노드가 다른 노드와 어느 정도 가까이 있는가를 의미하는데, 만약 가깝다면 노드들과 간단히 관계를 맺을 수 있기 때문에 그 만큼 중심적인 역할을 할 수 있다고 간주된다. 이것은 전체 네트워크에서 가장 중심을 의미하는 글로벌 중심성을 나타내며, 일반적으로 근접중심성이 높을수록 정보, 권력, 영향력, 사회적 지위의 확보가 유리하다고 해석된다.

매개중심성은 네트워크 내에서 한 점이 담당하는 매개자 또는 중개자 역할의 정도로서 중심성을 측정하는 방법이다. 다시 말하면, 하나의 노드가 전체 네트워크의 구성에서 어느 정도 정보의 흐름이나 교환의 중개자로서 역할을 할 수 있는가를 측정한다. 하나의 노드가 네트워크 내의 노드들에 대한 중재 역할이 클수록 의사소통을 제어할 수 있는 통제력은 그 만큼 커지게 되며, 다른 노드들은 이에 대한 의존성이 커지게 된다. 따라서 노드들을 중재 또는 매개할 수 있는 위치에 있는 노드가 네트워크에서 중요한 위치를 차지하게 된다.

마지막으로 위세중심성은 하나의 노드와 연결 관계가 있는 다른 노드들의 중심성 값을 이용하는 것으로, 연결된 노드들에 가중치를 주는 고유벡터(eigenvector)를 이용하여 측정한다. 이 중심성은 하나의 노드가 다른 노드와 연쇄적으로 연결되는 정도를 의미하기 때문에 위세중심성이라고 부른다. 따라서 위세중심성이 높은 노드로부터 어떤 변화가 발생하면, 그 노드로부터 유발되는 파급효과가 크다고 할 수 있다.

이상의 네트워크 중심성을 정리하면 〈표 12〉와 같다.

〈표 12〉 사회 네트워크 중심성 분석 지표

구분	지수값의 해석	공식
연결중심성 (Degree Centrality)	직접 연결된 노드의 수 측정 직접적인 영향력 크기 측정	$\frac{d(n_i)}{g-1}$ G는 전체노드수, $d(n_i)$는 노드 n의 이웃 노드들의 합
근접중심성 (Closeness Centrality)	특정 노드에서 네트워크 내 다른 모든 노드까지의 최단거리를 계산하여 중심성 평가 전체 네트워크에서 가장 중심을 의미하는 글로벌 중심성	$C_i = \left[\sum_{j-1}^{n} d_{ij}\right]^{-1}$ d_{ij}는 가장 짧은 거리
매개중심성 (Betweenness Centrality)	네트워크 내에서 특정 노드가 담당하는 중개자 역할의 정도 측정	$C_b(i) = \sum_{s \neq t \neq i} \frac{\sigma_{st}(i)}{\sigma_{st}}$ σ_{st}는 노드 s에서 t까지의 최단 경로수 $\sigma_{st}(i)$는 노드 i를 포함하는 최단 경로수
위세중심성 (Eigenvector Centrality)	특정 노드가 다른 노드와 연쇄적으로 연결되는 정도 측정 연결된 노드들에 가중치 부여	$C_e(i) = \frac{1}{\lambda} \sum_{j \in N(i)} C_e(j)$ λ는 고유값, $N(i)$는 노드 i의 이웃 노드 집합

이와 같이 노드와 엣지의 관계를 통해 측정한 중심성은 크게 두 가지의 방식에 의해 시각화할 수 있다. 하나는 연결중심성, 근접중심성, 매개중심성, 위세중심성 분석을 통해 측정된 값을 노드의 크기나 엣지의 굵기로 나타내는 방법이다. 아래의 그림은 취락 간의 중심성을 측정하고, 이를 노드와 엣지로 표현하였다.

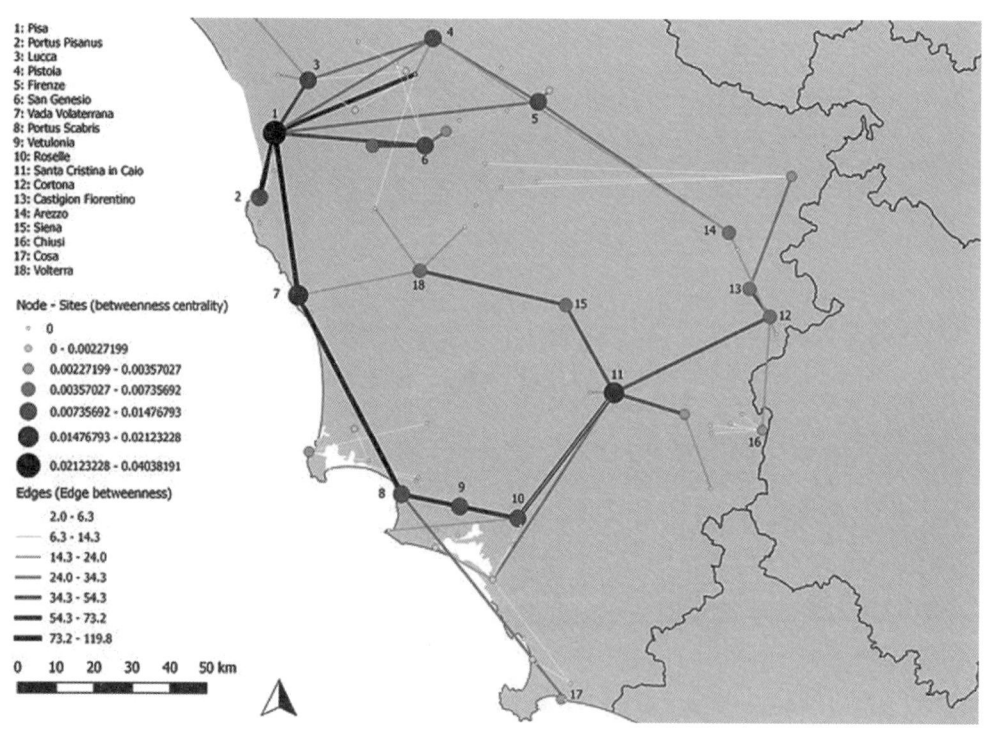

그림 165. 취락 간 매개중심성 측정 사례(Bertoldi et al. 2019):
점의 크기, 연결선의 굵기와 색은 매개중심성 지수를 나타냄

다른 하나는 GIS의 공간통계기법을 이용하는 방법이다. 이것은 유적의 네트워크 중심성을 측정한 후, 그 수치를 근거로 커널밀도를 추정하여 중심성이 높은 구역을 시각화하는 방식이다. 고고학 데이터는 동시기에 연속적으로 분포하는 모든 유적 정보를 보여주지 못한다. 즉, 현재 확인된 유적은 당시의 모든 유적의 분포를 나타내는 것은 아니다. 이 점을 감안하면, 각 유적으로 대표되는 노드의 중심성을 표출하는 것보다는 중심성이 높은 구역을 보여 주는 것이 더 타당한 방법일 것이다.

이상의 SNA와 관련한 분석도구는 다양한 소프트웨어가 개발되어 있기 때문에 고고학 연구자도 쉽게 사용할 수 있다. 이것들은 대부분 전통적인 비공간분석법에 의해 네트워크를 구성하고 중심성을 평가한다. 이와 달리 최근에는 GIS 기반에서 네트워크를 분석하는 기능이 제공되고 있다. 대표적인 예는 ArcGIS Pro에서 제공하는 링트 차트(Link Charts)이다. 이것은 비공간/공간네트워크를 동시에 시각화하여 객체들 간의 관계 패턴과 추세를 발견할 수 있다는 장점을 지니고 있다. 여기에서는 노드로 정의되는 사람, 장소, 사물들 간의 관계를 지도로 표출할 수 있으며, 중심성 또한 네트워크에 기반하여 별도로 측정된다.

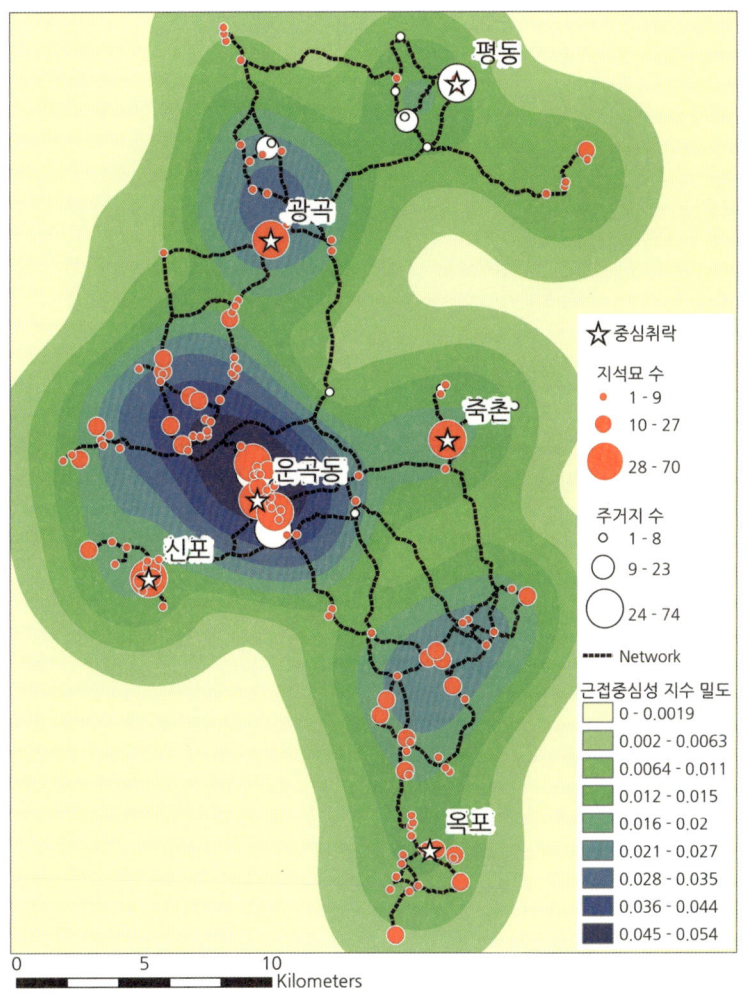

그림 166. GIS 커널밀도추정을 이용한 네트워크 중심성 표출 사례(강동석 2018)

사례 | 지석묘사회의 복합화와 네트워크 중심성[09]

초기복합사회의 등장, 즉 불평등의 시작은 야심찬 개인 또는 집단이 사회적 주도권을 확보하기 위해 권력을 확대하는 과정에서 비롯된 것으로 이해되고 있다(Earle 1997; Price and Feinman et al. 2010). 이러한 권력 확대의 원천으로 사회적 관계, 경제력, 군사력, 이데올로기, 정보 등이 제시되고 있다(Friedman and Rowlands 1977; Carneiro 1981; Mann 1988; Earle 1997; Barnes 1997). 이 원천들은 각 사회의 복합화 과정에서 각기 다른 비중을 차지하면서 상호작용 관계를 형성하는 매개체가 되며, 이들이 중첩·교차하는 사회적·공간적 권력 네트워크는 복합도 진전의 배경이 된다(Mann 1988).

이와 같은 권력 원천의 생성에 크게 영향을 미치는 요인 중 하나는 교환 또는 교역이다. 교환·교역 네트워크는 자원에 대한 차별적 접근, 정보의 독점권과 조작 등을 통해 불평등을 가속화하는 자극제이며, 권력의 확대에 기여하는 통제 메커니즘으로 인식되고 있다(Flannery 1968; Brumfiel and Earle 1987; Barnes 1988; Anderson 1994; Baines and Yoffee 2000).

이러한 맥락에서 지석묘 출토 청동기, 옥, 석검 등에서 추정되는 공간적 유통망은 지석묘사회의 복합도를 보여 주는 근거로 제시되었다(최정필 1997; 김경택 2004; 이동희 2023). 하지만 지금까지 물류 네트워크의 구조, 그리고 이를 대표하는 노드와 링크에 대한 정의, 규모, 강도, 방향 등과 관련한 논의는 거의 이루어지지 않았다.

이것은 지석묘사회의 네트워크를 재구성하고, 이에 대한 중심성 평가를 통해 검토할 수 있을 것이다. 그 예로, 탐진강유역의 지석묘사회 네트워크에 대해 살펴보도록 하겠다. 지석묘는 이를 조영하였던 단위공동체의 위치와 규모를 대변한다. 이는 장흥 갈두·신풍 유적에서 볼 수 있듯이, 지석묘군-주거군의 관계가 성립되고, 규모도 비례한다는 것에 근거한다. 여기에서는 각 지석묘군을 하나 또는 복수의 주거군으로 구성된 취락으로 보고, 이들 간에 작용하였던 상호작용과 중심성에 대해 분석해 보았다.

네트워크 분석은 사회 네트워크 분석(Social Network Analysis)를 이용하였다. 이와는 별

---

09 2021년 제45회 한국고고학전국대회에서 발표한 「지석묘사회의 복합화와 네트워크 중심성 – 중력모형, SNA, GIS를 이용한 네트워크 분석」을 요약한 것이다.

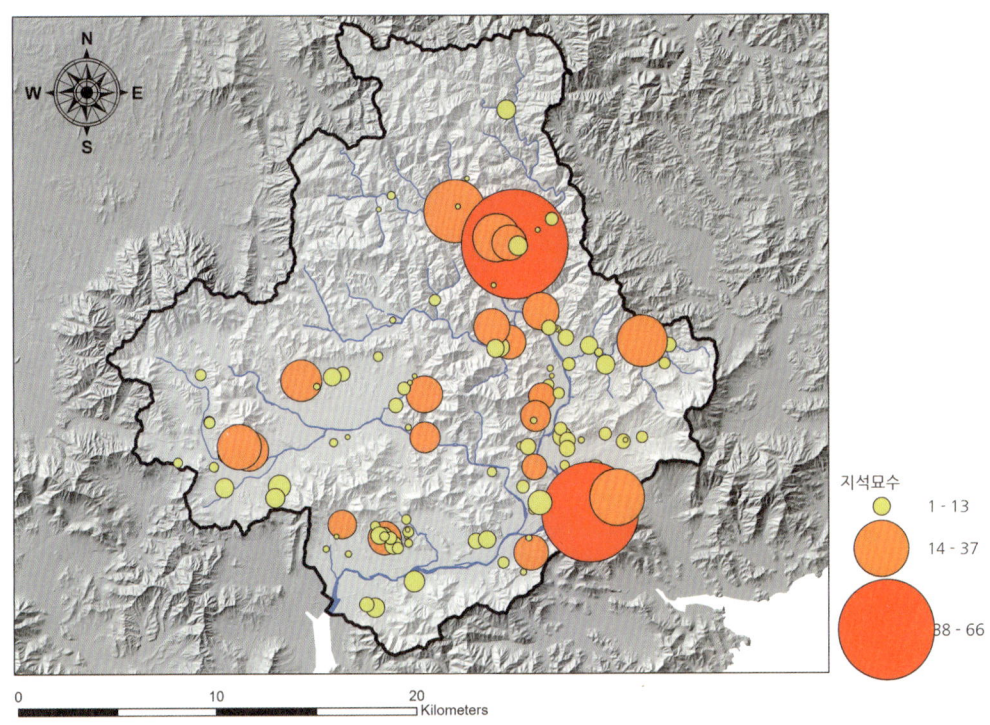

그림 167. 탐진강 유역 지석묘 분포

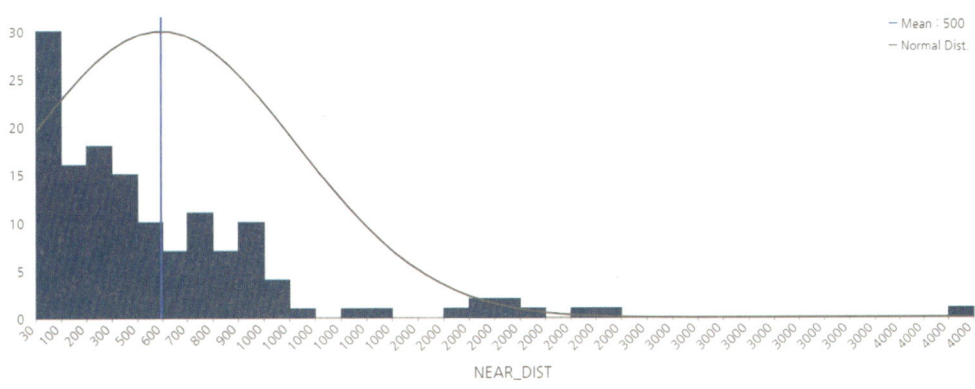

그림 168. 탐진강 유역 지석묘군 간의 거리

도로, 상호작용의 정도(힘)를 분석하기 위해 중력모형(Gravity Model)을 활용하였다. 지석묘 조영 공동체들은 상호의존적 관계를 지니고 있었으나, 재화나 서비스의 규모는 각기 다르며, 그에 따른 작용력도 달랐을 것이다. 이러한 공간적 상호작용력의 정도 차이는 아래와 같은 모형을 활용하여 산정할 수 있다.

$$I_{ij} = \frac{P_i \times P_j}{d_{ij}}$$

I_{ij}는 i,j 지석묘군 간의 상호작용력을 나타내며, d_{ij} 는 군집 간의 거리, P_i, P_j는 취락의 규모를 간접적으로 시사하는 지석묘 군집의 크기, 즉 각 군집의 지석묘 수를 나타낸다. 여기서 산정한 상호작용력은 SNA에서 노드와 노드를 연결하는 엣지의 강도로 활용한다. 한편, 지석묘군 간의 거리는 GIS의 비용경로분석을 이용하여 연계망을 재구성·측정하였다. 이에 앞서 거리 측정 기준점은 지석묘군은 분포패턴을 고려하여 별도로 설정한 취락추정지로 설정하였다. 이는 탐진강 유역 지석묘군 간의 평균거리(그림 168), 500m를 반경으로 하는 커널밀도추정 권역 내에 위치한 군집을 단위취락으로 상정한 것이다. 취락추정지의 규모는 해당 권역 내에 분포하는 지석묘 수의 합을 나타낸다.

탐진강 유역의 지석묘군을 연계하는 네트워크 구조는 최단경로분석을 이용하여 재구성하였다(그림 169). 이 연계망은 대부분 도보 거리 5km 이내의 근접성을 유지하고 있어 지석묘 축조 공동체 구성원 간의 교류, 물품과 정보 등의 교환도 활발히 이루어졌을 것으로 보인다. 하지만 공동체 상호 간의 작용력은 각기 달랐을 것이다. 이러한 상호작용의 정도는 중력모형을 이용하여 시각화할 수 있다. 이와 같은 연계망과 상호작용력을 기반으로 작동하고 있었던 사회 네트워크 조직 내에서 지석묘 축조 단위공동체들이 차지하는 위상과 영향력, 관계성 등을 SNA를 이용한 중심성 지수로 나타낼 수 있다.

노드의 직접적 연결성을 나타내는 연결중심성은 장흥 갈두·신풍, 평화리 내평, 강진 성전리 용운에서 가장 높게 나타났다. 이는 이들 군집이 국지적으로 강한 연계성을 지니고 있었음을 의미한다. 이들은 국지적 중심지로 기능하였을 가능성이 크다.

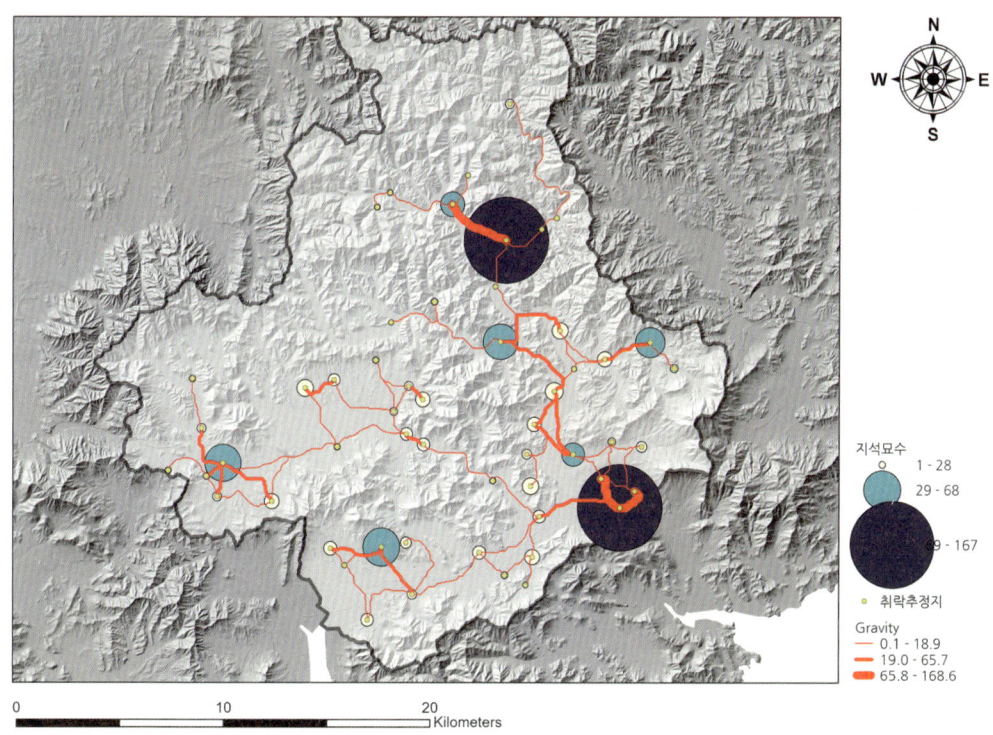

그림 169. 탐진강 유역 지석묘 네트워크 구조와 상호작용력

한편, 근접중심성이 높은 군집은 탐진강의 중류역에 집중되어 있는데, 특히 장흥 평화리 내평 주변으로 고밀도의 패턴을 보인다. 근접중심성은 전체 네트워크 조직 내에서 권력, 정보 등의 확보가 유리한 공간적 위상을 나타낸다. 이 점을 감안할 때, 평화리 내평은 탐진강 유역에서 지석묘 축조 공동체 간의 교류, 물적 자원이나 정보의 교환을 효과적으로 통제하며, 지역적 차원의 중심지로 역할을 하였을 것으로 추정된다.

하지만 위세중심성은 장흥 갈두·신풍이 독보적인 우세를 나타난다. 위세중심성은 자신과 연결된 주변의 중심성이 높을수록 자신의 위세도 높아지며, 자신의 변화로부터 유발되는 파급 효과가 크다는 것을 의미한다. 즉, 계층 관계를 상정할 수 있는데, 갈두·신풍이 이처럼 위세중심성이 높다는 것은 네트워크 조직에서 높은 영향력을 지니고 있음을 보여 준다.

매개중심성은 네트워크 내에서 중개자로서의 역할 정도를 볼 수 있다. 매개중심성은 근접중심성과 마찬가지로, 장흥 평화리 내평을 중심으로 가장 높게 나타나고, 그 주변으로 높은 매개중심성을 보여주고 있다.

　이상의 분석 결과를 종합해 보면, 탐진강 유역 지석묘 네트워크에서 개인 또는 집단 간의 교류와 물류, 정보의 흐름을 가장 효과적으로 통제할 수 있는 공간적 지위를 지니고 있었던 것은 장흥 평화리 내평이라고 할 수 있다. 즉, 이 지석묘 조영 집단은 외부로부터의 물품 또는 정보의 확보와 통제, 그리고 이를 매개로 한 정치 권력의 확대 전략을 구사하며 지역사회를 통제하는 최상위의 중심지로서 역할을 하였을 가능성이 크다. 실제 내평은 탐진강 유역에서 가장 규모가 큰 지석묘군으로, 이러한 위상을 간접적으로 보여 준다. 하지만 장흥 갈두·송정의 높은 위세중심성을 볼 때, 평화리 내평이 탐진강 유역에서 절대적인 위상을 차지하고 있지는 않았을 것으로 보인다. 갈두·송정은 보성강과 영산강 유역을 연계하며 탐진강 상류에 위치한다. 따라서 유역 전체에 미치는 영향력이 상당하였을 것이다. 갈두·송정에서는 송국리문화를 기반으로 한 대규모 주거군과 지석묘군이 확인되었으며, 청동기가 출토되었다. 이는 이 유적이 외부로부터 송국리문화 관련 정보와 외래품에 대한 접근 권한을 지니고 있었음을 시사한다. 즉, 장흥 갈두·신풍는 외부에서 확보한 정보와 물품을 매개로 역동적인 사회 변화를 거쳤고, 이는 탐진강 유역 전체에 영향을 미쳤을 가능성이 있다.

　이와 같이 지석묘군을 연계하는 탐진강 유역 네트워크는 상호작용의 정도와 중심성에서 차별적인 위상을 지니고 있었다. 그리고 이러한 네트워크 조직 내에서 중심적 우위를 점하며 권력, 정보, 사회적 영향력을 행사할 수 있는 공간적 지위를 지닌 지점에는 장흥 평화리 내평, 갈두·송정과 같은 대규모 지석묘군이 위치하고 있었다. 특히, 갈두·송정의 경우, 사회 내부의 역동적 변화를 확인할 수 있다. 이는 탐진강 유역에서 작동하고 있었던 지역적 차원의 상호작용 네트워크가 국지적 차원뿐만 아니라, 지역사회의 복합도 진전에도 영향을 미쳤음을 보여 준다.

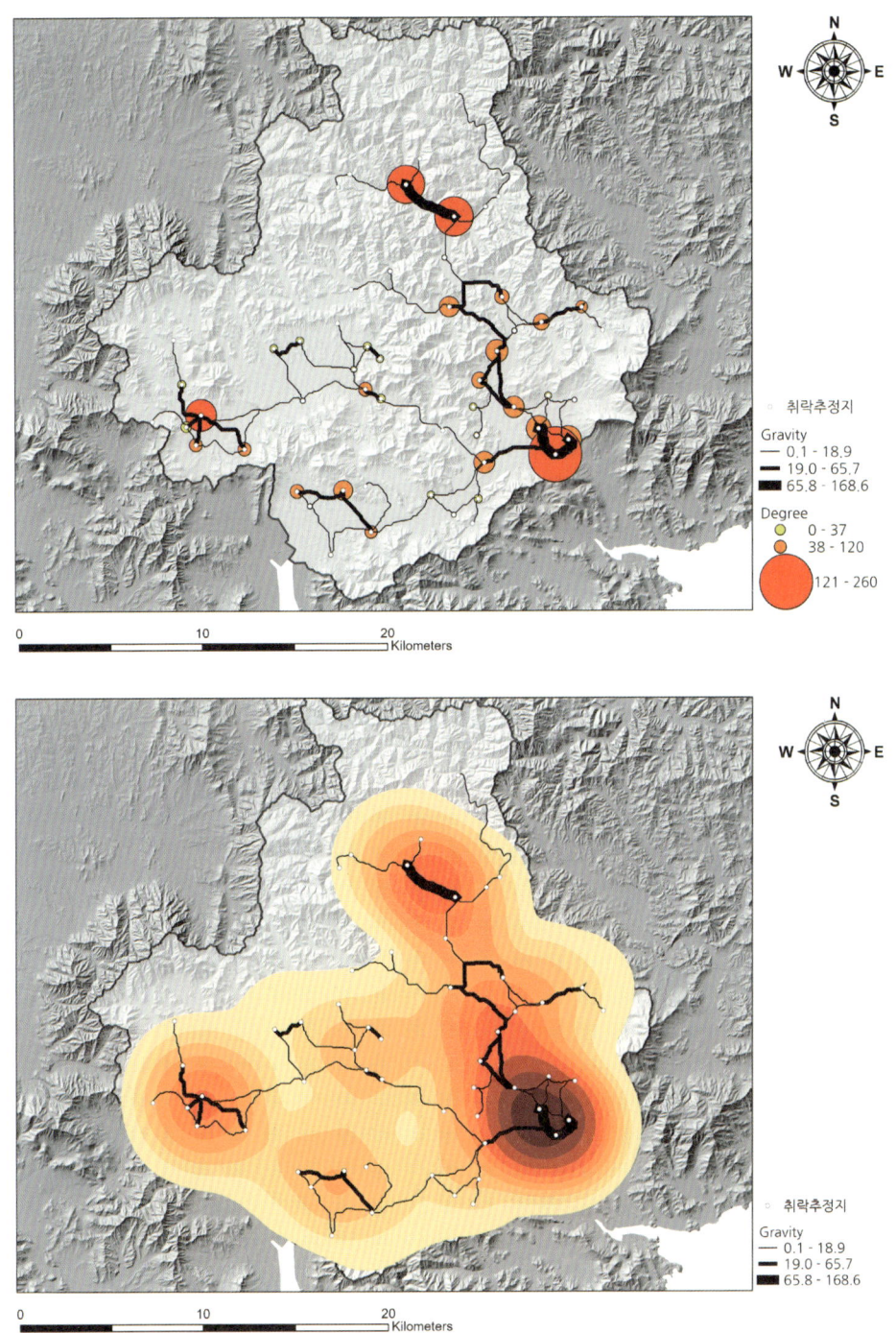

그림 170. 연결중심성

제10장 **네트워크 분석** —— 257

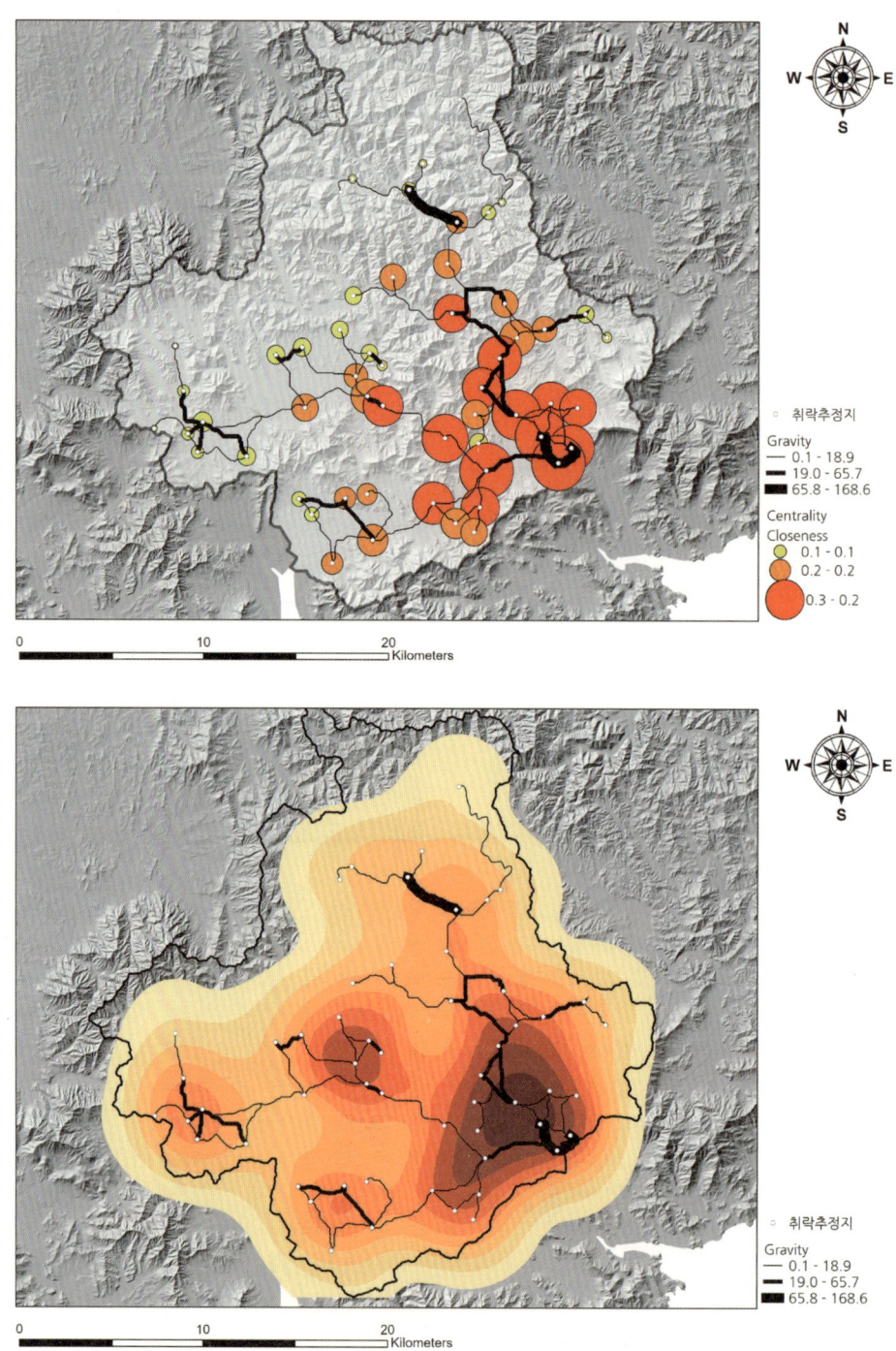

그림 171. 근접중심성

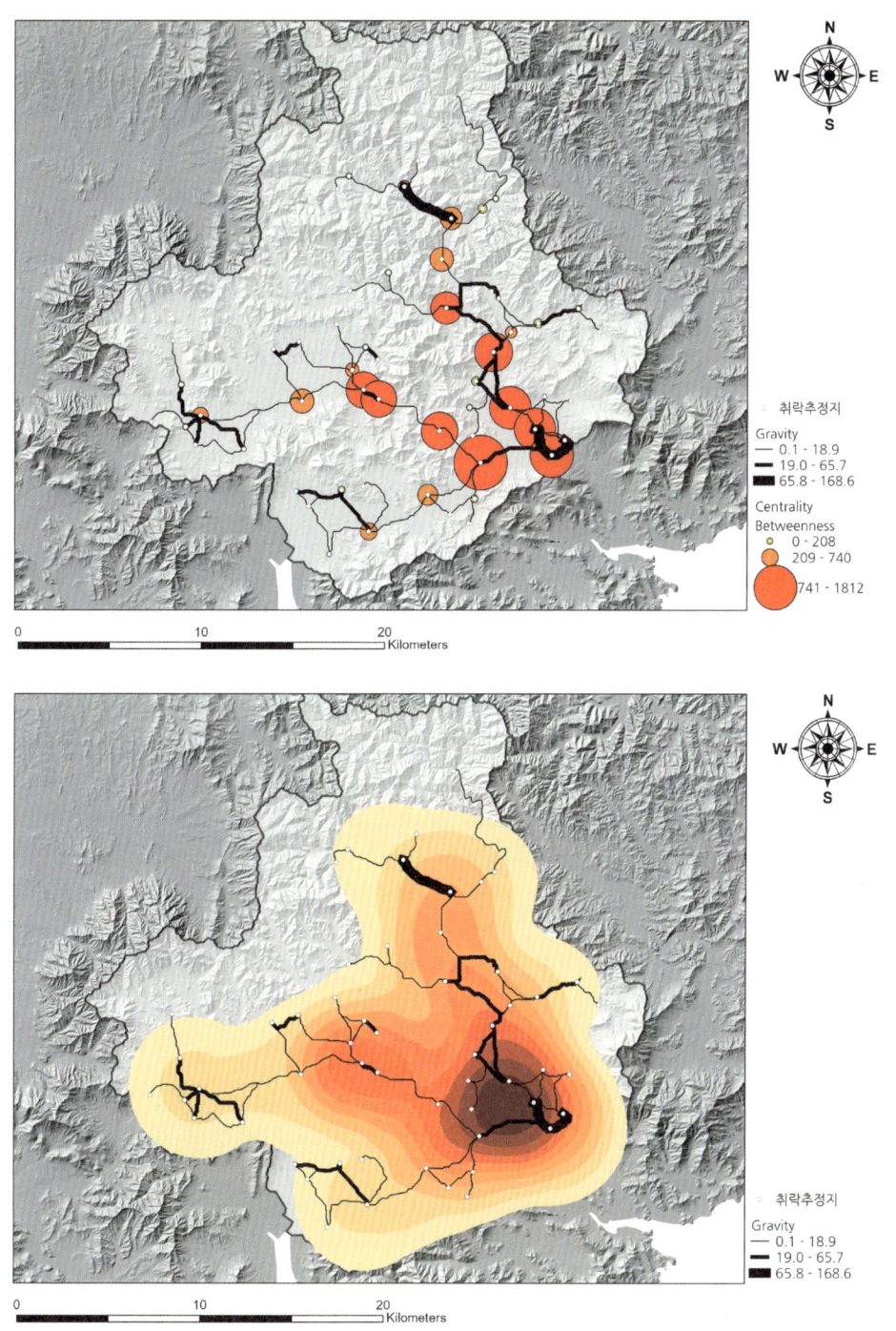

그림 172. 매개중심성

제10장 **네트워크 분석**

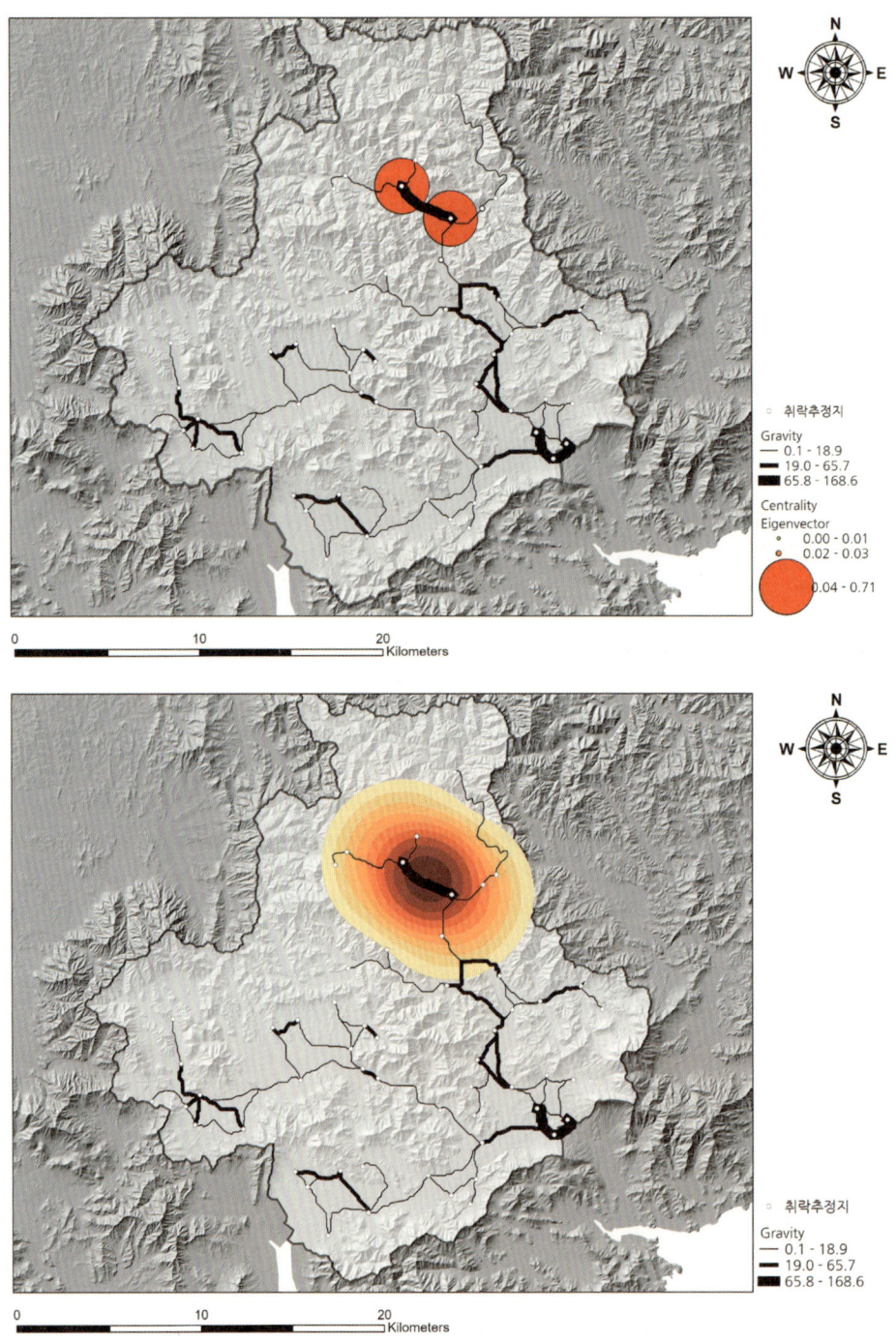

그림 173. 위세중심성

제11장

고고학 GIS의 미래

제11장
고고학 GIS의 미래

11.1 인공지능과 고고학 GIS의 융합

　고고학 GIS는 유적, 유물의 분포를 나타내는 지도를 작성하는 단순한 도구에서 공간적 관계를 분석하고, 다의적 경관의 해석과 시공간적 맥락을 모델링하는 정교한 플랫폼으로 발전해 왔다. 그동안 GIS는 고고학 조사와 연구에서 유적 정보의 수집과 관리뿐만 아니라, 고고학적 현상을 분석하고 이해할 수 있는 다양한 데이터 시각화와 공간 분석을 가능하게 하였다. 또한 공간통계기법을 활용한 예측 모델링 기법은 유적의 입지 분석과 잠재적 분포 가능성을 예측하여 고고자료의 보존 관리 대책 수립에도 기여하면서 고고학 연구를 크게 변화시켰다. 최근에는 최첨단 기술의 발전에 따라, 각종 기법들이 고고학 GIS에 새롭게 도입되면서 보다 혁신적인 분석 도구를 갖춘 플랫폼으로 진화하고 있다. 이러한 기술들 가운데 가장 주목되는 것은 인공지능정보화기술의 도입이다.

　지난 2022년에 국립문화유산연구원 주관으로 '고고학술정보 디지털 대전환' 국제학술심포지엄 개최되었다. 디지털 대전환(DX, Digital Transformation)은 디지털 기술을 활용하여 사회, 문화, 교육 등 다양한 분야에서 전통적인 조직과 프로세스를 혁신하는 것을 의미한다. 이것은 디지털 기술이 미래를 주도할 핵심 요소라는 점을 강조하고, D · N · A(Data, Network, AI) 생태계 강화를 통해 4차 산업혁명 시대에 대응하는 혁신적인 전략 수립을 의미한다. 고고학 연구에서도 이러한 시대적 흐름에 적극적으로 대응하기 위해 고고학 조사연구 정보의 구축과 활용 방향을 모색하고자 학술심포지엄을 개최한 것이다.

　그런데 2025년 현재는 생성형 AI로 대표되는 인공지능 기술의 발달로 인해 DX가 아닌 AX(AI Transformation) 시대를 향해 가고 있다고 할 정도로 디지털 기술의 혁신이 빠르게 전개되고 있다. 인공지능(AI, Artificial Intelligence)은 어떤 문제를 실제로 사고하고 해결할 수 있는 컴퓨터 기반의 인공적인 지능을 말한다. 이러한 인공지능을 구현하는 핵심 분야는 자동으로 데이터에서 규칙을 학습하여 통계 알고리즘을 생성하는 머신러닝(Machine Learning) 기술이며, 여기에는 인공 신경망(Artificial Neural Network) 기반의 딥러닝(Deep Learning) 기법이 밀접한 관련을 맺고 있다. 다시 말하면 인공지능은 컴퓨터가 인간의 사고를 모방하여 문제를 해결하는 디지털 기술로, 주어진 데이터를 이용하여 스스로 학습하는 머신러닝, 인간의 뇌 작동 방식에서 착안하여 개발한 인공신경망 기반의 딥러닝학습 방법에 의해 구현된다고 말할 수 있다.

이러한 인공지능기술의 발달은 고고학에도 크게 영향을 미치고 있다. 고고학 연구에서 머신러닝 알고리즘의 접근성과 기능이 크게 확장되면서 이것의 사용은 빠르게 증가하고 있다. 머신러닝은 컴퓨터가 데이터 학습을 통해 관련된 범주의 객체를 식별하는 것이 가능하기 때문에 오랫동안 유물의 분류와 유적 식별에 주목해 왔던 고고학자들에게 요인 분석이나 판별 분석과 같이, 비교적 익숙한 통계 기법을 한 단계 발전시키는 역할을 하였다(Bickler 2021). 이미 구축된 고고학 데이터세트, 즉 모든 종류의 텍스트, 이미지, 계량데이터를 포함한 시공간정보를 추출, 분류, 학습, 정렬, 분석하여 고고학적 현상에 대한 해석이 가능하도록 지원하는 인공지능기술은 고고학 연구의 외연을 대폭 확장시키고 있다.

특히, 딥러닝을 비롯한 인공지능기술은 고고학 GIS와 관련한 영역에서 가장 활발히 활용되고 있다. 1980년대부터 고고학 연구에 도입된 GIS는 오랜 기간 국지적 단위에서부터 지역, 국가 차원에 이르기까지 빅데이터 수준의 공간정보를 축적하고 있고, 최근 항공사진이나 라이다(Lidar) 영상의 이용이 증가함에 따라, 데이터 활용에 유리한 환경을 갖추고 있었다. 이러한 공간정보를 활용한 머신러닝 알고리즘은 유적 공간데이터의 처리와 시각화, 유적 탐색와 예측 모델링 개발 등에서 그 성과가 주목된다. 특히, 인공지능정보화기술과 결합한 고고학 GIS는 유적의 탐색과 분류를 자동화하고, 위성영상, 라이다 데이터, 지구물리학적 조사 결과를 분석하여 높은 정확도를 기반으로 고고학적 특성을 식별하는 알고리즘을 탑재하면서 혁신을 거듭하고 있다.

AI와 고고학 GIS의 결합에서 가장 강점을 보이고 있는 것은 예측 모델링 분야이다. 브라질 중서부 고이아스에 위치한 세라노폴리스(Serranopolis)에서는 AI와 공간데이터를 이용한 유적 예측이 시도되었다(Pereira *et al*. 2023). 이 연구에서는 지형 변수와 네 가지의 지도 분류 알고리즘을 사용하여 세라노폴리스의 유적 위치를 예측하였다. 여기에는 전통적인 예측 모델링 기법과 같이 수지표고모델에서 경사도, 고도, 사면향 등 18개의 지형 변수를 추출하고, 의사결정나무(Decision Trees) 기반의 알고리즘인 Random Forest(RF), eXtreme Gradient Boosting(XGBoost), Gradient Boosting Machine(GBM)을 이용하여 모델의 학습과 검증을 진행하였다. 이를 바탕으로 작성한 확률 지도는 이 지역의 유적 분포 패턴을 이해하고, 유적 보존 관리를 위한 기초 자료로 활용되었다.

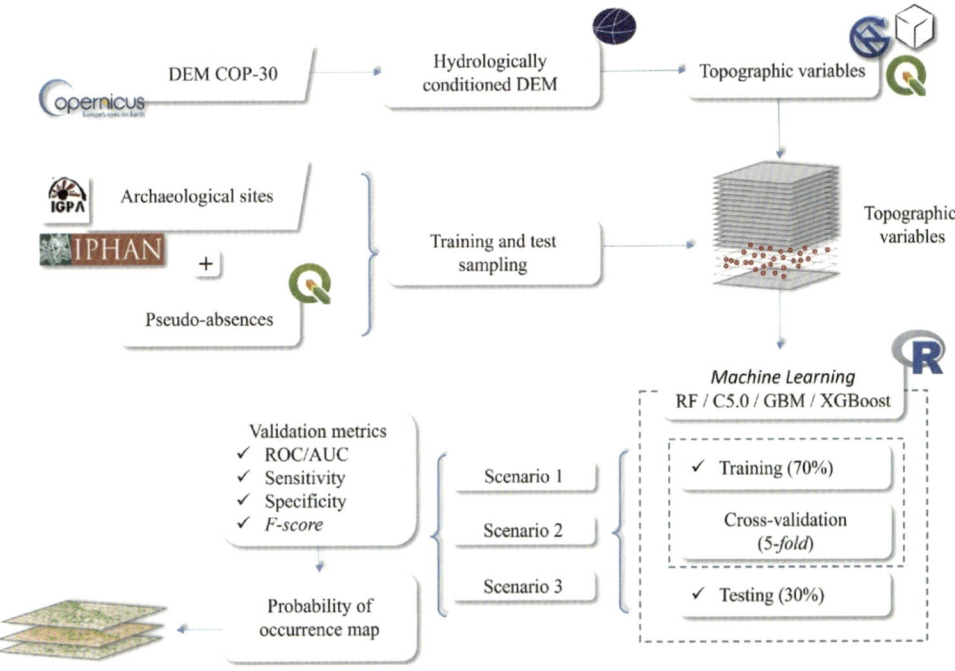

그림 174. 인공지능 알고리즘을 이용한 브라질 세라노폴리스 유적 예측 모델링 절차

독일에서는 컨볼루션 신경망(CNN, Convolutional Neural Nnetwork) 기반의 객체 지향 감지 기술과 항공 라이다(Light Detection And Ranging) 영상을 이용하여 북독일 저지대의 숯 생산 유적을 탐색할 수 있는 시각화 기법을 개발하였다(Bonhage et al. 2020). 이 연구에서는 고해상도 라이다 데이터 기반의 수치표고모델에서 숯 생산 유적을 안정적이고 효율적으로 감지할 수 있는 R-CNN 기술을 개발하였는데, 유적의 윤곽 데이터를 최적화하는 심층 학습 기법을 통해 평균 정밀도 87%의 유적 탐색 기능을 확보할 수 있었다. 이러한 딥러닝 GIS 기반의 유적 탐색 기법은 기존 방식보다 정확성과 효율성을 인정받았다.

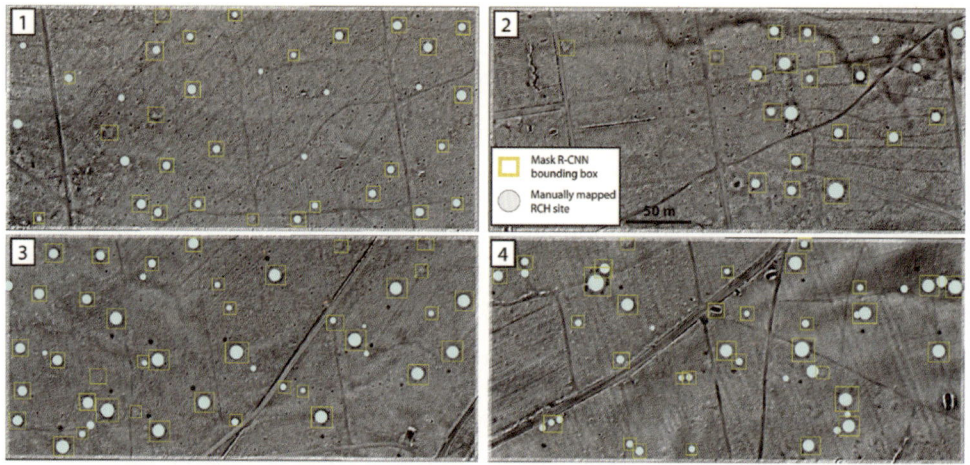

그림 175. 컨볼루션 신경망 기술과 항공 라이다를 이용한 독일 북부의 숯 생산 유적 탐색 사례
(Bonhage et al. 2020).

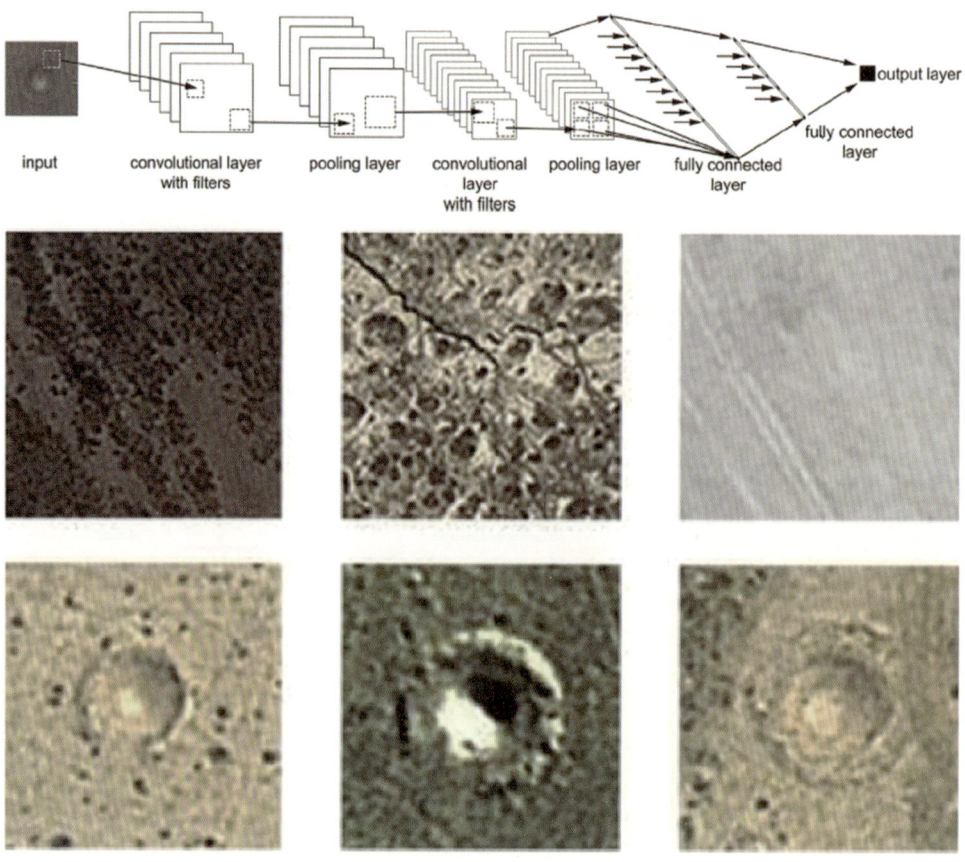

그림 176. 컨볼루션 신경망과 RS 결합에 의한 알타이산맥의 유적 탐색 사례(Caspari and Crespo 2019)

중국, 몽골, 카자흐스탄이 국경을 접하는 유라시아 알타이 산맥 대초원의 초기철기시대 유적 조사에도 GIS 기반의 딥러닝 기법이 적용되었다(Caspari and Crespo 2019). 이 지역은 생태적으로 접근이 어려운 환경을 지니고 있어 유적 조사가 원활하게 진행되지 않았다. 그런데 컨볼루션 신경망과 결합된 고해상도의 위성 RS(Remote Sensing) 영상을 이용한 유적 탐색 알고리즘 개발을 통해 유적 분포를 효과적으로 탐지할 수 있는 능력을 갖추게 되었다.

이처럼 딥러닝 기술과 결합한 GIS의 시각화 기법은 인공지능정보기술의 발달로 인해 크게 확장되고 있으며, 접근이 어렵거나 광역적 차원의 유적 탐색이 요구되는 지역에서 매우 유용한 기술로 인정받고 있다. 이러한 AI 기반의 예측 모델링은 보다 정확하게 유적을 탐지하여 조사의 효율성을 극대화하고, 건설 공사 또는 기후 변화에 따른 유적의 취약성을 예측함으로써 유산의 학술적 연구와 보존관리에 크게 기여할 수 있을 것이다. 이를 위해서는 결국 유적을 탐색할 수 있는 학습 양질의 데이터세트가 충분히 구축되어야 한다. 최근 데이터 마이닝이나 이미지 처리 기술도 급속도로 발전하고 있기 때문에 데이터세트의 구축과 확보 문제는 빠르게 해소될 것으로 전망된다.

이러한 인공지능기술과 GIS의 융합은 GeoAI의 발달과도 관련이 있다. GeoAI는 '지리학과 인공지능의 융합 학문', '지리적 지식 발견을 위한 인공지능기술'을 가리키는 것으로, 공간을 다루는 학문 분야에서 고유한 분야로 발전하고 있다(강영옥 2023). 이것은 기본적으로 각종 영상과 데이터를 처리하는 공간 빅데이터 영역을 비롯하여 딥러닝 기술의 개발과 적용을 포함하고 있다. GeoAI는 환경 모니터링, 도시 연구, 감성 분석, 예측, 맵핑 등 매우 다양한 영역에서 공간 문제를 해결하는 도구로 활용되며 시너지 효과를 거두고 있다.

고고학에서도 유적 예측 모델링뿐만 아니라 각종 공간분석과 시각화에 인공지능기술이 앞으로 큰 비중을 차지할 것으로 보인다. 이러한 움직임은 이미 유적 발굴조사 현장과 연구실로 시작되고 있으며, 고고학 GIS의 디지털 혁신은 고고학적 통찰력을 강화하는 의미있는 발견을 제공할 것이다.

11.2 UAS와 다차원 GIS의 발전

　AI와 더불어, 무인항공체계(UAS, Unmanned Aircraft Systems)와 3D · 4D GIS의 발전 또한 고고학 GIS에서 혁신적 변화를 일으키고 있다. UAS는 드론과 같은 무인비행체의 임무 계획과 통제, 데이터 링크 등을 포괄하는 체계를 의미한다. 이러한 UAS의 발달은 고고학 조사에서 데이터 수집의 효율성과 정확성을 크게 높이고 있다.

　무엇보다도, 고고학 조사 현장에서 드론의 도입은 유적, 유물의 분포 정보를 확보하는 과정에서 고해상도의 항공 데이터를 수집할 수 있다는 점에서 큰 장점을 지니고 있다. 드론은 저고도 비행을 통해 고해상도 사진, LiDAR 데이터, 열화상 등을 수집할 수 있어 지표 조사나 유적지 탐사에서 매우 유용한 도구로 인정받고 있다. 특히 접근이 어려운 산악, 밀림, 사막 지역에서도 유적을 정밀하게 기록할 수 있기 때문에 접근이 불능한 지역의 정보 수집에 탁월한 효과를 거두고 있다. 또한, 드론은 신속하게 많은 정보를 취득할 수 있기 때문에 고고학적 조사에 드는 비용과 시간을 줄일 수 있다는 효율성을 지니고 있다. 직접 조사지역을 답사하는 전통적인 조사 방식이나 항측 회사를 통한 유적 항공사진 촬영은 경제적으로 부담이 따를 뿐만 아니라, 자료 취득과 처리에 많은 시간이 소요된다는 단점이 있었다. 하지만, 드론의 도입으로 조사 과정에서 확인된 고고학 정보를 상대적으로 저렴하고 빠르게 데이터를 수집하고, 대규모의 정보처리도 가능하게 하였다.

　최근 이러한 드론을 통해 수집한 항공데이터를 처리하는 GIS 어플리케이션이 지속적으로 개발되고 있다. 이것은 드론에서 촬영한 유적이나 유구의 이미지를 GIS에서 실시간으로 확인하면서 필요한 이미지를 취득하고 통합할 수 있게 하였으며, 이미지 캡처, 분석, 공유가 가능하도록 지원하고 있다. 이와 같은 무인항공체계와 GIS 기술의 발달은 유적의 정확한 공간 분석과 맵핑, 데이터 공유와 협업이 가능한 환경을 조성하여 고고학 조사의 효율성을 크게 향상시켰다. 또한, 이것은 정밀한 데이터의 수집과 3D 시각화, 비파괴적 조사를 지원함으로써 유적의 공간적 맥락을 분석하고 이해하는 유용한 도구를 제공하고 있다.

　이처럼 무인비행체 운영체계를 통해 확보된 유적 공간정보는 GIS를 통해 즉각적으로 데이터 처리가 이루어지고 있으며, 다양한 시각화와 분석, 맵핑이 가능한 데이터세트를 구성하는 데 큰 역할을 하고 있다. 또한, 드론 데이터는 AI 알고리즘과 결합해 자동으로 유적 패턴을 탐지하거나 지형 변화를 분석하는 데 활용되고 있어 항공데이터, AI, GIS의 융합은 더욱 가속화될 것으로 기대된다.

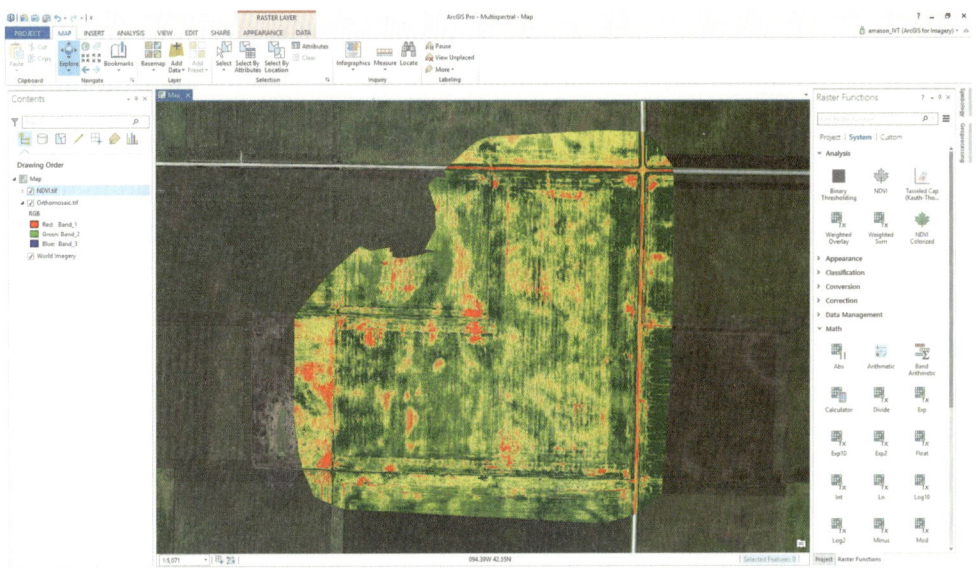

그림 177. 드론 취득 고해상도 영상의 시각화와 분석이 가능한 ArcGIS Pro의 Drone2MAp(ESRI)

이러한 무인항공체계의 활용과 함께, 앞으로 고고학 GIS에서 주목되는 것은 3D · 4D GIS의 기술적 진전이다. 3D GIS는 2차원의 공간(x, y)데이터가 아닌, 건물의 높이, 지형의 고도, 도시 구조 등과 같은 3차원의 공간(x, y, z)을 시각화하고 분석한다. 이를 통해 고분군 축조 공간을 3차원으로 시뮬레이션할 수 있으며, 지역단위의 공간스케일에서 고대 도시유적 전체를 모델링할 수 있다. 4D GIS는 3D GIS에 시간(t, time)의 요소를 추가한 것으로, 유적의 시계열적 변화 과정을 재구성하거나 해수면 상승에 따른 유적의 입지 변화를 추적할 수 있다.

지리상의 수직적 공간정보를 다루는 3D GIS는 최근 고해상도의 3D 데이터 처리와 실시간 시각화, 디지털 트윈 구현 기술이 급속도로 발달함에 따라, 고고학 발굴 현장에서 3D 데이터의 취득과 관리, 유적 연구에 적극 도입되고 있다. 이것은 지상 · 항공라이다와 항공 사진 측량(Photogrammetry)을 이용하여 유적과 주변 환경을 고해상도의 3D 모델로 변환하고, 이를 기반으로 GIS 플랫폼에서 유적 경관을 재구성하고 직접 체험할 수 있는 기술의 진전이 있었기 때문에 가능하였다. 이러한 3D GIS는 유적 경관의 복원 시뮬레이션을 통해 직관적이고 정밀하게 경관의 다층적 의미를 분석·해석할 수 있는 환경을 제공할 것으로 보인다. 또한 3D GIS는 고도, 깊이, 지형의 미세한 변화를 분석할 수 있어 유적의 형성 과정, 환경적 맥락, 인간 활동 패턴을 더 깊이 이해할 수 있게 할 것이다. 이 뿐만 아니라, 3차원의 GIS 플랫폼에서 구현된 가상현실(VR, Virtual Reality)과 증강현실(AR, Augmented Reality)은 유적 정보를 대중에게 생동감 있는 전달함으로써 고고학 연구에 대한 접근성을 높이고, 지속가능한 문화유산의 보존에 기여할 것으로 전망된다.

　3D GIS는 클라우드 컴퓨팅과 실시간 렌더링 기술의 발전으로 더욱 데이터 접근성이 높아지고 있으며, 활용 편의성도 증대되고 있다. 또한, AI를 활용한 자동화된 3D 모델링과 분석 도구가 개발되고 있어 고고학자들의 작업 효율이 크게 향상될 것으로 보인다. 특히, 글로벌 협업을 위한 오픈소스 3D GIS 플랫폼이 확산되면서 데이터 공유와 표준화가 더욱 활성화되고 있기 때문에 앞으로 고고학의 외연을 크게 확장할 수 있는 통합플랫폼으로 자리매김할 것으로 기대된다.

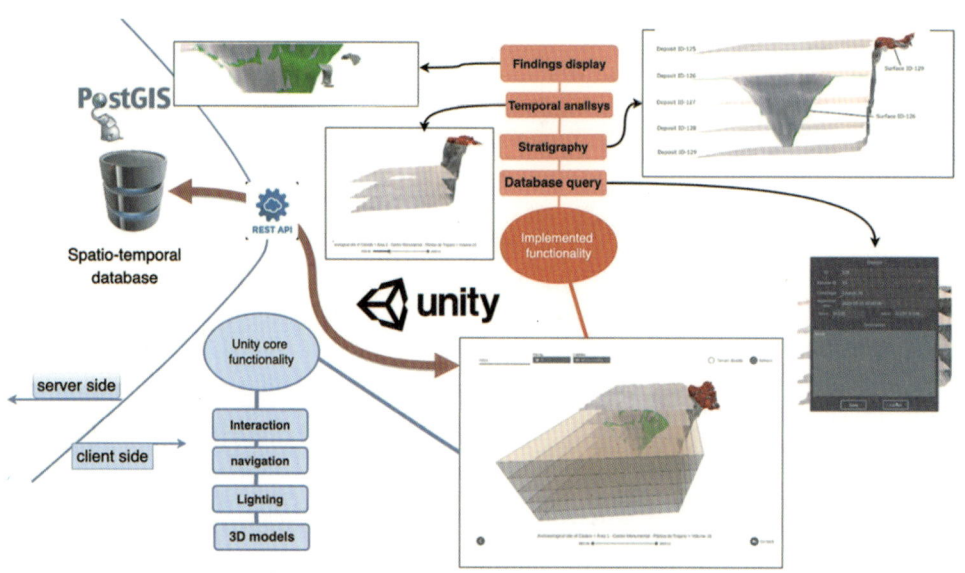

그림 178. 시간 기반 유적 층위 분석을 위한 4D GIS 아키텍처(Ortega-Alvarado et al. 2022)

한편, 4D GIS도 비록 초보적인 활용 단계이지만, 전통적인 GIS를 넘어 공간과 시간 데이터를 정밀하게 시각화하여 연구와 문화유산 관리에 혁신적인 효과를 제공하고 있다. 이것은 주로 유적의 시계열적 변화를 분석하고 시뮬레이션하는 데 초점을 맞추고 있다. 예를 들어 발굴 현장에서 4D GIS를 적용하여 실시간으로 데이터를 기록·분석하여 유적의 형성 단계와 토지 이용 패턴을 추적하거나, 고고학 데이터와 하천의 변화를 시간 축에 따라 맵핑하여 인간과 환경 간의 상호작용 관계를 분석 데에 활용되고 있다. 이러한 4D GIS를 활용한 고고학 연구는 고대 도시의 확장 과정을 시뮬레이션하여 인구 이동, 도시 개발, 환경의 변화를 분석하고, 고환경 데이터를 통합하여 과거의 기후, 식생, 수계 등을 시계열적으로 재구성함으로써 인간의 공간 이용 변화상을 보다 체계적으로 추적해 볼 수 있을 것이다.

이처럼 3D·4D 고고학 GIS는 공간적 분석의 정밀성과 시각적 직관성을 제공하며, 유적의 재구성, 분석, 보존에 필수적인 도구로 자리매김하고 있다. 공간과 시간 정보의 결합은 유적의 동적 변화를 이해하고 유산의 지속가능한 보존 관리와 활용에 크게 기여할 것으로 기대한다. 두 기술은 연구 효율성, 문화유산 보존, 대중 교육을 강화할 것이며, AI, VR/AR, 클라우드 컴퓨팅과의 융합을 통해 고고학 연구의 외연을 확장할 것이다.

11.3 고고학 지식정보 플랫폼, GIS

고고학에서 GIS의 활용은 크게 세 가지 차원에서 이루어지고 있다. 기본적으로 GIS는 공간정보를 수집, 구축, 유지, 관리 기능을 지니고 있기 때문에 유적 정보의 관리 목적으로 활용되고 있다. 이는 학술적 조사연구를 위한 유적 공간정보의 구축을 비롯하여 문화유산 보호 정책 차원에서 구축·관리되고 있는 유적의 위치정보를 포함한다. 두 번째는 조사연구 영역이다. 이것은 유적 내부(Intra-site), 유적 간(Inter-site)의 공간패턴을 분석하기 위한 각종 공간통계기법의 활용을 포괄한다. 유적 입지 분석, 가시권 분석, 예측 모델링, 네트워크 분석 등과 같은 각종 고고학적 현상에 대한 공간분석이 이에 해당한다. 마지막으로, GIS는 고고학에서 정보서비스의 역할을 담당한다. 이 경우는 Desktop GIS가 아닌 인터넷 기반의 지도서비스를 가리키는 WebGIS를 의미한다.

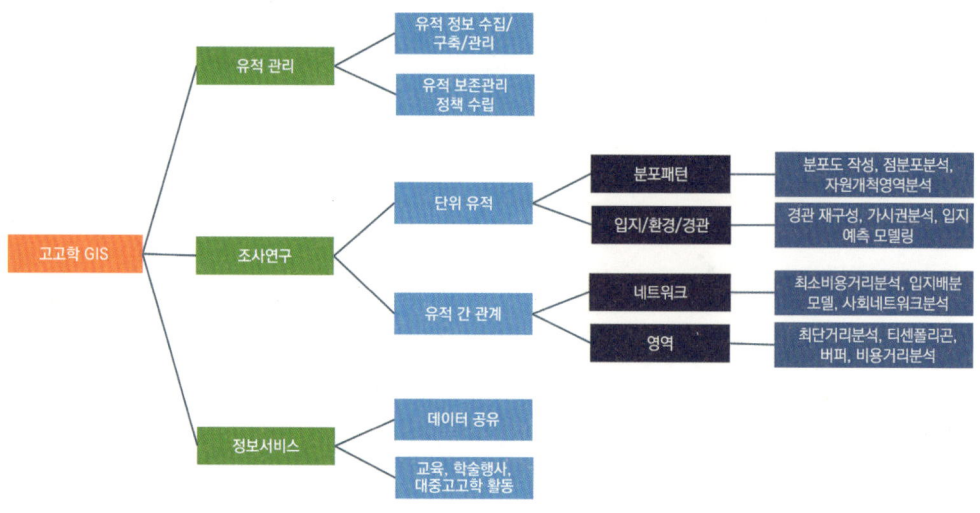

그림 179. 고고학 GIS의 활용 분야

WebGIS 기반의 정보서비스 영역은 최근 고고학 조사연구 정보를 관리·공유하는 플랫폼으로서의 역할을 하고 있다. 플랫폼은 용도에 따라 다양하게 활용될 수 있으며, 공급자와 수요자 간의 상호 작용과 가치 교환을 통해 비즈니스 모델을 창출하는 장이다(윤상진 2012).

이러한 플랫폼은 디지털 허브로서 부가가치를 창출하는 도구나 매체 역할을 할 수 있다. 또한 이것은 많은 양의 정보를 수집·탐색하고, 온라인 커뮤니티를 형성하여 분산된 의사결정을 통합하는 기능을 하기도 한다. 고고학 정보를 다루는 해외 기관에서는 이러한 디지털 플랫폼의 장점에 강조하여 정보를 수집·관리할 수 있는 다양한 형태의 아카이브를 구축하고 있는데, 이것은 기본적으로 WebGIS기반의 정보플랫폼을 구성하고 있다.

구체적으로 영국의 대표적인 고고학 디지털 아카이브 서비스인 ADS(Archaeology Data Service)[10]의 사례를 들 수 있다. 이것은 세계적으로 신뢰할만한 고고학 정보서비스로, 오랜 기간 축적된 정보를 보유하고 있다. 여기에서는 유적 발굴과 연구 활동에서 생산된 자료를 수집·관리·보존하고, 이 자료를 온라인에서 이용할 수 있도록 정보서비스를 실시하고 있다. 이 서비스는 1996년에 유럽연합과 히스토릭 잉글랜드(Historic England)의 지원을 받아 요크대학에서 구축한 것이다. 여기에서 보유·제공하는 데이터는 구제발굴조사보고서, 이미지(항공사진, 원격탐사 이미지, 유적·유물사진 등), 고고학 조사연구에서 활용할 수 있는 수치지도, 지구물리탐사 데이터, GIS 데이터 등 수만 건의 정보를 보유하고 있다.

이 서비스의 이용자는 주로 고고학 연구자이다. 이들은 여기에서 제공하는 데이터세트를 이용하여 조사와 연구를 진행하고 있다. 관련 자료를 신속하게 수집할 수 있어 시간적 비용을 크게 절감하는 효과를 거두고 있다. 고고학자는 다른 한편으로 정보 제공자이기도 하다. 이들은 고고학 자료를 디지털 형태로 생산하여 ADS에 제공함으로써 그들 자료를 영구적으로 목록화하고, 보존, 유지하는 것이 가능하다. ADS에서 특히 주목되는 것은 이러한 고고학 자료의 수집과 제공을 위해 GIS를 활용하고 있다는 점이다. 중·소규모 디지털 정보의 저장하는 'ADS-easy'에서는 고고 자료의 위치를 알 수 있는 GIS 데이터와 메타정보를 제출하도록 하고 있으며, 이 공간정보는 WebGIS로 구현하여 서비스되고 있다.

현재 ADS는 고고학 정보서비스 센터로서 고품질의 신뢰할 수 있는 정보를 연구, 학습, 교육 영역에 지원하고 있으며, 정부, 지역공동체, 상업적 이용자들과 연계한 프로젝트를 수행하고 있다. 최근에는 유럽연합, 미국과 연계하는 대외 협력 사업을 전개하고 있어 그 영향력이 보다 확대될 것으로 전망된다.

---

10   https://archaeologydataservice.ac.uk/

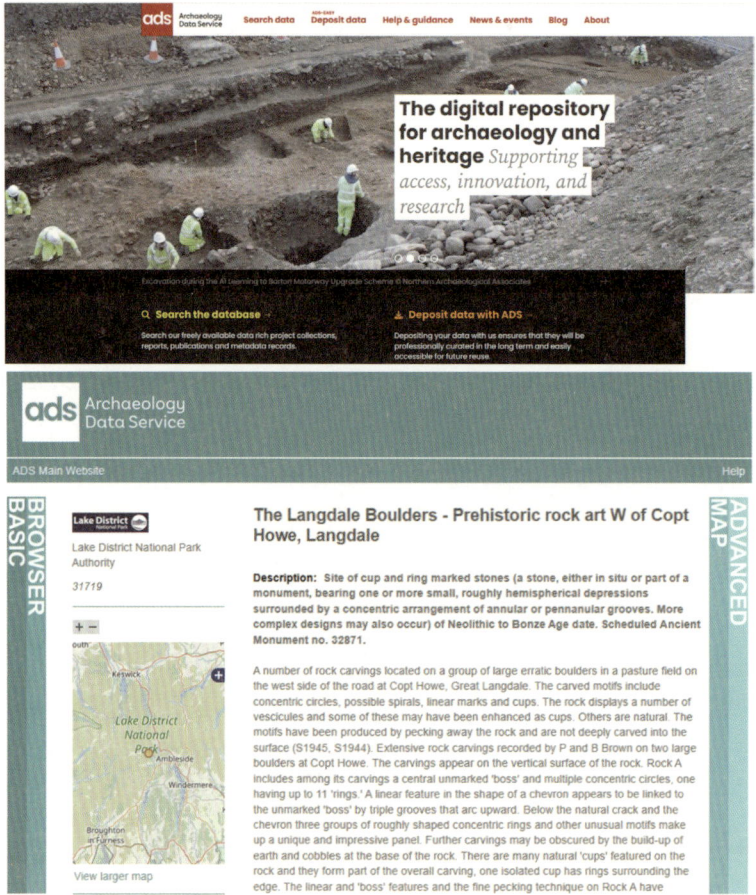

그림 180. 영국 ADS의 WebGIS 서비스

　유럽연합의 아리아드네(ARIADNE)[11]도 대표적인 WebGIS 기반 고고학 정보 플랫폼 중 하나이다. ARIADNE는 유럽연합의 지원을 받아 2013년에 구축된 고고학 정보 플랫폼이다. 이 시스템은 이탈리아, 영국 등의 23개 기관이 참여하여 운영하고 있는데, 유럽 내 국가 간 고고학 정보의 통합·연계와 공동체 조성을 목적으로 구축되었다. 여기에는 유적의 위치와 시간 정보, 미공개 보고서, 이미지, 지도, 데이터베이스 등 온라인에서 접근할 수 있는 다양한 고고학 정보를 포함하고 있다.

11　https://ariadne-infrastructure.eu/

2019년부터는 기존보다 고도화된 ARIADNE plus를 구축·운영하고 있다. 이 시스템은 언제, 어디서, 무엇의 세 가지 어휘에서 추출한 키워드에 따라 검색할 수 있다. 즉, 시간, 공간, 객체 검색이 가능한데, 해당 자료에 대한 요약 정보, 원천정보 연계 주소, 데이터세트 목록을 제공하고 있다. 현재 약 200만 개의 데이터세트가 목록화되어 있으며, 유적의 위치정보, 관련 이미지, 도면 등이 포함된 전체 보고서, 기타 수천 개의 개별 기록들을 포함하고 있다. 아리아드네에서는 이러한 데이터세트 제공에 필요한 분산 데이터의 수집·통합과 검색 기능 구현을 위해 GIS기반의 데이터 목록을 작성하고 있다(Meghini *et al*. 2017: 11-12).

이 플랫폼의 특징은 미국, 일본, 아르헨티나 등 유럽 이외의 국가가 사업에 참여하고 있다는 점이다. 이처럼 각기 다른 언어의 고고학 정보 연계가 가능하였던 것은 데이터 통합이 가능한 정책과 관리 계획을 시행하고 있기 때문이다. 한편, 이 플랫폼에서는 고고학 데이터를 기반으로 공동체를 운영하고 있는데, 고고학 연구자뿐만 아니라, 유적 관리자, 박물관 큐레이터, 교사 등이 포함되어 있다. 이러한 데이터 관리·연계 전략과 커뮤니티에 기반한 아리아드네 플러스는 다수의 국가와 기관이 보유하고 있는 고고학 성과를 디지털 플랫폼을 통해 공유함으로써 세계고고학 연구의 수준 향상에 기여할 것으로 보인다.

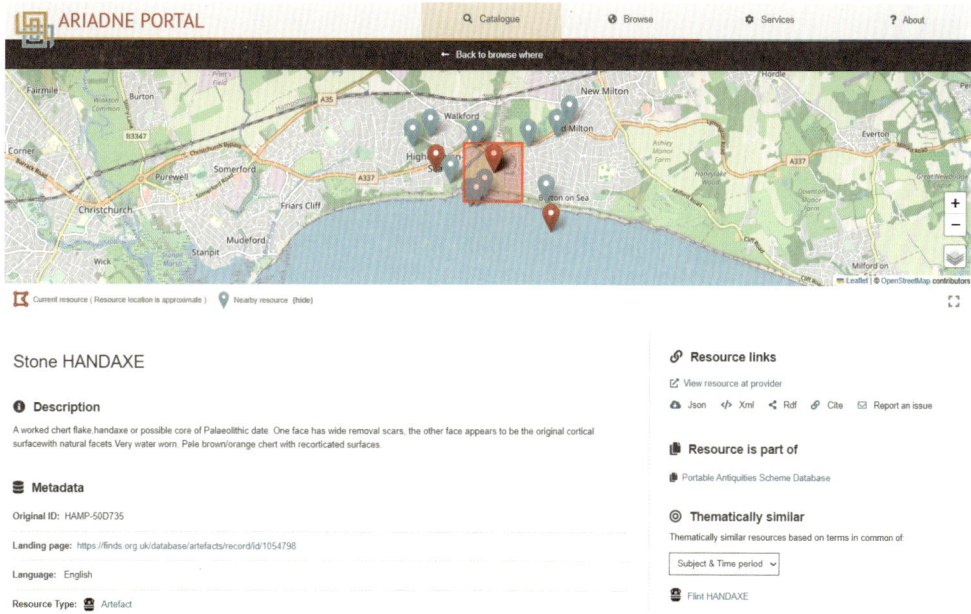

그림 181. 유럽연합의 아리아드네 플러스

미국의 더 디에알(tDAR, The Digital Archaeological Record),[12] 일본의 전국유적보고총람(全国遺跡報告総覧)[13]도 각 국을 대표하는 고고학술정보 플랫폼이다. 이와 같이 고고학 정보 플랫폼은 기본적으로 디지털 아카이브 시스템이다. 이것은 다양한 유형의 디지털 정보를 장기적으로 저장·보존하기 위한 시스템으로, 디지털 정보의 선택, 구분, 목록, 저장, 보존, 접근, 관리와 기능을 체계적이고 효율적으로 구축하고 지원하는 거대한 문서 저장고라고 할 수 있다. 디지털 아카이브는 정보의 관리와 전달, 공유 속도를 극대화하고 데이터의 접근성을 향상시키는 장점을 지닌다. 따라서 이것은 물리적 장소에 국한되지 않고, 데이터의 단위로 축적된다는 특징으로 인하여 전지구화된 디지털 아카이브를 가능하게 만드는 데이터센터로서 기능한다(백욱인 2011: 4).

하지만 무엇보다 주목되는 점은 시간정보와 공간정보를 통합한 WebGIS 기반의 고고학 지식정보 플랫폼으로서의 기능을 한다는 점이다. 즉, 위치기반의 고고학 정보서비스를 제공한다는 점이다. 이는 해외 플랫폼의 가장 큰 특징이라고 할 수 있다. 고고학은 과거의 시간과 공간 큐브에 존재하는 유적과 유물의 현상을 분석하여 문화 변동 과정을 연구하는 학문이라는 점을 감안하면, 공간정보 기반의 고고학 데이터 서비스는 매우 중요한 기능이라고 할 수 있다. 모든 해외의 데이터 플랫폼은 자료의 공간 출처를 확인할 수 있는 화면을 제공하는데, 이는 WebGIS 기반으로 구현한 것이다. ADS의 경우, 데이터 검색 시 기본적으로 유적 또는 유물의 위치정보를 지도에 표시하고, 고고자료와 관련한 기본 설명, 시대 편년, 조사기록, 참고문헌 등 설명 정보를 제공한다. 또한, 관련 유적의 전체 분포패턴과 위치를 알 수 있는 지도서비스를 별도로 실시하고 있다. 이러한 정보서비스는 전형적인 공간데이터세트 구조를 기반으로 하고 있는 WebGIS에 해당한다. 특히 아리아드네에서는 유적이나 유물을 검색할 경우에 점분포패턴분석 알고리즘을 이용하여 고고자료의 밀도 분석 결과를 시각화하고, 기존에 측정된 절대연대를 근거로 해당 자료의 편년 정보까지 제공하고 있다. 즉, 고고학 데이터에서 가장 중요한 시공간 정보를 동시 표출하고, 설명정보까지 제공한다는 특징이 있다.

한편, 일본의 전국유적보고총람에서도 구글맵을 이용하여 유적 위치를 확인할 수 있는 기

---

12   https://core.tdar.org/
13   https://sitereports.nabunken.go.jp/ja

능을 도입하였으며, 이와 더불어 별도의 '문화재총람 WebGIS'를 구축하여 해상도 높은 자료 확인이 가능하도록 하였다.

〈표 13〉 해외 고고학 데이터 플랫폼 사례 비교

구분	에이디에스 (ADS)	아드리아네 (ADRIANE)	더디에이알 (tDAR)	전국유적보고총람 (全國遺跡報告總覽)
운영주체	영국	유럽연합	미국	일본
목표	영국 내 유적 디지털 자료의 수집·관리·보존 및 온라인 정보서비스 실시	유럽 국가 간 고고학 데이터 통합·연계 시스템 구축 및 커뮤니티 조성	고고학 디지털데이터 장기 보존, 검색, 정보제공을 위한 리포지터리 구축	유비쿼터스 환경에서 발굴조사보고서 검색·이용 가능한 환경 조성
관리 데이터	보고서, 유물·유적 항공사진, RS이미지, 지리정보 등	위치·시간 정보, 보고서, 이미지, 지도 등	일지, 보고서, 논문, 지도, 3D스캔·탐사 데이터 등	발굴보고서PDF, 초록, 논문 등
이용자	고고학연구자, 교사, 고고학데이터 생산기관, 기금제공자	고고학연구자, 유적 관리자, 큐레이터, 교사, 학생, 일반시민 등	연방·주정부기관, 문화자원관리자, 민간컨설팅사업자, 출판사, 교육자	고고학연구자, 교사, 학생, 일반시민 등
특징	• GIS기반 유적 위치 정보, 지형정보, 건축개발도면 제공 • ARIADN 연계서비스 • 데이터 시스템	• 워크숍, 이벤트, 전용 커뮤니케이션 채널 개설 • GIS기반 유적 분포·밀도·연대정보 제공 • 데이터·정보시스템	• GIS기반 유적 위치 정보 제공 • ARIADN 연계서비스, 글로벌 정보서비스 • 데이터 시스템	• GIS기반 유적 위치 정보 제공 • 다기관 참여형 시스템 • ARIADN 연계서비스 • 데이터 시스템

이러한 고고학 GIS 역할을 강화하기 위해서는 메타데이터, 온톨로지, 개방형 연계 데이터를 구축할 필요가 있으며, 고고학 정보의 체계적 관리, 대내외 데이터의 연계, 효과적인 정보서비스를 구현하기 위해 WebGIS 엔진을 기반으로 하는 서비스 체계의 정비가 필요하다. 최근에는 ELK(ElasticSearch, Logstash, Kibana)와 같이, 빅데이터 시대에 대응할 수 있도록 데이터를 분석, 저장, 시각화하는 오픈소스 소프트웨어가 적용되고 있다. 고고학 정보가 시간, 공간, 관계의 특성을 지닌다는 점을 감안할 때, 이것의 유용성은 크게 인정받을 수 있을 것이다. 이러한 최신의 검색시스템의 적용은 전문연구자뿐만 아니라, 교사, 학생, 일반인까지 다양한 계층의 이용자가 만족할 수 있는 정보서비스의 영역을 개척할 수 있을 것으로 기대된다.

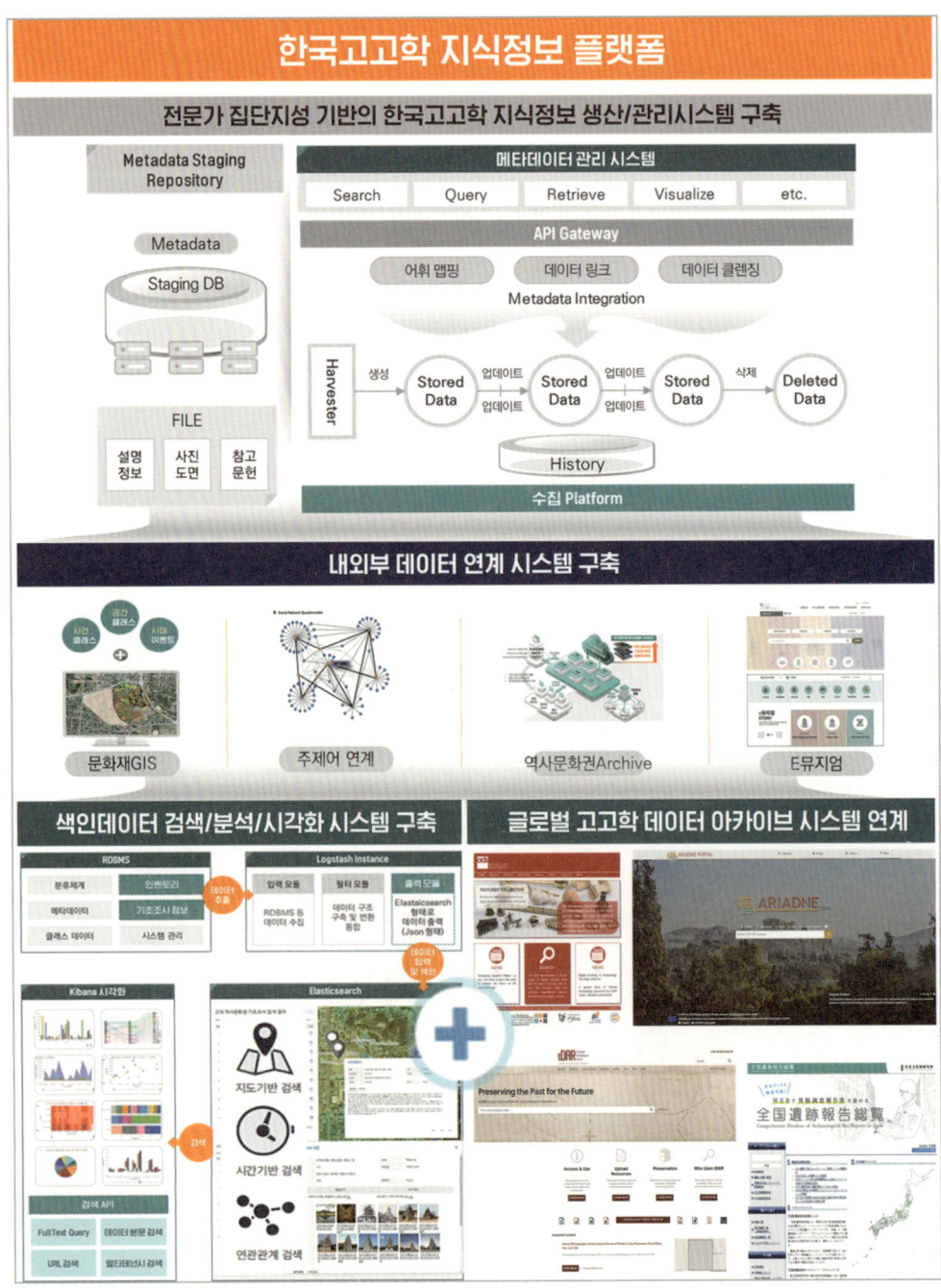

그림 182. WebGIS 기반 한국고고학 지식정보 플랫폼 구축모델(강동석 2024b)

그리고 WebGIS 기반의 정보서비스체계 구축도 요구된다. 고고학 데이터는 속성정보와 동시에 위치정보를 가지고 있다. 이를 효과적으로 가시화하기 위해서는 공간정보와의 연계가 반드시 필요하다. WebGIS는 단순히 지도를 제공하는 시스템이 아니라, 항공사진, 3D 데이터, 테이블, 빅데이터, 라이다 등 다양한 데이터 유형을 하나의 플랫폼에서 통합하고 관리할 수 있다. 또한 기관이나 국가, 지역적 한계를 넘어 전 세계 사람들과 쉽게 정보를 공유할 수 있는 환경을 조성해야 할 것이다.

국내의 경우도 그동안 국가 주도로 구축한 고고학 공간정보와 한국고고학사전 정보를 바탕으로 WebGIS 기반의 정보서비스 체계 구축이 가능할 것으로 기대된다. 이를 위해 가장 우선시되는 것은 고고학 정보의 위치정보뿐만 아니라, 설명, 도면, 사진, 참고문헌 등 각종 자료를 수집·관리하는 메타정보 리포지터리를 구성할 필요가 있다. 이것은 메타데이터 관리시스템을 통해 재구성되고, 기존 정보의 수정과 보완, 새로운 지식정보를 창출하는 집단지성 시스템으로 재탄생할 수 있을 것이다. 이렇게 구축된 고고학 지식정보는 온톨로지 기반으로 구축되고, 외부기관에서 구축한 데이터와의 연계를 통해 보다 유용한 정보가 될 수 있다. 고고학 정보는 수평적·수직적 위상에 의해 관계를 맺고 있는 복잡한 구조를 지니고 있기 때문에 정보 자원을 효과적으로 통합할 수 있는 유연한 데이터 설계가 필요하다. 특히, 국가유산청의 문화유산GIS, 국가유산 원형기록 통합DB, 역사문화권 아카이브, 이뮤지엄 등과 같이 한국고고학 지식정보와 연계될 수 있는 개방형 데이터 모델의 구축은 정보이용자의 편의와 서비스의 품질을 크게 향상시킬 수 있을 것이다.

그리고 이러한 데이터 연계와 더불어, 중요한 것은 고고학 정보의 특성을 감안하여 시공간 정보의 검색, 분석, 시각화가 가능한 WebGIS 기반의 서비스 플랫폼 구축이 필요하다. ELK, GeoServer 등 오픈소스 소프트웨어는 고고학 데이터를 지도와 시간 기반에서 검색하고, 연관 관계까지 검색할 수 있는 유용한 도구가 될 수 있을 것이다.

이러한 과정을 통해 구축된 한국고고학 정보서비스는 전문적인 조사연구뿐만 아니라, 교육 현장, 출판, 산업 분야 등에서 매우 다양하게 활용될 수 있을 것으로 보인다. 또한 이 시스템은 한국고고학 조사연구 성과를 대외적으로 알리기 위해 글로벌 고고학 정보 플랫폼과의 연계를 최종 목표로 삼아야 할 것이다.

참고문헌

참고문헌

강동석, 2014,「GIS 공간보간법을 이용한 도성유적의 지형 복원 -풍납토성, 신라 왕경을 중심으로-」,『야외고고학』19, 한국매장문화재조사연구협회.

_____, 2018,「지석묘사회의 취락패턴과 복합화 -GIS를 활용한 영산강중류역 취락패턴의 재구성」,『한국고고학회』109, 한국고고학회.

_____, 2019,「지석묘사회의 네트워크 구조와 성격 검토 -GIS와 SNA를 이용한 영산강중류역과 여수반도의 비교-」,『한국상고사학보』105, 한국상고사학회.

_____, 2020,「강화도 지석묘 축조의 사회경제적 배경 검토」,『한국고고학보』1 16, 한국고고학회.

_____, 2021a,「고고학적 예측 모델의 활용성 검토」,『"한국"고고학, 한반도를 넘어서』, 제45회 한국고고학전국대회발표자료집.

_____, 2021b,「지석묘사회의 복합화와 네트워크 중심성 - 중력모형, SNA, GIS를 이용한 네트워크 분석」,『"한국"고고학, 한반도를 넘어서』, 제45회 한국고고학전국대회발표자료집.

_____, 2021c,「보성강·탐진강 유역 지석묘사회의 변동 양상 -지석묘의 분포, 구조, 관계를 중심으로-」,『한국청동기학보』29, 한국청동기학회.

_____, 2024a,「GIS를 이용한 옥천 이성산성의 기능과 역할 재구성」,『중앙고고연구』4 3, 중앙문화재연구원.

_____, 2024b,「WebGIS 기반 한국고고학사전 정보서비스 모델의 제안」,『헤리티지: 역사와 과학』57(1), 국립문화유산연구원.

강동석, 김유진, 2022,「매장문화재 공간정보의 활용 방안 연구: 탐색적 공간데이터 분석을 중심으로」,『대한공간정보학회지』30(2), 대한공간정보학회.

강봉원, 1995,「고고학에 있어서 공간분석의 일례: 방안식 방법q(uadrat method)을 중심으로」,『한국상고사학보』19, 한국상고사학회.

강영옥, 2023,「GeoAI 활용 분야와 연구 동향」,『대한지리학회지』5 8(4), 대한지리학회.

곽한빈, 이우균, 이시영, 원명수, 구교상, 이병두, 이명보2, 010,「우리나라 산불 발생의 원인별 공간적 특성 분석」,『한국임학회지』99(3). 한국임학회.

구자용·김대영·김민호·김화환·박선엽·박수홍·안재성·오충원·정재준·최진무·황철수 역, 2014,『지리정보시스템』, 인문학연구원.

김경택, 2004,「보성강유역 지석묘사회의 연구」,『동북아 청동기시대문화 연구』, 주류성.

김계현, 2011,『GIS개론』, 문운당.

김범철, 2012,『쌀의 고고학』, 민속원.

김승옥, 1998,「복합사회 형성과정에 대한 이론적 모델의 일례」, 호남고고학보 8, 호남고고학회.

마이크 파커 피어슨(이희준 역), 1996,『죽음의 고고학』, 사회평론.

백욱인, 2011,「빅데이터를 둘러싼 전유 싸움: 디지털 아카이브를 중심으로」,『서울과학기술대학교 SSK위험정보사회 연구팀 8회 정기세미나 자료집』, 서울과학기술대학교.

손동원, 2002,『사회 네트워크 분석』, 경문사.

얼, 티모시(김경택 역), 2008, 족장사회의 정치 권력, 도서출판 考古.

오규식·정연우, 1999,「GIS 퍼지 접근방식의 유용성 ―도시 주거환경 평가를 중심으로―」,『국토계획3』4(4).

우성광 외, 2008,「베리오그램 모델 변화에 따른 정규 크리깅 보간법의 민감도 분석」,『한국전산구조공학회 논문집』제21권 제3호.

유근배, 1998,「점패턴분석을 이용한 수치지형도의 점사상 일반화」,『한국공간정보학회지』6 (1), 한국공간정보학회.

윤상진, 2012,『플랫폼이란 무엇인가?: 구글처럼 개방하고 페이스북처럼 공유하라』, 한빛비즈.

이광형·오길록, 1991, 『퍼지이론 및 응용 I권: 이론』, 홍릉과학출판사.
이동희, 2023, 『한국 지석묘문화와 복합사회의 형성』, 학연문화사.
이영문, 2002, 『한국 지석묘사회 연구』, 학연문화사.
이진영, 2009, 「GIS를 이용한 문화재 예측모델의 국내 사례」, 『GIS를 이용한 문화재 보존관리와 활용』, 사회평론.
이판섭, 2006, 「三國時代 山城의 監視半徑에 대하여」, 『호서고고학』15, 호서고고학회.
이한동·김교원, 2012, 「GIS를 이용한 울산지역 선사유적 입지분석 및 분포예측」, 『한국지리정보학회지』15(3), 한국지리정보학회.
이희연, 1999, 『지리통계학』, 法文社.
_____, 2003, 『GIS : 지리정보학』, 法文社.
이희연·노승철, 2012, 『고급통계분석론』, 法文社.
정재준·노영희, 2007, 「GIS 분석기법을 이용한 도시화 지역의 공간적 분포패턴에 관한 연구: 수도권의 도시성장을 중심으로」, 『한국경제지리학회지』 제10권 제3호.
최정필, 1997, 「韓國上古史와 族長社會」, 『先史와 古代』8, 韓國古代學會.
추연식, 1997, 『고고학 이론과 방법론』, 학연문화사.
홍은경, 2023, 「한국 신석기시대 중기 사회네트워크 연구 -토기 문양과-토기 문양과 사회관계망분석(Social Network Analysis)을 통한 접근-」, 『한국고고학보』 2003-3, 한국고고학회.

石崎研二, 2003, 「立地·配分モデル」, 『地理空間分析』, 朝倉書店.
金光淳, 2003, 『社会ネットワーク分析の基礎－社会的関係資本論にむけてー』, 勁草書房.
津村宏臣, 2006, 「遺跡間視認関係と縄文集落の立地」, 『実践 考古学GIS先端技術で歴史空間を読む』, NTT出版, pp.181-203.
松本剛, 2007, 「考古學理論史におけるGISの位置づけと今後の展望 －アメリカ考古学の視点らかー」, 『Archaeo-GIS 最前線 : 若手研究者による今後の研究展望』, 情報考古学会第24回大会講演論文集4.
姜東錫, 2018, 「奈良盆地の弥生中期後葉セトルメントシステムの検討─複雑社会の農業生産組織化モデルによる」, 『日本考古学』45, 日本考古学協会.
_____, 2020, 『韓日初期複雑社会の集落体系の比較 -GISを用いた空間考古学的検討』, 雄山閣.

Allen, K. M., Green, S. W. and Zubrow, E. B. W.
　1990, *Interpreting Space: GIS and Archaeology*, Taylor & Francis.
Anderson, D.
　1994, *The Savannah River chiefdoms*, University of Alabama Press.
Anselin, L.
　1995, Local Indicators of Spatial Association-LISA, *Geographical Analysis* 27(2), pp.93-115.
Atwater
　1820, *Historic Map : Map of The State of Ohio*, Vintage Wall Art.
Baddeley, A. J. and B. W. Silverman
　1984, A Cautionary Example on the Use of Second-Order Methods for Analyzing Point Patterns, *Biometrics* 40(4), pp. 1089-1093.
Bailey, G.
　2005, Site Catchment Analysis. In Renfrew, C. and Bahn C.(eds), *Archaeology: The Key Concepts*, Routledge.
Baines, J. and N., Yoffee
　2000, Order, Legitimacy, and wealth: setting the terms. In Richards, J. and Mary Van Buren(eds), *Order, Legitimacy, and Wealth in Ancient States*, Cambrige University Press.

Banerjee, R., P. K. Srivastava, A. W. G. Pike, G. P. Petropoulos
  2018, Identification of painted rockshelter sites using GIS integrated with a decision support system and fuzzy logic, *International Journal of Geo-Information* 7(8), 326.
Barnes, 1988, *The nature of power*, Polity Press.
Bell, T.L, and Richard L. Church
  1985, Location-allocation modeling in Archaeological Settlement Pattern Research: Some Preliminary Applications, *World Archaeology* 16(3), pp.354-371.
Bernbeck, R., 1997, *Theorien in der Archäologie, Tübingen:* Francke.
Berry, J. K.
  2014, GIS Modeling: Applying Map Analysis Tools and Techniques, Beyond Mapping Book IV, Berry & Associates.
Bertoldi, S. and Gabriele Castiglia, Angelo Castrorao Barba
  2019, Multi-scalar Approach to Long-Term Dynamics, Spatial Relations and Economic Networks of Roman Secondary Settlements in Italy and the Ombrone Valley System (Southern Tuscany): Towards a Model? In Verhagen, P. and Jamie Joyce Mark R. Groenhuijzen(eds), *Finding the Limits of the Limes: Modelling Demography, Economy and Transport on the Edge of the Roman Empire*, Springer.
Bevan, A.
  2020, Spatial Point Patterns and Processes. In Gillings, M., Piraye Hacıgüzeller and Gary Lock(eds), *Archaeological Spatial Analysis: A Methodological Guide*, Routledge, pp.60-76.
Bevan, A., and J. Conolly
  2006. Multiscalar Approaches To Settlement Pattern Analysis. In G. Lock and B. Molyneaux(eds), *Confronting Scale in Archaeology: Issues of Theory and Practice*, Springer, pp.217-234.
Bickler, S. H.
  2021, Machine Learning Arrives in Archaeology, *Advances in Archaeological Practice* 9(2), pp.186-191.
Bonhage, A. and Mahmoud Eltaher, Thomas Raab, Michael Breuß, Alexandra Raab, Anna Schneider
  2020, A modified Mask region-based convolutional neural network approach for the automated detection of archaeological sites on high-resolution light detection and ranging-derived digital elevation models in the North German Lowland, Archaeological Prospection 28(2), pp.177-186.
Brughmans, T.
  2014, The roots and shoots of archaeological network analysis: a citation analysis and review of the archaeological use of formal network methods, *Archaeological Review from Cambridge* 29(1), pp.18-41.
Brughmans, T. and Matthew A. Peeples
  2023, *Network Science in Archaeology*, Cambridge University Press.
Brumfiel, E. and T. K., Earle(eds)
  1987, *Specialization, exchange, and complex societies*, Cambrige University Press.
Burrough, P. A. and McDonnell, R. A.
  1998, *Principles of Geographical Information Systems*. Oxford University Press, Oxford.
Byrd, B. F., and A. N. Garrard, P. Brandy
  2016, Modeling foraging ranges and spatial organization of Late Pleistocene hunter-gatherers in the southern Levant-A least-cost GIS approach, *Quaternary International* 396, pp.62-78.

Carneiro, R.
　1981, The chiefdom as precursor of the state. In Jones, G. and R. Kautz(eds), *The transition to statehood in the new world*, Cambridge University Press, pp.39-79.
Carrer, F.
　2013, An ethnoarchaeological inductive model for predicting archaeological site location: A case-study of pastoral settlement patterns in the Val di Fiemme and Val di Sole, *Journal of Anthropological Archaeology* 32, pp.54-62.
Casarotto, A., and Jeremia Pelgrom, Tesse D. Stek
　2016, Testing settlement models in the early Roman colonial landscapes of Venusia (291 B.C.), Cosa (273 B.C.) and Aesernia (263 B.C.), *Journal of Field Archaeology* 41(5), pp.568-586.
Caspari, G. and Pablo Crespo
　2019, Convolutional neural networks for archaeological site detection Finding "princely" tombs, *Journal of Archaeological Science* 110 (2019) 104998.
Chisholm, M.
　1968, *Rural Settlement and Land Use: An Essay in Location*, Hutchinson.
Church. R.L. and Thomas L. Bell
　1998, An Analysis of Ancient Egyptian Settlement Patterns Using Location-Allocation Covering Models, *Annals of the Association of American Geographers* 78(4), pp.701-714.
Clarke, L. D.
　1968, *Analytical Archaeology*, Methuen & Co. Ltd.
Clarke, L. D.(ed)
　1977, *Spatial Archaeology*, Academic Press.
Crema, P., and Andrew Bevan, Mark Lake
　2010, A probabilistic framework for assessing spatio-temporal point patterns in the archaeological record, *Journal of Archaeological Science* 37(5), pp.1118-1130.
Cummings, V. and Whittle, A.
　2004, *Places of Special Virtue, Megaliths in the Neolithic Landscape of Wales*, Oxbow Books.
David, B. and J. Thomas
　2008, *Handbook of Landscape Archaeology*, Left Coast Press.
Delgado-Espinoza, F.
　2002, Intensive Agriculture and Political Economy in the Yaguachi Chiefdom of the lower Guayas Basin, Coastal Ecuador, University of Pittsburgh.
Dimuccio, L. A. and Rui Ferreira, Ana Batista, Cristina Gameiro, Maurizio Zambaldi, L cio Cunha
　2023, Predictive spatial analysis for a critical assessment of the preservation potential of Palaeolithic record in the Leiria region, *Quaternary International* 668, pp.44-62.
Dirks, K. N., Hay, J. E., Stow, C. D. and Harris, D.
　1998, High-resolution studies of rainfall on Norfolk Island Part II: Interpolation of rainfall data, *Journal of Hydrology* 208, pp.187-193.
Earle, T.
　1997, How Chiefs Come to Power: The Political Economy in Prehistory, Stanford University Press.
Ebert, D.
　2004, Applications of Archaeological GIS, Canadian Journal of Archaeology 28, pp.319-341.

Eggert, M. K. H. and U. Veit
　1998, *Theorie in der Archäologie: Zur englischsprachigen Diskussion*, Waxmann.
Esri
　2003, *Using ArcGIS Geostatistical Analyst, ESRI*.
Evans, S. and Kathrin Felder(eds)
　2014, *Social Network Perspectives in Archaeology, Archaeological Review from Cambridge* 29.
Exon, S. and Gaffney, V., Woodward, A., Yorston, R.
　2000, *Stonehenge Landscapes: Journeys through Real and Imagined Worlds.*, Archaeopress.
Findlow, F. J., and Ericson, J. E.
　1980, *Catchment Analysis: Essays on Prehistoric Resource Space*, Department of Anthropology.
Flannery, K. V.
　1968, Archaeological systems theory and early Mesoamerica. In Betty Meggers(ed), *Anthropological archaeology in the Americas*, Anthropological Society of Washington, pp.67-87.
Fleming, A.
　1999, Phenomenology and the megaliths of Wales: A dreaming too far? *Oxford Journal of Archaeology* 18, pp.119-25.
Friedman, J. and Rowlands, M. j.(ed)
　1977, *The evolution of social systems*, Duckworth.
Fu, W. J. and Jiang, P. K., Zhou, G. M. and Zhao, K. L.
　2014, Using moran's I and GIS to study the spatial pattern of forest litter carbon density in a subtropical region of southeastern China, *Biogeosciences* 11, pp.2401-2409.
Fulminante, F. and Luca Alessandri
　2024, Salt Production in Central Italy and Social Network Analysis Centrality Measures: An Exploratory Approach, *Open Archaeology* 10(1), 20240003.
Gaffney, V. and M. van Leusen
　1995, Postscript - GIS, environmental determinism and archaeology: a parallel text. In Lock, G. and Z. Stančič(eds), *Archaeology and Geographical Information Systems: A European Perspective*. Taylor & Francis, pp.367-382.
Gibson, J.
　1979, *The Ecological Approach to Visual Perception*, Boston.
Gillings, M.
　2007, The Ecsegfalva landscape: affordance and inhabitation. In Whittle, A.(ed), *The early Neolithic on the Great Hungarian Plain: investigations of the Körös culture site of Ecsegfalva* 23, Varia Arch, Archaeological Institute of the Hungarian Academy of Science, pp.31-36.
　2009, Visual affordance, landscape and the megaliths of Alderney, Oxford Journal of Archaeology 28(4), pp.335-356.
　2012, Landscape Phenomenology, GIS and the Role of Affordance, *Journal of Archaeological Method and Theory* 19, pp.601-611.
Gillings, M. and Mattingly, D., van Dalen, J.
　1999, *Geographical Information Systems and Landscape Archaeology*, Oxford: Oxbow Books.
Gillings, M. and Piraye Hacıgüzeller, Gary Lock(eds)
　2020, *Archaeological Spatial Analysis: A Methodological Guide*, London & New York: Routledge.

Gjesfjeld, E., and S. C. Phillips
　　2013, Evaluating adaptive network strategies with geochemical sourcing data: A case study from the Kuril Islands. In C. Knappett(ed.), *Network analysis in archaeology: New approaches to regional interaction,* Oxford: Oxford University Press.

Hamilton, S. and Ruth Whitehouse, Keri Brown, Pamela Combes, Edward Herring, Mike Seager Thomas
　　2006, Phenomenology in Practice: Towards a Methodology for a 'Subjective' Approach, *European Journal of Archaeology* 9, pp.31-71.

Haraway, D.
　　1991, *Simians, Cyborgs and Women: The Reinvention of Nature.* London: Free Association.

Hatzinikolaou, E., T. Hatzichristos, A. Siolas, and E. Mantzourani
　　2002, Predicting archaeological site locations using GIS and fuzzy logic. In Greece, M. Doerr, and A. Sarris(eds), *The Digital Heritage of Archaeology: Computer Applications and Quantitative Methods in Archaeology, CAA 2002 proceedings,* pp.169-177.

Helmke, C., C. E. Ebert, J. J. Awe, and J. A. Hoggarth
　　2019, The lay of the land: A political geography of an ancient Maya kingdom in west-central Belize. New *World Archaeology* 12, pp.9-24.

Higgs, E. S., and Vita-Finzi, C.
　　1972, Prehistoric economies: a territorial approach. In Higgs, E. S.(ed), *Economic Prehistory,* Cambridge University Press, pp. 27-36.

Hoare, R. C.
　　1812, *The ancient history of Wiltshire,* William Miller.

Hobbs, E.
　　2019, *Historic Vegetation Model for Minnesota: MnModel Phase* 4, Minnesota Department of Transportation.

Hodder, I.
　　1977, A model for the distribution of coins in the Western Roman Empire, *Journal of Archaeological Science* 2, pp.1-23.

Ingold, T.
　　2000, The Perception of the Environment: Essays on Livelihood, *Dwelling and Skill,* London.
　　2011, *Being Alive: Essays on Movement, Knowledge and Description,* London.

Intxaurbe, I, Diego Garate, Martin Arriolabengoa & M. Áeles Medina-Alcaide
　　2022, Application of Line of Sight and Potential Audience Analysis to Unravel the Spatial Organization of Palaeolithic Cave Art, *Journal of Archaeological Method and Theory* 29, pp.1158-1189.

Jarosław, J. and Iwona Hildebrandt-Radke
　　2009, Using multivariate statistics and fuzzy logic system to analyse settlement preferences in lowland areas of the temperate zone: an example from the Polish Lowlands, *Journal of Archaeological Science* 36, pp.2096-2107.

Jochim, M. A.
　　2023, Dots on the Map: Issues in the Archaeological Analysis of Site Locations, *Journal of Archaeological Method and Theory* 30, pp.876-894.

Kamermans H, Milco Wansleeben
- 1999, Predictive Modelling in Dutch Archaeology, Joining Forces. In Juan A. Barcelo, Ivan Briz Assumpcio Vila(eds), *New Techniques for Old Times- CAA 98-Computer Applications and Quantitative Methods in Archaeology. Proceedings of the 26th Conference, Barcelona, March 1998*, British Archaeological Reports, pp.225-229.

Knappett, C.(ed)
- 2013, *Network in Archaeology: New Approaches to Regional Interaction,* Oxford, Oxford University Press.

Knapp, A. and Ashmore, W., 1999, Archaeological Landscapes: Constructed, Conceptualized, Ideational. In Knapp, A. and Ashmore, W.(eds), *Archaeologies of Landscape: Contemporary Perspectives.* Oxford: Wiley-Blackwell, pp.13-19.

Ko, Y. J. and Cho, K. H.
- 2020, Analysis of areas vulnerable to urban heat island using hotspot analysis: A case study in Jeonju City, Jeollabuk-do, *Journal of the Korean Institute of Landscape Architecture* 48(5), pp.67-79.

Kohler, T. A., 1988, Predictive locational modelling: history and current practice. In Judge, W. L. and L. Sebastian(eds), *Quantifying the Present and Predicting the Past: Theory, Method and Application of Archaeological Predictive Modeling,* US Bureau of Land Management, pp.19-59.

Kohler, T. A. and S. C. Parker
- 1986, Predictive models for archaeological resource location. In Schiffer, M. B.(ed), *Advances in Archaeological Method and Theory Vol.* 9, Academic Press, pp. 397-452.

Kvamme, K. L.
- 1989, Geographic Information Systems in Regional Archaeological Research and Data Management, *Archaeological Method and Theory* 1, pp.139-203.
- 2006, There and back again: Revisiting Archaeological Location Modeling. In M. W. Mehrer and K. L. Wescott(eds), *GIS and Archaeological Site Location Modeling,* Taylor & Francis, pp.2-35.

Lee, K. J. and Hwang, M. H., Han, S. H. and Yang, E. J.
- 2015, *The first step toward understanding and utilizing spatial statistics analysis, Korea Research Institute for Human Settlements,* pp.3-52.

Lee, S. H. and Chang, H. and Rho, J. A.
- 2011, The changes in the quality of life measure of the Seoul metropolitan area, Journal of the Korean Society of Surveying, Geodesy, *Photogrammetry and Cartography* 29(1), pp.29-37.

Li, L. and Yujie Li, Xingyu Chen, Deliang Sun
- 2022, A Prediction Study on Archaeological Sites Based on Geographical Variables and Logistic Regression—A Case Study of the Neolithic Era and the Bronze Age of Xiangyang, *Sustainability* 2022, 14(23), 15675.

Llobera, M.
- 1996, Exploring the topography of mind: GIS, social space and archaeology. *Antiquity* 70, pp.612–622.

Lock, G., M. Kormann, John Pouncett
- 2014, Visibility and movement: towards a GIS-based integrated approach, *Computational Approaches to the Study of Movement in Archaeology,* De Gruyter.

Lulewicz, J.
- 2019, The social networks and structural variation of Mississippian sociopolitics in the southeastern United States, *Proceedings of the National Academy of Sciences* 116(14), pp.6707-6712.

Lynch, S. D.
 2001, Converting point estimates of daily rainfall onto a rectangular grid, Department of Agricultural Engineering, University of Natal, South Africa.http://gis.esri.com/library/userconf/proc98/proceed/TO200/ PAP196/ P196.HTM.

Mann, M.
 1988, *The sources of social power*, Cambrige University Press.

Mathur, M.
 2015, Spatial autocorrelation analysis in plant population: An overview, *Journal of Applied and Natural Science* 7(1), pp.501-513.

Meghini, Carlo, Scopigno, Roberto, Richards, Julian Daryl *et al.* (17 more authors),
 2017, ARIADNE : A Research Infrastructure for Archaeology, *Journal on Computing and Cultural Heritage*.

Mills, Barbara J. and Jeffery J. Clark, Matthew A. Peeples, W. R. Haas, Jr., John M. Roberts, Jr., J. Brett Hill, Deborah L. Huntley, Lewis Borck, Ronald L. Breiger, Aaron Clauset, M. Steven Shackley
 2013a, The Transformation of Social Networks in the Late Pre-Hispanic U.S. Southwest, *Proceedings of the National Academy of Sciences* 110(15), pp.5785-5790.

Mills, Barbara J. and M. Roberts Jr., Jeffery J. Clark, William R. Haas Jr., Deborah Huntley, Matthew A. Peeples, Lewis Borck, Susan C. Ryan, Meaghan Trowbridge and Ronald L. Breiger
 2013b, The Dynamics of Social Networks in the Late Prehispanic US Southwest. In C. Knappett(ed), *Network Analysis in Archaeology: New Approaches to Regional Interaction*, Oxford: Oxford University Press.

Mizoguchi, K.
 2009, Nodes and edges: A network approach to hierarchisation and state formation in Japan, *Journal of Anthropological Archaeology* 28(1), 14-26.
 2013, Evolution of prestige good systems: an application of network analysis to the transformation of communication systems and their media. In C. Knappett(ed), *Network Analysis in archaeology: New approaches to regional interaction*, Oxford: Oxford University Press.

Moran, P. A.
 1950, Notes on continuous stochastic phenomena. *Biometrika* 37, pp.17-23.

Murrieta-Flores, P.
 2014, Developing computational approaches for the study of movement: assessing the role of visibility and landscape markers in terrestrial navigation during Iberian late prehistory. In Polla, S., Verhagen, P.(eds), *Computational approaches to movement in archaeology: Theory, practice and interpretation of factors and effects of long term landscape formation and transformation*, De Gruyter, pp.99-132.

Negrel, J. and Facundo Muñoz, Juan Antonio Barceló1
 2017, A Cost-Based Ripley's K Function to Assess Social Strategies in Settlement Patterning, *Journal of Archaeological Method and Theory* 25, pp.777-794.

Nicu, I. C. and Alin Mihu-Pintilie, James Williamson
 2019, GIS-Based and Statistical Approaches in Archaeological Predictive Modelling (NE Romania), *Sustainability* 11(21), 5969.

Ortega-Alvarado, L.M., Ágel-Luis García-Fernández, Francisco Conde-Rodríguez & Juan M. Jurado-Rodríguez
    2022, Integrated and interactive 4D system for archaeological stratigraphy, *Archaeological and Anthropological Sciences* 14(203).

Parcero-Oubiña, C., and D. Barreiro, F. Criado-Boado
    2014, Landscape Archaeology. In Smith, C. and J. Smith(eds), *Encyclopedia of Global Archaeology*, Springer, pp.4379-4388.

Pereira, A. C., Édipo H. Cremon, Rosiclér Theodoro da Silva, e Julio Cezar Rubin de Rubin
    2023, Predictive modeling in geoarchaeology: An evaluation of machine learning algorithms and topographic variables on the Serranópolis City -Brazil, *Digital Applications in Archaeology and Cultural Heritage* 34, e00350.

Posluschny, A. and Elske Fischer, Manfred Rösch, Kristine Schatz, Elisabeth Stephan and Astrid Stobbe
    2012, Modelling the agricultural potential of Early Iron Age settlement hinterland areas in southern Germany, *Landscape archaeology between art and science,* pp.413-428.

Price, T. D, Feinman G. M.(ed)
    2010, *Pathways to power: New Perspectives on the Emergence of Social Inequality,* Springer.

Quirós, E., and Pedro Trapero Fernández, Alicia Antolín, Victorino Mayoral
    2014, A comparative approach to GIS modelling of terrestrial mobility in archaeological sites. The iron age hillfort of Villasviejas del Tamuja as a study case, *Journal of Archaeological Science* 167.

Rawat, N. S. and Tom Brughmans, V. N., D. D. Chauniyal
    2019, Networked Medieval Strongholds in Garhwal Himalaya, India. *Antiquity* 95(381), pp.753-772.

Renfrew, C.
    1973, Monuments, mobilization and social organization in Neolithic Wessex, in Ucko, P. Tringham, R. & Dimbleby, R.(ed), *Man, settlement and urbanism,* Duckworth, pp.539–558.

Renfrew, C. and Paul Bahn
    2005, *Archaeology: The Key Concepts,* Routledge.

Ridges, M.
    2006, Understanding H-G behavioural variability using models of material culture: An example from Australia. In M. W. Mehrer and K. L. Wescott(eds), *GIS and Archaeological Site Location Modeling,* Taylor&Francis, pp.123-143.

Ripley, B. D.
    1976, The second-order analysis of stationary point processes, *Journal of Applied Probability* 13, pp.255–266.

Rivers, R., C. Knappett, T. Evans
    2013, 'What makes a site important? Centrality, gateways and gravity'. In C. Knappett(ed), *Network Analysis in Archaeology: New Approaches to Regional Interaction,* Oxford: Oxford University Press.

Rodríguez-Rellán, C. and Ramán Fábregas Valcarce
    2019, Monuments on the move. Assessing megaliths' interaction with the NW Iberian. In Johannes Müller, Martin Hinz, Maria Wunderlich(eds), Landscapes, Megaliths, Societies, *Landscapes; Early Monumentality and Social Differentiation in Neolithic Europe Vol.2,* UFG CAU Kiel and authors.

Sanchez-Romer, L, and Alfonso Benito-Calvo, Eneko Iriarte, Aixa San Emeterio, Iluminada Ortega, Joseba Rios-Garaizar
　2022, Unraveling Chatelperronian high-density accumulations: the open-air site of Aranbaltza II, *Archaeological and Anthropological Sciences* (2022)14.

Sauer, C. O.
　1963, The morphology of landscape. In Leighly, J.(ed), *Land and Life: A Selection from the writings of Carl Ortwin Sauer,* Berkeley.

Scholnick, J. B., Munson, Jessica, L., and Macri, M. J.
　2013, Positioning power in a multi-relational framework: a social network analysis of Classic Maya political rhetoric. In C. Knappett(ed), *Network analysis in archaeology: New approaches to regional interaction,* Oxford: Oxford University Press.

Silverman, B. W.
　1986, *Density Estimation for Statistics and Data Analysis.* Chapman & Hall, London.

Sindbæk, S.
　2007a, Networks and nodal points: The emergence of towns in early Viking Age Scandinavia, *Antiquity* 81, pp.119-32.

Smith, M. L.
　2005, Networks, territories, and the cartography of ancient states, *Annals of the Association of American Geographers* 95(4), pp.832-49.

Soto, C.
　2019, How Replicable Are Links Between Personality Traits and Consequential Life Outcomes? The Life Outcomes of Personality Replication Project, *Psychological Science* 30, pp.711-727.

Tarboton, D. G., and R. L. Bras, I. Rodriguez-Iturbe
　1991, On the Extraction of Channel Networks from Digital Elevation Data, *Hydrologic Processes* 5(1), pp.81-100.

Thomas, J.
　1993, The politics of vision and the archaeologies of landscape. In Bender, B.(ed), *Landscape: Politics and Perspectives,* Oxford: Berg, pp.9-48.

Tilley, C.
　1994, *A Phenomenology of Landscape: Places, Paths, and Monuments.* Berg, Oxford.

Tobler, W. R.
　1970, A Computer Movie Simulating Urban Growth in the Detroit Region, *Economic Geography* 46, pp.230-240.
　1993, Three presentations on geographical analysis and modelling: non-isotrophic modelling, speculations on the geometry of geography, global spatial analysis, *National Center for Geographic Information and Analysis. Technical Report* 93(1).

Trigger, B.
　1989, *A history of archaeological thought,* Cambridge University Press.

Verhagen, P.
　2018, Predictive Modeling, *The Encyclopedia of Archaeological Sciences,* Wiley-Blackwell.

Verhagen, P.(ed)
　2007, *Case Studies in Archaeological Predictive Modeling,* Leiden University Press.

Verhagen, P. and T. G. Whitley
    2012, Integrating Archaeological Theory and Predictive Modeling: a Live Report from the Scene. *Journal of Archaeology Method and Theory* 19, pp.49-10.

Vita-Finzi, C. and Higgs, E. S.
    1970, Prehistoric economy in the Mount Carmel area of Palestine: site catchment analysis, *Proceedings of the Prehistoric Society* 36, pp.1-37.
    1972, Site catchment analysis in archaeology. In P. Ucko, R. Tringham, G. Dimbleby(eds), *Man, settlement, and urbanism,* Cambridge: Schenkman Publishing Company, pp.61-68.

Volkmann
    2017, Methods and Perspectives of Geoarchaelogical Site Catchment Analysis: Identification of Paleoclimate Indicators in the Oder Region from the Iron to Middle Ages, *Digital Geoarchaeology,* Springer International.

Warren, R. E. and D. L. Asch
    2000, A predictive model of archaeological site location in the Eastern Prairie Peninsula. In K. L. Wescott and R. J. Brandon(eds) *Practical Applications of GIS for Archaeologists: A Predictive Modeling Kit,* Taylor & Francis, pp.5-32.

Wheatley, D.
    1993, Going over old ground: GIS, archaeological theory and the act of perception. In Andresen, J., T. Madsen, and I. Scollar(eds), *Computing the Past: Computer Applications and Quantitative Methods in Archaeology - CAA 92.* Aarhus, pp.133-138.
    1996, Between the lines: the role of GIS-based predictive modelling in the interpretation of extensive survey data. In Kamermans, H. and K. Fennema(eds), *Interfacing the Past. Computer applications and quantitative methods in Archaeology CAA95.* Analecta Praehistorica Leidensia 28, pp. 275-292.
    2003, Making Space for an Archaeology of Place, *Internet Archaeology* 15.

Wheatley, D., and Gillings, M.
    2002, *Spatial Technology and Archaeology: The Archaeological Applications of GIS,* Routledge.

Whitley, T. G.
    2000, *Dynamical Systems Modeling in Archaeology: A GIS Approach to Site Selection Processes in the Greater Yellowstone Region.* Unpublished PhD thesis. Department of Anthropology, University of Pittsburgh, Pittsburgh (PA).

Willey, G. R.
    1953, *Prehistoric settlement patterns in the Virú; Valley, Peru,* Bureau of American Ethnology Bulletin.

Willmott, C. J. and Clinton M. Rowe, Yale Mintz
    1985, Climatology of the terrestrial seasonal water cycle, *Journal of Climatology* 5(6), pp.589-606.

Witcoski, J.
    2007, An Analysis of the Spatial Distribution of Chiefdom Settlements: Modeling the Mississippian Culture in the Tennessee River Valley, M.A. diss. University of Tennessee.

Zedeño, M. N.
    2016, The Archaeology of Territory and Territoriality, *Handbook of Landscape Archaeology,* Taylor & Francis, pp.201-217.

Zhao, C., Nan, Z. and Cheng, G.
    2005, Methods for modeling of temporal and spatial distribution of air temperature at landscape scale in the southern Qilian Mountains, China. *Ecological Modelling* 189, pp.209-220.

동국대학교 저서출판 지원사업 선정도서

이 저서는 2023년도 동국대학교 연구비지원을 받아 수행된 연구결과물임.
This work was supported by the Dongguk University Research Fund of 2023.

고고학 GIS 이론과 방법

2025년 7월 10일 초판 1쇄 인쇄
2025년 7월 24일 초판 1쇄 발행

지은이	강동석
발행인	박기련
발행처	동국대학교출판부

출판등록	제1973-000004호(1973.6.28)
주소	04626 서울시 중구 퇴계로36길2 신관1층 105호
전화	02-2264-4714
팩스	02-2268-7851
Homepage	http://dgpress.dongguk.edu
E-mail	abook@jeongjincorp.com
편집디자인	디자인멋짓
인쇄처	네오프린텍(주)

ISBN 978-89-7801-794-7(93910)

값 30,000원

이 책의 무단 전재나 복제 행위는 저작권법 제98조에 따라 처벌 받게 됩니다.